Séchard

A Monsieur

De la part de l'Auteur.

MÉMOIRE

SUR LES

MARCHÉS RELATIFS AU SERVICE DU GÉNIE.

PAR H. A. SOLEIROL,

CAPITAINE DU GÉNIE,

ANCIEN ÉLÈVE DE L'ÉCOLE POLYTECHNIQUE.

(*Devis.*)

« Ses qualités principales sont que toutes les matières soient
« mises dans un bel ordre, énoncées clairement et bien dé-
« taillées, sans confusion, n'omettant rien d'essentiel, et de
« ne laisser aucune équivoque qui puisse donner lieu dans la
« suite à des contestations avec les Entrepreneurs. »

Bélidor, Scien. des Ing. Livre VI, page 2.

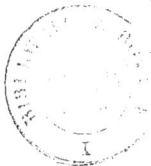

METZ,

DE L'IMPRIMERIE DE CH. DOSQUET,

RUE COUR-DE-RANZIÈRES, N° 2.

1833.

AVERTISSEMENT.

LE seul objet que l'on se soit proposé en rédigeant ce Mémoire, est de concourir à introduire quelques améliorations dans les Marchés relatifs au service du Corps du Génie : Marchés qui, de tout temps, ont fixé l'attention des Officiers de cette arme; et dans lesquels néanmoins se rencontrent encore de nombreux défauts.

Du reste, si jusqu'ici cette matière n'a pas atteint toute la perfection dont elle est susceptible, c'est aux difficultés qu'elle présente, et qui ne peuvent être aplanies qu'avec le secours du temps, qu'on doit l'attribuer.

Ce travail, qui n'est au fond qu'un canevas de Marché extrait en partie du modèle adopté, en partie des Marchés actuels, n'est cependant pas une compilation : les articles que l'on y a insérés ont subi un examen particulier, et s'ils ont été généralement modifiés, on n'a pas non plus perdu de vue qu'à côté des projets d'amélioration se trouve le danger d'innover.

Quelques-unes des principales modifications ayant paru devoir être développées, on a déduit dans les notes, les motifs qui ont déterminé à les admettre : sans doute ils ne sont pas à l'abri de toute critique, et on est loin de le prétendre. D'autres rectifications différant à peine de ce qui est présentement établi, et n'ayant été faites que pour apporter plus de précision dans les formes, n'ont donné lieu à aucune explication.

Une foule d'inconvéniens surviennent chaque jour dans le service des travaux, on peut citer comme exemples : les contestations entre les Ingénieurs et les Entrepreneurs; les fournitures de mauvaise qualité, que des conditions imparfaitement conçues forcent de recevoir; les appréciations inexactes de la valeur des ouvrages, lorsqu'elles sont le résultat d'un système de prix mal entendu, les travaux que l'on fait exécuter à la journée, ou à l'estimation, faute de prix spéciaux; la difficulté que souvent on éprouve à trouver des articles de Bordereau, des clauses de Devis, et les erreurs qui parfois en sont la suite; les écritures inutilement alongées dans l'établissement des comptes; enfin, toutes les pertes que les rédactions défectueuses occasionnent à l'État, aux Entrepreneurs, aux ouvriers, et tous les désagrémens qu'elles font essuyer aux employés du Gouvernement.

Après avoir remarqué les causes qui entravent le plus fréquemment la régularité et l'économie du service, on devait s'appliquer à rechercher les moyens propres à en éviter le retour : et c'est d'un ensemble d'observations recueillies à cet effet sur les travaux des Places, que se compose ce Mémoire.

L'approbation que des Officiers de mérite ont donnée aux vues qui s'y trouvent exposées, le désir que plusieurs personnes ont témoigné d'en avoir des copies, avaient depuis long-temps fait naître l'idée de le livrer à l'impression; mais, le canevas de Marché qui en forme le fond, s'écartant beaucoup de ce qui est établi dans la pratique, on craignait, en le publiant, de heurter certains usages : le Comité des fortifications ayant bien voulu lui accorder le témoignage d'un accueil favorable (1), tous les scrupules ont été levés à cet égard.

---

(1) Ce Mémoire, adressé au Comité des fortifications, a obtenu une mention honorable au concours du 15 octobre 1832.

RÉFLEXIONS
SUR LES MARCHÉS.

Tout Marché relatif à l'exécution des travaux militaires, se compose, comme on le sait, de quatre parties distinctes ; savoir : le Bordereau des prix, le Devis (ou cahier des charges), l'Analyse des prix, enfin l'acte par lequel l'Entrepreneur s'oblige légalement.

Le Bordereau et le Devis, devant faire Loi pour établir les droits de l'État et de l'Entrepreneur dans toutes les circonstances qui peuvent se présenter, relativement à la fourniture ou à l'exécution desdits ouvrages, doivent être rédigés en termes précis, afin qu'on évite toute espèce de discussion ou de procédure.

Toute condition vague, telle que, *cet ouvrage sera fait suivant les meilleurs procédés de l'art*, doit, par conséquent, en être écartée : car on peut être sûr qu'un ouvrage ainsi spécifié sera toujours mal fait, l'Entrepreneur y trouvant d'une part son intérêt, et de l'autre ayant à sa disposition, en cas de contestation, tous les ouvriers du pays prêts à affirmer ce qu'il voudra, même contre l'évidence.

Les titres du Bordereau doivent toujours renfermer quelques mots caractéristiques des ouvrages auxquels ils se rapportent, afin que l'on ne puisse pas confondre deux articles. Le Devis doit indiquer d'une manière précise, l'ouvrage auquel correspond chaque prix, en citant même le numéro d'ordre de ce dernier, toutes les fois qu'une ambiguïté peut être à craindre ; et doit déterminer les qualités des matériaux à employer, les précautions à prendre dans leur emploi, enfin l'état dans lequel les ouvrages devront être pour qu'on puisse les recevoir.

Les Officiers chargés de la surveillance des travaux étant toujours portés à l'indulgence et n'employant les moyens de rigueur qu'à la dernière extrémité, on ne doit pas craindre de faire des conditions trop sévères : il faut en quelque sorte que l'Entrepreneur entrevoie toujours, pour la moindre faute, une punition prête à tomber sur lui. Il importe surtout aux intérêts de l'État, que ces punitions soient énoncées de façon qu'on ne puisse avoir aucun espoir de les éluder : car sans cela les Officiers aimeront mieux, au moins dans la plupart des cas, céder à l'Entrepreneur quelques petits avantages, que d'entrer dans des discussions désagréables et fatigantes, n'étant pas sûrs de pouvoir en sortir d'une manière satisfaisante. Enfin, un Marché, n'étant qu'un acte passé entre l'Entrepreneur et l'État, ne doit renfermer que les prérogatives et les obligations de l'un à l'égard de l'autre : il serait donc inconvenant, par exemple, d'y tracer les devoirs des Officiers envers le Ministre, comme on le voit dans quelques Devis, puisque ces devoirs ne regardent pas l'Entrepreneur.

La rédaction des Marchés renferme trois points principaux, qui, classés suivant leurs degrés d'importance, sont :

1° L'établissement des clauses du Devis.

2° Le mode de division des articles du Bordereau.

3° L'appréciation de la valeur des ouvrages, c'est-à-dire, l'Analyse.

La première de ces trois choses est évidemment la plus importante : car s'il existait au Devis des clauses vagues ou incomplètes, l'Entrepreneur trouverait, presque toujours, le moyen de fournir que des ouvrages inférieurs en valeur à ceux que l'on aurait eu l'intention d'avoir, et dont on aurait déterminé le prix. Par exemple, lorsqu'après avoir dit que l'on se conformera pour la serrurerie aux modèles déposés dans les magasins du Génie, si l'on se contente de fixer la longueur, la largeur, l'épaisseur et le poids d'une serrure, sans faire reconnaître authentiquement le modèle, reconnaissance qui ne pourrait exister qu'autant qu'on le présenterait à l'adjudication pour y faire apposer des cachets, l'Entrepreneur sentira qu'une semblable condition est tout-à-fait illusoire, puisque les lois ne peuvent contraindre à la suivre, et ne fournira, en conséquence, que des serrures qui auront bien la longueur, la largeur, l'épaisseur et le poids voulus, mais qui ne vaudront peut-être que la moitié du prix fixé ; qui seront mauvaises, peu solides ; qu'il faudra sans cesse réparer ; enfin qui n'auront qu'une demi-durée. Ainsi, il est plus avantageux de se tromper d'un quart sur les prix, et de mettre au Devis des articles bien rédigés qui puissent forcer l'Entrepreneur à faire de bonnes fournitures, que d'estimer les objets à leur juste valeur, et de laisser subsister des descriptions incomplètes : c'est-à-dire que le Devis est bien plus important que l'Analyse. (*Note* I.)

Du reste, s'il est utile de déterminer d'une manière précise l'exécution des ouvrages, il peut être nuisible d'entrer dans certains détails : on doit donc en cela conserver un juste milieu. Voici, à ce sujet, quelques exemples de faits arrivés, et qui pourront faire comprendre cette idée.

Dans une Place, où l'on devait faire en tôle un tuyau de cheminée, le Bordereau renfermait un article ainsi conçu : *le kilogramme de tôle pour couvercles de marmite, portes de poêle, et autres ouvrages semblables*. Le Devis détaillait la construction de tous les ouvrages de tôle, mais sans dire précisément que le prix du Bordereau s'appliquât à tous ces ouvrages ; de sorte que l'Analyse seule faisait voir qu'on avait eu l'intention d'établir un prix général. L'Entrepreneur, qui n'était pas forcé de reconnaître l'Analyse, et qui ne doit jamais l'être, fit observer qu'un tuyau de cheminée n'était analogue ni à des couvercles ni à des portes ; prétendit qu'un tel travail devait être payé plus cher que ces objets (quoique dans la réalité il valût moins), et finit par obtenir un prix à l'estimation plus élevé que celui du Marché : ce qui ne serait pas arrivé, si le titre du Bordereau eût simplement été, *le kilogramme de tôle ouvrée*.

Dans une autre Place, le Bordereau portait plusieurs prix généraux de charpente au mètre cube ; le

Devis détaillait d'abord la manière dont, en général, les charpentes doivent être faites, mais il disait ensuite, entre autres choses, *que tous les ponts traversant les fossés de fortification seraient de bois de chêne*, et donnait des détails de forme, tant pour les corbeaux que pour les poutres, les madriers, les lisses, etc. Un pont de peu d'importance, et pour lequel il eût été convenable d'employer de petits bois, ou même du bois de sapin, ayant été à construire, l'Entrepreneur, qui avait intérêt à n'employer que de gros bois de chêne, soutint que l'on ne pouvait, sans lui faire tort, exécuter de pont autre que ceux qui étaient prescrits par son Marché; et le pont fut construit comme il le souhaitait : ce qui occasionna un excédant de dépense, que l'on eût évité, si le Rédacteur du Devis avait eu assez de confiance dans le savoir de ses camarades, pour n'y pas introduire des détails qui ne devraient figurer que dans les mémoires relatifs aux constructions.

On ne citera que ces deux exemples, mais on pourrait en trouver une multitude d'autres : car il s'en est présenté d'autant plus fréquemment dans les Places, que la plupart des Marchés sont remplis de défauts analogues.

Tous les raisonnemens faits précédemment, pour comparer l'importance de l'évaluation des prix à celle de l'établissement des clauses du Devis, pouvant être exactement appliqués au mode de division des articles du Bordereau, on doit en conclure que ce deuxième point est également moins important que le premier : donc le premier est le plus important des trois, ainsi qu'on l'a avancé.

Examinons maintenant l'importance du second point, consistant, a-t-on dit, dans le mode de division des articles du Bordereau.

Comme la citation d'un exemple déjà connu paraît propre à faire comprendre cette idée, prenons celui des Maçonneries de moellons bruts.

On voit dans quelques Marchés des prix de maçonnerie au mètre carré, prix fixés pour une certaine épaisseur, ordinairement 0ᵐ,33, auxquels on doit ajouter, ou desquels il faut retrancher une certaine quantité constante, pour chaque centimètre d'épaisseur en plus ou en moins. Comme le parement des maçonneries n'est pas proportionnel à l'étendue des murs, soit en hauteur, soit en longueur; qu'il varie en raison des angles, des jours, ou de toute autre cause; et qu'il exige une main-d'œuvre toute particulière, il arrive, d'un tel établissement de prix, que l'Entrepreneur peut trop gagner dans certains cas, ou bien perdre dans d'autres. Or, comme il ne rend jamais rien dans le premier cas, et qu'il finit quelquefois dans le second par obtenir des dédommagemens, il en résulte que la perte réelle, balance faite, doit retomber sur l'État : ce qui n'aurait pas lieu, si l'on payait séparément le volume et le parement, ainsi que l'on commence de le faire depuis quelques années (*).

Ces prix défectueux (ou cotes-mal-taillées), se rencontrant dans la plupart des ouvrages, en exceptant toutefois les objets à la pièce, il en résulte journellement des pertes, peut-être plus fortes que celles qui proviendraient d'une inexactitude de prix. Dans tous les cas, l'établissement de ces cotes-mal-taillées, étant un défaut de conception, mérite, à ce qui semble, plus d'attention que l'évaluation des prix, laquelle ne peut guère renfermer que des erreurs involontaires : à la vérité ces erreurs peuvent être très-grandes. Ainsi, en comparant des Analyses, on trouve quelquefois dans une Place, une journée d'ouvrier portée pour un certain travail, tandis que dans une autre on en voit deux de comptées pour le même objet : à coup sûr il y a erreur d'une part ou de l'autre. Cela provient principalement de ce qu'il n'existe pas de point général de comparaison, si ce n'est l'Analyse-Modèle qu'on publie, et qui sera très-propre à indiquer ces sortes d'erreurs.

Plusieurs autres moyens pourraient aussi servir à rectifier ces erreurs. Tel est, par exemple, celui que l'on propose dans le Cours de construction de l'École de Metz, et qui consiste à écrire dans les Analyses avec trois sortes de caractères différents,

1° Les valeurs constantes pour toute la France;

2° Celles qui sont constantes pour une même localité, mais qui peuvent être variables d'un pays à l'autre;

3° Celles qui varient d'une année à l'autre dans la même Place.

Cette distinction attirerait l'attention des Officiers sur la manière dont les observations doivent être divisées, ainsi que sur l'importance de chacune d'elles; et ferait remarquer d'abord les valeurs invariables, qui sont probablement celles qu'on a le mieux observées, et par conséquent auxquelles on ne doit toucher qu'avec scrupule. La marche que l'on proposera ci-après pour la division des articles du Bordereau, consistant principalement dans la séparation des élémens, pourrait aussi concourir au même résultat.

Du reste, quelque moyen qu'on emploie pour atténuer ces erreurs, il faudrait toujours, pour que les observations fussent plus profitables, établir dans chaque Place un Registre d'expériences, divisé de manière que l'on pût facilement s'y retrouver; c'est ce à quoi l'on parviendrait, si l'on transcrivait sur lesdits Registres tous les articles du Bordereau, en laissant vis-à-vis de chacun d'eux une ligne pour inscrire les numéro des pages qui renfermeraient des observations sur l'article en regard : sans cette précaution, il devient quelquefois si difficile de s'y reconnaître que l'on est obligé d'y renoncer.

Enfin, ces erreurs, quelles qu'elles soient, tirent bien moins à conséquence que les défauts qui résultent d'un mauvais mode de division des articles du Bordereau, puisqu'elles n'atteignent que quelques articles de certains Bordereaux, tandis que ces derniers portent sur la plupart des articles de tous les Bordereaux : donc le troisième point, qui est l'Analyse, est encore moins important que le second; donc c'est le moins important des trois.

Après avoir rappelé les bases principales de la rédaction des Marchés, bases qui consistent en grande partie dans les trois points que l'on vient d'examiner, il reste à parler du mode de Classement.

Relativement à ce dernier, la première condition à remplir est que le Bordereau soit rangé de manière que l'on puisse trouver tout de suite l'article dont on a besoin.

_____

(*) Les notes XXVIII, XXIX, XXXI, XXXIII, XXXIV, XXXVII, XXXIX, XLIII, XLV, XLVI, XLVIII, peuvent encore servir à faire comprendre ce que l'on entend par mode de division des articles du Bordereau.

Lorsqu'on a fait usage d'un Bordereau pendant quelque temps, on sait à-peu-près où se trouve chaque chose. Néanmoins, en adoptant le classement par ordre de matières, comme ce Classement n'est pas tellement déterminé qu'il ne laisse beaucoup de vague, il arrive chaque jour que l'on perd un temps considérable en recherches, et quelquefois que ne trouvant pas les prix qu'il faudrait appliquer, on commet des erreurs. (*Note* II.)

La difficulté que l'on éprouve pour retrouver les articles en suivant le Classement dont on vient de parler, et qui est généralement en usage, engage à en proposer un autre, qui consisterait à diviser le Bordereau en quatre chapitres, dans chacun desquels les articles seraient rangés par ordre alphabétique. Dans le premier on placerait tout ce qui sert à l'exécution des travaux, et qui cesse d'en faire partie, dès que ceux-ci sont terminés : tels sont les ouvriers, les machines, les échafaudages, etc. Le second renfermerait les matériaux : comprenant sous ce titre tout ouvrage auquel on doit encore donner une certaine main-d'œuvre, pour qu'il soit dans un état d'emploi définitif. Le troisième contiendrait les ouvrages achevés dont toutes les dimensions seraient indéterminées, c'est-à-dire, qui n'auraient aucune dimension de forme fixée au Devis : tels que les déblais, les maçonneries, les charpentes, au mètre cube; les enduits et les menuiseries au mètre carré; les fers au poids, etc. Ce serait surtout pour les articles de ce chapitre qu'il ne faudrait pas fixer de dimensions inutiles, comme on l'a expliqué. Ainsi, il faudrait se garder de prescrire, comme on le fait dans quelques Marchés, les dimensions des grillages de fondation, des palplanches, des charpentes de pont, des lambourdes de plancher, des ferrures de pont-levis, des pentures de porte; le talus des murs de soutenement; la forme des fours, des cheminées; le rapport de la hauteur à la largeur des portes ou des fenêtres, etc. : attendu que les déterminations de ce genre ne servent la plupart du temps que d'entraves, lorsqu'il s'agit de l'exécution des travaux, et qu'elles peuvent même quelquefois fournir à l'Entrepreneur le moyen d'exiger des choses nuisibles aux intérêts de l'État. Enfin, dans le quatrième chapitre, on mettrait les ouvrages entièrement achevés dont une ou plusieurs dimensions seraient invariables et fixées au Devis : tels sont les objets à la pièce, et quelques autres articles. En décrivant les ouvrages de ce dernier chapitre, loin d'écarter des détails de forme, comme on l'a dit ci-dessus en parlant du chapitre précédent, il faudrait au contraire mettre tous ses soins à n'en point négliger; surtout éviter de donner des descriptions vagues ou incomplètes; et bien moins encore d'en omettre, comme on le fait souvent : car, alors, comment voudrait-on qu'un Entrepreneur, qui par intérêt doit être de mauvaise volonté, eût assez de conscience pour fournir des objets d'une valeur égale à celle des prix adjugés; quand les Officiers du Génie, avec toute la bonne volonté possible, ne peuvent même parfois comprendre à quels ouvrages certains prix du Bordereau se rapportent? (*Note* III.)

L'ordre méthodique de Classement que l'on vient d'indiquer, et qui assigne positivement à chaque article la place qu'il doit occuper, aurait encore, outre l'avantage de la simplicité, celui de diviser les ouvrages en trois séries bien distinctes. La première renfermerait tout ce qui est relatif aux travaux à l'économie, et se composerait de la réunion des deux premiers chapitres. La seconde (3ᵐᵉ *chapitre*) présenterait des prix généraux applicables à toutes sortes d'ouvrages, même aux ouvrages du quatrième chapitre : prix qui, à la rigueur, pourraient seuls suffire pour former un Bordereau complet; et qui, embrassant à-peu-près tout, feraient éviter les prix à l'estimation toujours onéreux à l'État. Enfin, la troisième (4ᵐᵉ *chapitre*) comprendrait certains ouvrages pour lesquels on aurait établi des prix particuliers, dans le seul dessein d'apporter quelques simplifications dans les toisés, ou d'obtenir des évaluations plus exactes.

Ainsi, l'étendue des deux premiers chapitres dépend du nombre des ouvrages que l'on a l'intention de faire exécuter à l'économie, et ces deux chapitres deviennent inutiles dès qu'on ne veut faire travailler qu'au toisé. Le troisième chapitre est indispensable, l'étendue en est déterminée par les localités. Enfin, le quatrième chapitre peut être plus ou moins long, au gré du rédacteur, c'est-à-dire qu'on peut le supprimer ou bien, comme on l'a fait dans le présent ouvrage, en multiplier les articles au-delà de la nécessité : mais les nombreux services qu'il peut rendre doivent, dans tous les cas, engager à l'établir, en restreignant toutefois son étendue à des limites raisonnables, par exemple, aux choses les plus usuelles.

Dans la minute d'un Bordereau, les articles doivent être écrits complètement en toutes lettres, même les prix, et sans transposition; ainsi :

Le mètre cube de maçonneries de moellons bruts, dix francs; ci........................... 10 fr.

Mais dans les expéditions destinées à l'usage journalier, on pourrait en commencer la rédaction par le terme énonciatif de l'ouvrage; et renfermer entre parenthèses, la phrase qui indique comment le prix doit être appliqué :

MAÇONNERIES de moellons bruts (*le mètre cube de*), ou (*au mètre cube*).................. 10 fr.

Cette manière d'écrire faciliterait beaucoup les recherches, surtout si les titres étaient assez courts pour qu'ils n'occupassent qu'une ligne.

En réduisant tous les Titres du Bordereau, chacun à une seule ligne, on aurait encore l'avantage d'économiser les écritures, et cette économie peut certainement entrer en considération : car, quand on pense que pour chaque toisé il faut transcrire huit fois le Titre du Bordereau qui s'y rapporte, on sent qu'en les abrégeant il doit en résulter, pour la rédaction des comptes et surtout dans une grande Place, une économie importante et réelle de temps. Enfin, les détails mis généralement dans les Titres de Bordereau, n'étant pour la plupart que des répétitions de Devis, sont, par conséquent, un double emploi tout-à-fait inutile.

On observera même au sujet des Titres prolixes, que la patience manque quelquefois pour les transcrire, qu'on les tronque dans les carnets, et qu'il en résulte des erreurs; que souvent même, pour diminuer les frais d'impression du Bordereau, au lieu d'en écrire complètement tous les Titres, on y substitue des phrases abrégées et que l'on regarde à tort comme équivalentes. Par exemple, au lieu des deux Titres suivants :

Le mètre cube de charpente de chêne de sept mètres de longueur et au-dessus, pour pilots de fondation équarris à vive arête, y compris la façon de la pointe et du tenon, le recepage et le battage payés à part. (*)

(*) Titre extrait du Bordereau d'une des grandes places de France : son équivalent, dans le Bordereau ci-joint, est à l'article 2493.

Et :

Le mètre cube de charpente de chêne de sept mètres de longueur et au-dessous, pour pilots de fondation équarris à vive arête, y compris la façon de la pointe et du tenon, le recepage et le battage payés à part.

On se contente quelquefois d'écrire pour le second :

Le même au-dessous de 7 mètres.

Cette manière de s'exprimer, lorsqu'elle est trop multipliée, produit parfois une telle ambiguïté qu'il peut en résulter de fausses applications de prix.

Relativement au Devis, le Classement doit suivre celui du Bordereau ; mais comme on ne peut faire correspondre les articles de l'un avec ceux de l'autre, on doit se contenter de transcrire les Titres du Bordereau, ainsi que leurs numéro, en marge du Devis, et en regard des clauses qui les concernent, de telle façon que ces indications soient placées suivant leur ordre alphabétique et numérique ; puis, pour éviter les répétitions et les omissions, on doit d'abord rassembler au commencement du Devis, sous le titre de Conditions Générales, celles qui sont communes à l'exécution de tous les ouvrages, ou au moins du plus grand nombre ; ensuite placer de même, soit à la tête, soit à la fin de chaque article du Devis relatif à l'exécution d'une certaine classe d'ouvrages, les Clauses générales qui s'y rapportent : de cette manière tout est prévu, et se trouve exprimé le plus laconiquement qu'il est possible ; tandis qu'en n'observant pas cet ordre, on finit par se fatiguer de répéter toujours certaines choses, on les omet quelque part, et de là naissent des discussions. Enfin, on fera remarquer qu'en suivant strictement cette marche, la division de tous les articles du Devis est naturellement tracée ; et qu'en s'en écartant, on n'a la plupart du temps aucune raison pour les diviser d'une manière plutôt que d'une autre : ce qui produit dans le texte une espèce de désordre.

Il ne reste plus qu'une réflexion générale à faire sur la rédaction des Marchés : elle est relative au Style.

Quand on compare plusieurs Marchés, on s'aperçoit tout de suite que le même objet s'y trouve désigné par des noms différents ; que très-rarement on se sert de mots techniques ; que fort souvent au contraire on emploie les mots hors de leurs acceptions ; que plus souvent encore on en invente pour exprimer des choses que les dictionnaires définissent : irrégularités qui ne peuvent provenir que du désir de se rapprocher du jargon des ouvriers, ou de l'habitude que l'on a de copier les anciennes rédactions (*). Si les Devis décrivaient tout, cette impropriété de mot ne tirerait pas à conséquence ; mais, la plupart du temps, les Bordereaux renferment en foule des articles dont les Devis ne font aucune mention, articles que souvent on ne peut comprendre, bien qu'ils soient écrits en bon français : comment les comprendra-t-on s'ils sont composés d'expressions purement locales, et qui, par conséquent, manquent de cette précision et de cette uniformité à laquelle il serait si désirable que l'on arrivât ?

Deux inconvéniens résultent journellement de ce défaut : le premier, c'est qu'en cas de contestation sur la définition de ces mots inconnus, on est obligé de s'en rapporter aux ouvriers, qui décident toujours la question en faveur de l'Entrepreneur. Le second, c'est qu'un Officier arrivant pour la première fois dans une Place, demeure très-longtemps avant d'en bien comprendre le Marché ; et que les mots qu'il y trouve employés dans des acceptions autres que les leurs, lui font quelquefois faire des applications fausses et onéreuses. Enfin, un Marché étant un acte légal, il semble qu'on ne puisse mettre trop de soin à le rédiger correctement.

Tels sont les principes que l'on propose de suivre dans la rédaction des Marchés ; et, pour les spécifier davantage, on va essayer d'en présenter une esquisse, dans laquelle, d'une part, on étendra le Bordereau le plus possible, afin d'embrasser un plus grand nombre de difficultés ; tandis que, de l'autre, on restreindra le Devis à ce qui sera justement nécessaire pour les faire comprendre, de crainte d'augmenter inutilement le volume de cet ouvrage.

On pourra reprocher à ce mode de rédaction de renfermer trop d'innovations, mais on pense que c'est un bien petit défaut : car les Officiers sauront toujours en saisir promptement l'esprit ; et les Entrepreneurs auront trop d'intérêt à le connaître, pour rester longtemps dans l'ignorance. Du reste, on est bien éloigné d'avoir la prétention de présenter ce travail comme Modèle : ce n'est qu'un simple Recueil d'idées plus ou moins neuves, offert pour l'avenir ; car, pour le présent, chacun doit se conformer au Marché-Modèle que l'on a commencé de publier, puisque les ordres donnés veulent qu'il soit en vigueur.

(*) Si, dans cet ouvrage, on a employé quelques termes nouveaux, ou dans des acceptions particulières, c'est faute de mots techniques consacrés : autant qu'on l'a pu, ces termes y sont écrits en italique.

DIRECTION DE A........

B ORDEREAU des Prix de l'Adjudication à passer pour les Travaux militaires dépendants du Service du Génie, qui seront à exécuter dans la Place de A........... et dépendances, pendant trois ou six années, à partir de 1832. (Note IV.)

ARTICLES.	ÉNONCÉ DES OUVRAGES.	PRIX.	

CHAPITRE Iᵉʳ. (*)
OUVRIERS et MACHINES.

		f.	c.
1.	ÂNE. (*à la journée*)..	1	44
2.	BADIGEONNEUR. (*à la journée*).................................	2	35
3.	BARQUE. (*à la journée*)...	2	00
4.	BATEAU. (*à la journée*).	»	
5.	BATELET. (*à la journée*).	»	
6.	BATELIER. (*à la journée*)...	1	53
7.	BOURRIQUET. (*à la journée*).	»	
8.	BUCHERON. (*à la journée*).	»	
9.	*CADRE* à oreilles, de 1 mètre. (*à la pièce*).	»	
10.	————————, de 1ᵐ,30. (*à la pièce*).	»	
11.	*CADRE* uni, de 1 mètre. (*à la pièce*).	»	
13.	CALFAT. (*à la journée*).	»	
14.	CAMION. (*à la journée*).	»	
15.	CARRIER. (*à la journée*)...	2	29
16.	CHAPELET incliné à bras. (*à la journée*)......................	21	44
17.	———————— à manège. (*à la journée*).	»	
18.	CHAPELET vertical à bras. (*à la journée*).	»	
20.	CHARPENTE d'Echafaud de sujétion de 10 mètres. (*au mètre cube*)......	19	94
21.	— — — — — — — de 25ᶜ ou moins. (*au mètre cube*).	»	
22.	— — — — — — — — de 25 à 60ᶜ. (*au mètre cube*).	»	
23.	— — — — — — — — de 60ᶜ ou plus. (*au mètre cube*).	»	
24.	— — — — — — — — des bois de l'Etat. (*au mètre cube*).	»	
25.	CHARPENTE d'Echafaud ordinaire de 10 mètres. (*au mètre cube*).	»	
30.	CHARPENTIER. (*à la journée*)...................................	2	44
31.	CHARRETIER. (*à la journée*).....................................	1	53
52.	CHARRON. (*à la journée*).	»	
53.	CHEVAL. (*à la journée*)...	2	08
54.	CHEVRE à haubans. (*à la journée*).	»	
55.	— — — à pivot. (*à la journée*).	»	
56.	CINTRE de madriers. (*au mètre carré*).	»	
57.	— — de planches. (*au mètre carré*).	»	
58.	*CLAYONNEUR*. (*à la journée*).	»	
59.	*COFFRAGE* de puits. (*au mètre carré*).	»	
40.	CONDUITE de pompe de 10ᶜ, d'un mètre de longueur. (*à la journée*).	»	
41.	— — — de 13ᶜ, d'un mètre de longueur. (*à la journée*).	»	
42.	CORDAGE. (*à la journée*).	»	
43.	CORDIER. (*à la journée*).	»	
44.	CUVE. (*à la journée*).	»	
45.	CUVEAU. (*à la journée*).	»	
46.	ÉCHELLE de sujétion. (*à la journée*).	»	
47.	— — — ordinaire. (*à la journée*).	»	
48.	*FASCINEUR* de 1ʳᵉ Classe. (*à la journée*).	»	
49.	— — — de 2ᵉ Classe. (*à la journée*).	»	

(*) D'après le classement proposé, ce chapitre doit comprendre les objets qui servent à la construction des ouvrages, et qui cessent d'en faire partie dès que ces derniers sont achevés.

50.	FEMME. *(à la journée)*.		»
51.	FERBLANTIER. *(à la journée)*		»
52.	FONDEUR. *(à la journée)*.	2	40
53.	FONTAINIER. *(à la journée)*.		»
54.	FORGERON. *(à la journée)*.		»
55.	FRAIS d'Echafaud de sujétion. *(à la journée)*.		»
56.	— — — — ordinaire. *(à la journée)*.		»
57.	— — — — volant. *(à la journée)*.		»
58.	FRAIS d'Outils de sujétion. *(à la journée)*.		»
59.	— — — ordinaires. *(à la journée)*.		»
60.	*GOUDRONNEUR. (à la journée)*.		»
61.	GOUJAT. *(à la journée)*	0	82
62.	JARDINIER. *(à la journée)*.	1	99
65.	LEVAGE de charpente d'Echafaud de sujétion de 10 mètres. *(au mètre cube)*............	4	61
71.	LEVAGE de cintre de madriers. *(au mètre carré)*.		»
73.	LUMIÈRE. *(à la journée)*	0	40
74.	MAÇON de 1re Classe. *(à la journée)*.		»
75.	— — de 2e Classe. *(à la journée)*.		»
76.	MACHINE à receper. *(à la journée)*.		»
77.	MAITRE appareilleur. *(à la journée)*.		»
80.	— — charpentier. *(à la journée)*	3	03
100.	MANOEUVRE de sujétion. *(à la journée)*.	1	40
101.	— — — ordinaire. *(à la journée)*.		»
102.	MENUISIER. *(à la journée)*	2	13
103.	MINEUR. *(à la journée)*.		»
104.	MOISE à cuvelage. *(à la pièce)*.		»
105.	MULET. *(à la journée)*.		»
106.	NACELLE. *(à la journée)*.		»
107.	PAVEUR de 1re Classe. *(à la journée)*.		»
108.	— — de 2e Classe. *(à la journée)*.		»
109.	PEINTRE de 1re Classe. *(à la journée)*.	2	36
110.	— — de 2e Classe. *(à la journée)*.		»
111.	PISEUR. *(à la journée)*.		»
112.	PLANCHER d'Echafaud, de sujétion. *(au mètre carré)*.		»
113.	— — — — — , ordinaire. *(au mètre carré)*.		»
114.	PLATRIER. *(à la journée)*.		»
115.	POÊLE. *(à la journée)*	0	11
116.	POMPE à bras, de 10e. *(à la journée)*.		»
117.	— — — , de 13e. *(à la journée)*.		»
118.	POMPE à incendie. *(à la journée)*.		»
119.	POMPE à manége. *(à la journée)*.		»
120.	POSAGE de plancher d'Echafaud, de sujétion. *(au mètre carré)*.		»
122.	POT à feu. *(à la journée)*.		»
123.	RAMONEUR. *(à la journée)*.		»
124.	SCIEUR de long. *(à la journée)*.		»
125.	— — de pierre. *(à la journée)*.		»
126.	SERRURIER. *(à la journée)*.		»
127.	SONNETTE à déclic, de sujétion. *(à la journée)*.		»
128.	— — — — , ordinaire. *(à la journée)*.		»
129.	SONNETTE à *tiraudes*, de sujétion. *(à la journée)*.		»
131.	TAILLEUR de pierre dure. *(à la journée)*.		»
132.	— — — de pierre tendre. *(à la journée)*.		»
133.	TERRASSIER. *(à la journée)*	2	54
134.	TOMBEREAU de 0m,33. *(à la journée)*.		»
135.	— — — — de 0m,66. *(à la journée)*.		»
136.	— — — — de 1 mètre. *(à la journée)*.		»
137.	TONNELIER. *(à la journée)*.		»
138.	TORCHE. *(à la journée)*.		»
139.	TOURNEUR. *(à la journée)*.		»
140.	TRINGLE à cuvelage. *(à la journée)*.		»
141.	VIDANGEUR. *(à la journée)*.		»
142.	VIS à bras, de 4 mètres. *(à la journée)*.		»
143.	— — — , de 6 mètres. *(à la journée)*.		»
144.	VIS à manége. *(à la journée)*.		»
145.	VITRIER. *(à la journée)*.		»
146.	VOITURE à bras. *(à la journée)*.		»
147.	— — — de sujétion. *(à la journée)*	10	85
148.	— — — légère. *(à la journée)*.		»
149.	— — — ordinaire. *(à la journée)*.		»

CHAPITRE II. (*)

MATÉRIAUX.

150.	ACIDE sulfurique. (au kilogramme).	»	
151.	ACIER commun. (au kilogramme).	»	
152.	— — fin. (au kilogramme).	»	
153.	ALCOHOL. (au litre).	»	
154.	ALUN. (au kilogramme).	»	
155.	AMPÉLITE. (au kilogramme).	»	
156.	ARDOISES de F. (au cent).	»	
157.	— — — de G. (au cent).	»	
158.	— — — ordinaires de 8ᶜ. (au cent)............................	2	89
159.	— — — ordinaires de 12ᶜ. (au cent).	»	
160.	BARDEAUX. (au cent).	»	
161.	BITUME. (au kilogramme).	»	
162.	BLANC d'Espagne. (au kilogramme).	»	
163.	BLEU de Prusse. (au kilogramme).	»	
164.	BLOCAILLE commune. (au mètre cube).	»	
165.	— — — — commune, des moellons de l'Etat. (au mètre cube).	»	
166.	— — — — fine. (au mètre cube).	»	
168.	BOIS à piquet faible. (au mètre courant).	»	
169.	— — — — fort. (au mètre courant).	»	
170.	— — — — moyen. (au mètre courant).	»	
171.	BOIS de chauffage. (à la corde).	»	
172.	BOIS de Châtaigner brut. (au mètre cube).	»	
173.	BOIS de Chêne brut de 6 mètres. (au mètre cube).................	44	91
174.	— — — — — de 25ᶜ ou moins. (au mètre cube).	»	
175.	— — — — — de 25 à 60ᶜ. (au mètre cube).	»	
176.	— — — — — de 60ᶜ ou plus. (au mètre cube).	»	
177.	BOIS de Chêne équarri de 6 mètres. (au mètre cube).	»	
178.	— — — — — - de 20ᶜ ou moins. (au mètre cube).	»	
179.	— — — — — - de 20 à 45ᶜ. (au mètre cube).	»	
180.	— — — — — - de 45ᶜ ou plus. (au mètre cube).	»	
181.	BOIS de Chêne en grume de 6 mètres. (au mètre cube).................	34	60
182.	— — — — — — — de 15ᵈ ou moins. (au mètre cube).	»	
183.	— — — — — — — de 15 à 30ᵈ. (au mètre cube).	»	
184.	— — — — — — — de 30ᵈ ou plus. (au mètre cube).	»	
185.	BOIS de Hêtre en grume. (au mètre cube).	»	
186.	BOIS de Noyer brut. (au mètre cube).	»	
187.	BOIS d'Orme en grume. (au mètre cube).	»	
188.	BOIS de Peuplier en grume. (au mètre cube).	»	
189.	— — — — équarri. (au mètre cube).	»	
190.	BOIS de Sapin brut de 10 mètres. (au mètre cube).................	40	96
191.	— — — — de 25ᶜ ou moins. (au mètre cube).	»	
192.	— — — — de 25 à 60ᶜ. (au mètre cube).	»	
193.	— — — — de 60ᶜ ou plus. (au mètre cube).	»	
194.	BOIS de Sapin équarri de 10 mètres. (au mètre cube).	»	
195.	— — — — — de 20ᶜ ou moins. (au mètre cube).	»	
196.	— — — — — de 20 à 45ᶜ. (au mètre cube).	»	
197.	— — — — — de 45ᶜ ou plus. (au mètre cube).	»	
198.	BORNE de sujétion. (à la pièce).	»	
199.	— — — ordinaire. (à la pièce).	»	
200.	BOURRE blanche. (au kilogramme).	»	
201.	— — grise. (au kilogramme).	»	
202.	BOUTISSE de sujétion. (à la pièce).	»	
203.	— — — ordinaire. (à la pièce).	»	
204.	BRAI gras. (au kilogramme).	»	
205.	— — sec. (au kilogramme).	»	
206.	BRANCHAGES courts. (à la botte).	»	
207.	— — — — courts, des bois de l'Etat. (à la botte).	»	
208.	— — — — longs. (à la botte).	»	
210.	— — — — moyens. (à la botte).	»	
242.	BRAS brut à brouette. (à la pièce).	»	
243.	— — à civière. (à la pièce).	»	

(*) Ce chapitre doit comprendre les ouvrages auxquels il reste encore une certaine main-d'œuvre à donner pour qu'ils soient dans un état d'emploi définitif.

244. BRIQUES crues. (*au cent*).	»	
245. — — — de 4ᶜ. (*au cent*)..	2	10
246. — — — de 5ᶜ. (*au cent*).	»	
247. — — — de C. (*au cent*).	»	
248. *BROCHES.* (*au kilogramme*).	»	
249. *BROCHES* du fer de l'État. (*au kilogramme*).	»	
220. CAILLOUX. (*au mètre cube*).	»	
221. CARREAUX de 16ᶜ. (*au cent*).	»	
222. — — — de 22ᶜ. (*au cent*).	»	
223. CARREAUX de faïence. (*au cent*).	»	
224. — — —, — hexagones. (*au cent*).	»	
225. CENDRÉE. (*au mètre cube*).	»	
226. CENDRES de bois. (*au mètre cube*).	»	
227. — — — de houille. (*au mètre cube*).	»	
228. CERCEAUX de 3ᶜ. (*à la douzaine*).	»	
229. — — — — de 5ᶜ. (*à la douzaine*).	»	
230. —. — — — de 7ᶜ. (*à la douzaine*).	»	
231. CÉRUSE. (*au kilogramme*).	»	
232. CHANDELLE. (*au kilogramme*).	»	
233. CHANVRE. (*au kilogramme*).	»	
234. CHARBON. (*au mètre cube*).	»	
235. *CHASSE-ROUES.* (*à la pièce*).	»	
236. CHAUX grasse en pierres. (*au mètre cube*).	»	
237. — — — — — en pierres, des pierres de l'État. (*au mètre cube*).	»	
238. — — — — — en poudre. (*au mètre cube*).	»	
239. CHAUX maigre en pierres. (*au mètre cube*).	»	
241. — — — — — en pâte. (*au mètre cube*).	»	
242. — — — — — en poudre. (*au mètre cube*).	»	
243. CHAUX ordinaire en pierres. (*au mètre cube*).................................	13	20
245. — — — — — en pâte. (*au mètre cube*).................................	16	07
246. — — — — — en poudre. (*au mètre cube*).	»	
247. CHEVILLES à gazon. (*au cent*).	»	
249. CHEVRON de Chêne, de 8ᶜ. (*au mètre courant*).	»	
250. — — — — —, de 11ᶜ. (*au mètre courant*).	»	
251. CHEVRON de Sapin, de 8ᶜ. (*au mètre courant*).	»	
253. CHIENDENT. (*au sac*).	»	
254. CIMENT commun. (*au mètre cube*).................................	22	18
255. — — — commun, des tuileaux de l'État. (*au mètre cube*).	»	
256. — — — fin. (*au mètre cube*).	»	
258. CIRE. (*au kilogramme*).	»	
259. CLAYONNAGE faible. (*au mètre carré*).	»	
260. — — — — faible, des gaulettes de l'État. (*au mètre carré*).	»	
261. — — — — faible, des bois de l'État. (*au mètre carré*).	»	
262. — — — — fort. (*au mètre carré*).	»	
263. — — — — moyen. (*au mètre carré*).	»	
268. CLOUS à ailes. (*au kilogramme*).	»	
269. — — — courts. (*au kilogramme*).	»	
270. — — — de sujétion. (*au kilogramme*).	»	
271. — — — limés. (*au kilogramme*).	»	
272. — — — moyens. (*au kilogramme*).	»	
273. — — — ordinaires. (*au kilogramme*).................................	1	29
274. COLLE de farine. (*au kilogramme*).	»	
275. — — — de peau. (*au kilogramme*).	»	
276. — — — forte. (*au kilogramme*).	»	
277. COULEUR au minium. (*au kilogramme*).	»	
278. — — — grise. (*au kilogramme*).	»	
279. — — — noire. (*au kilogramme*).	»	
280. — — — olivâtre. (*au kilogramme*).	»	
281. — — — rouge. (*au kilogramme*).	»	
282. — — — verte. (*au kilogramme*).	»	
283. CRAIE blanche. (*au kilogramme*).	»	
284. — — rouge. (*au kilogramme*).	»	
285. CRAMPONS. (*au kilogramme*).	»	
287. CUIR. (*au kilogramme*).	»	
288. CUIVRE jaune en lingot. (*au kilogramme*).	»	
289. — — — laminé. (*au kilogramme*).	»	
290. — — — rouge. (*au kilogramme*).	»	
291. DALLES de D. (*au mètre carré*).	»	
292. — — — réfractaires. (*au mètre carré*).	»	
293. DÉTREMPE bleue. (*au litre*).	»	

MATÉRIAUX.

294.	DETREMPE grise. *(au litre)*.	»
295.	— — — — jaune. *(au litre)*.	»
296.	DOSSE faible de Chêne. *(au mètre carré)*.	»
297.	— — — — de Sapin. *(au mètre carré)*.	»
298.	DOSSE forte de Chêne. *(au mètre carré)*.	»
300.	EAU d'encollage. *(au litre)*.	»
301.	EAU-DE-VIE. *(au litre)*.	»
302.	EAU douce. *(au mètre cube)*.................................	1 95
303.	ECHANDOLES. *(au cent)*.	»
305.	EMERI. *(au kilogramme)*.	»
306.	EPINES. *(au fagot)*.	»
307.	EPINES du bois de l'Etat. *(au fagot)*.	»
308.	ESSEAUX. *(au cent)*.	»
309.	ESSENCE. *(au kilogramme)*.	»
310.	ETAIN. *(au kilogramme)*.	»
311.	ETOUPES de chanvre. *(au kilogramme)*.	»
312.	— — — goudronnées. *(au kilogramme)*.	»
315.	FAGOT. *(à la pièce)*.	»
314.	FARINE. *(au kilogramme)*.	»
315.	FASCINE de 2 mètres. *(à la pièce)*.	»
316.	— — — de 2 mètres, des branchiages de l'Etat. *(à la pièce)*.	»
317.	— — — de 2 mètres, du bois de l'Etat. *(à la pièce)*.	»
318.	— — — de 3 mètres. *(à la pièce)*.	»
321.	— — — de 4 mètres. *(à la pièce)*.	»
324.	FER-BLANC. *(à la feuille)*.	»
325.	FER à cercles. *(au kilogramme)*.	»
326.	— — doux. *(au kilogramme)*.	»
327.	— — fort. *(au kilogramme)*.	—
328.	— — ordinaire. *(au kilogramme)*.	»
329.	— — rond. *(au kilogramme)*.	»
330.	FIL à coudre. *(au kilogramme)*.	»
331.	FIL de fer N° 6. *(au kilogramme)*.	»
333.	— — — N° 30. *(au kilogramme)*.	»
336.	FIL de laiton. *(au kilogramme)*.	»
337.	FUMIER. *(au mètre cube)*.	»
338.	GABION de 1 mètre. *(à la pièce)*.	»
339.	— — — de 1 mètre, des gaulettes de l'Etat. *(à la pièce)*.	»
360.	— — — de 1 mètre, du bois de l'Etat. *(à la pièce)*.	»
361.	— — — de 1^m,20. *(à la pièce)*.	»
364.	GAULETTES courtes. *(à la botte)*.	»
365.	— — — — courtes, des bois de l'Etat. *(à la botte)*.	»
366.	— — — — longues. *(à la botte)*.	»
368.	— — — — moyennes. *(à la botte)*.	»
370.	GAZON. *(au mètre cube)*.	»
371.	GAZON tiré des prés de l'Etat. *(au mètre cube)*.	»
372.	GOUDRON minéral. *(au kilogramme)*.	»
373.	— — — végétal. *(au kilogramme)*.	»
374.	GRAINE de foin. *(au sac)*.	1
375.	GRAVIER. *(au mètre cube)*.	»
376.	GYPSE. *(au mètre cube)*.	»
377.	HARTS courtes. *(à la botte)*.	»
378.	— — — courtes, du bois de l'Etat. *(à la botte)*.	»
379.	— — — longues. *(à la botte)*.	»
381.	— — — moyennes. *(à la botte)*.	»
383.	HOUILLE. *(au quintal)*.	»
384.	HUILE de lampe. *(au kilogramme)*.................................	1 61
385.	— — — de lin. *(au kilogramme)*.	»
386.	— — — de poisson. *(au kilogramme)*.	»
387.	— — — grasse. *(au kilogramme)*.	»
388.	JANTE brute. *(à la pièce)*.	»
390.	LAITIER. *(au mètre cube)*.	»
391.	LAMPION. *(à la pièce)*.	»
392.	LATTES de fente. *(à la botte)*.	»
393.	— — — de fente, du bois de l'Etat. *(à la botte)*.	»
394.	— — — de sciage, de Chêne. *(au mètre courant)*.	»
395.	— — — de sciage, de Sapin. *(au mètre courant)*...................	0 07
396.	*LATTONS.* *(à la botte)*.	»
398.	LAVES. *(au cent)*.	»
399.	LIBAGES. *(au mètre cube)*.	»
400.	LIMAILLE. *(au kilogramme)*.	»

401. LITHARGE. (au kilogramme).   »
402. MADRIER de Chêne, de 41ᵐ. (au mètre carré).   »
407. — — — — — — de 81ᵐ. (au mètre carré).   »
408. MADRIER de Sapin, de 41ᵐ. (au mètre carré).   »
410. MARCHE moulée. (au mètre carré).   »
411. — — — unie. (au mètre carré).   »
412. MASTIC à la Litharge. (au kilogramme).   »
413. — — — à l'Eau–forte. (au kilogramme).   »
414. — — — de Corbel. (au kilogramme).   »
415. — — — de Fiennes. (au kilogramme).   »
416. — — — de Fontainier. (au kilogramme).   »
417. — — — de Goudron. (au kilogramme).   »
418. — — — de Limaille. (au kilogramme).   »
419. — — — de Peintre. (au kilogramme).   »
420. — — — de Tunis. (au kilogramme).   »
421. — — — de Vitrier. (au kilogramme).   »
422. MASTIC-LORIOT. (au kilogramme).   »
423. — — minéral. (au kilogramme).   »
424. MASTIC-VAUBAN. (au quintal).   »
425. MINIUM. (au kilogramme).   »
426. MOELLONS de A. (au mètre cube).   »
427. — — — esmiliés. (au cent).   »
428. — — — ordinaires. (au mètre cube)............................ 9 04
429. — — — piqués. (au cent).   »
430. MORTIER à bourre blanche. (au mètre cube).   »
431. — — — — grise. (au mètre cube).   »
432. MORTIER à chapes de Chaux grasse et de Ciment. (au mètre cube).   »
433. — — — — — de Chaux maigre. (au mètre cube).   »
434. — — — — — de Ciment. (au mètre cube).   »
435. — — — — — de Sable et de Ciment. (au mètre cube).   »
436. MORTIER bâtard de Sable fin. (au mètre cube).   »
437. — — — — de Terre grasse. (au mètre cube).   »
438. — — — — ordinaire. (au mètre cube).   »
439. MORTIER-BÉTON de Chaux grasse et de Pouzzolane. (au mètre cube).   »
440. — — — — — de Sable et de Trass. (au mètre cube).   ' »
441. — — — — — de Trass. (au mètre cube).   »
442. — — — — — ordinaire. (au mètre cube).   »
443. MORTIER de Chaux grasse et de Cendres de houille. (au mètre cube).   »
444. — — — — — — et de Ciment. (au mètre cube).   »
445. — — — — — —, ordinaire. (au mètre cube).   »
446. MORTIER de Chaux maigre et de Sable de mine. (au mètre cube).   »
447. — — — — — — et de Sable lavé. (au mètre cube).   »
448. — — — — — — —, de Sable, et de Trass commun. (au mètre cube).   »
449. — — — — — — —, de Sable, et de Trass fin. (au mètre cube).   »
450. — — — — — — ordinaire. (au mètre cube).   »
451. MORTIER de Cendres de houille. (au mètre cube).   »
452. — — — de Cendrée. (au mètre cube).   »
453. — — — de Ciment commun. (au mètre cube).   »
454. — — — de Ciment fin. (au mètre cube)................................ 29 72
455. — — — de Laitier. (au mètre cube).   »
456. — — — de Plâtre blanc. (au mètre cube).   »
457. — — — de Plâtre-Ciment. (au mètre cube).   »
458. — — — de Plâtre gris. (au mètre cube).   »
459. — — — de Pouzzolane commune. (au mètre cube).   »
460. — — — de Sable et de Ciment commun. (au mètre cube).   »
461. — — — de Sable et de Trass commun. (au mètre cube).   »
462. — — — de Sable fin. (au mètre cube).   »
463. — — — de Sable lavé. (au mètre cube).   »
464. — — — de Sable ordinaire. (au mètre cube)........................ 11 10
465. — — — de Schiste. (au mètre cube).   »
466. — — — de Terre de route. (au mètre cube).   »
467. — — — de Terre grasse et de paille. (au mètre cube).   »
468. — — — de Terre grasse, ordinaire. (au mètre cube).   »
469. — — — de Trass commun. (au mètre cube).   »
470. MORTIER-FLEURET de Pouzzolane. (au mètre cube).   »
471. — — — — ordinaire. (au mètre cube).   »
472. MORTIER-LAFAYE. (au mètre cube).   »
473. MORTIER-LORIOT de Ciment. (au mètre cube).   »
474. — — — — ordinaire. (au mètre cube).   »
475. MOUSSE. (au sac)....................................... 0 26

		MOY	
476.	MOYEU brut. (*à la pièce*).	»	
477.	*NAILLES*. (*au kilogramme*).	»	
478.	NOIR de fumée. (*au kilogramme*).	»	
479.	— — d'Ivoire. (*au kilogramme*).	»	
480.	— — léger. (*au kilogramme*).	»	
481.	OCRE jaune commun. (*au kilogramme*).	»	
482.	— — jaune rafiné. (*au kilogramme*).	»	
483.	— — rouge. (*au kilogramme*).	»	
484.	OSIER. (*à la botte*)..	o	14
486.	PAILLE de Seigle. (*à la botte*).	»	
487.	— — — ordinaire. (*à la botte*).	»	
488.	PALISSADE de 23^d. (*à la pièce*).	»	
489.	— — — — de 23^d., du bois de l'Etat. (*à la pièce*).	»	
490.	— — — — de 32^d. (*à la pièce*).	»	
492.	PAPIER bleu. (*à la rame*).	»	
493.	— — — gris. (*à la rame*).	»	
494.	PATES. (*au kilogramme*).	»	
495.	PATES du fer de l'Etat. (*au kilogramme*).	»	
496.	PERCHE. (*au mètre courant*).	»	
498.	PIERRE brute à pavés. (*au mètre cube*).	»	
499.	— — — — de B, de sujétion. (*au mètre cube*).	»	
500.	— — — de B, ordinaire. (*au mètre cube*).	»	
501.	— — — — de F, à pavés. (*à la pièce*).	»	
502.	— — — de roche, pour paver. (*au mètre cube*).	»	
503.	— — — de taille. (*au mètre cube*)................................	26	14
504.	— — — épincée. (*au mètre cube*).	»	
505.	— — — piquée. (*au cent*).	»	
506.	— — — réfractaire. (*au mètre cube*).	»	
507.	PIQUETS faibles de 5^d. (*au cent*).	»	
508.	— — — — de 5^d, du bois de l'Etat. (*au cent*).	»	
509.	— — — — de 8^d. (*au cent*).	»	
511.	PIQUETS forts de 16^d. (*au cent*).	»	
513.	— — — — — de 20^d. (*au cent*).	»	
515.	PIQUETS moyens de 12^d. (*au cent*).	»	
517.	— — — — — de 14^d. (*au cent*).	»	
519.	PLANCHE de Chêne de 13^m. (*au mètre carré*).	»	
522.	— — — — — de 33^m. (*au mètre carré*).	»	
523.	PLANCHE de Noyer. (*au mètre carré*).	»	
524.	PLANCHE de Sapin de 13^m. (*au mètre carré*).	»	
528.	*PLANÇONS*. (*au cent*).	»	
530.	PLANT d'arbre commun. (*à la pièce*)...............................	o	46
531.	— — — — rare. (*à la pièce*).	»	
532.	— — — — résineux. (*à la pièce*).	»	
533.	— — — — tiré des pépinières de l'Etat. (*à la pièce*).	»	
534.	PLANT de haie. (*à la botte*).	»	
536.	PLATRE blanc. (*au mètre cube*).	»	
537.	— — — blanc, du gypse de l'Etat. (*au mètre cube*).	»	
538.	— — — ciment. (*au mètre cube*).	»	
539.	— — — ciment, des galets de l'Etat. (*au mètre cube*).	»	
540.	— — — gris. (*au mètre cube*).	»	
542.	PLOMBAGINE. (*au kilogramme*).	»	
543.	PLOMB à vitres. (*au kilogramme*).	»	
544.	— — — en saumon. (*au kilogramme*).	»	
545.	— — — laminé. (*au kilogramme*).	»	
546.	POINTES à vitres. (*au cent*).	»	
547.	*POINTES* de 14^m, N° 7. (*au cent*).	»	
549.	— — — de 14^m, N° 9. (*au cent*).	»	
550.	— — — de 81^m, N° 20. (*au cent*)	»	
551.	POUDRE de pierre. (*au mètre cube*).	»	
552.	POUZZOLANE brute. (*au quintal*).	»	
553.	— — — — commune. (*au mètre cube*).	»	
554.	— — — — fine. (*au mètre cube*).	»	
555.	QUARTIER de Chêne, de 6 sur 11^c. au (*mètre courant*).	»	
556.	— — — — — —, de 8 sur 8^c. (*au mètre courant*).	»	
592.	— — — — — —, de 16 sur 16^c. (*au mètre courant*).	»	
593.	QUARTIER de Noyer. (*au mètre courant*).	»	
594.	— — — — de Sapin, de 8 sur 8^c. (*au mètre courant*).	»	
599.	RAYGRASS. (*au kilogramme*).	»	
600.	RECOUPES de pierre. (*au mètre cube*).	»	
601.	RÉSINE. (*au kilogramme*).	»	

602. ROSEAUX. (à la botte).
603. SABLE commun. (au mètre cube).. 3 94
604. — — — de mer. (au mètre cube). »
605. — — — de mine. (au mètre cube). »
606. — — — fin. (au mètre cube). »
607. — — — — lavé. (au mètre cube). »
608. SABOTS de pilotis. (au kilogramme). »
610. SAUCISSON de 1 mètre, de branchages. (au mètre courant). »
611. — — — — de 1 mètre, des branchages de l'Etat. (au mètre courant). »
612. — — — — de 1 mètre, de gaulettes. (au mètre courant). »
614. — — — — — de 1 1/2, de branchages. (au mètre courant). »
618. — — — — farci. (au mètre courant). »
621. SAVON gras. (au kilogramme).. 1 06
622. — — — sec. (au kilogramme). »
623. SCHISTE calciné. (au mètre cube). »
625. SEL de Saturne. (au kilogramme). »
626. SOUDURE. (au kilogramme). »
627. SOUFRE. (au kilogramme). »
628. STIL DE GRAIN. (au kilogramme). »
629. TABLE de mastic. (au mètre cube). »
630. — — — de mastic, du goudron de l'Etat. (au mètre cube). »
631. TERRE à bâtir. (au mètre cube). »
632. — — — à corroi. (au mètre cube). »
633. — — — à pisé. (au mètre cube). »
634. — — — corroyée. (au mètre cube). »
635. — — — corroyée, la terre brute appartenant à l'Etat. (au mètre cube). »
636. — — — de route. (au mètre cube). »
637. — — — végétale. (au mètre cube). »
638. TOILE bitumineuse. (au mètre carré). »
639. — — — de chanvre. (au mètre carré). »
640. TOLE faible. (au kilogramme). »
641. — — — forte. (au kilogramme). »
642. — — — mince. (à la feuille). »
643. TORCHES. (au kilogramme). »
644. TOURTEAUX. (au kilogramme). »
645. TRASS brut. (au quintal). »
646. — — — commun. (au mètre cube). »
647. — — — fin. (au mètre cube). »
648. TRIPOLI. (au kilogramme). »
649. TUILES creuses. (au cent). »
650. — — — faîtières ordinaires. (au cent). »
651. — — — faîtières vernissées. (au cent). »
652. — — — plates. (au cent). »
653. — — — vernissées. (au cent). »
654. TUYAU de bois, de 8e. (au mètre courant). »
656. — — — — —, de 11e. (au mètre courant). »
658. TUYAU de mortier, de 8e. (au mètre courant). »
661. TUYAU de poterie, de 5e. (à la pièce). »
664. — — — — —, de 20e. (à la pièce). »
665. VERNIS. (au kilogramme). »
666. VERRE. (au mètre carré). »
667. VERT-DE-GRIS. (au kilogramme). »
668. VIEUX-OING. (au kilogramme). »
669. VINAIGRE. (au litre). »
670. VIS à bois N° 15, de 1e. (au cent). »
672. — — — — N° 15, de 3e. (au cent). »
749. — — — — N° 30, de 4e. (au cent). »
765. — — — — N° 30, de 20e. (au cent). »
766. ZINC. (au kilogramme). »

CHAPITRE III. (*)

OUVRAGES GÉNÉRAUX.

767. ACÉRURE. (au kilogramme). »
768. ACÉRURE du métal de l'Etat. (au kilogramme.) »

(*) Ce chapitre doit comprendre les prix des ouvrages achevés pour lesquels il n'est fixé au Devis aucune dimension de forme; prix applicables aux ouvrages de tous genres, et dont l'ensemble doit, à la rigueur, pouvoir suffire pour constituer un Bordereau complet.

769. AIRE de mortier *bâtard*. (*au mètre cube*).   »
770. — — de mortier de terre. (*au mètre cube*).   »
771. — — de mortier ordinaire. (*au mètre cube*).   »
772. — — de plâtras. (*au mètre cube*).   »
773. — — de plâtre. *au mètre cube*.   »
774. ARÈTE courbe de briques de 4ᵉ. (*au mètre courant*).   »
775. — — — courbe de briques de 5ᵉ. (*au mètre courant*).   »
776. — — — droite de briques de 4ᵉ. (*au mètre courant*).   »
778. — — — de moellons esmiliés. (*au mètre courant*).   »
779. — — — de moellons piqués. (*au mètre courant*).   »
780, — — — rentrante de roc dur. (*au mètre courant*).   »
781. — — — rentrante de roc tendre. (*au mètre courant*).   »
782. BALAIEMENT de pavé. (à l'are).   »
783. *BLOCAILLAGE* de sujétion. (*au mètre cube*).   »
784. — — — — — — de sujétion, de la blocaille de l'État. (*au mètre cube*).   »
785. — — — — — — de sujétion, des moellons de l'État. (*au mètre cube*).   »
786. — — — — — — ordinaire. (*au mètre cube*).   »
789. BRONZE de sujétion. (*au kilogramme*).   »
790. — — — de sujétion, du métal de l'État. (*au kilogramme*).   »
791. — — — ordinaire. (*au kilogramme*).   »
793. *BRUNISSAGE* de plancher. (*au mètre carré*).   »
794. CHAPE de mastic de goudron. (*au mètre cube*).   »
795. — — — de mastic, du goudron de l'État. (*au mètre cube*).   »
796. — — — de mastic minéral. (*au mètre cube*).   »
798. — — — de mortier de ciment. (*au mètre cube*).   »
799. — — — de mortier de sable et de ciment. (*au mètre cube*).   »
800. — — — de Mortier-Fleuret. (*au mètre cube*).   »
801. — — — en pavé. (*au mètre cube*).   »
802. CHARGEMENT de Gazons, en Barque. (*au mètre cube*).   »
820. CHARGEMENT de Matériaux, en Barque. (*au mètre cube*).   »
821. — — — — — — — — , en Bateau. (*au mètre cube*).   »
822. — — — — — — — — , en Batelet. (*au mètre cube*).   »
823. — — — — — — — — , en Bourriquets. (*au mètre cube*).   »
824. — — — — — — — — , en Brouettes. (*au mètre cube*).   »
825. — — — — — — — — , en Camions. (*au mètre cube*).   »
826. — — — — — — — — , en Civières. (*au mètre cube*).   »
827. — — — — — — — — , à dos d'âne. (*au mètre cube*).   »
828. — — — — — — — — , à dos de cheval. (*au mètre cube*).   »
829. — — — — — — — — , en Hottes. (*au mètre cube*).   »
830. — — — — — — — — , en Nacelle. (*au mètre cube*).   »
831. — — — — — — — — , en Paniers. (*au mètre cube*).   »
832. — — — — — — — — , en Tombereau de 0ᵐ,33. (*au mètre cube*).   »
833. — — — — — — — — , en Tombereau de 0ᵐ,66. (*au mètre cube*).   »
834. — — — — — — — — , en Tombereau de 1 mètre. (*au mètre cube*).   »
835. — — — — — — — — , en Voiture de sujétion. (*au mètre cube*).   »
836. — — — — — — — — , en Voiture légère. (*au mètre cube*).   »
837. — — — — — — — — , en Voiture ordinaire. (*au mètre cube*).   »
838. CHARPENTE de sujétion, de chêne brut de 6 mètres. (*au mètre cube*).   »
839. — — — — — — — — — — de 25ᵉ ou moins. (*au mètre cube*).   »
840. — — — — — — — — — — de 25 à 60ᵉ. (*au mètre cube*).   »
841. — — — — — — — — — — de 60ᵉ ou plus. (*au mètre cube*).   »
842. CHARPENTE de sujétion, du chêne brut de 6 mètres de l'État. (*au mètre cube*).   »
846. CHARPENTE de sujétion, de chêne équarri de 6 mètres. (*au mètre cube*).   »
847. — — — — — — — — — — de 20ᵉ ou moins. (*au mètre cube*).   »
848. — — — — — — — — — — de 20 à 45ᵉ. (*au mètre cube*).   »
849. — — — — — — — — — — de 45ᵉ ou plus. (*au mètre cube*).   »
854. CHARPENTE de sujétion, de sapin brut de 10 mètres. (*au mètre cube*). (Voyez l'art. 190.)
862. CHARPENTE de sujétion, de sapin équarri de 10 mètres. (*au mètre cube*).   »
870. CHARPENTE ordinaire, de chêne brut de 6 mètres. (*au mètre cube*).   »
878. CHARPENTE ordinaire, de chêne équarri de 6 mètres. (*au mètre cube*).   »
886. CHARPENTE ordinaire, de sapin brut de 10 mètres. (*au mètre cube*).   »
894. CHARPENTE ordinaire, de sapin équarri de 10 mètres. (*au mètre cube*).   »
902. CIRAGE de plancher (*au mètre carré*).   »
903. — — — de plancher, fait avec de la cire de l'État. (*au mètre carré*).   »
904. CORDAGE. (*au kilogramme*).   »
905. CORDEAU câblé. (*au kilogramme*).   »
906. — — — ordinaire. (*au kilogramme*).   »
907. CORDE de chanvre. (*au kilogramme*).   »
908. — — — de tilleul. (*au kilogramme*).   »
910. CORROI construit à sec. (*au mètre cube*).   »

911. CORROI construit à sec avec de la terre de l'Etat. *(au mètre cube).*   »
912. — — — — — sous l'eau. *(au mètre cube).*   »
914. COUCHE de fond de Badigeon collé. *(au mètre carré).*   »
915. — — — — — de Badigeon ordinaire. *(au mètre carré).*   »
916. — — — — — de Bitume. *(au mètre carré).*   »
917. — — — — — du Bitume de l'Etat. *(au mètre carré).*   »
918. — — — — — de Blanc d'Espagne collé. *(au mètre carré).*   »
919. — — — — — de Blanc d'Espagne ordinaire. *(au mètre carré).*   »
920. — — — — — de Brai gras. *(au mètre carré).*   »
922. — — — — — de Brai sec. *(au mètre carré).*   »
924. — — — — — de Couleur au minium. *(au mètre carré).*   »
925. — — — — — de Couleur grise. *(au mètre carré).*   »
926. — — — — — de Couleur noire. *(au mètre carré).*   »
927. — — — — — de Couleur olivâtre. *(au mètre carré).*   »
928. — — — — — de Couleur rouge. *(au mètre carré).*   »
929. — — — — — de Couleur verte. *(au mètre carré).*   »
930. — — — — — de Détrempe bleue. *(au mètre carré).*   »
931. — — — — — de Détrempe grise. *(au mètre carré).*   »
932. — — — — — de Détrempe jaune. *(au mètre carré).*   »
933. — — — — — de Lait de chaux collé. *(au mètre carré).*   »
934. — — — — — de Lait de chaux ordinaire. *(au mètre carré).*   »
935. COUCHE ordinaire de Badigeon collé. *(au mètre carré).*   »
956. COULEMENT de Mortier de ciment, sur pavé. *(au mètre carré).*   »
937. — — — de Mortier ordinaire, sur pavé. *(au mètre carré).*   »
958. CREPI de Mortier à bourre, sur lattis. *(au mètre carré).*   »
959. — — de Mortier à bourre, sur mur. *(au mètre carré).*   »
960. — — de Mortier *bâtard*, sur lattis. *(au mètre carré).*   »
962. — — de Mortier ordinaire. *(au mètre carré).*   »
963. — — de Mortier de ciment. *(au mètre carré).*   »
964. — — de Plâtre, sur lattis. *(au mètre carré).*   »
965. — — de Plâtre, sur mur. *(au mètre carré).*   »
966. — — de Terre. *(au mètre carré).*   »
968. CUIVRE jaune de sujétion. *(au kilogramme).*   »
969. — — — de sujétion, du métal de l'Etat. *(au kilogramme).*   »
970. — — — ordinaire. *(au kilogramme).*   »
972. CUIVRE rouge de sujétion. *(au kilogramme).*   »
976. *DAMAGE* de matériaux. *(au mètre cube).*   »
977. DÉBLAI, à la Drague, de matériaux. *(au mètre cube).*   »
978. DÉBLAI, à la Pelle, de matériaux à un homme et à une *Portée*. *(au mètre cube).*   »
979. DÉBLAI, au Pétard, de Maçonnerie faible. *(au mètre cube).*   »
980. — — — — , de Maçonnerie faible, fait avec de la poudre de l'Etat. *(au mètre cube).*   »
981. — — — — , de Maçonnerie forte. *(au mètre cube).*   »
983. — — — — , de Roc dur. *(au mètre cube).*   »
985. — — — — , de Roc tendre. *(au mètre cube).*   »
987. DÉBLAI, au Pic, de Maçonnerie faible. *(au mètre cube).*   »
991. DEMOLITION de Charpente de sujétion. *(au mètre cube).*   »
992. — — — de Charpente ordinaire. *(au mètre cube).*   »
993. — — — — de Pierres d'appareil. *(au mètre cube).*   »
994. — — — de Vitre. *(au mètre carré).*   »
995. ELEVATION des eaux à un mètre, par le *Baquetage*. *(au mètre cube).*   »
996. — — — — — — — , au Chapelet incliné à bras. *(au mètre cube).*   »
1000. — — — — — — — , à l'Ecope. *(au mètre cube).*   »
1001. — — — — — — — , à la Hollandaise. *(au mètre cube).*   »
1002. — — — — — — — , à la Pompe à bras de 10ᶜ. *(au mètre cube).*   »
1005. — — — — — — — , à la Vis à bras de 4 mètres. *(au mètre cube).*   »
1008. *EMMÉTRAGE* de matériaux. *(au mètre cube).*   »
1009. EMPIERREMENT. *(au mètre cube).*   »
1010. EMPIERREMENT des moellons de l'Etat. *(au mètre cube).*   »
1011. ENCOLLAGE. *(au mètre carré).*   »
1012. ENDUIT de Mastic de goudron. *(au mètre carré).*   »
1015. — — de Mastic du goudron de l'Etat. *(au mètre carré).*   »
1014. — — de Mastic-Loriot. *(au mètre carré).*   »
1015. — — de Mastic-Vauban. *(au mètre carré).*   »
1016. — — de Mortier à bourre. *(au mètre carré).*   »
1017. — — de Mortier de ciment. *(au mètre carré).*   »
1018. — — de Mortier fin. *(au mètre carré).*   »
1019. — — de Plâtre blanc. *(au mètre carré).*   »
1020. — — de Plâtre gris. *(au mètre carré).*   »
1021. ENROCHEMENT de Béton de sable et de trass. *(au mètre cube).*   »
1022. — — — — — de Béton ordinaire. *(au mètre cube).*   »

1023.|ENROCHEMENT de Béton et de Libages. *(au mètre cube)*.   »

1024.|— — — — — de Béton et des Libages de l'État. *(au mètre cube)*.   »

1025.|— — — — — de Béton et de Moellons. *(au mètre cube)*.   »

1027.|*ÉPINÇAGE. (au mètre cube)*.   »

1028.|*ÉTRÉSILLONNEMENT de terres. (au mètre cube)*.   »

1029.|— — — — — de terres, fait avec des bois de l'État. *(au mètre cube)*.   »

1030.|*ÉVIDEMENT de fonte (au centimètre cube)*.   »

1031.|FASCINAGE. *au mètre cube)*.   »

1032.|FASCINAGE des branchages de l'État. *(au mètre cube)*.   »

1033.|FASCINAGE du bois de l'État. *(au mètre cube)*.   »

1034.|FER–BLANC de sujétion sans soudure. *(au mètre carré)*.   »

1035.|— — — — — soudé. *(au mètre carré)*.   »

1036.|FER–BLANC ordinaire sans soudure. *(au mètre carré)*.   »

1038.|FERRAILLE en scellement. *(au kilogramme)*.   »

1039.|FERRURE de sujétion de 1ᵏ ou moins. *(au kilogramme)*.   »

1040.|— — — — — — — de 1ᵏ ou moins, du métal de l'État. *(au kilogramme)*.   »

1041.|— — — — — — — — de 1 à 10ᵏ. *(au kilogramme)*.   »

1043.|— — — — — — — de 10ᵏ ou plus. *(au kilogramme)*.   »

1045.|FERRURE en barre de 1ᵏ ou moins. *(au kilogramme)*.   »

1054.|FERRURE limée de 1ᵏ ou moins. *(au kilogramme)*.   »

1057.|— — — — de Tôle faible. *(au kilogramme)*.   »

1058.|— — — — de la Tôle faible de l'État. *(au kilogramme)*.   »

1059.|— — — — de Tôle forte. *(au kilogramme)*.   »

1061.|FERRURE ordinaire de 1ᵏ ou moins. *(au kilogramme)*.   »

1067.|— — — — — de Tôle faible. *(au kilogramme)*.   »

1071.|— — — — — de Tôle mince, à rivures. *(au kilogramme)*.   »

1072.|— — — — — de Tôle mince, sans rivures. *(au kilogramme)*.   »

1075.|FERRURE polie de 1ᵏ ou moins. *(au kilogramme)*.   »

1079.|— — — — de Tôle faible. *(au kilogramme)*.   »

1083.|FICELLE câblée. *(au kilogramme)*.   »

1084.|— — — ordinaire. *(au kilogramme)*.   »

1085.|FONTE blanche de sujétion. *(au kilogramme)*.   »

1086.|— — — — de sujétion, du métal de l'État. *(au kilogramme)*.   »

1087.|— — — — ordinaire. *(au kilogramme)*.   »

1089.|FONTE grise de sujétion. *(au kilogramme)*.   »

1093.|FRAIS d'Échafaud à un étage. *(au mètre carré)*.   »

1094.|— — — — — volant. *(au mètre carré)*.   »

1095.|GAZONNEMENT. *(au mètre cube)*.   »

1096.|GAZONNEMENT des gazons de l'État. *(au mètre cube)*.   »

1097.|GAZONNEMENT tiré des prés de l'État. *(au mètre cube)*.   »

1098.|*GRATTAGE. (au mètre carré)*.   »

1099.|JOINT de sujétion de pierre de B. *(au mètre courant)*.   »

1100.|— — — — — de pierre de taille. *(au mètre courant)*.   »

1101.|JOINT ordinaire de pierre de B. *(au mètre courant)*.   »

1103.|*JOINTOIEMENT à la hollandaise. (au mètre carré)*.   »

1104.|— — — — — de mastic à la litharge. *(au mètre courant)*.   »

1105.|*JOINTOIEMENT de mortier de ciment, sur briques de 4ᵉ. (au mètre carré)*.   »

1106.|— — — — — — —, sur moellons esmillés. *(au mètre carré)*.   »

1107.|— — — — — — —, sur pierres d'appareil. *(au mètre courant)*.   »

1108.|*JOINTOIEMENT de mortier de laitier. (au mètre carré)*.   »

1109.|— — — — — de mortier fin, sur briques de 4ᵉ. *(au mètre carré)*.   »

1112.|— — — — — de mortier ordinaire. *(au mètre carré)*.   »

1113.|— — — — — poli. *(au mètre carré)*.   »

1114.|LAVAGE d'écurie. *(au mètre carré)*.   »

1115.|— — de détrempe. *(au mètre carré)*.   »

1116.|— — de peinture. *(au mètre carré)*.   »

1117.|— — de plancher. *(au mètre carré)*.   »

1118.|— — de vitre. *(au mètre carré)*.   »

1119.|MAÇONNERIE de Blocage. *(au mètre cube)*.   »

1120.|— — — — de Blocage, de la pierre de l'État. *(au mètre cube)*.   »

1121.|MAÇONNERIE de Briques crues en mortier *bâtard*. *(au mètre cube)*.   »

1122.|— — — — — en mortier fin. *(au mètre cube)*.   »

1123.|MAÇONNERIE des Briques crues de l'État, en mortier *bâtard*. *(au mètre cube)*.   »

1125.|MAÇONNERIE de briques de 4ᵉ en mortier *bâtard*. *(au mètre cube)*.   »

1126.|— — — — — — — en mortier de chaux grasse et de ciment. *(au mètre cube)*.   »

1127.|— — — — — — — en mortier de terre. *(au mètre cube)*.   »

1128.|— — — — — — — en mortier fin. *(au mètre cube)*.   »

1129.|— — — — — — — en plâtre. *(au mètre cube)*.   »

1135.|MAÇONNERIE de Briques de 5ᵉ en mortier *bâtard*. *(au mètre cube)*.   »

1137.|MAÇONNERIE de Briques de C en mortier de ciment. *(au mètre cube)*.   »

1139.	MAÇONNERIE de Libages en mortier de chaux grasse et de ciment. (au mètre cube).
1140.	— — — — — — — en mortier de chaux maigre, de sable et de trass. (au mètre cube).
1141.	— — — — — — — en mortier de ciment. (au mètre cube).
1142.	— — — — — — — en mortier ordinaire. (au mètre cube).
1147.	MAÇONNERIE de Moellons de A en mortier de ciment. (au mètre cube).
1148.	— — — — — — — en mortier ordinaire. (au mètre cube).
1151.	MAÇONNERIE de Moellons esmiliés en mortier de ciment. (au mètre cube).
1152.	— — — — — — — en mortier fin. (au mètre cube).
1155.	MAÇONNERIE de Moellons ordinaires en mortier bâtard. (au mètre cube).
1156.	— — — — — — — — en mortier de ciment. (au mètre cube).
1157.	— — — — — — — — en mortier de terre. (au mètre cube).
1158.	— — — — — — — — en mortier ordinaire. (au mètre cube).
1159.	— — — — — — — — en mousse. (au mètre cube).
1160.	— — — — — — — — en plâtre. (au mètre cube).
1161.	— — — — — — — — posés à sec. (au mètre cube).
1162.	MAÇONNERIE des Moellons ordinaires de l'Etat, en mortier bâtard. (au mètre cube).
1169.	MAÇONNERIE de Moellons piqués en mortier de ciment. (au mètre cube).
1171.	MAÇONNERIE de Pierre de B de sujétion, en mortier de ciment. (au mètre cube).
1172.	— — — — — — — — de sujétion, en mortier fin. (au mètre cube).
1173.	— — — — — — — — ordinaire, en mortier de ciment. (au mètre cube).
1178.	MAÇONNERIE de la Pierre de B de sujétion de l'Etat, en mortier de ciment. (au mètre cube).
1179.	MAÇONNERIE de Pierre de taille en mortier de chaux grasse et de ciment. (au mètre cube).
1180.	— — — — — — — en mortier de ciment. (au mètre cube).
1181.	— — — — — — — en mortier fin. (au mètre cube).
1182.	— — — — — — — en mousse. (au mètre cube).
1183.	— — — — — — — en plâtre. (au mètre cube).
1184.	— — — — — — — posée à sec. (au mètre cube).
1191.	MAÇONNERIE de Pierre réfractaire en mortier de terre. (au mètre cube)
1193.	MASTIC de vitrier, en réparations. (au kilogramme)
1194.	MENUISERIE à panneau, de chêne de 17ᵐ. (au mètre carré).
1195.	— — — — — — de 24ᵐ. (au mètre carré).
1196.	— — — — — — de 30ᵐ. (au mètre carré).
1197.	— — — — — — de 38ᵐ. (au mètre carré).
1198.	— — — — — — de 51ᵐ. (au mètre carré).
1199.	— — — — — — de 57ᵐ. (au mètre carré).
1200.	— — — — — — de 64ᵐ. (au mètre carré).
1201.	— — — — — — de 70ᵐ. (au mètre carré).
1202.	— — — — — — de 77ᵐ. (au mètre carré).
1203.	MENUISERIE à panneau, du chêne de 17ᵐ de l'Etat. (au mètre carré).
1212.	MENUISERIE à panneau, de peuplier de 17ᵐ. (au mètre carré).
1216.	MENUISERIE à panneau, de sapin de 17ᵐ. (au mètre carré).
1226.	MENUISERIE d'assemblage, de chêne de 24ᵐ. (au mètre carré).
1242.	MENUISERIE d'assemblage, de peuplier de 24ᵐ. (au mètre carré).
1244.	MENUISERIE d'assemblage, de sapin de 24ᵐ. (au mètre carré).
1260.	MENUISERIE ordinaire, de chêne de 10ᵐ. (au mètre carré).
1261.	— — — — — de 17ᵐ. (au mètre carré).
1280.	MENUISERIE ordinaire, de peuplier de 10ᵐ. (au mètre carré).
1286.	MENUISERIE ordinaire, de sapin de 10ᵐ. (au mètre carré).
1298.	MENUISERIE refendue, de chêne de 10ᵐ. (au mètre carré).
1318.	MENUISERIE refendue, de peuplier de 10ᵐ. (au mètre carré).
1324.	MENUISERIE refendue, de sapin de 10ᵐ. (au mètre carré).
1336.	MISE en chantier de sciage. (au mètre cube).
1337.	MONTAGE, à un étage, de matériaux de maçonnerie. (au mètre cube).
1338.	PAREMENT d'Architecture à déchet nul, sur pierre de taille. (au mètre carré).
1342.	PAREMENT de Blocage. (au mètre carré).
1343.	PAREMENT courbe de Maçonnerie de briques de 4ᶜ. (au mètre carré).
1344.	— — — — — — — — de briques de 5ᶜ. (au mètre carré).
1345.	— — — — — — — — de briques de C. (au mètre carré).
1346.	— — — — — — — — de moellons de A. (au mètre carré).
1347.	— — — — — — — — de moellons esmiliés. (au mètre carré).
1348.	— — — — — — — — de moellons ordinaires. (au mètre carré).
1349.	— — — — — — — — de moellons posés à sec. (au mètre carré).
1350.	— — — — — — — — de moellons piqués. (au mètre carré).
1351.	PAREMENT courbe de Pierre B, à déchet nul. (au mètre carré).
1355.	PAREMENT courbe de Pierre de taille, dégrossi, à déchet nul. (au mètre carré).
1356.	— — — — — — — — — — , à grand déchet. (au mètre carré).
1357.	— — — — — — — — — — , à moyen déchet. (au mètre carré).
1358.	— — — — — — — — — — , à petit déchet. (au mètre carré).
1359.	PAREMENT courbe de Pierre de taille, layé, à déchet nul. (au mètre carré).
1365.	PAREMENT courbe de Pierre de taille, piqué, à déchet nul. (au mètre carré).

1367. PAREMENT courbe de Pierre réfractaire. (au mètre carré).   »
1368. PAREMENT plan de Maçonnerie de Briques de 4ᵉ. (au mètre carré).   »
1376. PAREMENT plan de Pierre de B, à déchet nul. (au mètre carré).   »
1380. PAREMENT plan de Pierre de taille, dégrossi, à déchet nul. (au mètre carré).   »
1384. PAREMENT plan de Pierre de taille, layé, à déchet nul. (au mètre carré).   »
1388. PAREMENT plan de Pierre de taille, piqué, à déchet nul. (au mètre carré).   »
1392. PAREMENT plan de Pierre réfractaire. (au mètre carré).   »
1393. PAREMENT retaillé sur Pierre de B. (au mètre carré).   »
1394. — — — — — sur Pierre de taille. (au mètre carré).   »
1395. — — — — sur Pierre réfractaire. (au mètre carré).   »
1396. PAREMENT quelconque d'Aire de mortier de terre. (au mètre carré).   »
1397. — — — — — — de mortier ordinaire. (au mètre carré).   »
1398. PAREMENT quelconque de Chape de mastic de goudron. (au mètre carré).   »
1399. — — — — — — — — de mastic minéral. (au mètre carré).   »
1400. — — — — — — — — de mortier de ciment. (au mètre carré).   »
1401. — — — — — — — — de mortier de sable et de ciment. (au mètre carré).   »
1402. — — — — — — — — de mortier-Fleuret. (au mètre carré).   »
1403. PAREMENT quelconque de Gazonnement. (au mètre carré).   »
1404. PAREMENT quelconque de Pisé. (au mètre carré).   »
1405. PAREMENT quelconque de Roc dur ciselé. (au mètre carré).   »
1406. — — — — — — de Roc dur piqué. (au mètre carré).   »
1407. — — — — — — de Roc tendre ciselé. (au mètre carré).   »
1409. PIQUAGE d'enduit. (au mètre carré).   »
1410. — — — — de mur. (au mètre carré).   »
1411. PIQUETAGE de gazonnement. (au mètre cube).   »
1412. PISÉ. (au mètre cube).   »
1413. PISÉ de la terre de l'État. (au mètre cube).   »
1414. PLANT de chiendent. (au mètre carré).   »
1415. PLOMB employé en scellement. (au kilogramme).   »
1416. — — — de l'État, employé en scellement. (au kilogramme).   »
1417. PLOMB de sujétion. (au kilogramme).   »
1418. — de sujétion, du métal de l'État. (au kilogramme).   »
1419. — — — ordinaire. (au kilogramme).   »
1421. POLISSURE de fonte. (au décimètre carré).   »
1422. RABOTAGE à moulures de charpente de bois dur. (au mètre carré).   »
1423. — — — — — — de charpente de bois tendre. (au mètre carré).   »
1424. — — — — — — de menuiserie de bois dur. (au mètre carré).   »
1426. RABOTAGE uni de charpente de bois dur. (au mètre carré).   »
1430. RAVALEMENT à la laie de parement courbe. (au mètre carré).   »
1431. — — — — — — de parement plan. (au mètre carré).   »
1432. RAVALEMENT à la pointe de parement courbe. (au mètre carré).   »
1434. RECÉPAGE hors de l'eau. (au mètre carré).   »
1435. — — — sous l'eau. (au mètre carré).   »
1436. RÉGALEMENT de matériaux. (au mètre cube).   »
1437. REJOINTOIEMENT de mastic. (au mètre courant).   »
1438. — — — — — - de mortier de ciment, sur briques de 4ᵉ. (au mètre carré).   »
1439. — — — — — - de mortier ordinaire, sur moellons bruts. (au mètre carré).   »
1440. REMANIEMENT de charpente de sujétion. (au mètre cube).   »
1442. REMANIEMENT de ferrure de sujétion, de 1ᵏ ou moins. (au kilogramme).   »
1465. REMANIEMENT de vitre en bois. (au mètre carré).   »
1467. RENFORMIS de mortier de ciment. (au mètre cube).   »
1468. — — — de mortier de ciment et des éclats de l'État. (au mètre cube).   »
1469. — — — de mortier ordinaire. (au mètre cube).   »
1471. RUSTIQUAGE au balai. (au mètre carré).   »
1472. — — — — à la truelle. (au mètre carré).   »
1473. SAUCISSONNAGE. (au mètre cube).   »
1474. SAUCISSONNAGE du bois de l'État. (au mètre cube).   »
1475. SAUCISSONNAGE des branchages de l'État. (au mètre cube).   »
1476. SAUCISSONNAGE des saucissons de l'État. (au mètre cube).   »
1477. SCIAGE de bois dur. (au mètre carré).   »
1478. — — — de bois tendre. (au mètre carré).   »
1479. — — — de pierre de B. (au mètre carré).   »
1480. — — — de pierre de taille. (au mètre carré).   »
1481. SEMAILLES de talus doux. (au mètre carré).   »
1482. — — — — de talus roide. (au mètre carré).   »
1483. SOUDURE posée en réparations. (au kilogramme).   »
1484. TALUS doux dressé avec de la terre douce. (au mètre carré).   »
1485. — — — dressé avec de la terre forte. (au mètre carré).   »
1486. — — — dressé avec de la terre pierreuse. (au mètre carré).   »
1487. — — — taillé dans de la terre à un homme. (au mètre carré).   »

1488. TALUS roide battu , de terre douce. *(au mètre carré).* »
1491. — — — — dressé avec de la terre douce. *(au mètre carré).* »
1494. — — — — taillé dans de la terre, à un homme. *(au mètre carré).* »
1495. TENTURE de papier bleu. *(au mètre carré).* »
1496. — — — de papier gris. *(au mètre carré).* »
1497. — — — de papier peint. *(au mètre carré).* »
1498. — — — du papier de l'Etat. *(au mètre carré).* »
1499. — — — de toile. *(au mètre carré).* »
1500. — — — de la toile de l'Etat. *(au mètre carré).* »
1501. TRANSPORT de Gazons à un relai , en Barque, amont. *(au mètre cube).* »
1527. TRANSPORT de Matériaux légers à un relai , en Barque, amont. *(au mètre cube).* »
1528. — — — — — — — — — — — , en Barque , aval. *(au mètre cube).* »
1529. — — — — — — — — — — — , en Bateau, amont. *(au mètre cube).* »
1531. — — — — — — — — — — — , en Batelet , amont. *(au mètre cube).* »
1533. — — — — — — — — — — — , en Bourriquet. *(au mètre cube).* »
1534. — — — — — — — — — — — , en Brouettes , sur chemin. *(au mètre cube).* »
1535. — — — — — — — — — — — , en Brouettes , sur madriers. *(au mètre cube).* »
1536. — — — — — — — — — — — , en Camions. *(au mètre cube).* »
1537. — — — — — — — — — — — , en Civières. *(au mètre cube).* »
1538. — — — — — — — — — — — , à Dos d'âne. *(au mètre cube).* »
1539. — — — — — — — — — — — , à Dos de cheval. *(au mètre cube).* »
1540. — — — — — — — — — — — , en Hottes, sur chemin. *(au mètre cube).* »
1541. — — — — — — — — — — — , en Hottes, sur échelle. *(au mètre cube).* »
1542. — — — — — — — — — — — , en Hottes, sur escalier. *(au mètre cube).* »
1543. — — — — — — — — — — — , en Nacelle, amont. *(au mètre cube).* »
1544. — — — — — — — — — — — , en Paniers , sur chemin. *(au mètre cube).* »
1546. — — — — — — — — — — — , en Paniers , sur échelle. *(au mètre cube).* »
1547. — — — — — — — — — — — , en Paniers , sur escalier. *(au mètre cube).* »
1548. — — — — — — — — — — — , en Tombereau de 0^m,33. *(au mètre cube).* »
1549. — — — — — — — — — — — , en Tombereau de 0^m,66. *(au mètre cube).* »
1550. — — — — — — — — — — — , en Tombereau de 1 mètre. *(au mètre cube).* »
1551. — — — — — — — — — — — , en Voiture légère. *(au mètre cube).* »
1552. — — — — — — — — — — — , en Voiture ordinaire. *(au mètre cube).* »
1553. TRANSPORT de Matériaux lourds à un relai , en Barque, amont. *(au mètre cube).* »
1570. TRIAGE de Matériaux , à la claie. *(au mètre cube).* »
1580. — — — , à la main. *(au mètre cube).* »
1581. VIDANGE. *(au mètre cube).* »
1582. VITRE en grand carreau. *(au mètre carré).* »
1583. — — en grand carreau , du verre de l'Etat. *(au mètre carré).* »
1584. — — — en petit carreau. *(au mètre carré).* »
1586. — — — en plombs. *(au mètre carré).* »

CHAPITRE IV. (*)

OUVRAGES PARTICULIERS.

1588. *ABRI* d'épines. *(à la pièce).* »
1589. AGRAFE. *(à la pièce).* »
1591. AIGUISEMENT d'outil. *(à la pièce).* »
1592. AILE de charnière. *(à la pièce).* »
1593. — — de couplet. *(à la pièce).* »
1594. — — de fiche. *(à la pièce).* »
1595. AJOUTOIR. *(à la pièce).* »
1596. AME de soufflet. *(à la pièce).* »
1597. ANNEAU de clef. *(à la pièce).* »
1598. — — — de falot. *(à la pièce).* »
1599. — — — de mangeoire , à pointes. *(à la pièce)* »
1600. — — — de mangeoire , à vis. *(à la pièce).* »
1601. — — — de pansage , à scellement. *(à la pièce)* »
1602. — — — de pansage , à vis. *(à la pièce).* »
1603. — — — de *Sauterelle.* *(à la pièce).* »
1604. ANSE d'auge. *(à la pièce).* »
1605. — — de cadenas. *(à la pièce).* »
1606. — — de mesure à avoine. *(à la pièce)* »
1607. — — de poutrelle. *(à la pièce).* »

(*) Ce Chapitre doit comprendre les prix des ouvrages achevés dont quelques dimensions et forme sont fixées au Devis. Ces prix ne doivent être établis que dans le dessein d'obtenir quelques simplifications dans les toisés, ou des évaluations plus exactes que celles qui pourraient résulter de l'application des prix généraux.

1609. ANSE de seau. (à la pièce).
1610. APPLIQUE. (à la pièce).
1611. APPUI d'escalier. (au mètre courant).
1612. ARBRE commun. (à la pièce).
1613. — — rare. (à la pièce).
1614. — — résineux. (à la pièce).
1615. — — du plant de l'Etat. (à la pièce).
1616. ARDOISE de F posée en recherche. (à la pièce).
1620. ARÊTE de couverture d'ardoises de F. (au mètre courant).
1621. — — — — — d'ardoises ordinaires de 8ᵉ. (au mètre courant).
1622. — — — — — des ardoises de F de l'Etat. (au mètre courant).
1624. ARRÊT de sonnette. (à la pièce).
1625. ARROSOIR. (à la pièce).
1626. ATTACHE de planche à consigne. (à la pièce).
1627. — — — d'étiquette. (à la pièce).
1628 — — — de vitre en plombs. (à la pièce).
1629. AUBERON. (à la pièce).
1630. AUBERONNIÈRE de sujétion. (à la pièce).
1631. — — — — ordinaire. (à la pièce).
1632. AUGE à pompes. (au mètre courant).
1634. — — d'abreuvoir. (à la pièce).
1635. — — d'abreuvoir, du bois de l'Etat. (à la pièce).
1636. — — d'écurie, ferrée. (à la pièce).
1637. — — d'écurie, sans ferrure. (à la pièce).
1639. — — de maçon. (à la pièce).
1641. BALAI de bouleau. (à la pièce).
1642. — — de genêt. (à la pièce).
1643. BALUSTRE d'escalier. (à la pièce).
1644. BANC. (à la pièce).
1645. BANC du bois de l'Etat. (à la pièce).
1646. BANDE de lisse. (à la pièce).
1647. — — — de planche de lit. (à la pièce).
1648. BANDEAU. (au mètre courant).
1649. BAQUET de blanchisseur, ferré. (à la pièce).
1650. — — de blanchisseur, sans ferrure. (à la pièce).
1651. — — — de pansage, ferré. (à la pièce).
1653. — — — de prison, ferré. (à la pièce).
1655. — — — de propreté, ferré. (à la pièce).
1657. BARD. (à la pièce).
1658. BARDEAU posé en recherche. (à la pièce).
1659. BARRE de 24ᵐ. (au mètre carré).
1660. — — de 24ᵐ, du bois de l'Etat. (au mètre carré).
1665. — — de 51ᵐ. (au mètre carré).
1667. BARRE d'écurie, ferrée. (à la pièce).
1668. — — d'écurie, sans ferrure. (à la pièce).
1669. — — de grille. (à la pièce).
1670 — — de table. (à la pièce).
1672. BARRIÈRE double. (à la pièce).
1674. — — simple. (à la pièce).
1676. BATTANT de loquet à olives. (à la pièce).
1677. — — — — — à ressort. (à la pièce).
1678. — — — — de poêle. (à la pièce).
1679. — — — — ordinaire. (à la pièce).
1680. BILLOT à longe. (à la pièce).
1681. BINAGE d'arbre. (à la pièce).
1682. — — — de haie. (au mètre courant).
1683. BOITE de réverbère. (à la pièce).
1684. BORDURE de boyau. (au mètre courant).
1685. — — de gazon. (au mètre courant).
1686. — — des gazons de l'Etat. (au mètre courant).
1687. — — de gazon, tirée des prés de l'Etat. (au mètre courant).
1688. — — de seau. (à la pièce).
1689. BORNE de sujétion maçonnée. (à la pièce).
1690. — — — — posée à sec. (à la pièce).
1693. BOUCLE d'anneau de mangeoire. (à la pièce).
1694. — — d'anneau de pansage. (à la pièce).
1695. — — de barre d'écurie. (à la pièce).
1696. — — de planche à consigne. (à la pièce).
1697. BOULOIR. (à la pièce).
1698. BOULON de 5ᵉ. (à la pièce).

1701. BOULON de 15ᶜ. (à la pièce).
1702. — — — de brouette. (à la pièce).
1703. — — — de brouette, du fer de l'Etat. (à la pièce).
1704. — — — de fléau. (à la pièce).
1705. — — — de porte-manteaux. (à la pièce).
1706. BOURRIQUET. (à la pièce).
1707. BOUSILLAGE. (au mètre carré).
1709. BOUTEROLLE de serrure. (à la pièce).
1710. BOUTISSE de sujétion, en mortier de ciment. (à la pièce).
1714. BOUTON à rosette. (à la pièce).
1715. — — — d'espagnolette. (à la pièce).
1716. — — — de verrou. (à la pièce).
1717. BOYAU de cuir de 5ᶜ. (au mètre courant).
1718. — — — — de 8ᶜ. (au mètre courant).
1719. BRANCARD d'hôpital. (à la pièce).
1720. BRANLOIRE de soufflet. (à la pièce).
1721. BRAS de brouette. (à la pièce).
1722. — — de civière. (à la pièce).
1723. — — de scie. (à la pièce).
1724. *BRAYAGE.* (au mètre courant).
1725. *BRAYAGE*, du brai de l'Etat. (au mètre courant).
1726. *BRIDE* de conduite, circulaire. (à la pièce).
1727. — — — — — , circulaire, du cuivre de l'Etat. (à la pièce).
1728. — — — — — , ovale. (à la pièce).
1730. — — — — — , triangulaire. (à la pièce).
1732. BRIDE de foliot. (à la pièce).
1733. — — de limon de râtelier. (à la pièce).
1734. — — de support de planche à pain. (à la pièce).
1735. BRIQUE de 4ᶜ posée en recherche de pavé. (à la pièce).
1736. — — — de 4ᶜ posée en réparation de maçonnerie. (à la pièce).
1737. BROC de bois. (à la pièce).
1738. — — de fer-blanc. (à la pièce).
1739. *BROCHES* de 15ᶜ. (au cent).
1743. BROCHE de fiche. (à la pièce).
1744. — — — de serrure. (à la pièce).
1745. BROSSE à plafonds. (à la pièce).
1746. — — — de badigeonneur. (à la pièce).
1747. BROUETTE ferrée. (à la pièce).
1748. — — — — sans ferrure. (à la pièce).
1749. — — — — du bois de l'Etat. (à la pièce).
1750. CACHE-ENTRÉE. (à la pièce).
1751. CADENAS de lampe. (à la pièce).
1752. — — fort. (à la pièce).
1753. — — ordinaire. (à la pièce).
1754. CAISSE de bourriquet. (à la pièce).
1755. CALFATAGE à grandes *nailles*. (au mètre courant).
1756. — — — — des grandes *nailles* de l'Etat. (au mètre courant).
1757. — — — — à petites *nailles*. (au mètre courant).
1759. — — — — de mousse. (au mètre courant).
1760. — — — — de la mousse de l'Etat. (au mètre courant).
1761. — — — — d'étoupes. (au mètre courant).
1762. — — — — des étoupes de l'Etat. (au mètre courant).
1763. CAMION. (à la pièce).
1764. CANON de serrure. (à la pièce).
1765. CARACTÈRE peint à l'huile. (à la pièce).
1766. — — — — en détrempe. (à la pièce).
1767. CARREAU de 16ᶜ, posé en recherche. (à la pièce).
1768. — — — de 16ᶜ, de l'Etat, posé en recherche. (à la pièce).
1769. CARREAU de vitre de 25ᶜ. (à la pièce).
1770. — — — — de 25ᶜ, du verre de l'Etat. (à la pièce).
1771. — — — — de 50ᶜ. (à la pièce).
1773. — — — — en plombs. (à la pièce).
1775. CARREAUX figurés à l'huile. (au mètre courant).
1776. — — — — au badigeon. (au mètre courant).
1777. — — — — en détrempe. (au mètre courant).
1778. CERCEAU de bois de 3ᶜ. (à la pièce).
1781. CHAINE à chaînons carrés. (au kilogramme).
1782. — — à chaînons carrés, du fer de l'Etat. (au kilogramme).
1783. — — à chaînons tors. (au kilogramme).
1785. — — à grands chaînons. (au kilogramme).

1787. CHAINE à petits chaînons. (au kilogramme).
1789. — — — de barre. (au mètre courant).
1790. — — — de réverbère. (au mètre courant).
1791. CHAINON de 10ᶜ ou moins. (à la pièce).
1792. — — — de 10ᶜ à 15ᶜ. (à la pièce).
1793. — — — de 15ᶜ ou plus. (à la pièce).
1794. — — — de barre d'écurie. (à la pièce).
1795. CHAISE. (à la pièce).
1796. CHAMBRANLE. (au mètre courant).
1797. CHAMBRANLE du bois de l'État. (au mètre courant).
1798. CHANDELIER de fer-blanc. (à la pièce).
1799. — — — — de manège. (à la pièce).
1800. — — — — — de mine. (à la pièce).
1801. CHARGEMENT de Borne. (à la pièce).
1802. — — — — de Bascule de pont. (à la pièce).
1803. — — — — de Guérite. (à la pièce).
1804. — — — — de Poêle. (à la pièce).
1805. — — — — de Tablier de pont. (à la pièce).
1806. — — — — de Tuiles. (au mètre carré).
1807. CHARNIÈRE à 3 nœuds. (à la pièce).
1808. — — — — à 5 nœuds. (à la pièce).
1809. CHARPENTE de Blockhaus. (au mètre cube).
1810. — — — — de Blockhaus, du bois de l'État. (au mètre cube).
1811. CHASSE-ROUES posé à sec. (à la pièce).
1812. — — — — — — en mortier. (à la pièce).
1813. CHASSIS de chêne. (au mètre courant).
1814. — — — du chêne de l'État. (au mètre courant).
1815. — — — de sapin. (au mètre courant).
1817. CHAT de fil à plomb. (à la pièce).
1818. CHENEAU de bois. (au mètre courant).
1819. — — — du bois de l'État. (au mètre courant).
1820. — — — de fer, de feuilles en long. (au mètre courant).
1821. — — — de fer, de feuilles en travers. (au mètre courant).
1822. — — — de pierre de sujétion. (au mètre courant).
1823. — — — de pierre ordinaire. (au mètre courant).
1824. CHEVAL-DE-FRISE. (au mètre courant).
1826. CHEVALET à scier. (à la pièce).
1827. CHEVILLE carrée. (à la pièce).
1828. — — — tournée. (à la pièce).
1829. CHEVRON de chêne. (au mètre courant).
1831. — — — de perches. (au mètre courant).
1832. — — — des perches de l'État. (au mètre courant).
1833. CISEAUX de jardinier. (à la pièce).
1834. CIVIÈRE ferrée. (à la pièce).
1836. CLAIE de bois. (à la pièce).
1837. — — de fer. (à la pièce).
1838. CLAIE de revêtement. (à la pièce).
1839. — — de revêtement, des gaulettes de l'État. (à la pièce).
1840. — — de revêtement, du bois de l'État. (à la pièce).
1841. CLAMEAU. (à la pièce).
1843. CLEF de poêle. (à la pièce).
1844. CLEF forée de 10ᶜ à panneton courbe. (à la pièce).
1845. — — — de 10ᶜ à panneton droit. (à la pièce).
1846. — — — de 15ᶜ à panneton courbe. (à la pièce).
1848. — — — de 20ᶜ à panneton courbe. (à la pièce).
1850. CLEF pleine de 10ᶜ à panneton courbe. (à la pièce).
1856. CLINCHE. (à la pièce).
1857. CLIQUET de verrou. (à la pièce).
1858. CLOISON de serrure de sujétion. (à la pièce).
1859. — — — — ordinaire. (à la pièce).
1860. CLOISON double. (au mètre carré).
1861. — — — double, des planches de l'État. (au mètre carré).
1862. — — — goujonnée. (au mètre carré).
1863. — — — goujonnée, des madriers de l'État. (au mètre carré).
1864. — — — pleine. (au mètre carré).
1865. — — — pleine, des madriers de l'État. (au mètre carré).
1866. — — — simple, de planches de chêne. (au mètre carré).
1867. — — — simple, des planches de chêne de l'État. (au mètre carré).
1868. — — — simple, de planches de sapin. (au mètre carré).
1870. CLOUS à ailes de 9ᶜ. (à la pièce).

1871. CLOUS à ailes de 12ᵉ. (*à la pièce*).
1872. — – – broquettes. (*au cent*).
1873. — – – d'ardoise, courts. (*au cent*).
1874. — – – d'ardoise, longs. (*au cent*).
1875. — – – d'auge. (*au cent*).
1876. — – – de bande. (*au cent*).
1877. — – – de batelier, de 8ᵉ. (*au cent*).
1878. — – – de batelier, de 12ᵉ. (*au cent*).
1879. — – – de batelier, de 14ᵉ. (*au cent*).
1880. — – – de charpentier, de 8ᵉ. (*au cent*).
1881. — – – de charpentier, de 11ᵉ. (*au cent*).
1882. — – – de faitage. (*à la pièce*).
1883. — – – de latte. (*au cent*).
1884. — – – de mangeoire. (*au cent*).
1885. — – – de placard. (*à la pièce*).
1886. — – – de plafonneur. (*au cent*).
1887. — – – de plancher, doubles. (*au cent*).
1888. — – – de plancher, renforcés. (*au cent*).
1889. — – – de plancher, simples. (*au cent*).
1890. — – – de plombier. (*au cent*).
1891. — – – de serrure. (*au cent*).
1892. — – – rivés à tête bombée. (*à la pièce*).
1893. — – – rivés ordinaires. (*à la pièce*).
1894. *COFFRAGE* de puits. (*au mètre carré*).
1895. *COFFRE* à avoine. (*à la pièce*).
1897. CONDUITE de 5ᵉ, de poterie. (*au mètre courant*).
1898. — – – – de 8ᵉ, de bois. (*au mètre courant*).
1899. — – – – de 8ᵉ, du bois de l'Etat. (*au mètre courant*).
1900. — – – – de 8ᵉ, de mortier. (*au mètre courant*).
1901. — – – – de 11ᵉ, de bois. (*au mètre courant*).
1903. — – – – de 20ᵉ, de poterie. (*au mètre courant*).
1904. — – – – de plomb. (*au mètre courant*).
1905. — – – – du plomb de l'Etat. (*au mètre courant*).
1906. *CONSOLE* de chêne de 27ᵐ. (*à la pièce*).
1908. — – – de chêne de 33ᵐ. (*à la pièce*).
1910. — – – de sapin. (*à la pièce*).
1912. — – – double. (*à la pièce*).
1913. — – – double, du fer de l'Etat. (*à la pièce*).
1914. — – – simple. (*à la pièce*).
1916. CONTRE-RIVURE de sauterelle. (*à la pièce*).
1917. CORDON de pierre de taille. (*au mètre courant*).
1919. CORNICHE de bois. (*au mètre courant*).
1921. — – – – de blanc-à-bourre. (*au mètre courant*).
1922. — – – – de plâtre. (*au mètre courant*).
1923. CORPS de pompe. (*à la pièce*).
1924. — – – de pompe, du cuivre de l'Etat. (*à la pièce*).
1925. *COUDE* de tôle. (*à la pièce*).
1926. *COULISSE* de pêne. (*à la pièce*).
1927. — – – – de verrou. (*à la pièce*).
1928. COUPLET. (*à la pièce*).
1929. COURROIE d'ajoutoir. (*à la pièce*).
1930. COUSSINET de bois. (*à la pièce*).
1931. — – – – de bois bouilli dans de l'huile de l'Etat. (*à la pièce*).
1932. — – – – de pompe. (*à la pièce*).
1933. — – – – de pompe, du cuivre de l'Etat. (*à la pièce*).
1934. COUTURE de boyau. (*au mètre courant*).
1935. —. — – de seau. (*à la pièce*).
1936. COUVERCLE de baquet. (*à la pièce*).
1937. COUVERTURE d'Ardoises de 8ᵉ. (*au mètre carré*).
1938. — – – – de 12ᵉ. (*au mètre carré*).
1939. — – – – – de F. (*au mètre carré*).
1940. — – – – – de G. (*au mètre carré*).
1941. COUVERTURE des Ardoises de 8ᵉ de l'Etat. (*au mètre carré*).
1945. COUVERTURE de Bardeaux. (*au mètre carré*).
1946. — – – – des Bardeaux de l'Etat (*au mètre carré*).
1947. — – – – d'Echandoles. (*au mètre carré*).
1949. — – – – de Chaume. (*au mètre carré*).
1951. — – – – de Cuivre. (*au mètre carré*).
1953. — – – – de Laves (*au mètre carré*).
1954. — – – – des Laves de l'Etat. (*au mètre carré*).

1955. COUVERTURE de Plomb. (au mètre carré).
1956. — — — — du Plomb de l'Etat. (au mètre carré).
1957. — — — — de Toile bitumineuse. (au mètre carré).
1958. — — — — de la Toile bitumineuse de l'Etat. (au mètre carré).
1959. COUVERTURE de Tuiles creuses posées à sec. (au mètre carré).
1960. — — — — — — posées en mortier. (au mètre carré).
1961. COUVERTURE des Tuiles creuses de l'Etat, posées à sec. (au mètre carré).
1963. COUVERTURE de Tuiles plates et d'Esséaux. (au mètre carré).
1964. — — — — — — posées à sec. (au mètre carré).
1965. — — — — — — — posées en mortier. (au mètre carré).
1966. — — — — — — — — posées en mousse. (au mètre carré).
1971. COUVERTURE de Tuiles vernissées, à grand pureau. (au mètre carré).
1972. — — — — — — — —, à petit pureau. (au mètre carré).
1975. COUVERTURE de Zinc. (au mètre carré).
1976. CRAMPON de 6ᶜ. (à la pièce).
1977. — — — de 12ᶜ (à la pièce).
1978. — — — de bande de pont. (à la pièce).
1979. — — — de fléau. (à la pièce).
1980. — — — de loquet. (à la pièce).
1981. — — — de râtelier, à pointe. (à la pièce).
1982. — — — de râtelier, à scellement. (à la pièce).
1983. — — — de taque. (à la pièce).
1984. — — — de verrou. (à la pièce).
1985. CRAMPONNET de targette. (à la pièce).
1986. CRAPAUDINE de barrière. (à la pièce).
1987. CRÊTES de couverture. (au mètre courant).
1988. CRIBLE fin. (à la pièce).
1989. — — ordinaire. (à la pièce).
1990. CROC à incendie. (à la pièce).
1991. CROCHET à giberne. (à la pièce).
1992. — — à soulier. (à la pièce).
1993. — — à viande. (à la pièce).
1994. — — de 6ᶜ à pointe. (à la pièce).
1996. — — de 10ᶜ à pointe. (à la pièce).
1997. — — de console. (à la pièce).
1998. — — de couverture. (à la pièce).
1999. — — plat. (à la pièce).
2000. — — rond à pointe. (à la pièce).
2001. — — rond à scellement. (à la pièce).
2002. — — rond à vis. (à la pièce).
2003. CROISÉE de 30ᵐ, y compris le dormant. (au mètre carré).
2004. — — — de 30ᵐ, sans dormant. (au mètre carré).
2007. — — — de 51ᵐ, y compris le dormant. (au mètre carré).
2009. CROISILLONS. (au mètre courant).
2010. CROISSANT de cuivre. (à la pièce).
2011. — — — — de fer. (à la pièce).
2012. — — — — de jardinier. (à la pièce).
2013. CRUCHE de grès. (à la pièce).
2014. CUILLÈRE de descente. (à la pièce).
2015. CUIR de piston. (à la pièce).
2016. CUVETTE de fer-blanc. (à la pièce).
2017. — — — de plomb. (à la pièce).
2019. DAME. (à la pièce).
2020. DÉFONCEMENT de forme de sable. (au mètre carré).
2021. DEMOISELLE. (à la pièce).
2022. DÉMOLITION de Bascule. (à la pièce).
2023. — — — — de Borne. (à la pièce).
2024. — — — — de Cheneau de bois. (au mètre courant).
2025. — — — — de Cheneau de fer. (au mètre courant).
2026. — — — — de Chevron. (au mètre courant).
2027. — — — — de Conduite de fontaine. (au mètre courant).
2028. — — — — de Conduite de pompe. (au mètre courant).
2029. DÉMOLITION de Couverture d'ardoises de 8ᶜ. (au mètre carré).
2033. — — — — — — de laves. (au mètre carré).
2034. — — — — — — de tuiles creuses posées à sec. (au mètre carré).
2040. DÉMOLITION de Faltières. (au mètre courant).
2041. DÉMOLITION des Ferrures d'une croisée de sujétion. (à la pièce).
2042. — — — — — — d'une croisée ordinaire. (à la pièce).
2043. — — — — — — d'une porte de sujétion. (à la pièce).
2044. — — — — — — d'une porte ordinaire. (à la pièce).

2045. DÉMOLITION de Lattis à claire-voie de 10e. *(au mètre carré)*.
2050. — — — de Palissadement de 23d. *(au mètre courant)*.
2052. — — — — de Pavé épais. *(au mètre carré)*.
2053. — — — — de Pavé mince. *(au mètre carré)*.
2054. — — — — de Plancher à *bâtons rompus. (au mètre carré)*.
2067. — — — — de Poêle. *(à la pièce)*.
2068. — — — — de Tuyaux de descente. *(au mètre courant)*.
2069. DENT de râteau, de bois. *(à la pièce)*.
2070. — — — —, de fer. *(à la pièce)*.
2071. DESCENTE de feuilles en long. *(au mètre courant)*.
2072. — — — de feuilles en travers. *(au mètre courant)*.
2073. — — — de fonte. *(au mètre courant)*.
2075. DESSUS de banc. *(à la pièce)*.
2076. — — — de table de soldat. *(à la pièce)*.
2077. — — — de table de sous-officier. *(à la pièce)*.
2078. DRAGUE. *(à la pièce)*.
2079. ÉCHARPE de banc. *(à la pièce)*.
2080. — — — de table. *(à la pièce)*.
2081. ÉCHELLE à incendie. *(à la pièce)*.
2082. — — — de sujétion. *(au mètre courant)*.
2083. — — — ordinaire. *(au mètre courant)*.
2084. ÉCHELON. *(à la pièce)*.
2085. ÉCHENILLAGE de sujétion. *(à la pièce)*.
2086. — — — — ordinaire. *(à la pièce)*.
2087. ÉCROU de 3e. *(à la pièce)*.
2088. — — — de 8e. *(à la pièce)*.
2089. EMBODINURE. *(à la pièce)*.
2090. *ENCADREMENT* de baie. *(au mètre courant)*.
2091. — — — — — de baie, de la pierre de l'État. *(au mètre courant)*.
2092. ENCRIER. *(à la pièce)*.
2093. ENFONÇURE de seau. *(à la pièce)*.
2094. ENTRÉE de serrure. *(à la pièce)*.
2095. ENTRETOISE de banc. *(à la pièce)*.
2096. — — — — de table. *(à la pièce)*.
2097. ÉPARTS de brouette. *(à la pièce)*.
2098. — — — de civière. *(à la pièce)*.
2099. — — — de râtelier. *(à la pièce)*.
2100. ÉPIS de fondation. *(au cent de fascines)*.
2101. — — de fondation, des branchages de l'État. *(au cent de fascines)*.
2102. — — de fondation, du bois de l'État. *(au cent de fascines)*.
2103. — — ordinaire. *(au cent de fascines)*.
2106. ÉPISSURE de cable. *(à la pièce)*.
2107. ÉQUERRE plane. *(à la pièce)*.
2108. — — — coudée. *(à la pièce)*.
2109. ESCALIER de meunier. *(au mètre courant)*.
2110. — — — de rempart. *(à la pièce)*.
2112. ESPAGNOLETTE de bois. *(à la pièce)*.
2114. — — — — - de sujétion, de 15 à 18d. *(à la pièce)*.
2115. — — — — - de sujétion, de 18 à 20d. *(à la pièce)*.
2116. — — — — - de sujétion, de 20 à 22d. *(à la pièce)*.
2117. — — — — - ordinaire, de 15 à 18d. *(à la pièce)*.
2120. ESSEAUX posés en recherches. *(au cent)*.
2121. ÉTIQUETTE. *(à la pièce)*.
2122. ÉTOQUERAUX. *(à la pièce)*.
2123. ÉVIER. *(au mètre carré)*.
2124. FAÎTAGE de feuilles de fer en long. *(au mètre courant)*.
2125. — — — de feuilles de fer en travers. *(au mètre courant)*.
2126. — — — de guérite. *(à la pièce)*.
2127. FAÎTIÈRE de sujétion, en mortier de ciment. *(au mètre courant)*.
2128. — — — de sujétion, en mortier ordinaire. *(au mètre courant)*.
2131. — — — ordinaire, en mortier de ciment. *(au mètre courant)*.
2135. — — — vernissée. *(au mètre courant)*.
2136. — — — vernissée, des Tuiles de l'État. *(au mètre courant)*.
2137. FALOT. *(à la pièce)*.
2138. FAUTEUIL à *bascule. (à la pièce)*.
2139. — — — de paille. *(à la pièce)*.
2140. FAUX. *(à la pièce)*.
2141. FERREMENT de barre d'écurie. *(à la pièce)*.
2142. — — — — de sauterelle. *(à la pièce)*.
2143. — — — — de support de planche à pain. *(à la pièce)*.

2144. FEUILLE de fer, sans soudure. (à la pièce).
2145. — — — de fer, soudée. (à la pièce).
2146. FICELURE de boyau. (à la pièce).
2147. FICHE à gond. (à la pièce).
2148. — — à pate. (à la pièce).
2149. — — à vases, de 20ᶜ. (à la pièce).
2150. — — à vases, de 25ᶜ. (à la pièce).
2151. — — droite. (à la pièce).
2152. — — en équerre. (à la pièce).
2153. — — en S. (à la pièce).
2154. — — en T. (à la pièce).
2155. FILET de mastic. (au mètre courant).
2156. FOLIOT. (à la pièce).
2157. FONCET de sujétion. (à la pièce).
2158. — — — ordinaire. (à la pièce).
2159. FORME de sable d'un centimètre d'épaisseur. (au mètre carré).
2160. FRETTE. (à la pièce).
2161. GACHE à pates. (à la pièce).
2162. — — — à pointes. (à la pièce).
2163. — — — à scellemens. (à la pièce).
2164. — — — cloisonnée. (à la pièce).
2165. — — — d'espagnolette. (à la pièce).
2166. — — — fermée de grosse descente. (à la pièce).
2169. — — — ouverte de petite descente. (à la pièce).
2170. GACHETTE de serrure. (à la pièce).
2171. GALANDAGE. (au mètre carré).
2173. GARGOUILLE de 6ᵈ. (à la pièce).
2174. — — — — de 8ᵈ. (à la pièce).
2175. GARNITURE de clous, pour les mangeoires. (au mètre courant).
2176. — — — — de tôle, pour les mangeoires. (au mètre courant).
2177. GITES de 27ᵐ. (au mètre courant).
2178. — — de 27ᵐ, du bois de l'Etat. (au mètre courant).
2183. — — de 54ᵐ. (au mètre courant).
2185. GOND à pate. (à la pièce).
2186. — — à pointe. (à la pièce).
2187. — — à scellement, ordinaire. (à la pièce).
2188. — — à scellement, de sujétion. (à la pièce).
2189. — — de fiche. (à la pièce).
2190. — — de poêle. (à la pièce).
2191. GOUDRONNAGE de baquet. (à la pièce).
2192. — — — — de seau. (à la pièce).
2193. GRAISSAGE de boyau de 5ᶜ. (au mètre courant).
2195. GRANITAGE à l'huile. (au mètre carré).
2196. — — — — en détrempe. (au mètre carré).
2197. GRILLAGE de fil de fer, de 15ᵐ. (au mètre carré).
2199. — — — de fil de fer, de 30ᵐ. (au mètre carré).
2200. — — — de fil de laiton. (au mètre carré).
2201. GRILLAGE de fondation, de 22ᶜ. (au mètre courant).
2202. — — — — — — , de 22ᶜ, du bois de l'Etat. (au mètre courant).
2203. — — — — — — , de 33ᶜ. (au mètre courant).
2205. GRILLE de poêle. (à la pièce).
2206. GUERITE. (à la pièce).
2207. HACHE. (à la pièce).
2208. HACHETTE. (à la pièce).
2209. HAIE. (au mètre courant).
2210. HAIE du plant de l'Etat. (au mètre courant).
2211. HEURTOIR de fenêtre. (à la pièce).
2212. — — — de porte. (à la pièce).
2213. HOLLANDAISE. (à la pièce).
2214. HOTTE de bois. (à la pièce).
2215. — — — d'osier. (à la pièce).
2216. HOYAU. (à la pièce).
2217. HUISSERIE de chêne. (au mètre courant).
2218. — — — de sapin. (au mètre courant).
2219. — — — du bois de l'Etat. (au mètre courant).
2220. JANTE de brouette. (à la pièce).
2222. JONCTION de boyau. (à la pièce).
2223. LABOUR d'arbre. (à la pièce).
2224. LACET à pointes, d'anneau de mangeoire. (à la pièce).
2225. — — — à pointe, de crochet. (à la pièce).

4

2226. *LACET* à scellement, d'anneau de pansage. (*à la pièce*).
2227. — — — à scellement, de crochet. (*à la pièce*).
2228. — — — à vis, d'anneau de mangeoire. (*à la pièce*).
2229. — — — à vis, d'anneau de pansage. (*à la pièce*).
2230. — — — à vis, de crochet. (*à la pièce*).
2231. — — — de barre d'écurie. (*à la pièce*).
2232. — — — de moraillon. (*à la pièce*).
2233. — — — de *sauterelle*. (*à la pièce*).
2234. — — — d'espagnolette. (*à la pièce*).
2235. LAMBRIS de chêne. (*au mètre carré*).
2236. — — — de chêne et de sapin. (*au mètre carré*).
2237. — — — de sapin. (*au mètre carré*).
2238. — — — du bois de l'Etat. (*au mètre carré*).
2239. LAMBRIS moiré, en détrempe. (*au mètre carré*).
2240. — — — uni, en détrempe. (*au mètre carré*).
2241. LAME de scie. (*à la pièce*).
2242. LAMPE de falot. (*à la pièce*).
2243. — — de réverbère. (*à la pièce*).
2244. LANGUETTE de cheminée. (*au mètre carré*).
2245. — — — — de cheminée, des briques de l'Etat. (*au mètre carré*).
2246. LANTERNE de mine. (*à la pièce*).
2247. LARMIER de croisée. (*à la pièce*).
2249. LATTIS à claire-voie de 10ᶜ, de chêne. (*au mètre carré*).
2250. — — — — — de 10ᶜ, de sapin. (*au mètre carré*).
2251. — — — — — de 10ᶜ, du bois de l'Etat. (*au mètre carré*).
2252. — — — — — de 15ᶜ, de chêne. (*au mètre carré*).
2253. — — — — — de 25ᶜ, de chêne. (*au mètre carré*).
2258. LATTIS à jours, de chêne. (*au mètre carré*).
2260. LATTIS de gaulettes. (*au mètre carré*).
2262. — — — de lattes de fente. (*au mètre carré*).
2264. — — — de lattons. (*au mètre carré*).
2266. LATTIS plein, de chêne. (*au mètre carré*).
2268. LAVE posée en recherche. (*à la pièce*).
2269. LEVIER. (*à la pièce*).
2270. LIEN d'osier. (*au cent*).
2271. LIMON d'échelle. (*au mètre courant*).
2272. — — de râtelier. (*au mètre courant*).
2274. — — d'escalier. (*au mètre courant*).
2276. LIT de camp. (*au mètre courant*).
2278. LITEAU. (*au mètre courant*).
2279. LITEAU du bois de l'Etat. (*au mètre courant*).
2280. LONGE. (*à la pièce*).
2281. LOQUET à *olives* de cuivre. (*à la pièce*).
2282. — — — à olives de fer. (*à la pièce*).
2283. — — — à ressort. (*à la pièce*).
2284. — — — ordinaire. (*à la pièce*).
2285. LOQUETEAU. (*à la pièce*).
2286. MAÇONNERIE de cailloux et de briques. (*au mètre cube*).
2287. MAILLET. (*à la pièce*).
2288. MAIN de puits. (*à la pièce*).
2289. — — de serrure. (*à la pièce*).
2290. — — évidée d'espagnolette. (*à la pièce*).
2291. — — pleine d'espagnolette. (*à la pièce*).
2292. MANCHE de brosse. (*au mètre courant*).
2293. — — — d'outil, de 5ᵈ ou moins. (*à la pièce*).
2294. — — — d'outil, de 5 à 15ᵈ. (*à la pièce*).
2295. — — — d'outil, de 15ᵈ ou plus. (*à la pièce*).
2296. MANGEOIRE. (*au mètre courant*).
2297. MANGEOIRE du bois de l'Etat. (*au mètre courant*).
2298. MANIVELLE d'écluse. (*à la pièce*).
2299. MANTONNET à pointes. (*à la pièce*).
2300. — — — — à scellement. (*à la pièce*).
2301. — — — — de poêle. (*à la pièce*).
2302. MARBRURE à l'huile. (*au mètre carré*).
2303. — — — en détrempe. (*au mètre carré*).
2304. MARCHE de pierre, moulée, posée en mortier de ciment. (*au mètre courant*).
2305. — — — —, moulée, posée en mortier ordinaire. (*au mètre courant*).
2306. — — — — —, unie, posée en mortier de ciment. (*au mètre courant*).
2308. MARCHE embrévée, de bois de 27ᵐ. (*au mètre courant*).
2312. — — — plate. (*au mètre courant*).

2314.	MARCHE prismatique. (au mètre courant).	»
2316.	MARTEAU à fine pointe. (à la pièce).	»
2317.	— — — à panne fendue. (à la pièce).	»
2318.	— — — de maçon. (à la pièce).	»
2319.	— — — de porte. (à la pièce).	»
2320.	MASSE de bois. (à la pièce).	»
2322.	— — — de fer. (à la pièce).	»
2324.	MESURE de 10 lit. 1/2. (à la pièce).	»
2325.	— — — de 12 lit. (à la pièce).	»
2326.	— — — de 13 lit. 1/2. (à la pièce).	»
2327.	MITRE de cheminée. (à la pièce).	»
2328.	MOELLON esmilié, posé en réparation. (à la pièce).	»
2329.	— — — esmilié de l'Etat, posé en réparation. (à la pièce).	»
2330.	— — — piqué, posé en réparation. (à la pièce).	»
2332.	MONTANT de croisée à meneau. (au mètre courant).	»
2334.	— — — de croisée ordinaire. (au mètre courant).	»
2336.	MONTURE de faux. (à la pièce).	»
2337.	— — — de scie. (à la pièce).	»
2338.	MORAILLON de sujétion. (à la pièce).	»
2339.	— — — — ordinaire. (à la pièce).	»
2340.	MOUCHETTE. (à la pièce).	»
2341.	MOULURE de chêne. (au mètre courant).	»
2343.	— — — de peuplier. (au mètre courant).	»
2345.	— — — de plâtre. (au mètre courant).	»
2346.	MOUTON à bras. (à la pièce).	»
2347.	MOUVEMENT de sonnette. (à la pièce).	»
2348.	MUR de plâtre. (au mètre carré).	»
2349.	NETTOIEMENT de chambre. (par place d'homme).	»
2350.	— — — — d'écurie. (par place de cheval).	»
2351.	NIVEAU de maçon. (à la pièce).	»
2352.	NOQUET. (à la pièce).	»
2353.	OISEAU. (à la pièce).	»
2355.	OLIVE de cuivre. (à la pièce).	»
2356.	— — de fer. (à la pièce).	»
2357.	OREILLE de planche à consigne. (à la pièce).	»
2358.	— — — de seau d'écurie. (à la pièce).	»
2359.	— — — de seau d'incendie. (à la pièce).	»
2360.	ORGANEAU. (à la pièce).	»
2362.	PAILLASSON de paille. (au mètre carré).	»
2364.	— — — — de roseaux. (au mètre carré).	»
2366.	PALISSADEMENT de 23ᵈ. (au mètre courant).	»
2367.	— — — — — de 23ᵈ, du bois de l'Etat. (au mètre courant).	»
2368.	— — — — — de 23ᵈ, des palissades de l'Etat. (au mètre courant).	»
2369.	— — — — — de 32ᵈ. (au mètre courant).	»
2372.	PALPLANCHE de sujétion. (au mètre carré).	»
2373.	— — — — de sujétion, du bois de l'Etat. (au mètre carré).	»
2374.	— — — — ordinaire. (au mètre carré).	»
2376.	PANNETON de sujétion. (à la pièce).	»
2377.	— — — — ordinaire. (à la pièce).	»
2378.	PANIER oblong. (à la pièce).	»
2379.	— — — oblong, des gaulettes de l'Etat. (à la pièce).	»
2380.	— — — oblong, du bois de l'Etat. (à la pièce).	»
2381.	— — — parallélipipédique. (à la pièce).	»
2384.	— — — de terrassier. (à la pièce).	»
2385.	— — — rond. (à la pièce).	»
2386.	PATE à pointe de 4ᶜ. (à la pièce).	»
2391.	PATE a scellement de 8ᶜ. (à la pièce).	»
2394.	PATE de serrure. (à la pièce).	»
2395.	PAVE de Briques de 4ᶜ, debout, en mortier de sable. (au mètre carré).	»
2396.	— — — — — — , de champ, en mortier de ciment. (au mètre carré).	»
2397.	— — — — — — , de champ, en mortier de sable. (au mètre carré).	»
2398.	— — — — — — , de plat, en mortier de sable. (au mètre carré).	»
2399.	— — — — — — , de plat, en plâtre. (au mètre carré).	»
2400.	PAVE des Briques de 4ᶜ de l'Etat, debout, en mortier de sable. (au mètre carré).	»
2408.	PAVE de Briques de 5ᶜ, debout, en mortier de sable. (au mètre carré).	»
2407.	PAVE de Briques de C, en plâtre. (au mètre carré).	»
2409.	PAVE de Cailloux, en mortier de sable. (au mètre carré).	»
2410.	— — — — — — , en sable. (au mètre carré).	»
2413.	PAVE de Carreaux de 16ᶜ, en mortier de sable. (au mètre carré).	»
2415.	PAVE de Carreaux de 22ᶜ, en mastic. (au mètre carré).	»

2416. PAVÉ de Carreaux de 22e, dans le mastic de l'Etat. *(au mètre carré).*
2417. — — — — — — — —, en mortier de sable. *(au mètre carré).*
2418. PAVÉ des Carreaux de 22e de l'Etat, en mastic. *(au mètre carré).*
2420. PAVÉ de Carreaux de faïence , en mortier de sable. *(au mètre carré).*
2421. — — — — — — — , en plâtre. *(au mètre carré).*
2424. PAVÉ de Carreaux hexagones , en plâtre. *(au mètre carré).*
2426. PAVE de Dalles de D , en mastic. *(au mètre carré).*
2427. — — — — — — - , en mortier de sable. *(au mètre carré).*
2430. PAVÉ de Dalles réfractaires. *(au mètre carré).*
2432. PAVÉ de Pierres brutes , en sable. *(au mètre carré).*
2433. PAVE de Pierres de E , en sable. *(au mètre carré).*
2435. PAVE de Pierres de roche, en mortier de ciment. *(au mètre carré).*
2436. — — — — — — - , en sable. *(au mètre carré).*
2439. PAVÉ de Pierre de taille, en mortier de ciment. *(au mètre carré).*
2440. — — — — — —, en mortier de sable. *(au mètre carré).*
2444. PAVÉ de la Pierre de taille de l'Etat, en mortier de ciment. *(au mètre carré).*
2443. PAVE de Pierres *épincées*, en sable. *(au mètre carré).*
2445. PAVE de Pierres piquées , en mortier de sable. *(au mètre carré).*
2447. PEINTURE de cheminée. *(à la pièce).*
2448. — — — de conchette. *(à la pièce).*
2449. — — — de feuille de fer-blanc , en gris. *(à la pièce).*
2450. — — — de feuille de fer-blanc , en rouge. *(à la pièce).*
2451. — — — de guérite. *(à la pièce).*
2452. — — — de ferrure. *(à la pièce).*
2453. — — — d'espagnolette. *(à la pièce).*
2454. — — — d'étiquette. *(à la pièce).*
2455. PELLE à feu. *(à la pièce).*
2456. — — carrée. *(à la pièce).*
2457. — — ronde. *(à la pièce).*
2458. PENE à ressort. *(à la pièce).*
2459. — — de cadenas. *(à la pièce).*
2460. — — dormant de sujétion. *(à la pièce).*
2461. — — dormant ordinaire. *(à la pièce).*
2462. — — en bord. *(à la pièce).*
2463. PENTURE de poêle. *(à la pièce).*
2464. PERCEMENT fait au coin. *(au mètre courant).*
2465. — — — — au pétard. *(au mètre courant).*
2466. — — — — au pic. *(au mètre courant).*
2467. PERFORATION de mur. *(au mètre courant).*
2468. PERSIENNE. *(au mètre carré).*
2470. PIC à roc. *(à la pièce).*
2471. PICOLET à pates. *(à la pièce).*
2472. — — — à pointes. *(à la pièce).*
2473. PIED de banc. *(à la pièce).*
2475. — — de brouette. *(à la pièce).*
2477. — — de table de soldat. *(à la pièce).*
2479. — — de table de sous-officier. *(à la pièce).*
2481. PIERRE brute , posée en sable. *(à la pièce).*
2482. — — — brute de l'Etat, posée en sable. *(à la pièce).*
2483. PIERRE de E, posée en sable. *(à la pièce).*
2484. — — — de roche, posée en mortier de ciment. *(à la pièce).*
2485. PIERRE *épincée*, posée en sable. *(à la pièce).*
2487. — — — piquée , posée en mortier. *(à la pièce).*
2489. PIERRÉE. *(au mètre courant).*
2491. PIGNON de serrure. *(à la pièce).*
2492. PILIERS de manége. *(à la paire).*
2493. PILOTIS de sujétion. *(au mètre courant).*
2494. — — — ordinaire. *(au mètre courant).*
2495. PINCE. *(à la pièce).*
2496. PINCEAU. *(à la pièce).*
2497. PINCETTES. *(à la pièce).*
2498. PIOCHE. *(à la pièce).*
2499. PISTON. *(à la pièce).*
2500. PITON à pointe. *(à la pièce).*
2501. — — à scellement. *(à la pièce).*
2502. — — à vis. *(à la pièce).*
2503. — — de tringle. *(à la pièce).*
2504. PIVOT de barrière. *(à la pièce).*
2505. PLANCHE à bagage , de 27e. *(au mètre courant).*
2506. — — — à bagage , de 27e, du bois de l'Etat. *(au mètre courant).*

2507.	PLANCHE à bagage, de 33ᶜ. (au mètre courant).	»
2509.	— — — à consigne. (à la pièce).	»
2510.	— — — à pain. (à la pièce).	»
2512.	— — — de lit, ferrée. (à la pièce).	»
2513.	— — — de lit, sans ferrure. (à la pièce).	»
2514.	PLANCHER à bâtons rompus, de chêne. (au mètre carré).	»
2515.	— — — — — — — —, du chêne de l'Etat. (au mètre carré).	»
2516.	— — — — — — — —, de sapin (au mètre carré).	»
2518.	PLANCHER à brin de fougère. (au mètre carré).	»
2519.	— — — — — à brin de fougère, du bois de l'Etat. (au mètre carré).	»
2520.	PLANCHER à plat point, de chêne de 27ᵐ. (au mètre carré).	»
2523.	— — — — — — —, de chêne de 54ᵐ. (au mètre carré).	»
2524.	— — — — — — —, de sapin de 27ᵐ. (au mètre carré).	»
2536.	PLANCHER à recouvremens. (au mètre carré).	»
2538.	PLANCHER brut de chêne. (au mètre carré).	»
2540.	PLANCHER de magasin à poudre. (au mètre carré).	»
2541.	— — — de magasin à poudre, des madriers de l'Etat. (au mètre carré).	»
2542.	— — — de pont dormant. (au mètre carré).	»
2543.	— — — de pont dormant, du bois de l'Etat. (au mètre carré).	»
2544.	— — — de pont-levis. (au mètre carré).	»
2546.	PLANCHER ordinaire de chêne de 27ᵐ. (au mètre carré).	»
2562.	PLANCHER parqueté. (au mètre carré).	»
2564.	PLANCHER refendu de chêne de 27ᵐ. (au mètre carré).	»
2576.	PLATINE de verrou, à panaches. (à la pièce).	»
2577.	— — — de verrou, unie. (à la pièce).	»
2578.	— — — de loquet à ressort. (à la pièce).	»
2579.	— — — de loquet ordinaire. (à la pièce).	»
2580.	— — — de targette. (à la pièce).	»
2581.	PLINTHE de chêne. (au mètre courant).	»
2582.	— — — de peuplier. (au mètre courant).	»
2584.	PLOMB de maçon. (à la pièce).	»
2585.	POIGNÉE à lacets. (à la pièce).	»
2586.	— — — à pates. (à la pièce).	»
2587.	— — — à pointes. (à la pièce).	»
2588.	— — — de marmite. (à la pièce).	»
2589.	— — — de seau à incendie. (à la pièce).	»
2590.	POINTES de 14ᵐ Nº 7. (au cent).	»
2624.	POMMELLE. (à la pièce).	»
2625.	POMPE à incendie. (à la pièce).	»
2626.	PORTE à champ évidé, de chêne. (au mètre carré).	»
2630.	PORTE à châssis. (au mètre carré).	»
2632.	PORTE à emboîtures, de chêne. (au mètre carré).	»
2633.	— — — — — —, de sapin. (au mètre carré).	»
2634.	— — — — — —, du chêne de l'Etat. (au mètre carré).	»
2636.	PORTE double. (au mètre carré).	»
2637.	— — — double, du bois de l'Etat. (au mètre carré).	»
2638.	PORTE-CANONS. (au mètre courant).	»
2639.	PORTE-CROSSES. (au mètre courant).	»
2640.	PORTE de poêle. (à la pièce).	»
2641.	PORTE-MANTEAUX. (au mètre courant).	»
2642.	PORTE-SELLE. (à la pièce).	»
2643.	POULIE de bois. (à la pièce).	»
2644.	— — — de falot. (à la pièce).	»
2645.	— — — de puits. (à la pièce).	»
2646.	— — — de réverbère. (à la pièce).	»
2647.	RABOT de maçon. (à la pièce).	»
2648.	RACINAUX d'auge. (à la pièce).	»
2649.	— — — d'auge, du bois de l'Etat. (à la pièce).	»
2650.	— — — de mangeoire. (à la pièce).	»
2652.	RACLOIR. (à la pièce).	»
2653.	RAMONAGE au fagot. (à la cheminée).	»
2654.	— — — — au racloir. (à la cheminée).	»
2655.	— — — — de fourneau de cuisine. (au foyer).	»
2656.	— — — — de poêle. (au poêle).	»
2657.	RATEAU de bois. (à la pièce).	»
2658.	— — — de fer. (à la pièce).	»
2659.	— — — de serrure. (à la pièce).	»
2660.	RATELIER d'armes, à chevilles. (au mètre courant).	»
2661.	— — — d'armes, à semelle. (au mètre courant).	»
2662.	— — — d'écurie. (au mètre courant).	»

2663. RATELIER d'effets, à chevilles carrées. *(au mètre courant).*
2664. — — — d'effets, à chevilles tournées. *(au mètre courant).*
2665. — — — d'effets, à crochets. *(au mètre courant).*
2666. RAYON d'armoire. *(au mètre carré).*
2667. REFLECTEUR de réverbère. *(à la pièce).*
2668. REGLE de maçon. *(à la pièce).*
2669. REMANIEMENT de *Bande* de planche de lit. *(à la pièce).*
2670. — — — — de Bascule. *(à la pièce).*
2671. — — — — de Borne. *(à la pièce).*
2672. — — — — de Chéneau de bois. *(au mètre courant).*
2673. — — — — de Chéneau de fer. *(au mètre courant).*
2674. — — — — de Chevron. *(au mètre courant).*
2675. — — — — de Conduite de fontaine. *(au mètre courant).*
2676. — — — — de Conduite de pompe. *(au mètre courant).*
2677. — — — — de Descente. *(au mètre courant).*
2678. REMANIEMENT de Couverture d'ardoises de 8e. *(au mètre carré).*
2682. — — — — — — — — de laves. *(au mètre carré).*
2683. — — — — — — — — de tuiles creuses posées à sec. *(au mètre carré).*
2689. REMANIEMENT de Faîtières. *(au mètre courant).*
2690. REMANIEMENT des Ferrures d'une barre d'écurie. *(à la pièce).*
2691. — — — — — — — d'une croisée de sujétion. *(à la pièce).*
2694. — — — — — — — d'une porte ordinaire. *(à la pièce).*
2695. — — — — — — — d'une *sauterelle*. *(à la pièce).*
2696. REMANIEMENT de Lattis à claire-voie de 10e. *(au mètre carré).*
2701. — — — — de Liteau. *(au mètre courant).*
2702. — — — — de Palissadement de 23d. *(au mètre courant).*
2703. — — — — de Palissadement de 32d. *(au mètre courant).*
2704. — — — — de Pavé en sable. *(à la pièce).*
2705. REMANIEMENT de Plancher à *bâtons rompus*. *(au mètre carré).*
2715. — — — — — *refendu*, de chêne de 27m. *(au mètre carré).*
2721. REMANIEMENT de Poêle. *(à la pièce).*
2722. — — — — de serrure. *(à la pièce).*
2723. *REMPAILLAGE* de chaise. *(à la pièce).*
2724. REPARATION de cadenas. *(à la pièce).*
2725. — — — — de loquet. *(à la pièce).*
2726. — — — — de serrure. *(à la pièce).*
2727. — — — — de verrou. *(à la pièce).*
2728. RESERVOIR de lampe. *(à la pièce).*
2729. RESSORT d'armoire. *(à la pièce).*
2730. — — — de foliot. *(à la pièce).*
2731. — — — de pêne de sujétion. *(à la pièce).*
2732. — — — de pêne ordinaire. *(à la pièce).*
2733. — — — de sonnette. *(à la pièce).*
2734. — — — en boudin. *(à la pièce).*
2735. — — — simple. *(à la pièce).*
2736. REVERBERE. *(à la pièce).*
2737. REVERSEAU. *(au mètre courant).*
2738. REVETEMENT de Gaulettes faibles. *(au mètre carré).*
2739. — — — — de Gaulettes faibles, du bois de l'Etat. *(au mètre carré).*
2740. — — — — de Gaulettes fortes. *(au mètre carré).*
2742. — — — — de Gaulettes moyennes. *(au mètre carré).*
2744. — — — — des Gaulettes faibles de l'Etat. *(au mètre carré).*
2747. REVÊTEMENT de Fascines courtes. *(au mètre carré).*
2749. — — — — de Fascines longues. *(au mètre carré).*
2756. REVÊTEMENT de Gabions de 1 mètre. *(au mètre carré).*
2758. — — — — — — de 1m,20. *(au mètre carré).*
2762. REVÊTEMENT de Paille. *(au mètre carré).*
2763. — — — — de la Paille de l'Etat. *(au mètre carré).*
2764. — — — — de Roseaux. *(au mètre carré).*
2766. REVÊTEMENT de Saucissons de 1 mètre, de branchages. *(au mètre carré).*
2768. — — — — de Saucissons de 1 mètre, de gaulettes. *(au mètre carré).*
2778. RIGOLE de conduite. *(au mètre courant).*
2779. — — — de palissadement. *(au mètre courant).*
2780. *RIVETS* de poêle. *(au cent).*
2781. RIVURE de charnière. *(à la pièce).*
2782. — — — de couplet. *(à la pièce).*
2783. *RONDELLE* de cuir. *(à la pièce).*
2784. — — — de fer. *(à la pièce).*
2785. *ROSETTE* de cuivre. *(à la pièce).*
2786. — — — de tôle. *(à la pièce).*

2787. ROUE de brouette, ferrée. (à la pièce).   »
2788. — — de brouette, sans ferrure. (à la pièce).   »
2789. — — de camion. (à la pièce).   »
2790. ROUET de serrure. (à la pièce).   »
2791. ROULON de chevalet. (à la pièce).   »
2792. — — — de râtelier. (à la pièce).   »
2793. SABOT de Pilotis. (à la pièce).   »
2794. SAC à clefs. (à la pièce).   »
2795. —— à terre. (à la pièce).   »
2796. SAUCISSON farci. (au mètre courant).   »
2797. — — — — farci, des gaulettes de l'Etat. (au mètre courant).   »
2798. — — — — farci, des bois de l'Etat. (au mètre courant).   »
2799. SAUTERELLE ferrée. (à la pièce).   »
2800. — — — — sans ferrure. (à la pièce).   »
2801. SCELLEMENT de poutre, en mortier bâtard. (à la pièce).   »
2802. — — — — — — —, en mortier ordinaire. (à la pièce).   »
2803. SCELLEMENT de poutrelle, en mortier bâtard. (à la pièce).   »
2804. SCELLEMENT en plâtre, de 10ᶜ ou moins, dans la pierre. (à la pièce).   »
2805. — — — — — —, de 10ᶜ ou moins, dans les murs. (à la pièce).   »
2806. — — — — — —, de 10 à 15ᶜ, dans la pierre. (à la pièce).   »
2808. — — — — — —, de 15ᶜ ou plus, dans la pierre. (à la pièce).   »
2810. SCELLEMENT en soufre, de 7ᶜ. (à la pièce).   »
2811. — — — en soufre, de 10ᶜ. (à la pièce).   »
2812. — — — — fait avec du soufre de l'Etat. (à la pièce).   »
2813. SCIE. (à la pièce).   »
2814. SEAU de cuir. (à la pièce).   »
2815. — — d'écurie, ferré. (à la pièce).   »
2816. — — d'écurie, sans ferrure. (à la pièce).   »
2817. — — de puits. (à la pièce).   »
2818. — — d'osier. (à la pièce).   »
2819. SERPE. (à la pièce).   »
2820. SERRURE à bosse. (à la pièce).   »
2821. — — — à deux tours. (à la pièce).   »
2822. — — — à houssette. (à la pièce).   »
2823. — — — à ressort. (à la pièce).   »
2824. — — — à un tour. (à la pièce).   »
2825. — — — d'armoire. (à la pièce).   »
2826. — — — plate. (à la pièce).   »
2827. SOLINS de mortier bâtard. (au mètre courant).   »
2828. — — — de mortier ordinaire. (au mètre courant).   »
2829. — — — de plâtre. (au mètre courant).   »
2830. SOUDURE de sujétion. (à la pièce).   »
2831. — — — ordinaire. (à la pièce).   »
2832. SOUPAPE de cuir. (à la pièce).   »
2833. — — — de cuivre. (à la pièce.)   »
2835. STORE. (à la pièce).   »
2836. SUPPORT de chéneau étroit. (à la pièce).   »
2837. — — de chéneau large. (à la pièce).   »
2838. — — de lit de camp. (à la pièce).   »
2840. — — de planche à pain. (à la pièce).   »
2841. — — de râtelier. (à la pièce).   »
2842. — — de store. (à la pièce).   »
2843. — — — fixe d'espagnolette. (à la pièce).   »
2844. — — — mobile d'espagnolette. (à la pièce).   »
2845. TABLE de soldat. (à la pièce).   »
2846. — — de soldat, du bois de l'Etat. (à la pièce).   »
2847. — — de sous-officier. (à la pièce).   »
2848. TABLETTE de 5ᵈ en mortier de ciment. (au mètre courant).   »
2851. — — — — de 7ᵈ en mortier ordinaire. (au mètre courant).   »
2852. TABLETTE de chêne. (au mètre carré).   »
2853. — — — de sapin. (au mètre carré).   »
2855. TAILLE de Baie de mur. (au mètre courant).   »
2856. — — — de Borne. (à la pièce).   »
2857. — — — de Chasse-roues. (à la pièce).   »
2858. — — — de Moellons esmilés. (au cent).   »
2859. — — — de Moellons piqués. (au cent).   »
2860. — — — de Pierres piquées sur deux faces. (au cent).   »
2861. — — — de Pierres piquées sur une face. (au cent).   »
2862. — — — de Tablette de 5ᵈ. (au mètre courant).   »
2863. — — — de Tablette de 7ᵈ. (au mètre courant).   »

2864. TARGETTE de 3ᵈ. (*à la pièce*).
2865. — — — de 5ᵈ. (*à la pièce*).
2866. *TASSETTE*. (*à la pièce*).
2867. TÊTE de brouette. (*à la pièce*).
2868. — — de manége. (*à la pièce*).
2869. — — de râteau. (*à la pièce*).
2870. TIGE d'espagnolette. (*au mètre courant*).
2871. TIRE-FOND de 15ᶜ. (*à la pièce*).
2872. — — — de 20ᶜ. (*à la pièce*).
2873. TIROIR de cheminée. (*au mètre carré*).
2875. ——— de poêle. (*à la pièce*).
2876. ———- de table. (*à la pièce*).
2877. TISONNIER. (*à la pièce*).
2879. TOILE de tête de manége. (*à la pièce*).
2880. TONNEAU d'eau. (*à la pièce*).
2881. TORCHIS. (*au mètre carré*).
2882. *TOURNIQUET* double. (*à la pièce*).
2883. — — — —- simple. (*à la pièce*).
2884. TRANSPORT à un relai, de Bascule. (*à la pièce*).
2885. — — — — —, de Borne. (*à la pièce*).
2886. — — — — —, de Guérite. (*à la pièce*).
2887. — — — — —, de Poêle. (*à la pièce*).
2888. — — — — —, de Tablier de pont. (*à la pièce*).
2889. — — — — —, de Tuiles creuses, sur chemin. (*au mètre carré*).
2890. — — — — —, de Tuiles creuses, sur échelle. (*au mètre carré*).
2891. — — — — —, de Tuiles creuses, sur escalier. (*au mètre carré*).
2892. TRAVERSE de banc. (*à la pièce*).
2893. — — — de table. (*à la pièce*).
2894. TRÉTEAU de bois. (*à la pièce*).
2895. — — — de fer. (*à la pièce*).
2896. TRINGLE de bois. (*au mètre courant*).
2897. — — de fer. (*au mètre courant*).
2898. TROU d'arbre, dans de la terre à un homme et à une portée. (*à la pièce*).
2899. TROU de louve, dans de la pierre de B. (*à la pièce*).
2900. — — — —, dans de la pierre de taille. (*à la pièce*).
2901. TRUELLE. (*à la pièce*).
2902. TUILES creuses posées à sec, en recherches. (*au cent*).
2908. *TUNAGE*. (*au mètre carré*).
2909. TUTEUR. (*à la pièce*).
2910. TUYAU de poêle. (*au mètre courant*).
2911. — — de sonnette. (*au mètre courant*).
2912. TUYÈRE. (*à la pièce*).
2913. VAN. (*à la pièce*).
2914. VASE de fiche. (*à la pièce*).
2915. VENTOUSE de bois (*à la pièce*).
2916. — — — de fer-blanc. (*à la pièce*).
2917. VERROU à ressort. (*à la pièce*).
2918. — — - de serrure. (*à la pièce*).
2919. — — — de targette. (*à la pièce*).
2920. — — —- perdu. (*à la pièce*).
2921. VERTEVELLE. (*à la pièce*).
2922. VIROLE. (*à la pièce*).
2923. VIS à bois n° 15, de 1ᶜ. (*au cent*).
2977. VIS de cuivre, pour les *brides*. (*à la pièce*).
2978. — de fer, pour les *brides*. (*à la pièce*).
2979. — - de serrure. (*à la pièce*).
2980. — - d'espagnolette. (*à la pièce*).
2981. VOITURE à pompe. (*à la pièce*).
2982. VOUTE d'entrevous. (*au mètre carré*).
2983. — — — de plâtre. (*au mètre carré*).
2984. — — — plate. (*au mètre carré*).
2985. VOYAGE de tombereau de 0ᵐ,33, pour de moyens objets. (*au voyage*).
2986. — — — — — de 0ᵐ,33, pour de petits objets. (*au voyage*).
2987. — — — — — de 0ᵐ,66, pour de moyens objets. (*au voyage*).
2989. — — — — — de 1 mètre, pour de moyens objets. (*au voyage*).
2991. VOYAGE de voiture à bras. (*au voyage*).
2992. — — — — de sujétion, pour de gros objets. (*au voyage*).
2995. — — — — légère, pour de gros objets. (*au voyage*).
2998. — — — — ordinaire, pour de gros objets. (*au voyage*).
3000. — — — — ordinaire, pour de petits objets. (*au voyage*).

DIRECTION de A........

DEVIS GÉNÉRAL (*) *des ouvrages militaires à exécuter dans la Place de A......
et dépendances, auquel devront se conformer l'Entrepreneur et tous ceux qui
seront chargés de concourir à l'exécution desdits ouvrages, pendant trois ou
six années, à partir de 1832.* (Note V.)

PREMIÈRE SECTION.

CONDITIONS GÉNÉRALES.

CHAPITRE Ier.

ADJUDICATION.

Art. 1er. — Les travaux à faire chaque année ne pouvant être prévus d'avance, on a dressé un Bordereau
de tous les ouvrages qui peuvent être exécutés dans la Place pendant la durée du Marché : ce Bordereau
indique le prix auquel chaque ouvrage sera payé, en cas de fourniture ; le présent Devis détermine les
conditions auxquelles ces ouvrages devront satisfaire, ainsi que les obligations et les prérogatives de l'Entrepreneur. *(marge : Mode d'entreprise.)*

Art. 2. — Nul ne sera admis à concourir à l'Adjudication s'il n'est français, et s'il n'a auparavant justifié
devant le Maire de sa solvabilité, et produit une caution personnelle reconnue elle-même solvable, en se
conformant aux formalités prescrites par le titre 1er du règlement du 15 novembre 1822, sur les cautionnemens en général. L'étranger qui voudrait concourir, devrait en outre se pourvoir d'une autorisation préalable
du Ministre de la guerre. *(marge : Conditions exigées pour le concours.)*

Chacun des Candidats, muni du certificat du Maire attestant sa solvabilité et celle de sa caution, devra
se faire agréer pour le Concours par le Chef du Génie de la Place, qui s'assurera de sa capacité dans
l'art des constructions. Lorsque le Ministre de la guerre enverra le Directeur des fortifications sur les lieux
pour être présent à toutes les opérations de l'adjudication, l'examen des Candidats sera fait en sa présence
par le Chef du Génie.

Avant qu'il soit procédé à l'Adjudication, le Chef du Génie, ou le Directeur, s'il est présent, arrêtera
la liste des Concurrens, et la remettra au Sous-Intendant chargé de passer le Marché.

Les individus qui ne seront point portés sur cette liste ne pourront être admis à concourir.

Art. 3. — Dans la séance d'Adjudication, et pour y procéder, chacun des Concurrens remettra au Sous-
Intendant militaire une soumission cachetée, sur papier timbré, dans laquelle lui et sa caution déclareront
avoir une parfaite connaissance des prix portés au Bordereau, ainsi que de toutes les conditions mentionnées
au Devis général ; et par laquelle ledit Concurrent s'engagera à faire exécuter dans la Place de A........,
et dans ses dépendances, tous les travaux qui seront ordonnés par le Ministre de la guerre, aux prix du
Bordereau augmentés d'un certain bénéfice, qui devra être exprimé en unités ou en demi-unité, et ne pourra
pas excéder (dix) pour cent. *(marge : Mode d'adjudication.)*

Dans le cas où les Concurrens offriraient des rabais sur les prix bruts du Bordereau, ils seraient admis.

Dès que toutes les soumissions auront été remises, le Sous-Intendant les ouvrira publiquement, et l'Adjudication sera passée à celui des Concurrens qui aura fait la meilleure condition.

Dans le cas où plusieurs Concurrens demanderaient le même bénéfice, ou offriraient le même rabais, un
nouveau Concours serait ouvert entre eux : toujours de la même manière, et séance tenante.

Néanmoins, cette adjudication ne sera définitive qu'après avoir été approuvée par le Ministre de la guerre.

Art. 4. — Le procès-verbal d'adjudication sera rédigé sur papier timbré, et sera soumis au droit fixe
d'enregistrement d'un franc dix centimes ; un semblable droit sera perçu pour la caution : le tout selon ce
qui est prescrit, tant par les lois du 13 brumaire, du 22 frimaire et du 6 prairial an 7, que par l'article 73
de la loi des finances du 15 mai 1818. Ces frais de timbre et d'enregistrement seront payés par l'Adjudicataire, immédiatement après la séance de l'Adjudication. *(marge : Droits de timbre et d'enregistrement.)*

(*) Toutes les quantités métriques entre parenthèses, ainsi que les valeurs représentées par des lettres, sont supposées écrites en toutes
lettres ; et les quantités qui sont écrites en toutes lettres et entre parenthèses, sont regardées comme variables.

5

CHAPITRE II.

GARANTIES DU SERVICE.

Durée du marché. Art. 5. — La durée du Marché sera de six années, avec la faculté réciproque de résiliation à l'expiration des trois premières années, en prévenant toutefois six mois d'avance.

Entrepreneur unique. Art. 6. — On ne reconnaîtra qu'un seul Entrepreneur pour l'exécution des ouvrages dépendants du service du Génie. Ledit Entrepreneur, par le fait même du Marché par lui consenti, regardera les prix qui en résultent, ainsi que les clauses et les conditions du présent Devis général, comme obligatoires et faisant loi pour lui.

Impuissance de la caution. Art. 7. — En cas de mort ou d'insolvabilité de la caution, l'Entrepreneur sera tenu d'en présenter sans délai une nouvelle; et, faute par lui d'avoir fait agréer tout de suite bonne et valable caution, le Ministre de la guerre aura droit de résilier le Marché, s'il le juge à propos, et conservera ce droit tant que la nouvelle caution ne sera pas fournie. (*Note* VI.)

Impuissance de l'Entrepreneur. Art. 8. — En cas d'impuissance de l'Entrepreneur, par quelque cause que ce soit, de remplir, même temporairement, toutes les clauses et toutes les conditions du présent Marché, la caution sera tenue de voir achever à son compte tous les travaux commencés, ainsi que de voir exécuter tous ceux qui seront ordonnés; et, outre cela, de payer le principal Commis qui sera préposé à la gestion de l'Entreprise, par le Chef du Génie.: toutefois, ladite caution aura la faculté de fournir elle-même ce Commis, en le faisant agréer de cet Officier.

Néanmoins, à commencer du jour où l'impuissance de l'Entrepreneur aura été dûment constatée, le Ministre aura droit durant quatre mois de résilier le Marché, en prévenant la caution deux mois d'avance; et ce délai écoulé sans qu'il ait été fait usage de ce droit, le Marché sera maintenu jusqu'à son expiration.

Mort de l'Entrepreneur. Art. 9. — En cas de mort de l'Entrepreneur, le Marché ne pouvant être résilié immédiatement sans préjudice, l'Administration de la guerre se réserve un délai de quatre mois, durant lequel la caution continuera d'être tenue des obligations qui lui sont imposées par l'article précédent; sauf les modifications suivantes.

1° Le Ministre aura droit d'ordonner, et les héritiers de l'Entrepreneur ainsi que la caution pourront demander la résiliation du Marché, en se prévenant réciproquement deux mois d'avance; et ce délai passé, ladite résiliation sera regardée comme accomplie de plein droit, si toutefois elle n'a point été plus tôt accordée par le Ministre.

2° Le Marché, s'il n'a pas été résilié pendant les quatre mois qui auront suivi le décès de l'Entrepreneur, cessera de plein droit à l'expiration de ce délai.

3° Enfin, la caution, sur sa déclaration, agréée par le Ministre de la guerre, qu'elle s'engage, après le délai de quatre mois déterminé ci-dessus, à continuer le service des travaux jusqu'à la fin du Marché, soit par elle-même, soit par un Commis, sera réputée avoir personnellement remplacé l'Entrepreneur en ses obligations et en ses prérogatives; et pourra, si on l'en requiert, être obligée de fournir une caution. (*Note* VII.)

Registre d'ordres. Art. 10. — Les ordres ne seront obligatoires pour l'Entrepreneur qu'autant qu'ils auront été donnés par le Chef du Génie, et qu'ils seront écrits sur un registre coté et paraphé par le Directeur des fortifications. Ce registre sera déposé dans le bureau du Chef du Génie, où l'Entrepreneur devra venir en prendre connaissance, en se conformant pour cela aux heures qui seront fixées, par cet Officier, pour l'ouverture dudit bureau, qui restera ouvert durant au moins quatre heures par jour, pendant lesquelles ledit Entrepreneur pourra toujours exiger qu'on lui présente ledit registre.

En conséquence, par la simple transcription des ordres sur ce registre, et dès l'instant où le Chef du Génie les aura signés, l'Entrepreneur sera mis en demeure d'exécuter lesdits ordres, dans les vingt-quatre heures qui suivront leurs dates, sans autre acte ou notification légale, et sera tenu de s'y conformer comme si les voies judiciaires avaient été employées.

L'Entrepreneur, pour sa garantie particulière, pourra arrêter jour par jour, ou aux époques qui lui conviendront, ledit registre; ou le faire arrêter par un de ses Commis. (*Note* VIII.)

Travaux à exécuter. Art. 11. — L'Entrepreneur fera exécuter et fournira, aux prix, aux clauses et aux conditions du présent Marché, tant dans la Place de A que dans ses dépendances, tous les travaux et tous les ouvrages dont la surveillance sera confiée aux Officiers du Génie, et qui seront ordonnés par le Ministre de la guerre.

Par dépendances de A on entendra :

1° Les fortifications de cette Place, ainsi que le terrain renfermé dans ses *zônes* de servitudes.

2° L'intérieur et le terrain extérieur du Fort de B, jusqu'à la queue des glacis : l'Entrepreneur recevra sur le montant du prix des ouvrages de maçonnerie qu'il exécutera dans cette dépendance, un bénéfice de X pour cent.

3° La Place de C, ainsi que tout le territoire de sa Commune : l'Entrepreneur recevra sur le montant du prix de tous les travaux qu'il exécutera dans cette Place, un bénéfice de Y pour cent.

Les bénéfices accordés par le présent article, ne le seront que sur la valeur des ouvrages ou des travaux exécutés aux prix du Bordereau; mais on les allouera en sus de celui qui résulte de l'article 3 du Devis. (*Note* IX.)

Travaux étrangers au service. Art. 12. — L'Entrepreneur pourra, avec l'autorisation du Directeur des fortifications, être chargé de l'exécution des travaux militaires de plusieurs Places de la même Direction; mais, dans aucun cas, il ne pourra, durant son Marché, se charger d'aucune autre entreprise de travaux sans la permission formelle et par écrit du Chef du Génie. En cas de contravention aux dispositions du présent article, l'Entrepreneur pourra être regardé comme ayant, par son fait, donné ouverture à la condition résiliatoire du Marché. (*Note* X.)

Art. 13. — L'Entrepreneur fera sa résidence habituelle dans la Place de A ; à moins qu'il ne soit chargé des travaux de plusieurs Places, en vertu de la tolérance qui lui est accordée par l'article précédent : mais, dans ce cas, il devra résider dans celle de ces Places où le Directeur des fortifications décidera que sa présence est le plus utile ; et avoir dans chacune des autres Places, un principal Commis agréé par écrit du Chef du Génie. *Résidence de l'Entrepreneur.*

Le Chef du Génie aura droit de renvoyer le Commis qu'il aura agréé, toutes les fois qu'il n'en sera pas content ; et l'Entrepreneur sera tenu de pourvoir immédiatement à son remplacement.

L'Entrepreneur ne pourra s'absenter, même pour les affaires de son service, de la Place qui aura été déterminée pour sa résidence, sans l'ordre ou la permission, par écrit, du Chef du Génie. De plus, il devra, sur un simple ordre de cet Officier, se rendre, à l'heure et au jour fixés, dans l'endroit de cette Place ou de ses dépendances qui lui sera désigné. Faute par lui d'avoir fait acte de présence après en avoir reçu successivement trois fois l'ordre, ledit Entrepreneur sera regardé comme absent par le Chef du Génie, qui alors aura droit d'établir, à tous prix, un Commis principal pour la surveillance des travaux : ce Commis sera payé par l'Entrepreneur, jusqu'au jour inclus où ce dernier se présentera au Chef du Génie. (*Note* XI.) *Acte de présence.*

Enfin, l'Entrepreneur ne pourra transmettre à un principal Commis la conduite de ses travaux, ou se faire représenter dans le lieu de sa résidence, que pour cause de maladie seulement : encore ce suppléant ne pourra-t-il exercer ses fonctions qu'après avoir été agréé du Chef du Génie, et sera-t-il soumis aux conditions qui sont relatives aux Commis principaux.

Art. 14. — En cas de non paiement de la part de l'Entrepreneur envers ses ouvriers et ses sous-traitans, ceux-ci, pour leur sûreté, devront présenter au Chef du Génie, dans le courant de l'année où la dette de l'Entrepreneur aura été contractée, et au plus tard dans les six mois qui suivront cette année, les comptes arrêtés entre eux et l'Entrepreneur, des fournitures et des ouvrages faits par eux pour les travaux ; ils recevront en échange un bordereau certifié par cet Officier, et arrêté par le Directeur des fortifications. Cette pièce, conformément au décret du 12 décembre 1806, aura, devant les tribunaux, la même valeur que les pièces qui auront été remises au Chef du Génie ; et, lorsqu'ils la présenteront au Trésor public, elle leur tiendra lieu d'opposition, tant sur les fonds que le Gouvernement pourra redevoir à l'Entrepreneur, que sur le cautionnement que le Ministre aura exigé de lui, sauf les droits de l'État, et ce nonobstant toute cession ou tout transfert qui aurait été fait par l'Entrepreneur. *Dettes envers les ouvriers.*

Art. 15. — A l'égard des difficultés qui pourront survenir sur l'exécution des articles du Marché, ainsi que dans tous les cas litigieux entre les Officiers du Génie et l'Entrepreneur, à l'occasion de son entreprise, celui-ci sera tenu de se conformer tout de suite à la décision du Chef du Génie de la Place. En cas de réclamation de sa part, il devra porter la contestation à la connaissance d'abord du Directeur des fortifications, ensuite du Ministre de la guerre ; et ne pourra avoir recours aux tribunaux compétents, qu'après que le Ministre aura statué sur sa plainte. (*Note* XII.) *Cas litigieux.*

CHAPITRE III.

INSTALLATION DE L'ENTREPRENEUR.

Art. 16. — Aussitôt que la notification de l'acceptation du Marché par le Ministre de la guerre aura été faite à l'Entrepreneur, celui-ci paiera les frais d'affiche et de publication, ceux d'impression de B Bordereaux des prix, et ceux d'écriture de D expéditions du Devis général. *Frais d'adjudication.*

Art. 17. — Dans les trois mois qui suivront la notification de l'acceptation du Marché, l'Entrepreneur, outre la caution personnelle exigée par l'article 2, sera tenu de fournir un cautionnement matériel montant à la somme de S francs, conformément aux titres 2 et 3 du règlement du 15 novembre 1822, et à la circulaire ministérielle du 21 avril 1828, sur les cautionnemens ; et devra remplir, pour la réalisation de ce cautionnement, toutes les formalités prescrites par le susdit règlement et par ladite circulaire. *Cautionnement.*

Art. 18. — A son entrée en fonctions, l'Entrepreneur reprendra des mains de son prédécesseur et paiera comptant, soit au prix convenu de gré à gré avec lui, soit à dire d'experts, tous les objets qu'il se trouveront portés sur l'état dressé par l'ancien Entrepreneur, certifié par le Chef du Génie, et qui aura été communiqué aux Concurrens lors de la séance de l'Adjudication. *Reprise et Cession de matériel.*

À l'expiration de son Marché, ou en cas de résiliation, l'Entrepreneur cédera de même, soit à son successeur, soit au Gouvernement si le Marché n'était pas renouvelé, tous les objets qu'il aura en approvisionnement, et que le Chef du Génie jugera nécessaires pour le service. Il sera tenu de remettre à cet Officier un état de ces objets, huit jours avant la nouvelle Adjudication, et la reprise lui en est garantie, soit par son successeur, soit par le Gouvernement.

Toutefois, le nouvel Adjudicataire ou le Gouvernement ne sera tenu de reprendre de l'Entrepreneur, que les objets suivants ; savoir : 1° les approvisionnemens exigés par le Devis, ou commandés pour des travaux non exécutés, lorsque les matériaux qui les composent, satisferont aux conditions de son Marché ; 2° les machines, les engins, les outils, les échafaudages, en bon état, qu'il aura reçus de son prédécesseur, ou qu'il aura été obligé de se procurer pour exécuter les travaux ordonnés dans le cours de son entreprise. Les objets autres que ceux qui sont désignés ci-dessus, c'est-à-dire, les matériaux de mauvaise qualité, les approvisionnemens qui n'auront pas été spécialement ordonnés, ou qui seront de reste d'un approvisionnement surabondant fait pour un ouvrage exécuté, ainsi que les outils, les engins, les machines et les échafaudages en mauvais état, resteront à son compte ; à moins que le Chef du

Génie ne les juge propres au service. En cas contraire, ledit Entrepreneur sera tenu d'enlever, dans le délai d'un mois, après l'expiration ou la résiliation de son Marché, lesdits objets des magasins, des chantiers, des locaux, des terrains, appartenants à l'Etat, où ils se trouveront déposés; de faire partout place nette; et de remettre ces établissemens au nouvel Entrepreneur : faute de quoi il y sera pourvu à ses frais et dépens.

La reprise des établissemens appartenans à l'Entrepreneur, tels que hangars, magasins, ateliers, briqueteries, etc., non plus que ses chevaux, ne sera pas obligatoire pour son successeur; et l'Administration du Génie n'y interviendra en aucune manière.

Remise de Locaux. — Art. 19. — Les locaux et les emplacemens désignés ci-après seront remis à l'Entrepreneur pour lui servir de magasin, savoir : etc.....

Lors de l'entrée en jouissance de ces locaux et de ces emplacemens, il sera dressé un procès-verbal constatant l'état de situation. L'Entrepreneur sera tenu aux réparations locatives pendant le temps de l'occupation. Enfin, les améliorations qu'il aura faites auxdits locaux, avec le consentement du Chef du Génie, resteront au bénéfice de l'Etat, et ne donneront lieu à aucune indemnité à son profit. Dans le cas de changemens par lui exécutés sans l'autorisation de cet Officier, il sera tenu, à l'expiration de son Marché, de rétablir les lieux dans leur état primitif.

Indemnité pour dégât de terrain. — Art. 20. — Les locaux et les emplacemens accordés par l'article précédent, étant destinés à servir de lieux de dépôt pour les matériaux d'approvisionnement de l'Entrepreneur, tels que bois, pierres, sables, etc., ce dernier ne devra indemniser les Particuliers, ou les locataires des terrains militaires, qu'autant que lesdits dépôts occuperont des emplacemens autres, ou d'une étendue plus grande que ceux qui sont désignés ci-dessus; ou qu'il aura suivi, pour arriver à ces dépôts, ou sur un atelier, des voies différentes de celles qui lui auront été indiquées par le Chef du Génie.

Dans ces circonstances, l'Entrepreneur indemnisera de gré à gré, ou à dire d'experts, les propriétaires des terrains dégradés ou occupés; mais, toutes les fois que l'occupation ou les dégradations seront une suite forcée de l'exécution des ordres donnés par le Chef du Génie, l'indemnité sera supportée par l'Etat.

Travaux dus à l'ancien Entrepreneur. — Art. 21. — Lorsque l'Entrepreneur prendra le service, s'il se trouve des travaux faits par son prédécesseur et non payés, dont la dépense soit à porter sur le compte des années pendant lesquelles il devra exercer; ledit Entrepreneur versera entre les mains de son prédécesseur, à mesure qu'ils seront soldés, la moitié des premiers mandats délivrés par le Ministre de la guerre, jusqu'à parfait paiement des travaux qui lui seront dus, et dont le compte aura été arrêté par le Chef du Génie : ce paiement toutefois ne sera que provisoire, et restera tel jusqu'à l'apurement définitif dudit compte.

Dans le cas où l'ancien Entrepreneur redeviendrait adjudicataire, les travaux faits par anticipation lui seraient payés suivant les prix du nouveau Marché.

CHAPITRE IV.

EXÉCUTION DES TRAVAUX.

Mode d'exécution. — Art. 22. — L'article 11 du Devis ne déterminant rien sur la nature des ouvrages à faire, il peut arriver que ceux-ci soient d'une espèce quelconque, et même tout autres que ceux qui sont prévus dans le Bordereau : ce qui entraînera à divers modes d'exécution et de paiement. Or, suivant que les ouvrages seront prévus ou non prévus dans le Bordereau, on se conformera aux dispositions suivantes.

Ouvrages à l'économie. — Le Chef du Génie aura toujours le droit de faire exécuter à l'économie, quand il le jugera à propos, un ouvrage quelconque, même ceux dont les prix sont fixés aux chapitres III et IV du Bordereau : c'est-à-dire, de le faire exécuter par des ouvriers travaillant à la journée au compte de l'Etat. Pour les travaux de ce genre, l'Entrepreneur fournira non-seulement les ouvriers, mais encore les matériaux nécessaires, lesquels lui seront tous payés suivant les prix de son Marché. (*Note XIII.*)

Néanmoins, si par la négligence de ce dernier, par celle de ses agens, ou bien par des retards apportés dans la fourniture des ouvriers, des matériaux, des machines ou des outils nécessaires, il y avait chômage dans les travaux de cette sorte, ce chômage, ainsi que les pertes de matériaux qui en résulteraient, resteraient au compte dudit Entrepreneur.

Ouvrages aux prix du Bordereau. — Lorsqu'un ouvrage sera prévu au Bordereau, et que le Chef du Génie ne jugera pas convenable de le faire exécuter à l'économie, cet ouvrage sera fourni par l'Entrepreneur, et payé suivant les prix portés au troisième chapitre du Bordereau, à moins qu'il ne soit spécialement désigné dans le quatrième; c'est-à-dire que toutes les fois que le chapitre IV renfermera des prix applicables au paiement des ouvrages, ils seront préférés à ceux du chapitre III.

Ouvrages à l'estimation. — Lorsqu'un ouvrage ordonné ne sera prévu ni dans le Bordereau ni dans les conditions particulières du Devis, et que l'Entrepreneur consentira à l'exécuter suivant un prix à l'estimation calculé par le Chef du Génie, ce prix ainsi convenu, accompagné des clauses qui seront relatives à la confection de l'ouvrage, et portant l'acceptation de l'Entrepreneur, sera soumis à l'approbation du Directeur des fortifications, qui pourra ordonner son insertion à la suite du Bordereau et des conditions du Devis, afin qu'on s'en serve pour le paiement dudit ouvrage et des objets de la même nature, pendant toute la durée du Marché.

Dès que cette insertion aura été faite, ce prix, ces clauses et ces conditions, deviendront obligatoires pour l'Entrepreneur, comme le sont tous les autres prix et toutes les autres conditions particulières du Marché; et seront soumis aux mêmes conditions générales.

Si l'Entrepreneur n'acceptait pas le prix proposé par le Chef du Génie, ou si le Directeur ne l'approuvait pas, l'ouvrage serait exécuté à l'économie, ou à forfait, ainsi qu'il suit.

Lorsqu'il ne sera pas possible d'établir d'avance un prix à l'estimation pour un ouvrage dont l'exécution à la journée serait onéreuse à l'État, on pourra le faire exécuter à forfait, c'est-à-dire, au moyen d'un prix convenu préalablement avec l'Entrepreneur : les prix à forfait ne seront passibles d'aucun bénéfice ni d'aucun rabais. (*Note* XIV.) *Ouvrages à forfait.*

L'Entrepreneur sera tenu d'acquitter toutes les dépenses sèches : et, par DÉPENSES SÈCHES, on entendra celles dans lesquelles il n'interviendra que comme payeur Ces dépenses seront soldées par lui sur des mandats payables à vue, délivrés par le Chef du Génie ; et il lui sera seulement accordé un bénéfice de A pour cent sur ces dépenses. *Dépenses sèches.*

On ne pourra toutefois faire usage de ce dernier mode d'exécution, que pour les paiemens d'ouvrier, de main-d'œuvre, de matériaux, d'ouvrage, ou de tout autre objet de dépense, non prévus dans le Marché.

Enfin, lorsqu'un ouvrage exigera l'emploi simultané de plusieurs des moyens d'exécution définis ci-dessus au présent article, l'Entrepreneur se conformera aux ordres du Chef du Génie pour l'emploi de ces moyens, et sera payé de chaque espèce de travail d'après les règles qui s'y trouvent établies. *Ouvrages mixtes.*

Art. 23. — L'Entrepreneur devra se procurer des charretiers, des chevaux ou toute autre bête de somme, des maçons, des tailleurs de pierre, des charpentiers, des menuisiers, des serruriers, des terrassiers, ou tout autre ouvrier d'art, ainsi que des manœuvres de toute classe, en aussi grand nombre que le Chef du Génie le jugera nécessaire pour procéder à une exécution active des travaux. Enfin, outre cela, il devra avoir à sa disposition, pendant toute la durée de son Marché, un nombre suffisant de bons appareilleurs, de maîtres-ouvriers de tout art, de commis et de piqueurs intelligents, qui soient en état de l'aider dans la conduite des travaux et pour les mesurages, ainsi que dans la disposition et dans l'arrangement des ateliers. *Agens de l'Entreprise.*

Art. 24. — Tous les ouvriers employés sur les travaux, notamment les ouvriers d'art, devront être capables d'exécuter les ouvrages les plus difficiles relatifs à leurs états ; tout ouvrier apprenti en sera exclu. *Choix des Ouvriers.*

Toutefois, relativement aux états pour lesquels il est établi au Bordereau deux classes d'ouvriers, ceux de la seconde seront seulement tenus d'exécuter les ouvrages ordinaires : mais, vu cette tolérance, on ne paiera dans les travaux à l'économie, comme ouvrier de première classe, que la moitié au plus de ceux de la même profession qui seront employés sur un atelier ; à moins que par l'effet d'une commande spéciale le nombre n'en soit réellement plus grand.

Art. 25. — La distribution des commis, des chefs-ouvriers, des piqueurs, sera faite par l'Entrepreneur : mais elle devra être agréée du Chef du Génie, qui pourra ordonner leur renvoi immédiatement, ou leur changement, lorsqu'ils ne seront pas assidus au travail, que leur conduite ne sera pas convenable, ou qu'il ne les jugera pas propres au genre d'ouvrage auquel ils seront employés. Il aura également la faculté de faire renvoyer ou remplacer, pour les mêmes motifs, les ouvriers dont il ne sera pas content. *Direction des Ateliers.*

Sur chaque atelier un peu considérable, l'Entrepreneur sera particulièrement tenu d'avoir constamment un Commis autorisé à procéder en son nom, c'est-à-dire, faire droit à toutes les demandes qui pourront lui être adressées pour le service, prendre de concert avec l'Officier du Génie les attachemens des ouvrages, assister aux mesurages, tenir ou signer les carnets, et en général suppléer l'Entrepreneur dans tout ce qui sera relatif à l'exécution du travail.

Enfin, l'Entrepreneur se conformera, pour l'exécution des travaux, non-seulement aux conditions particulières du Devis de son Marché, mais encore aux mesures et aux dispositions qui lui seront prescrites pour la distribution et l'emplacement des ateliers, pour les dépôts de matériaux, et généralement pour tout ce qui intéresse ladite exécution.

Art. 26. — L'Entrepreneur fournira pour l'exécution de tous les travaux et de tous les ouvrages, quel que soit d'ailleurs le mode d'exécution, à tous les ouvriers qu'il emploiera ou que le Chef du Génie ordonnera d'employer, et sans pouvoir prétendre à aucune indemnité, les outils, les ustensiles, les agrès, les machines, les engins, jugés nécessaires par les Officiers du Génie surveillants des travaux : tels que barques, bateaux et nacelles ; chapelets, vis et pompes pour les *épuisemens* ; pompes à incendie pour les *rejointoiemens* ; trique-balles, tombereaux, voitures et bêtes de somme de tout genre pour les transports ; machines à receper les pieux ; chèvres, sonnettes, cabestans, cordes et cordages ; bourriquets, camions, brouettes, civières, hottes et paniers ; chevalets, tréteaux, chabots, clous, clameaux, *broches*, pour les échafauds ; échelles de toute grandeur ; cuves, cuveaux et seaux ; balais pour les travaux et pour les nettoiemens ; grands et petits piquets pour les tracés ; cordeaux, clous, perches, tringles, lattes, jalons, voyans, nures, pour profiler ; mètres, litres, hectolitres et autres mesures linéaires ou de capacité pour les mesurages ; balances pour peser les ouvrages payables au poids ; règles, équerres d'arpenteur et autres ; niveaux d'eau et de maçon ; calibres, panneaux et modèles quelconques. Il fournira également à ses frais les échafauds, les étançons, les étrésillons, les chevalemens, les étais, les cintres, les ponts et les rampes de service ; les planches pour le roulage et pour les chargemens ; les hangars et les planchers pour la confection des mortiers ; les baraques pour les ouvriers et pour les outils ; enfin, généralement tout ce qui sera nécessaire pour le tracé, le *profilement*, et pour l'entière exécution de tous les travaux et de tous les ouvrages : les instrumens de mathématiques seront seuls fournis par l'État. *Matériel de l'Entreprise.*

Les échafauds, les étançons, les étrésillons, les cintres, les ponts, les rampes, devront de plus être établis de manière que la sûreté des Officiers ne soit pas compromise : et les Officiers du Génie auront droit de les faire changer, ou consolider, s'ils jugent qu'ils ne remplissent pas cette condition.

Par ÉCHAFAUD, on entendra tous les ouvrages provisoires destinés à supporter les ouvriers, les machines et les matériaux employés à la construction d'un ouvrage, ou à un travail quelconque ; et quelquefois l'ouvrage lui-même à certaine époque de sa construction : on dit provisoires, attendu que les échafauds doivent toujours être enlevés aussitôt que le travail pour lequel ils étaient nécessaires, est terminé. *Échafauds.*

Les échafauds, ainsi que les autres objets désignés précédemment, que l'Entrepreneur fournira, ne cesseront pas de lui appartenir, et redeviendront à sa disposition dès qu'ils ne seront plus nécessaires. Cependant, si l'Entrepreneur recevait l'ordre, pour établir un échafaud, d'employer des objets de fer autres que des outils, des ustensiles, des engins, des machines, ou d'enfoncer en terre quelques pièces de bois au moyen d'un mouton, ces ferrures, et les bois ainsi enfoncés, ne seraient regardés comme échafauds, qu'autant qu'il y consentirait; dans le cas où il n'y consentirait pas, ils lui seraient payés suivant leur valeur, et appartiendraient dès-lors à l'Etat.

Dans tous les cas, toute pièce de bois ou de fer fournie ou employée sans un ordre spécial, restera à la charge de l'Entrepreneur, conformément à ce qui précède.

Frais de tracé et de mesurage.

Enfin, outre cela, l'Entrepreneur fournira à ses frais tous les agens et tous les ouvriers nécessaires pour les opérations relatives à la conduite, au tracé, au *profilement* et au mesurage de tous les travaux et de tous les ouvrages, même de ceux qui seront exécutés à l'économie; et il ne pourra enlever les profils ou les autres objets relatifs au tracé, même après l'achèvement du travail, sans y être autorisé par l'Officier du Génie chargé de la surveillance.

Ouvriers militaires.

Art. 27. — Les militaires de toute arme, les prisonniers de guerre et autres, pourront être employés sur les travaux de deux manières différentes : 1° ils pourront, lorsque l'Entrepreneur y consentira, être employés par lui ou pour son propre compte : alors ces ouvriers rentreront à son égard dans la classe des ouvriers ordinaires; et ledit Entrepreneur supportera, s'il y a lieu, une déduction sur les travaux faits par ces ouvriers, laquelle déduction sera réglée de gré à gré entre lui et le Chef du Génie. 2° Par exception aux articles 6 et 22 du Devis, ces ouvriers pourront toujours être employés par l'Administration du Génie pour le compte particulier de l'Etat, de préférence à tout autre ouvrier présenté par l'Entrepreneur : dans ce cas le salaire des ouvriers militaires sera déterminé par le Chef du Génie, payé comme dépense sèche; et l'Entrepreneur devra leur fournir, conformément à l'article précédent, et aux prix de son marché, les matériaux, les échafauds, les machines, les ustensiles, les outils, enfin généralement tout ce qui leur sera jugé nécessaire, par le Chef du Génie, pour l'exécution des ouvrages dont ils seront chargés. (*Note* XV.)

Prêt d'outils.

Art. 28. — Le Chef du Génie pourra, en cas d'urgence, prêter à l'Entrepreneur les outils de l'Etat; mais alors ledit Entrepreneur devra les entretenir à ses frais, les rendre en bon état; et, outre cela, il lui sera fait une déduction ou un rabais sur le toisé des ouvrages, pour indemniser l'Etat de la détérioration que lesdits outils auront pu éprouver : cette déduction ou ce rabais sera agréé par écrit par l'Entrepreneur avant que les outils lui soient livrés.

Arrivée de l'état des Ouvrages.

Art. 29. — Aussitôt que l'état des articles d'ouvrage approuvés par le Ministre de la guerre, pour être exécutés, sera arrivé dans la Place, le Chef du Génie le communiquera à l'Entrepreneur, ainsi que l'état estimatif des projets de l'année, afin que ce dernier puisse se pourvoir à temps des objets nécessaires pour leur exécution. (*Note* XVI.)

Plans des Ouvrages.

Art. 30. — L'Entrepreneur devra se conformer aux plans, aux profils, aux élévations et aux ordres qui lui seront donnés par le Chef du Génie; il en suivra les cotes et les dimensions, les niveaux, les pentes, les alignemens; et enfin ne pourra s'écarter en rien de ce qui lui sera prescrit, tant pour l'exécution que pour l'établissement et la construction des ouvrages ordonnés.

Les Officiers du Génie chargés des détails et de la surveillance des travaux, auront droit de faire démolir et remplacer aux frais de l'Entrepreneur, ou de refuser tous les ouvrages qui ne seront pas construits conformément aux ordres donnés, ou aux conditions du présent Devis, ainsi que tous ceux qui n'auront pas les formes ou les dimensions prescrites; excepté le cas où il serait reconnu par le Chef du Génie que, malgré l'erreur commise dans les dimensions, ou dans l'établissement des ouvrages, il n'y a pas d'inconvénient à les laisser subsister : mais alors ceux de ces ouvrages dont les dimensions seraient trop fortes, ne seraient mesurés que suivant les dimensions prescrites; et l'on ne mesurerait, au contraire, que suivant les dimensions effectives, ceux qui seraient plus faibles qu'on ne l'aurait ordonné.

Modèles remis à l'Entrepreneur.

Art. 31. — Pour éviter des discussions sur la qualité et la façon de certains ouvrages dont les prix sont fixés à la pièce, l'Entrepreneur pourra consulter les modèles qui existeront dans les magasins du Génie; et, toutes les fois que le Chef du Génie ordonnera à l'Entrepreneur de se conformer à un modèle qu'il lui désignera, et qui d'ailleurs sera fixé par les prescriptions les conditions du Devis, celui-ci sera tenu de suivre exactement cet ordre et ne pourra s'écarter en rien dudit modèle.

Changemens faits aux Ouvrages.

Art. 32. — Pendant la construction d'un ouvrage, si le Chef du Génie jugeait à propos d'y faire opérer des changemens qui portassent préjudice aux intérêts de l'Entrepreneur, celui-ci ne pourrait se refuser à les exécuter; mais il aurait droit à une indemnité, qui serait réglée par le Directeur des fortifications, et soumise par lui à l'approbation du Ministre de la guerre.

Fournitures à refuser.

Art. 33. — Tous les matériaux que l'Entrepreneur fournira ou employera pour les travaux, devront avoir les qualités prescrites par le Devis. Il devra les rendre ou les employer au lieu désigné, et les fournir de l'espèce indiquée par l'Officier chargé de la surveillance du travail.

Dans le cas où ledit Entrepreneur en livrerait de mauvais, ou d'une espèce autre que celle qui aurait été ordonnée, il serait tenu de les faire enlever tout de suite de l'atelier; et, s'ils étaient déjà employés, de défaire l'ouvrage et de le rétablir : le tout à ses frais.

Toutefois, si les matériaux étaient d'une qualité supérieure à celle que l'on aurait demandée, et si le Chef du Génie ne trouvait pas d'inconvénient à les laisser en place, ils seraient admis; mais l'Entrepreneur n'en serait payé qu'aux prix fixés pour ceux qui auraient été commandés.

Les conditions ci-dessus seront également applicables aux ouvriers et aux machines : c'est-à-dire que l'Entrepreneur les fournira de l'espèce et de la classe ordonnées; que, s'il les fournit d'une espèce ou d'une classe moindre, ils seront renvoyés; et que quand il les fournira d'une espèce ou d'une classe supérieure, ils ne lui seront payés qu'aux prix fixés pour l'espèce et pour la classe déterminées.

Tout ordre donné d'enlever d'un atelier des fournitures jugées de mauvaise qualité, sera exécuté dans les vingt-quatre heures; et, lorsque l'Entrepreneur n'aura pas obtempéré aux ordres de cette nature dans le susdit délai, le Chef du Génie aura droit de les faire transporter et déposer au lieu qu'il jugera convenable : le tout aux frais de l'Entrepreneur, et à tous prix, sans que ce dernier puisse réclamer aucun dédommagement pour la détérioration ou les pertes que lesdites fournitures pourront éprouver par les suites de l'exécution de la présente clause.

Pour éviter, autant qu'il est possible, les difficultés qui pourraient s'élever au sujet de la définition du mot ATELIER, pour l'exécution des conditions soit du présent article, soit de tout autre, par atelier, on entendra généralement un ensemble d'ouvriers ou de travaux relatifs à un même article de l'État des ouvrages approuvés; ou bien encore le terrain, l'ouvrage de fortification, ou le bâtiment, auquel appartiendra le travail ordonné.

Art. 34. — Toutes les démolitions, excepté celles qui sont prévues par les articles 30 et 33, seront faites aux frais de l'État, à qui tous les matériaux quelconques appartiendront; à moins de décisions spéciales pour les cas d'exception. Ceux de ces matériaux qui pourront être remployés sur l'atelier où les démolitions auront été faites, le seront préférablement à ceux que l'Entrepreneur pourra avoir lui-même en approvisionnement.

Les démolitions seront faites avec soin, de façon que la conservation des matériaux soit assurée; l'Entrepreneur répondra de ces derniers, et remplacera ceux qui auront été détériorés par la faute de ses ouvriers.

Art. 35. — Lorsque l'État possédera des matériaux propres à l'exécution de certains ouvrages, l'Entrepreneur devra les employer de préférence aux siens, s'il en est requis; à moins que par l'effet d'un ordre du Chef du Génie, il n'ait fait des approvisionnemens spécialement destinés à ces ouvrages. (Note XVII.)

Des prix sont établis au Bordereau pour les ouvrages qui seront exécutés avec des matériaux appartenants à l'État. Pour chacun de ces ouvrages, l'État ne fournira jamais qu'une seule espèce de matériaux, savoir, ceux qui sont désignés dans les titres du Bordereau, comme étant la propriété de l'État : toutes les autres fournitures, ainsi que la main-d'œuvre, devant être fournies par l'Entrepreneur, et se trouvant comprises dans les prix du Bordereau.

Lorsque l'Entrepreneur exécutera des ouvrages de ce genre, le transport à pied d'œuvre des matériaux appartenants à l'État, sera toujours payé à part lorsque ces matériaux seront à plus de (50ᵐ) de l'endroit où ils devront être employés; mais, lorsqu'ils n'en seront éloignés que de (50ᵐ) ou moins, le transport en sera au compte de l'Entrepreneur.

En général, dans les conditions du présent Devis, on entendra toujours par PIED-D'ŒUVRE, tout endroit qui ne sera pas à plus de (50ᵐ) du point où s'exécutera le travail.

Lorsque l'Entrepreneur emploiera des matériaux de l'État, et que ces matériaux, soit par sa faute, soit par celle de ses agens, éprouveront une détérioration, en sorte qu'on ne puisse plus les employer convenablement à l'ouvrage auquel ils auront été destinés, l'Entrepreneur remplacera lesdits matériaux : c'est-à-dire qu'il fournira pour l'ouvrage d'autres matériaux de la même qualité au moins que ceux qui auront été livrés; et qu'il n'en sera payé qu'au prix fixé pour ledit ouvrage fait avec des matériaux de l'État. Il remplacera de même à ses frais les objets qu'il fera reposer ou remanier, tels que pierres de taille, ferrures, bois de charpente ou de menuiserie, lorsque ceux-ci auront été brisés ou endommagés faute de précaution.

Art. 36. — Aucun ouvrage ne sera exécuté que sur un ordre du Chef du Génie (art. 10), sans quoi il ne sera pas reçu, quelque raison qu'on puisse alléguer; et aucun travail ne sera commencé avant que les attachemens, c'est-à-dire, les cotes, les mesures et les renseignemens nécessaires au mesurage, en aient été pris, en présence de l'Entrepreneur ou de son Commis, par l'Officier chargé de la surveillance, à moins que celui-ci n'ait jugé cette mesure inutile. Les attachemens pris seront consignés sur des registres cotés et paraphés par le Directeur des fortifications : l'Entrepreneur, pour les reconnaître, apposera sa signature à chacun d'eux, ou fera signer à sa place un de ses Commis.

Art. 37. — A l'époque désignée, par le Chef du Génie, pour le commencement d'un travail quelconque, l'Entrepreneur devra se trouver parfaitement en mesure afin que rien ne puisse s'opposer à son exécution; et devra prendre les précautions nécessaires pour que l'ouvrage soit continué sans interruption, et entièrement achevé dans le délai fixé par cet Officier, ou en temps utile, si rien n'a été déterminé à cet égard.

Les conditions ci-dessus s'étendront également à toutes les fournitures d'ouvrier, de machine ou de matériaux, ainsi qu'à la formation des approvisionnemens qui seront commandés.

Art. 38. — Lorsque, par sa faute, l'Entrepreneur n'aura pas exécuté et entièrement achevé aux époques qui auront été fixées par le Chef du Génie, les fournitures d'ouvrier, de machine, de matériaux, d'ouvrage, ainsi que les approvisionnemens ou les travaux qui lui auront été ordonnés, cet Officier, sans qu'il soit besoin d'acte pour mettre en demeure, et par la seule échéance du terme, aura droit de les faire exécuter ou achever au compte dudit Entrepreneur, en se procurant, à tous prix, généralement tout ce qui sera nécessaire pour compléter lesdits approvisionnemens et lesdites fournitures, ou pour faire exécuter et achever lesdits travaux. Ces dépenses seront soldées par l'Entrepreneur avant toute autre, sur des mandats payables à vue, délivrés par le Chef du Génie, lesquels mandats ne seront point portés en compte; mais les fournitures et les travaux ainsi faits seront mesurés suivant les conditions du Devis, et payés à l'Entrepreneur aux prix du Bordereau. (Note XVIII.)

Dès que le Chef du Génie aura acquis le droit, en vertu des conditions ci-dessus, de faire exécuter ou achever à tous prix des fournitures, des approvisionnemens ou des travaux quelconques, les ouvriers, les outils, les machines, les matériaux, qu'il aura commandés ou achetés à cet effet, seront employés pour l'exécution ou l'achèvement des fournitures, des approvisionnemens ou des travaux en retard, préférablement à ceux que l'Entrepreneur pourra présenter pour le même objet après l'époque fixée pour leur achèvement.

Enfin, outre les dispositions ci-dessus, toutes les fois que l'Entrepreneur sera en demeure, il pourra lui être fait, à la volonté simultanée du Chef du Génie et du Directeur des fortifications, une déduction de dix pour cent, que ledit Entrepreneur supportera sur le montant total de la valeur des fournitures ou des travaux en retard, c'est-à-dire, qui n'auront été exécutés ou achevés que postérieurement à l'époque fixée pour leur achèvement total, soit qu'ils aient été exécutés à tous prix en vertu des ordres du Chef du Génie, soit qu'ils l'aient été par l'Entrepreneur lui-même.

Art. 39. — L'Entrepreneur fera des clôtures et des barrages sur la voie publique lorsque cette mesure sera nécessaire, et se conformera à tout ce que prescrivent, pour les travaux, les réglemens de police en matière de voirie. Les frais qui résulteront de cette obligation seront payés par l'Etat; à l'exception toutefois des amendes encourues par les suites de la négligence de l'Entrepreneur, lesquelles resteront à sa charge.

Enlèvement des échafauds et des décombres.

Art. 40. — A la fin de chaque ouvrage, l'Entrepreneur enlèvera à ses frais les échafauds, les étaies, les ponts de service, les rampes, les hangars, les planchers à mortier, les baraques, les machines et les outils qui auront servi à la construction, ainsi que les restans de matériaux et les décombres qu'il fera transporter aux endroits qui lui seront désignés par le Chef du Génie. Il devra aussi boucher à ses frais les trous de boulins, et généralement toute espèce de trous provenant de l'échafaudage; combler les rigoles et les puisards; enfin faire partout place nette, et livrer l'ouvrage ainsi que l'atelier entièrement propres.

Les décombres provenant de démolitions, ou de tout autre ouvrage exécuté à l'économie, seront seuls enlevés et transportés aux frais de l'Etat.

Garantie des ouvrages.

Art. 41. — L'Entrepreneur rendra faits et parfaits, aux époques fixées par le Chef du Génie (art. 37), tous les ouvrages qui lui seront ordonnés. Il garantira ces ouvrages, même ceux qui auraient été exécutés à l'économie, et en répondra pendant un an, à compter du jour de l'arrêté définitif de leur règlement général. Enfin, il sera tenu de fournir de nouveau, ou de démolir et de reconstruire, ceux qui viendront à manquer ou à éprouver des avaries pendant ce délai : toutefois, les avaries qui proviendraient soit de la nature du terrain, soit de l'effet de toute autre cause majeure indépendante de la volonté de l'Entrepreneur, ne seraient point à sa charge; à moins qu'il ne fût prouvé qu'il s'est écarté des ordres qui lui auraient été donnés par les Officiers du Génie, pour l'établissement ou la construction de ces ouvrages.

La garantie et la responsabilité d'un an exigées par le présent article, pour tous les ouvrages en général, auront leur effet sans préjudice de la responsabilité de dix ans établie par les lois, et relative aux édifices et aux travaux de maçonnerie.

Suspension de travaux.

Art. 42. — En cas de suspension générale des travaux, pour une cause imprévue, telle que la guerre, l'Entrepreneur aura droit de demander la résiliation du Marché, et de réclamer des dédommagemens pour la perte des effets et des matériaux qu'il pourra avoir en approvisionnement d'après les ordres reçus. On constatera, par un inventaire certifié par le Chef du Génie, les matériaux enlevés à l'Entrepreneur, ou dont la perte pour lui résultera de la suspension des travaux; l'estimation de ces objets sera faite au prix du Marché, ou à dire d'experts s'il y a lieu, et sera soumise à l'acceptation du Ministre de la guerre.

Le cas de résiliation prévu par le présent article, est le seul dans lequel l'Entrepreneur puisse être indemnisé; car, si le Marché était résilié pour toute autre cause, telles que celles qui sont prévues par les articles 5, 7, 9 et 12, l'Entrepreneur alors ne pourrait prétendre à aucun dédommagement de la part de l'Etat.

CHAPITRE V.

PAIEMENT DES OUVRAGES.

Mesures métriques.

Art. 43. — Tous les *dosages* mentionnés au Devis, toutes les fournitures et tous les ouvrages, seront mesurés et évalués d'après les mesures métriques. L'Entrepreneur ne pourra, en aucun cas, se prévaloir des méthodes particulières connues sous le nom d'usage; et il se soumettra, pour tous les mesurages, aux règles établies dans les conditions particulières du Devis.

Lorsque les mesurages occasionneront quelques frais de main-d'œuvre, de mesure, ou autres, ces frais seront toujours à la charge de l'Entrepreneur.

Mesurages faits par les Officiers.

Art. 44. — Tous les mesurages d'ouvrage seront faits par les Officiers du Génie, qui, avant d'opérer, feront savoir à l'Entrepreneur les heures et les jours qu'ils auront fixés pour faire ces mesurages, afin que ce dernier puisse y assister, s'il le juge à propos : toute fourniture mise en œuvre sans avoir été mesurée ou pesée en présence de l'Officier chargé de la recevoir, ne sera point payée à l'Entrepreneur.

Pour faire les mesurages, on ne s'astreindra pas à les diviser en parties correspondantes aux semaines ou aux mois pendant lesquels les ouvrages auront été exécutés; on formera, au contraire, des parties aussi grandes que la géométrie le permettra, afin d'éviter des détails inutiles.

L'Entrepreneur, en aucun cas, ne pourra demander que les Officiers fassent des mesurages partiels pour servir à régler le paiement des ouvriers : ces mesurages devant être faits par lui, au fur et à mesure de l'achèvement des parties d'ouvrage entreprises par ses ouvriers.

Ce que les prix comprennent.

Art. 45. — Dans les prix fixés au Bordereau, seront compris :

1° La valeur entière de la main-d'œuvre et de tous les matériaux qui, par les articles du Devis, seront désignés comme devant entrer dans la composition de chaque fourniture ou de chaque ouvrage.

2° Les frais de transport au lieu déterminé, soit dans la Place, soit dans ses dépendances.

3° Les frais de pose ou de *mise* en place, toutes les fois qu'ils se rapporteront aux ouvrages mentionnés dans le troisième et dans le quatrième chapitre du Bordereau : pour les ouvrages des deux premiers chapitres, la pose sera payée à part.

4° Enfin, la fourniture et l'entretien des outils, des machines, des échafauds, nécessaires à la construction, au transport, à la pose, à l'usage des ouvriers, même pour les ouvrages qui seront exécutés à l'économie, conformément à l'article 26; à moins que les conditions particulières du Devis, ne spécifient le contraire.

Si un ouvrage terminé ne renfermait pas, de l'assentiment du Chef du Génie, toute la façon et tous les matériaux qu'il doit comprendre suivant le Marché; ou bien, si l'on faisait ajouter soit à un ouvrage, soit à une fourniture, une façon ou des matériaux non mentionnés au Devis; ou enfin, si un ouvrage non prévu au Bordereau venait à être fait avant que le prix à l'estimation n'en eût été arrêté : dans le premier cas, on déduirait du prix de l'ouvrage, et dans le second cas on y ajouterait, en raison des prix du

Marché autant qu'il serait possible, la valeur de la façon ou des matériaux manquants, ou ajoutés; ou bien enfin, dans l'un ou dans l'autre de ces trois cas, l'ouvrage serait payé à l'estimation ou à dire d'experts.

Art. 46. — Lorsque, par des réglemens de police, ou des ordres qu'il aura reçus des Officiers du Génie, l'Entrepreneur sera obligé de faire exécuter des travaux pendant la nuit, ou dans l'eau, il lui sera alloué, en journées, par exception à l'article précédent, et à titre d'indemnité, la valeur du (cinquième) du temps effectif employé par ses ouvriers à travailler soit pendant la nuit, soit dans l'eau : la nuit sera réputée commencée à (sept) heures du soir, et finie à (cinq) heures du matin. Un ouvrier sera réputé travaillant dans l'eau, quand il marchera réellement durant tout le temps de son travail, sur un sol constamment couvert d'une couche d'eau de trois centimètres de hauteur ou plus. *(en marge : Travail de nuit ou dans l'eau.)*

Enfin, on allouera également à l'Entrepreneur (un dixième) de journée pour chaque ouvrier employé à son compte sur un terrain soumis à la mer, toutes les fois que lesdits ouvriers devront abandonner le travail à l'occasion de la marée montante, afin de l'indemniser du temps perdu que ces dérangemens peuvent causer. (*Note* XIX.)

Art. 47. — L'Entrepreneur n'aura droit à aucune indemnité : ni pour les hausses qui pourront survenir dans le prix des matériaux, ou des journées d'ouvrier; ni pour les suppressions ou les changemens de canal, de pont, de route, de chemin, qui pourront être faits pendant la durée de son Marché; ni pour les ouvrages ni pour les bâtimens dont la construction, ou la démolition, pourra s'opposer à l'usage de ses usines, ou à la facilité du débarquement et du transport des matériaux qui lui seront nécessaires. Enfin, ledit Entrepreneur n'aura rien à réclamer pour les droits de patente, de douane, d'octroi, ou autres, établis présentement, ou que l'on pourra établir. *(en marge : Réclamations d'indemnité.)*

Art. 48. — Tous les élémens qui pourront servir à la comptabilité des travaux, seront inscrits jour par jour par les Officiers du Génie sur leurs carnets respectifs; et l'Entrepreneur pourra également, s'il le juge à propos, consigner les mêmes élémens sur son carnet. Ces inscriptions devront comprendre toutes les fournitures faites, telles que les journées d'ouvrier, de voiture, et autres; les ouvrages exécutés aux prix du Bordereau; ceux qui seront faits à l'estimation ou à forfait; les dépenses sèches, et généralement tous les objets de dépense relatifs aux travaux. *(en marge : Inscriptions sur les carnets.)*

Les mesurages d'ouvrages payables au mètre carré, ou au mètre cube, seront indiqués seulement par leurs dimensions écrites en chiffres, et calculs faits, mais sans application de prix : la nature de l'ouvrage, le point où le mesurage aura été pris, le jour où il aura été fait, et toutes les autres circonstances du travail, seront désignés avec soin et clarté.

Les journées d'ouvrier, de machine, et autres, les objets payables à la pièce, au poids, à la mesure linéaire, seront également portés sans application de prix; mais le nombre, la longueur, ou le poids, écrits en toutes lettres, ainsi que l'espèce, l'emploi et la date, seront bien et clairement spécifiés.

Le prix des ouvrages à forfait sera inscrit en toutes lettres : on aura soin d'expliquer succinctement en quoi consistaient ces ouvrages, et les motifs qui auront empêché de les exécuter à l'économie.

Enfin, les dépenses sèches seront également inscrites en toutes lettres, sans l'augmentation du bénéfice accordé par l'article 22 : on en indiquera l'objet, l'emploi, le montant et la date.

L'Entrepreneur, ou le Commis chargé par lui de la conduite d'un atelier, signera tous les quinze jours, ou aux époques qui pourront être fixées par le Chef du Génie, à la suite des inscriptions faites au carnet de l'Officier du Génie; et celui-ci signera les inscriptions faites au carnet de l'Entrepreneur, si ce dernier a jugé à propos d'en établir : dans tous les cas, s'il veut en établir, lesdits carnets devront être cotés et paraphés par le Chef du Génie.

Art. 49. — Le Chef du Génie fera transcrire sur un registre de comptabilité, coté et paraphé par le Directeur des fortifications, tous les objets de dépense inscrits dans les carnets des Officiers. Les articles de la même nature y seront, autant qu'on le pourra, réunis à la suite les uns des autres et totalisés en masse. On appliquera pour les dépenses aux prix du Marché, les prix du Bordereau; pour celles que l'on aura faites à l'estimation, les prix convenus et arrêtés; et pour les ouvrages à forfait, ainsi que pour les dépenses sèches, les prix portés sur les carnets. Toutefois, ces dernières ne seront transcrites sur le registre de comptabilité que quand les feuilles de dépense qui s'y rapporteront, dûment visées et acquittées, auront été remises, par l'Entrepreneur, au Chef du Génie : toute pièce de dépense de ce genre dépourvue de ces formalités sera rejetée, et restera pour le compte de l'Entrepreneur. *(en marge : Registre de comptabilité.)*

Les mesurages seront enregistrés avec leurs dimensions, et l'application des prix. Dans tous les calculs on poussera les produits à deux décimales pour les sommes à porter en compte, pour les longueurs, pour les poids, ainsi que pour les surfaces; et à trois décimales pour les solides.

Les additions de bénéfice, et les soustractions de rabais, stipulées par le Marché (*art.* 3, 22, 27, 28 *et* 38), se feront sur les totaux de l'ensemble des ouvrages soumis à un même bénéfice, ou à un même rabais, à chaque inscription d'une ou de plusieurs quinzaines, ou à chaque arrêté du registre de comptabilité.

Dans les produits provenant soit de la multiplication des dimensions, soit de l'application des prix, et généralement dans tous les résultats numériques de la comptabilité, on écrira la dernière décimale conforme au calcul, si le chiffre suivant est au-dessous de cinq; mais si ce chiffre est cinq, ou plus grand que cinq, on augmentera la dernière décimale d'une unité.

L'Entrepreneur vérifiera et signera, à chacune des époques fixées par le Chef du Génie, l'arrêté de chaque article de dépense au registre de comptabilité, en même temps que l'Officier du Génie chargé du détail de cet article, et d'en vérifier le toisé. Si l'Entrepreneur refusait de signer, le Chef du Génie en ferait mention au registre, et l'on passerait outre : sauf audit Entrepreneur à adresser sa réclamation à qui de droit.

Art. 50. — Les paiemens seront faits à mesure de l'avancement des travaux, et de la remise des fonds chez le Payeur de la guerre. L'Entrepreneur ne sera tenu d'être en avance que du (cinquième) de la dépense totale à faire dans l'année, pour l'exécution des travaux ordonnés. Les dépenses faites en approvisionnemens, ou en établissemens, de quelque genre qu'elles soient, ne seront jamais regardées comme faisant partie des avances de l'Entrepreneur. *(en marge : Paiemens.)*

6

Art. 5o. — Les paiemens se feront sur des mandats qu'on ne délivrera à l'Entrepreneur, qu'après que ce dernier en aura mis son reçu sur le registre de comptabilité. Chacun desdits mandats sera soumis au droit de timbre fixé à (o^f,35^c), conformément aux décisions du Ministre des finances, du 17 mai 1825, et du 24 juillet 1826 : ce droit sera à la charge de l'Entrepreneur.

Comptes définitifs. **Art. 51.** — Les écritures nécessaires pour la rédaction des comptes définitifs de la fin de l'année, savoir : le Réglement général en deux expéditions, le Mémoire apostillé définitif en trois expéditions, un Compte sommaire sur papier timbré, une Récapitulation du Mémoire apostillé définitif, et un Bordereau des prix, seront aux frais de l'Entrepreneur.

Le Réglement général sera le relevé exact et détaillé du registre de comptabilité, aux fautes de calcul près que l'Entrepreneur sera tenu de rectifier : ce relevé sera fait par ledit Entrepreneur, dans le bureau même du Chef du Génie. (*Note* XX.)

Pour établir ce Réglement, qui sera divisé par articles d'ouvrages correspondant à ceux du registre de comptabilité, on réunira en série dans chaque article, et à la suite les uns des autres, tous les objets de dépense payables à un même prix ; et les séries d'objets payables à des prix différents, mais soumises à un même bénéfice, ou à un même rabais, seront classées entre elles suivant l'ordre des prix du Bordereau, avec l'addition des bénéfices, ou la déduction des rabais, qui s'y rapporteront, appliqués sur le montant total de l'ensemble desdites séries.

Le Mémoire apostillé définitif ne sera que la copie abrégée du Réglement général, indiquant le montant de chaque espèce de fourniture, ainsi que le détail de l'emploi qu'on en aura fait ; et présentant à la fin de chaque article les apostilles qui seront remises à l'Entrepreneur par le Chef du Génie.

Enfin, le Compte sommaire, et la Récapitulation du Mémoire apostillé, seront des espèces de résumés présentant l'ensemble des articles ; et indiquant le montant total de la dépense de chacun d'eux, ainsi que celui des fonds touchés par l'Entrepreneur.

Toutes ces pièces, rédigées dans les formes prescrites par les Réglemens, signées par le Chef du Génie et par l'Entrepreneur, vérifiées par le Sous-Intendant militaire, visées par le Maire devant lequel le Marché aura été passé, et approuvées par le Directeur des fortifications, devront être adressées au Ministre de la guerre, sur du papier de (o^m,215) de largeur et de (o^m,325) de hauteur, dans les six premiers mois de l'année qui suivra celle où la dépense aura été ordonnée : ce délai expiré, elles ne pourront plus être admises en liquidation (*Décret du* 13 *juin* 1806).

DEUXIÈME SECTION.

CONDITIONS PARTICULIÈRES. (*Note* XXI.)

CHAPITRE Ier.

OUVRIERS ET MACHINES.

Clauses générales. *(Bordereau, Chap^{tre} 1.)* *Distinction des journées.* **Art. 52.** — Les journées dont les prix sont portés au chapitre Ier du Bordereau, doivent être distinguées en trois classes : les journées de machines inertes, celles de machines mouvantes, enfin les journées d'ouvrier.

Par MACHINES INERTES, on comprendra celles qui, d'après les conditions du Devis, ne doivent pas être accompagnées ni pourvues des hommes ou des bêtes de somme nécessaires à leur manœuvre ; toutes celles qui doivent en être pourvues, seront regardées comme MACHINES MOUVANTES. On regardera comme OUVRIER, tout homme, ou toute femme, qui ne sera pas employé à une machine mouvante ni à la conduite des bêtes de somme, puisque le prix de celles-ci comportent le paiement de la main-d'œuvre nécessaire pour les faire agir ou pour les conduire, laquelle main-d'œuvre en devient alors, en quelque sorte, une des parties intégrantes. (*Note* XXII.)

Cas d'indemnité pour four-nitures de machine. Par exception aux clauses des articles 26 et 45 du Devis, l'Entrepreneur recevra des indemnités, payables en journées, pour la fourniture des machines mouvantes, ou inertes, dont les prix sont fixés au chapitre Ier du Bordereau, toutes les fois qu'on emploiera ces machines à des travaux qui seront exécutés à l'économie (*art.* 22) ; car dans tout autre cas la fourniture en restera à sa charge, conformément aux articles que l'on vient de citer.

Entretien et enlèvem^{nt} des machines. Les prix fixés pour les journées de machine, en comprendront non-seulement la fourniture et le transport, mais encore le graissage et l'entretien, ainsi que l'enlèvement, lorsque le travail auquel elles auront été employées, sera terminé (*art.* 40 *et* 45 *du Devis*).

Déduction de journées pour mauvaises machines. Lorsque les conditions du Devis prescriront pour une machine payable à la journée la quantité d'effet qu'elle devra produire, ou la vitesse qu'elle devra avoir, et que la machine fournie n'aura pas la vitesse ou ne produira pas l'effet déterminé, on fera à l'Entrepreneur, sur le temps du travail de ladite machine, une déduction proportionnelle à la vitesse ou à l'effet manquant.

Les prix de journées d'ouvrier, portés au Bordereau, comprendront non-seulement le salaire de l'ouvrier, ainsi que la fourniture et l'entretien de ses outils (art. 26), mais encore son transport sur l'atelier où il sera employé : en sorte que le temps mis par les ouvriers pour passer d'un chantier a un autre, soit toujours au compte de l'Entrepreneur. De plus, lorsque les Officiers du Génie voudront, pour l'exécution des travaux à l'économie, faire employer à certains ouvriers des outils, des ustensiles, des engins, étrangers à leurs professions, l'Entrepreneur sera tenu de les fournir, sans pouvoir réclamer pour lesdits ouvriers d'autres prix que ceux de la classe à laquelle ils appartiendront habituellement. *(Fournitures d'outil, et transports d'ouvrier.)*

Quand l'Entrepreneur fournira des ouvriers non pourvus d'outil, d'ustensile, d'engin, ou de machine, ce qui arrivera lorsque ces objets seront fournis par l'Etat, ou lorsqu'ils seront inutiles, on déduira à l'Entrepreneur, sur les journées des ouvriers ainsi employés, la (vingtième) partie du temps effectif pendant lequel ils auront travaillé : seront exceptés de cette disposition, les maîtres-ouvriers, sur les journées desquels on ne déduira jamais rien. *(Ouvriers sans outil.)*

Les prix fixés au Bordereau pour les journées de machines inertes, seront applicables à des journées de vingt-quatre heures, nuit et jour compris : jamais on ne comptera de fraction de journée ; mais on ne tiendra pas compte des journées de repos, c'est-a-dire, de celles pendant la durée desquelles on n'aura point fait usage desdites machines. *(Compte des journées.)*

Les prix fixés pour les journées d'ouvrier et de machines mouvantes ne seront, au contraire, applicables qu'à des journées de dix heures de travail effectif, c'est-a-dire que l'on ne tiendra pas compte des temps de repos : ainsi, quelle que soit la durée du travail effectif, on la rapportera toujours à la journée de dix heures, on la comptera par heure ou par demi-heure, fractions qui correspondent à un dixième ou à un vingtième de journée, et l'on n'en admettra pas d'autre.

Art. 53. — Chaque âne sera pourvu de ses harnais, de son bât, de ses paniers, ou de tout autre objet propre au service auquel on le destinera, enfin de son conducteur. Sa force sera telle qu'il puisse parcourir (1000^m) par heure en chemin montueux ; et qu'il puisse prendre en plaine, avec cette charge, une vitesse double. *(ANES. (Bord., Article 1.))*

Art. 54. — Par exception à l'article 52, on regardera comme Badigeonneur, tout ouvrier, quel que soit d'ailleurs son état, qui exécutera des blanchiments, ou des *badigeonnemens* de teinte uniforme. Ces ouvriers, toutefois, ne seront payés de cette manière que pendant le temps qu'ils emploieront réellement à ce travail : hors de là on les comptera dans la classe dont ils feront habituellement partie. *(BADIGEONNEURS. (Bord., Art. 2.))*

Les Badigeonneurs devront être capables d'exécuter cette espèce de *badigeonnement*, conformément aux conditions prescrites pour les ouvrages de cette sorte par les articles du Devis qui les concernent. (*Voyez :* Couches *appliquées, chap. III ;* et Carreaux *figurés, chap. IV.*)

Art. 55. — Les barques, les bateaux, les batelets, auront toujours des planchers de fond posés sur les couples, ou sur des rables, afin que l'on puisse y être à sec. Lorsqu'on voudra empiler des matériaux dans l'intérieur, les bords en seront haussés, au moyen de planches placées en forme de falques pour maintenir lesdits matériaux. Enfin, ils seront pourvus de mâts, de rames, de cordages, ainsi que des autres agrès nécessaires à leur manœuvre. *(BARQUES, BATEAUX, et BATELETS. (Bord., Art. 3 à 5.))*

Outre tous ces objets, chaque barque devra pouvoir transporter un poids de (10000^k) ; chaque bateau, (5000^k) ; chaque batelet, (2500^k).

En cas de fourniture de l'une de ces machines dans un lieu où l'on ne pourrait pas la conduire par eau, on allouerait à l'Entrepreneur (cinq) journées, en sus de celles qui seraient effectivement employées, pour l'indemniser de la dépense que le transport par terre aurait occasionnée.

Art. 56. *(Pour mémoire.)* BATELIERS. *(Bord., Art. 6.)*

Art. 57. — Chaque bourriquet sera pourvu de trois paniers (ou caisses), d'un câble, des échafauds nécessaires pour le maintenir au lieu prescrit, d'un manœuvre de sujétion pour remplir et pour changer les paniers, de deux manœuvres pour tourner le treuil, et de deux autres manœuvres pour décrocher et pour vider les paniers. Enfin, outre cela, il sera posé et fixé à l'endroit désigné ; et aura les formes et la force nécessaires pour parcourir (1^m) par quatre secondes en montant chargé d'un poids de (50^k), soit de terre, de pierres, de vase, soit de toute autre chose ; et (1^m) par trois secondes en redescendant à vide. *(BOURRIQUETS. (Bord., Art. 7.))*

On allouera à l'Entrepreneur (une demi – journée) de bourriquet, à titre d'indemnité, pour le premier établissement de chacune de ces machines dans un lieu désigné.

Art. 58. — Les ouvriers chargés d'abattre les arbres, de les débiter pour le chauffage ou pour les fascinages, de les équarrir grossièrement, ou de les fendre pour en faire des palissades, des lattes, ou toute autre chose, seront regardés comme Bûcherons. *(BUCHERONS. (Bord., Art. 8.))*

Art. 59 et 60. *(Pour mémoire.)* CADRES *pour cuveler les puits.* — CALFATS. *(Bord., Art. 9 à 13.)*

Art. 61. — Le prix de l'article 14 du Bordereau, comprend la fourniture de deux camions pourvus de tous leurs accessoires, et de trois manœuvres pour les traîner alternativement : ainsi, pour ne pas perdre de temps, on chargera l'un des camions, tandis que les manœuvres feront marcher l'autre. Chaque camion, marchant à son tour, devra parcourir, par minute, (30^m) en plaine, ou (20^m) en rampe au vingtième, étant chargé d'un poids de (300^k), soit de terre, de vase, de pierres, soit d'autres matériaux. *(CAMIONS. (Bord., Art. 14.))*

Art. 62. *(Pour mémoire.)* CARRIERS. Passeurs, *et ouvriers employés aux démolitions.* *(Bord., Art. 15.)*

Art. 63. — Les chapelets destinés aux *épuisemens* seront composés, chacun, de deux lanternes garnies de griffes, ou de fuseaux, dans lesquels s'engreneront des chaînes portant de distance en distance des *palettes* (ou clapets). Ces clapets devront se mouvoir dans des conduits, avec une vitesse telle qu'ils entraînent l'eau, et qu'ils la fassent monter jusqu'au sommet du conduit, d'où elle tombera dans une auge qui la conduira au point où elle devra se perdre. *(CHAPELETS. (Bord., Art. 16 à 19.) Clauses générales.)*

Les chapelets seront parfaitement étanches ; établis aux endroits désignés, chacun ayant l'inclinaison fixée par l'Officier chargé de la surveillance du travail ; et tous seront pourvus de ce qui sera nécessaire pour les assujétir, ainsi que pour les faire agir, y compris ouvriers ou chevaux en assez grand nombre pour que chacun d'eux puisse prendre le mouvement déterminé. L'Entrepreneur sera tenu de placer un odomètre à chaque chapelet, afin que l'on puisse vérifier s'il a la vitesse prescrite.

Pour établir le calcul des journées de chapelet, on ne tiendra compte que du temps effectif durant lequel chacune de ces machines sera en mouvement, et tout temps de repos ne sera pas compté. Comme les ouvriers ou les chevaux employés à leur manœuvre ne peuvent travailler constamment, il faudra que l'Entrepreneur mette, à chacune desdites machines qui devront être mues sans interruption, deux ateliers se relevant de temps à autre.

Chapelet incliné à bras. Chaque chapelet incliné à bras aura un conduit de (6ᵐ) de longueur ; des lanternes de (0ᵐ,25) de rayon ou bouge, et qui seront chargées, chacune, de dix griffes, ou de dix fuseaux ; des clapets de (0ᵐ,25) de largeur sur (0ᵐ,16) de hauteur, qui auront (0ᵐ,006) de chasse de chaque côté, et qui seront distants entre eux de (0ᵐ,16) ; enfin, chaque chapelet de cette sorte devra se mouvoir avec une vitesse de trente révolutions de lanterne par minute.

(*Pour mémoire.*) Chapelet incliné à manège. — C. vertical à bras.

Établissement des Chapelets. On accordera à l'Entrepreneur (une) journée de chapelet, en sus du travail fait, pour l'indemniser du transport de chacune de ces machines sur un atelier ; et (un cinquième) de journée, seulement, chaque fois qu'il en aura monté une, ou qu'il l'aura changée de place sur un même atelier.

CHARPENTES d'écha-faud.
(Bord., Art. 26 à 29.)
Cas où elles seront payées. Art. 64. — Les prix de charpentes d'échafaud sont établis pour payer certains échafaudages, que quelques conditions du Devis mettent spécialement à la charge de l'État : tout autre échafaudage restant au compte de l'Entrepreneur.

Les prix du Bordereau ne comprendront pas, conformément à l'article 45, le levage desdites charpentes ; mais ils en comprendront, outre ce que prescrit cet article, l'enlèvement hors de l'atelier, lorsque l'Officier chargé de la surveillance l'ordonnera ; enfin, ils en comprendront encore la valeur et l'emploi pendant une année : c'est-à-dire que toute charpente de ce genre, une fois fournie, restera à la disposition de l'État durant ce temps ; et que, dans le cas où le Chef du Génie jugerait à propos de la faire employer successivement à plusieurs usages, ou en plusieurs endroits, sans rien changer à la coupe primitive, l'Entrepreneur n'aurait rien à réclamer au-delà du premier paiement pour le remploi de ladite charpente. Lorsqu'une charpente d'échafaud restera à la disposition de l'État durant plus d'une année, l'Entrepreneur recevra, à titre d'indemnité, (un septième) du prix fixé au Bordereau pour chaque année d'emploi en sus de la première. Le moment à partir duquel une charpente de cette sorte cessera d'être à la disposition de l'État, sera déterminé par un ordre ; aussitôt cet ordre donné, l'Entrepreneur enlèvera ladite charpente ; et, dans le cas où elle serait redemandée, on la paierait de nouveau comme neuve.

On vient de dire que quand une charpente d'échafaud serait à la disposition de l'État, on pourrait l'employer à plusieurs usages, pourvu qu'il n'y eût rien à changer à sa coupe ; mais cette condition n'en exclura pas le remploi, lorsque le Chef du Génie y ordonnera quelques changemens : seulement, dans ce cas, pour indemniser l'Entrepreneur, on paiera de nouveau, comme charpente d'échafaud, les pièces de bois dont il aura fait changer la coupe.

Qualité des bois. Les charpentes d'échafaud pourront être d'un bois quelconque, et en général grossièrement équarries ; les légers défauts qu'elles renfermeront seront tolérés : mais en conséquence, l'Entrepreneur sera seul responsable des échafauds. Ainsi, il en surveillera le levage et la démolition, toutes les fois qu'ils auront lieu ; il répondra de leur solidité, de leur stabilité ; il les entretiendra constamment en bon état ; et, dans le cas où, par sa faute, ils viendraient à manquer, il serait tenu de les consolider, de les relever, et de réparer les accidens qu'ils pourraient causer : tel serait un cintre qui, venant à manquer, occasionnerait la chûte d'une voûte, dont la reconstruction retomberait à ses frais. Enfin, ledit Entrepreneur, répondant de ses échafauds, n'aura jamais rien à réclamer pour les dégradations qui pourront y être faites : telles que bois cassés, fers forcés, cordes coupées, etc.

Classement des charpentes. On regardera comme charpente d'échafaud de 10 mètres, toute pièce de bois ayant (10ᵐ) de longueur ou plus ; comme charpente de 25ᶜ ou moins, de 25 à 60ᶜ, ou de 60ᶜ ou plus, celles qui auront, d'équarrissage, (0ᵐ,25) ou moins, (0ᵐ,25) à (0ᵐ,60), ou (0ᵐ,60) et au-delà.

On regardera comme Charpente ordinaire, les pièces qui ne présenteront pas d'assemblage, ou qui ne seront assemblées entre elles que bout-à-bout à entailles, ou à bezeaux, ou bien encore qui seront assemblées par tout autre point à entailles rectangulaires dont la profondeur n'atteindra pas le tiers de l'épaisseur de chaque pièce ; comme Charpente de sujétion, toutes celles qui offriront des assemblages autres que ceux qui sont désignés ci-dessus.

Mesurage des charpentes. Les charpentes d'échafaud seront payées au mètre cube : le mesurage se fera sur chaque pièce de bois en particulier, en multipliant la surface du parallélogramme circonscrit au milieu de la longueur de la pièce, par la totalité de cette même longueur, c'est-à-dire, tenons, entailles ou bezeaux y compris. (*Note XXIII.*)

(Bord., Art. 30 et 35.) Art. 65 à 69. (*Pour mémoire.*) CHARPENTIERS. — CHARRETIERS. — CHARRONS. — CHEVAUX. — CHÈVRES.
CINTRES.
(Bord., Art. 36 et 37.) Art. 70. — Les cintres pour la construction des petites voûtes, seront faits avec des planches de (0ᵐ,027) ou des madriers de (0ᵐ,041) à (0ᵐ,054). Dans l'un ou dans l'autre de ces deux cas, on les composera de deux parties distinctes, ayant chacune la forme totale du cintre ; ces parties seront appliquées l'une contre l'autre, et fortement unies ensemble par des clous.

Les bois de chaque partie présenteront d'un côté la courbure voulue pour le cintre, et seront assemblés bout-à-bout, perpendiculairement à la courbure, sans laisser entre eux le moindre vide sur une longueur de (0ᵐ,2) au moins. Les joints de chaque partie, après la réunion, devront correspondre aux milieux des pièces de la contre-partie.

Les cintres seront soumis d'ailleurs à toutes les conditions exigées pour les charpentes d'échafaud (*art.* 64), et seront payés au mètre carré : le mesurage se fera en multipliant le développement extérieur du cintre, par la plus grande largeur de la portion de planche ou de madrier la plus étroite qui se trouvera parmi celles dont il sera composé.

(Bord., Art. 38 et 39.) Art. 71 et 72. (*Pour mémoire.*) CLAYONNEURS. — CLAYONNAGE. — COFFRAGES pour le cuvelage des puits.
CONDUITES de pompe.
(Bord., Art. 40 et 41.) Art. 73. — Quand les pompes élèveront les eaux à des hauteurs plus grandes que celles qui sont exigées par les articles qui les concernent (*voyez :* Pompes, *chap. I.*), les tuyaux nécessaires pour atteindre ce surcroît d'élévation seront payés au mètre courant et à la journée, en sus du prix des journées de pompe ; c'est-à-dire

qu'on allouera pour chaque journée desdites pompes, le prix qui s'y rapporte, augmenté de celui de la journée de conduite de pompe, multiplié par le nombre de mètres auquel les eaux seront élevées en sus des limites fixées pour chacune d'elles : on ne comptera jamais de fraction de mètre, et l'Entrepreneur ne sera pas tenu d'élever les eaux à plus de (15^m).

Art. 74. — On indemnisera l'Entrepreneur de la fourniture des cordages qui auront plus de (20^m) de longueur sans nœud, ou plus de (0^m,03) de diamètre.

Les prix du Bordereau comprendront toujours la fourniture des moufles, des poulies, des cabestans, ou de tout autre objet nécessaire à l'usage des cordages ; enfin des engins dont ils feront partie.

L'Entrepreneur fournira les cordages des dimensions prescrites, pourvu que les diamètres n'en excèdent pas (0^m,06), et les longueurs (150^m).

Art. 75 à 77. *(Pour mémoire.)* CORDIERS. — CUVES *et* CUVEAUX. — ECHELLES *de grandes dimensions.*

Art. 78. — Les ouvriers employés à la construction des épis, et connus sous la dénomination de *Contre-poseurs*, seront regardés comme *FASCINEURS* de 1re classe : un ouvrier de cette sorte est ordinairement employé à la construction de chaque tête d'épis, pour aider le Maître-*Fascineur*. Ceux qui façonnent les piquets ; qui tordent les harts ; qui font les claies, les paniers, les fascines, ainsi que les autres objets relatifs à la construction des épis, des *barrages* de rivière, ou de tout autre ouvrage de fascines exécuté dans l'eau, seront regardés comme *FASCINEURS* de 2me classe.

Art. 79 à 83. *(Pour mémoire.)* FEMMES — FERBLANTIERS. — FONDEURS. — FONTAINIERS *et* POMPIERS. — FORGERONS.

Art. 84. — Les frais d'échafaud à la journée ne seront alloués qu'en sus de chaque journée de maçon employé à l'économie, et seulement durant le temps que ces ouvriers travailleront à un ouvrage pour lequel ils seront obligés d'employer des échafauds de l'une des espèces désignées ci-après.

Quelles que soient la nature et la forme des échafauds, on regardera comme ÉCHAFAUDS ORDINAIRES, ceux qui seront fixement établis pour la construction d'un ouvrage situé entre (3^m) et (10^m) de hauteur au-dessus du sol sur lequel reposeront lesdits échafauds ; comme ÉCHAFAUDS DE SUJÉTION, ceux de la même sorte employés aux ouvrages plus élevés. Le prix des ÉCHAFAUDS VOLANTS sera appliqué aux échafauds mobiles, c'est-à-dire que l'on peut monter et descendre au moyen de cordes.

On fera toujours usage des prix d'échafauds à la journée, quand des maçons se serviront d'un échafaud déjà élevé, pour lequel l'Entrepreneur n'aura encore reçu aucun paiement. Dans tout autre cas, lesdits prix ne seront employés qu'autant que l'Officier du Génie et l'Entrepreneur en tomberont d'accord : et lorsqu'il y aura opposition d'une part ou de l'autre, les échafauds seront payés comme charpente ou comme plancher d'échafaud.

Art. 85. — Lorsqu'en vertu des articles 22 et 27 du Devis, on emploiera à l'économie des ouvriers dont le salaire ne sera pas prévu au Bordereau, et auxquels l'Entrepreneur fournira des outils ou tout autre objet nécessaire pour qu'ils puissent travailler, conformément à l'article 26, on l'indemnisera de cette fourniture, en lui allouant la valeur de la journée de frais d'outils ordinaires pour chaque journée d'ouvrier Bûcheron, Calfat, Charpentier, *Clayonneur*, Cordier, *Fascineur*, Ferblantier, Fontainier, Goujat, Jardinier, Maçon, Manœuvre, Menuisier, Piseur, Plâtrier, Tonnelier, ou Vitrier ; et le prix de la journée de frais d'outils de sujétion pour tout ouvrier de profession autre que celles qui sont précitées.

Les prix de frais d'outil comprendront toujours le transport des outils sur l'atelier, ainsi que la fourniture des planchers et des hangars nécessaires aux ouvriers.

Par exception aux dispositions ci-dessus, l'Entrepreneur recevra pour les fournitures d'outil faites aux Peintres, des frais d'outils ordinaires doubles ; aux Badigeonneurs, des frais triples ; aux *Goudronneurs*, des frais quadruples.

Art. 86 *(Pour mémoire.)* GOUDRONNEURS.

Art. 87. — Chaque Goujat devra avoir assez de force pour porter le mortier aux maçons, soit dans un seau, soit sur un oiseau chargé de (25^l) pesant par voyage. Tout homme employé aux travaux à l'économie, tant qu'il n'aura pas seize ans, ne sera regardé et payé que comme goujat, quel que soit son état.

Art. 88. *(Pour mémoire.)* JARDINIERS.

Art. 89. — En vertu du droit que l'article 64 donne au Chef du Génie de faire employer les charpentes d'échafaud à plusieurs usages, ou en plusieurs endroits, l'Entrepreneur sera tenu de lever, de mettre en place, et de démonter lesdites charpentes, toutes les fois qu'il en recevra l'ordre. On lui allouera pour ce travail, chaque fois qu'il l'exécutera, l'un des prix fixés au Bordereau pour le levage de ces diverses charpentes.

Les prix de levage comprendront les frais de main-d'œuvre pour lever les charpentes et les mettre en place ; ceux qui seront nécessaires pour les démonter ; les frais de transport des charpentes occasionnés par deux emplois successifs, toutes les fois que la distance n'excédera pas (50^m) ; enfin, ils comprendront la fourniture des chevilles, des *clameaux* de fer et des cordes nécessaires à leur établissement et à leur stabilité. Lorsque deux emplois successifs d'une charpente de ce genre obligeront à la transporter à plus de (50^m), ce transport sera payé par l'État.

Le levage sera payé au mètre cube, et le mesurage se fera comme le prescrit l'article 64 : il est entendu qu'on ne paiera le levage que pour les pièces qui seront effectivement levées, mises en place et ensuite démontées par l'Entrepreneur, qui n'aura rien à réclamer lorsque ce travail se fera à l'économie.

Art. 90. *(Pour mémoire.)* LEVAGE de cintre.

Art. 91. — Toutes les fois qu'il faudra éclairer, soit des travaux pendant la nuit, soit dans toute autre circonstance, les mèches des chandelles, les mèches ou les lampions à huile, ou les lampions à suif, que l'Entrepreneur fournira, devront avoir au moins (0^m,005) de diamètre, immédiatement au-dessous de la partie enflammée.

Ces fournitures seront payées au prix de l'article 73 du Bordereau, en comptant les journées desdites lumières comme des journées de machines montantes, c'est-à-dire en ne tenant compte que du temps effectif de la combustion.

Les lumières seront toujours pourvues de supports, et seront soignées par l'Entrepreneur.

Art. 92 et 93. *(Pour mémoire.)* MAÇONS. — MACHINES à receper.

CORDAGES.
(Bord., Art. 42.)

(Bord., Art. 43 à 47.)
FASCINEURS.
(Bord., Art. 48 et 49.)

(Bord., Art. 50 à 54.)
FRAIS d'échafaud.
(Bord., Art. 55 à 57.)

FRAIS d'outil.
(Bord., Art. 58 et 59.)

(Bord., Art. 60.)
GOUJATS.
(Bord., Art. 61.)

(Bord., Art. 62.)
LEVAGE de charpente.
(Bord., Art. 63 à 70.)

(Bord., Art. 71 et 72.)
LUMIÈRES.
(Bord., Art. 73.)

(Bord., Art. 74 à 76.)

MAITRES-OUVRIERS.
(Bord., Art. 77 à 99.)

Art. 94. — On ne reconnaîtra pour Maîtres-Ouvriers, que ceux des ouvriers qui auront le plus de talent ; et qui, outre cela, seront capables de diriger un atelier de dix ouvriers au moins d'une même profession. Dans le cas où l'Entrepreneur recevrait l'ordre de fournir des ouvriers de cette sorte pour les travaux à l'économie, il ne lui en serait, ordinairement, reconnu qu'un de chaque métier par atelier d'ouvrage ; les Maîtres-Ouvriers étant destinés plutôt à surveiller qu'à travailler ; et on ne lui paiera leurs journées qu'autant qu'ils seraient constamment sur l'atelier pendant le temps du travail : vu que les instans momentanés employés par ses Maîtres-Ouvriers pour tracer l'ouvrage, faire les toisés, ou inspecter les travaux, doivent rester à sa charge.

MANŒUVRES.
(Bord., Art. 100 et 101.)

Art. 95. — Les hommes les plus forts, propres à barder les bois ou les pierres de taille, à triturer les mortiers, ou à faire d'autres ouvrages difficiles exigeant de la force et de l'adresse, ainsi que les manœuvres intelligents que l'on met quelquefois à la tête des ateliers pour les diriger, seront seuls regardés comme manœuvres de sujétion.

L'Entrepreneur fournira toujours les manœuvres propres au service auquel on les destinera.

(Bord., Art 102 à 111.)

Art. 96 à 103. (Pour mémoire.) MENUISIERS. — MINEURS. — MOISES pour lier les cadres de puits de mine. — MULETS. — NACELLES — PAVEURS — PEINTRES et BARBOUILLEURS. — PISEURS.

PLANCHERS d'échafaud.
(Bord., Art. 112 et 113)

Art. 104. — Les planchers d'échafaud seront soumis à toutes les conditions exigées pour les charpentes d'échafaud par l'article 64, sauf les différences suivantes : les prix ne comprendront la fourniture des planchers que pour un mois d'emploi, à partir du jour où l'on aura commencé d'en faire usage ; l'Entrepreneur recevra une indemnité égale au (vingtième) du prix du Bordereau pour chacun des mois, en sus du premier, pendant lesquels on continuera de s'en servir ; tous les bois, pour cette sorte de planchers, seront assemblés de façon que leurs joints ne présentent pas de jour ayant plus de ($0^m,01$) d'ouverture ; ces planchers seront unis et sans flache ni ressaut ; enfin on les paiera au mètre carré, d'après un mesurage fait suivant leur étendue effective, et en développant les pièces qui en couvriront d'autres. On regardera comme PLANCHERS ORDINAIRES, ceux qui seront de planches de ($0^m,01$) à ($0^m,035$) d'épaisseur ; comme PLANCHERS DE SUJÉTION, ceux dont les bois auront plus de ($0^m,035$) d'épaisseur et moins de ($0^m,06$) : les pièces qui auront cette dernière épaisseur ou plus, seront payées comme charpente.

(Bord., Art. 114.)
POÊLES.
(Bord., Art. 115.)

Art. 105. (Pour mémoire.) PLÂTRIERS et SILICATEURS.

Art. 106. — Le prix du Bordereau, art. 115, sera applicable aux cheminées de tôle, ainsi qu'aux poêles de fonte fournis pour le chauffage.

Les poêles seront à bois, ou à houille, suivant les commandes ; le diamètre dans œuvre en sera de ($0^m,25$) à ($0^m,35$), la hauteur, intérieurement, de ($0^m,8$). Les cheminées seront à pieds, ou sans pied, et auront ($0^m,3$) à ($0^m,5$) de profondeur, ($0^m,5$) à (1^m) de largeur, et ($0^m,5$) à ($0^m,8$) de hauteur. Tous ces meubles seront d'ailleurs pourvus des plaques ou des pierres, des tuyaux, des coudes, des clefs, des portes et des tiroirs nécessaires.

Par exception à l'article 52 du Devis, on tiendra compte à l'Entrepreneur de toutes les journées qui s'écouleront depuis le jour où ces meubles auront été posés jusqu'à celui où l'ordre de les enlever sera donné, c'est-à-dire qu'on paiera les journées de chômage.

POMPES.
(Bord., Art. 116 à 119.)
Clauses générales.

Art. 107. — Les pompes, soit pour les épuisemens, soit pour fournir l'eau nécessaire aux travaux, pourront être à bras ou à manège. Dans l'un ou dans l'autre cas, chacune d'elles sera fixement établie de la manière ordonnée, parfaitement étanchée ; et sera pourvue de tous les objets nécessaires à sa manœuvre, ainsi que d'une conduite suffisante pour épancher les eaux du point désigné : toutefois, la différence de hauteur, mesurée verticalement, qui existera entre le niveau des eaux à élever et la décharge, ne pourra pas être, relativement aux prix du Bordereau, plus grande que les hauteurs-limites fixées ci-après pour chaque espèce de pompe.

Les pompes pourvues des ouvriers ou des chevaux destinés à les faire agir, seront soumises, quant à la manière d'en compter les journées, aux conditions prescrites pour les chapelets par l'article 63 ; tandis que les autres seront regardées comme machines inertes.

Pompe à incendie.

Les pompes à incendie auront chacune deux pistons, de A de diamètre, capables de prendre, dans les corps de la pompe, un mouvement de va-et-vient de B de hauteur. Chaque pompe sera renfermée dans une caisse portative, et sera pourvue des bottes ou des seaux jugés nécessaires par le Chef du Génie. La hauteur-maximum de laquelle ces pompes devront lancer les eaux, ce qui dépendra de la longueur de leurs boyaux de cuir, sera de (20^m).

Pompe à bras, de 10 c.

Chaque pompe à bras de 10^c aura un piston de ($0^m,1$) de diamètre, et sera pourvue de quatre manœuvres, ou plus si cela est nécessaire pour qu'elle puisse être mue avec une vitesse de trente coups de piston de H de hauteur par minute. La hauteur-limite à laquelle ces pompes devront élever les eaux, sera de (5^m).

(Pour mémoire.) POMPE à bras, de 13 centimètres. — POMPE à manège.

Établissement des pompes.

L'Entrepreneur recevra l'indemnité (d'une journée) de pompe pour le transport et le premier établissement, sur un atelier, de chacune de ces machines ; celle (d'une demi - journée) lorsqu'il les changera de place sur un même atelier.

POSAGE de plancher.
(Bord., Art. 120 et 121.)

Art. 108. — Les prix de posage de planchers d'échafaud seront alloués toutes les fois qu'en vertu des articles 64 et 104, l'Entrepreneur posera ou changera de place un plancher. Ces prix comprendront, comme ceux du levage, le posage du plancher, son assujettissement, sa démolition, enfin son transport jusqu'à (50^m) en cas de remploi.

Le posage des planchers sera payé au mètre carré, le mesurage se fera comme pour la fourniture (art. 104).

Art 109 à 112. (Pour mémoire) POIS à feu. — RAMONEURS. — SCIEURS. — SERRURIERS et TAILLANDIERS.

SONNETTES.
(Bord., Art. 122 à 126.)
SONNETTES.
(Bord., Art. 127 à 130.)
Clauses générales.

Art. 113. — Les sonnettes destinées à l'enfoncement des pilotis seront composées, chacune, d'un empatement en charpente, dans lequel seront assemblés deux montans ou jumelles qui serviront à diriger le mouton. Ces jumelles seront établies verticalement, ou sous l'angle prescrit, et qui dépendra de la direction à donner aux pilotis. Enfin, chaque sonnette sera pourvue des cordages, des poulies, des planchers et de tous les objets nécessaires à sa manœuvre.

Comme il est difficile de mesurer le temps effectif durant lequel ces machines sont en mouvement, on comptera les journées de sonnette en raison des coups de mouton qu'elles donneront ; en accordant pour tous ceux qu'elles battront, le temps qu'elles seront supposé devoir mettre à les battre, d'après les conditions suivantes relatives à chacune d'elles : pour faciliter le calcul des coups, on les battra par volées régulières.

Chaque sonnette à déclic de sujétion sera pourvue de C chevaux au moins, d'un charretier, et de deux charpentiers pour en conduire la manœuvre. Elle devra battre B coups par minute, d'un mouton pesant K kilogrammes, et tombant de H de hauteur, terme moyen. *Sonnette à déclic, de sujétion.*

(Pour mémoire.) SONNETTE à déclic, ordinaire. — SONNETTE à tiraudes ou à tirence.

On accordera à l'Entrepreneur (une demi-journée) de sonnette, à titre d'indemnité, pour les frais de transport, et pour le premier établissement, sur un atelier, de chacune de ces machines ; et (un vingtième) de journée, seulement, chaque fois qu'elles commenceront à battre un nouveau pilotis. *Établissement des sonnettes.*

Art. 114. *(Pour mémoire.)* TAILLEURS de pierre, et SCULPTEURS d'ouvrages communs.

Art. 115. — Les ouvriers chargés de monter et de recouper les talus seront seuls regardés comme Terrassiers : tout autre ouvrier travaillant aux remuemens de terre, soit à la fouille, soit au *damage*, soit au régalement, ne sera payé que comme manœuvre. *(Bord., Art. 131 et 132.)* TERRASSIERS. *(Bord, Art. 133.)*

Art. 116. — Chaque tombereau de $0^m,33$, de $0^m,66$, ou de 1 mètre, sera respectivement de la contenance de $(0^m,300)$, de $(0^m,600)$, ou de $(0^m,900)$; et devra pouvoir transporter un poids de (500^k), de (700^k), ou de $(1,500^k)$ pesant. *TOMBEREAUX. (Bord, Art 134 à 136.)*

Ces tombereaux seront pourvus des chevaux et des conducteurs nécessaires pour qu'ils satisfassent aux conditions ci-dessus ; et pour qu'ils puissent parcourir, ainsi chargés, en plaine et en beaux chemins, (50^m) par minute : l'Entrepreneur ne mettra jamais moins d'un cheval ou d'un mulet aux tombereaux de $0^m,33$, ou de $0^m,66$; et moins de deux chevaux à ceux de 1 mètre.

Lorsque les transports devront se faire par de beaux chemins en pente au-dessus du vingtième, ou par de mauvais chemins en plaine, les charges seront réduites aux deux tiers de ce qu'elles sont fixées ci-dessus ; quand ils se feront par de mauvais chemins en pente au-dessus du vingtième, on les réduira à la moitié : la vitesse devant toujours être la même.

Toutefois, ces réductions n'auront lieu qu'autant que plus du quart du chemin à parcourir sera dans l'un ou dans l'autre des cas désignés précédemment : car, lorsque les chemins ne seront mauvais ou en pente que sur le quart de leur longueur ou moins, l'Entrepreneur ne pourra pas prétendre à la réduction des charges ; mais il aura seulement droit à une réduction sur la vitesse pour les mauvais passages, proportionnellement à leur longueur, savoir : de la moitié pour les passages mauvais mais en pente, ou mauvais en plaine ; et des trois quarts pour ceux qui seront mauvais et en pente.

Art. 117 à 123. *(Pour mémoire.)* TONNELIERS. — TORCHES. — TOURNEURS. — TRINGLES de puits de mine. — VIDANGEURS. — VIS d'Archimède, de 4 mètres et de 6 mètres de longueur. — VITRIERS. *(Bord., Art. 137 à 145.)*

Art. 124. — Chaque voiture à bras, suivant le service auquel on la destinera, sera à fond plein ou à jour, fermée sur les côtés par des ais et des gisans, ou bien ouverte ; et sera pourvue de quatre manœuvres capables de la traîner avec une vitesse de (30^m) par minute en plaine, ou de (20^m) en pente au-dessus du vingtième, étant chargée d'un poids de (400^k). Les manœuvres qui conduiront lesdites voitures, seront tenus de les charger et de les décharger. *VOITURES à bras. (Bord., Art. 146.)*

Toutefois, lorsqu'on paiera à l'Entrepreneur suivant le Bordereau, les journées des ouvriers employés à la conduite des voitures de cette sorte, la fourniture de celles-ci sera à son compte *(art. 26)* : dans ce cas il devra, si on le demande, en fournir de plus fortes que celles qui sont désignées ci-dessus.

Art. 125. — Toutes les voitures seront bonnes, solides, et propres à l'espèce de transport auquel on les destinera. Chaque voiture de sujétion devra pouvoir transporter un poids de (3000^k) ; chaque voiture légère, un poids de $(1,500^k)$; chaque voiture ordinaire, un poids de $(2,250^k)$. *VOITURES à chevaux. (Bord., Art. 147 à 149.)*

Ces voitures seront toutes pourvues de chevaux et de conducteurs, en assez grand nombre, pour qu'elles puissent transporter les charges ci-dessus, avec une vitesse de (50^m) par minute en plaine et en beau chemin : relativement aux chemins en pente, et aux mauvais chemins, les charges ou les vitesses seront réduites comme le prescrit l'article 116. Enfin, elles seront encore pourvues des harnais, ainsi que des autres objets nécessaires à leur usage : l'Entrepreneur ne mettra pas moins de quatre chevaux à chaque voiture de sujétion, de trois chevaux aux voitures ordinaires, de deux chevaux aux voitures légères. Les voitures qui n'auront qu'un cheval seront payées au prix des tombereaux de $0^m,66$ *(art. 135 du Bordereau)*.

CHAPITRE II.

MATÉRIAUX.

Art. 126. — L'acide sulfurique sera pur, dégagé de toute matière étrangère, et à soixante-six degrés de l'aréomètre. *ACIDE sulfurique. (Bord., Art. 150.)*

Art. 127. *(Pour mémoire.)* ACIER.

Art. 128. — L'alcohol, avant d'être dénaturé, sera parfaitement pur, blanc, limpide, exempt de toute matière étrangère, et à trente-trois degrés. *(Bord., Art. 151 et 152.)* ALCOHOL. *(Bord., Art. 153.)*

Pour le dénaturer, on y mêlera de l'huile essentielle de citron, à raison d'une livre d'huile par hectolitre d'esprit : l'Entrepreneur le livrera ou l'emploiera en cet état.

Art. 129 et 130. *(Pour mémoire.)* ALUN. — AMPOULE.

Art. 131. — Toutes les ardoises seront planes, dures, non fendues ni ébréchées, sonores, bien saines, d'un bleu clair ; enfin exemptes d'*exfoliation*, de pyrite, ou de point jaune brillant. *(Bord., Art. 154 et 155.)* ARDOISES. *(Bord., Art. 156 à 159.)* Ardoises de F.

Les ardoises de F seront tirées des carrières de F, et auront, étant taillées, $(0^m,003)$ à $(0^m,006)$ d'épaisseur, $(0^m,18)$ à $(0^m,22)$ de longueur, et $(0^m,12)$ de largeur au moins. La partie latérale du pureau en sera en arc de cercle, dont la corde pourra avoir $(0^m,04)$ à $(0^m,05)$ de hauteur : cet arc se raccordera avec une partie droite. La partie inférieure en sera également droite, et formera un angle obtus avec la partie courbe. La supérieure sera rectiligne, à deux côtés, dont l'un beaucoup plus grand que l'autre, et formant entre eux un angle aigu. Cent ardoises de cette sorte devront peser au moins (40^k).

Ardoises de G. Les ardoises de G seront prises dans les ardoisières de G; elles seront rectangulaires, auront (0^m,005) à (0^m,008) d'épaisseur, (0^m,6) de largeur, (0^m,7) de longueur. Le cent de ces ardoises devra peser (150^k) à (170^k).

Ardoises ordinaires. Enfin, les ardoises ordinaires proviendront des carrières de A, ou de B; toutes seront à l'état de fendis, et auront (0^m,004) à (0^m,008) d'épaisseur. Celles de 8e devront être assez grandes pour avoir, après la taille, (0^m,23) à (0^m,27) de longueur, sur (0^m,13) à (0^m,17) de largeur à la base; et celles de 12e, (0^m,30) à (0^m,33) de longueur, sur (0^m,18) à (0^m,22) de largeur. Cent ardoises de 8e taillées devront peser au moins (60^k); et cent ardoises de 12e, (100^k).

BARDEAUX.
(Bord., Art. 160.)
Art. 132. — Les bardeaux seront de bois de chêne refendu et bien sec; sans gerçure, ni aubier ni nœud. Tous seront proprement dressés à la plane et bien dégauchis. Chaque bardeau aura (0^m,20) à (0^m,22) de longueur, sur (0^m,1) à (0^m,12) de largeur, et (0^m,01) d'épaisseur ou environ.

(Bord., Art. 161 à 163.) Art. 133 à 135. *(Pour mémoire.)* BITUME ou PÉTROLE. — BLANC. — BLEU.

BLOCAILLE.
(Bord., Art. 164 à 167.)
Art. 136. — La blocaille sera faite avec des moellons non gélisses, éboulinés, et tirés des carrières de E. Pour obtenir la blocaille ordinaire, on concassera les moellons en morceaux de (0^m,04) à (0^m,06) d'épaisseur, sur (0^m,06) à (0^m,09) de longueur; et pour que la blocaille puisse être réputée fine, il faudra que les morceaux n'aient que (0^m,045) à (0^m,055) d'épaisseur, que les poids en soient de P à P', enfin qu'ils puissent tous passer à travers une *lunette* de fer, dont l'ouverture ait (0^m,06) de diamètre.

Les blocailles seront pures, c'est-à-dire qu'elles ne renfermeront aucune matière étrangère aux moellons. Toutes seront payées au mètre cube : le mesurage se fera sur les voitures, ou sur des tas réguliers.

Par blocailles des moellons de l'État, on entendra celles qui proviendront des moellons que l'on aura fournis à l'Entrepreneur, et qui auront été concassés par lui.

Art. 137. — Tous les bois à piquets seront des bois verts de chêne, de charme, d'orme, ou de frêne, recouverts d'écorce, dépourvus de branche, bien droits, et coupés proprement à chaque bout : l'Entrepreneur fournira lesdits bois aux dimensions prescrites, relativement à la longueur, toutes les fois que celle-ci n'excédera pas les limites fixées ci-après pour chaque espèce.

BOIS à piquets.
(Bord., Art. 168 à 170.)
Qualités générales.

Bois à piquets faibles. Les bois à piquets faibles auront (0^m,1) à (0^m,15) de tour au gros bout, et pourront avoir jusqu'à (1^m,5) de longueur.

(Pour mémoire.) Bois à piquets forts. — B. à p. moyens.
Art. 138 *(Pour mémoire.)* BOIS de chauffage.

(Bord., Art. 171.)
BOIS de charpente.
(Bord., Art. 172 à 197.)
Qualités générales.
Art. 139. — Les bois de charpente seront coupés en bonne saison, et deux ans au moins avant qu'on ne les emploie. Tous seront sains, secs, de droit fil, de belle venue, sans nœud pourri ni malandre; et aucun d'eux ne sera ni madré, ni gélif, ni roulé, ni tranché, ni cadrané, ni échauffé, ni rouge, ni éventé, ni mouliné, ni carié, ni sur le retour.

Les bois EN GRUME seront recouverts de leur écorce. Les BRUTS en seront dépourvus et seront grossièrement équarris, c'est-à-dire qu'ils pourront offrir des flaches sur les angles : mais la largeur de ces flaches ne devra jamais excéder le (cinquième') de l'épaisseur de la pièce, ou, autrement dit, de la plus petite dimension de son équarrissage. Enfin, les bois ÉQUARRIS seront totalement exempts d'aubier, proprement équarris, et dimensions égales dans toute la longueur de chaque pièce, à faces planes et à vive arête.

L'Entrepreneur fournira les bois suivant les dimensions prescrites, pourvu toutefois que ces dernières soient comprises dans les limites fixées ci-après pour chaque espèce : ces limites seront toujours relatives, quant à l'équarrissage, à la plus grande des deux dimensions.

Les dimensions-limites dans lesquelles l'Entrepreneur sera tenu de fournir les bois seront :

Classement des bois.
Châtaignier.
Chêne.
Pour le bois de châtaignier, de (0^m,1) à (0^m,8) d'équarrissage, et de toute longueur jusqu'à (8^m).

Pour les bois de chêne bruts de 6 mètres, de (0^m,25) à (0^m,60) d'équarrissage; pour les mêmes bois équarris, de (0^m,20) à (0^m,45) d'équarrissage; pour les mêmes bois en grume, de (0^m,3) à (3^m) de circonférence moyenne; enfin pour ces trois sortes de bois, de (6^m) à (10^m) de longueur.

À l'égard des bois de chêne bruts ou équarris de 25e ou moins, de 25e à 60e ou plus, de 20^t ou moins, de 20 à 45e, et de 45e ou plus, ces nombres expriment en centimètres les limites des équarrissages que l'on pourra exiger; et pour les bois de chêne en grume de 15^d ou moins, de 15 à 30^d, et de 30^d ou plus, ils expriment en décimètres celles des circonférences : pour ces neuf sortes de bois, les longueurs ne pourront excéder (6^m).

(Pour mémoire.) HÊTRE. — NOYER. — ORME. — PEUPLIER.
Sapin. Enfin, pour les bois de sapin, les limites en grosseur seront les mêmes que pour les bois de chêne; en longueur elles seront de (10^m) à (15^m) pour ceux de 10 mètres, et de moins de (10^m) pour les autres.

Bois hors des limites. Les bois qui excéderont les limites ci-dessus, seront payés à l'estimation; à moins qu'il ne se trouve au Bordereau quelque prix, autre que ceux qui sont relatifs au présent article, qui puisse y être appliqué.

Approvisionnemens. L'Entrepreneur sera tenu de conserver à couvert, sous des hangars aérés, tous ses bois d'approvisionnement, lorsqu'ils ne seront pas en grume; et les bois bruts, et les bois équarris, qui auront été exposés aux intempéries durant plus de deux mois, ne pourront plus être mis en œuvre pour les ouvrages de charpente sans avoir préalablement passé une année en magasin couvert bien aéré.

Mesurage des bois. Tous les bois désignés dans le présent article seront payés au mètre cube. Le mesurage se fera en prenant la surface de la section que l'on aurait en coupant chaque pièce par le milieu perpendiculairement à sa longueur, et en multipliant cette surface moyenne par la longueur totale de la pièce : toutefois, pour les bois bruts, on regardera les flaches comme nulles; c'est-à-dire qu'on mesurera la pièce comme si les quatre faces principales en étaient prolongées jusqu'à leurs intersections.

BORNES.
(Bord., Art. 198 et 199.)
Art. 140. — Les bornes seront de la pierre de taille des carrières de B. La partie de chaque borne destinée à rester hors de terre, sera conique sur tout son pourtour, ou seulement sur les deux tiers de ce dernier : dans ce cas le troisième tiers sera plan. Le dessus de chaque borne sera en forme de calotte, légèrement bombé ou conique, entouré ou dépourvu de moulure : le tout suivant les commandes.

Les bornes seront homogènes, proprement taillées, polies à la ripe et à la laie; elles présenteront des surfaces régulières, et seront exemptes de trou, de veine, de moye, et de tout autre défaut.

La partie des bornes destinée à être enterrée, sera rectangulaire, prismatique, d'un équarrissage au moins égal à la grosseur de la base de la partie extérieure, et d'une hauteur qui devra surpasser le (quart) de la hauteur totale de cette dernière.

Les bornes seront fournies suivant les dimensions prescrites, pourvu que celles-ci soient comprises, pour les bornes de sujétion, entre (1^m,5) et (2^m) de circonférence à la base de la partie conique; et, pour les bornes ordinaires, entre (1^m) et (1^m,5). Le bombement de la calotte sera de (0^m,04) à (0^m,05) pour les premières, de (0^m,03) à (0^m,04) pour les secondes. Les moulures que l'on aura droit d'exiger, seront un filet, un quart de rond, ou une *ciselure* plate autour de la calotte de la borne.

Art. 141 a 143. *(Pour mémoire.)* BOURRES. — BOUTISSES — BRAIS

Art. 144. — Les branchages seront des bois verts de cinq à six ans, coupés hors de sève; et ne renfermeront que des bois d'une belle venue, droits, flexibles, et dégarnis de feuilles : on rejettera les bois courts, tors, mous et faciles à se corrompre; tels que ceux d'aulne, de saule, de bouleau, de tremble, et d'arbres résineux.

Si l'Entrepreneur recevait l'ordre de couper les branchages à l'époque des feuilles, après les avoir abattus, ou les laisserait sur la place en ramée, durant une quinzaine de jours, afin de donner aux feuilles le temps de se dessécher : dans ce cas, seulement, les branchages feuillés seraient tolérés.

Les branchages seront fortement liés par des harts distantes d'un mètre l'une de l'autre : on les livrera en botte. Chaque botte renfermera au moins trois brins aussi longs qu'elle, et ne contiendra pas de brin qui ait moins de (0^m,1) de tour au gros bout.

Chaque botte de branchages courts aura (3^m) de longueur au moins, et sera liée par deux harts. Le diamètre en sera de (0^m,4) à la première hart, et de (0^m,03) à la seconde.

(Pour mémoire.) BRANCHAGES longs. — B. moyens.

Pour les branchages des bois de l'État, le bois sera livré sur pied à l'Entrepreneur, qui devra l'abattre, le mettre en botte; et, par exception à l'article 35, le transporter à ses frais de la forêt à pied d'œuvre, lorsque la distance n'excédera pas (5000^m).

Art. 145 et 146. — *(Pour mémoire.)* BRAS pour les réparations de civières, etc. — BRIQUES crues.

Art. 147. — Les briques qui se rapportent aux articles 215, 216 et 217 du Bordereau, seront en forme de parallélipipède rectangle, et faites d'une argile bien pétrie, propre à cette sorte de fabrication.

Ces briques seront bien moulées, entières, bien sonnantes, et exemptes de toute partie calcaire. Celles qui seront difformes ou crevassées, soit pour avoir été trop cuites, soit par l'effet de toute autre cause, ainsi que celles qui s'*exfolieront*, ou qui n'auront pas le degré de cuisson convenable, seront rejetées.

Les briques de 4e et de 5e seront faites avec de l'argile extraite de A. Les premières auront (0^m,04) d'épaisseur, (0^m,11) de largeur, et (0^m,22) de longueur; les secondes, (0^m,05) d'épaisseur, (0^m,12) de largeur, et (0^m,24) de longueur.

Les briques de C seront faites avec de la terre de C, que l'on emploiera au degré d'humidité qu'elle possède au moment de la fouille. Après avoir été frappées dans un moule, et séchées à l'air, ces briques seront cuites au four. Elles auront l de longueur, M de largeur, et N d'épaisseur.

Outre les espèces décrites ci-dessus, l'Entrepreneur fournira les briques de formes particulières, faites de l'argile de A, que le Chef du Génie jugera à propos d'employer à la construction des voûtes, et de toute autre maçonnerie de sujétion. Ces briques particulières auront, à la forme près, toutes les qualités exigées pour les briques de 4e et de 5e; et seront payées aux prix de ces dernières, lorsque le volume des unes sera égal à celui des autres à un vingtième près : dans tout autre cas, le paiement s'en fera à l'estimation, ou en dépense sèche.

Art. 148. — Les *Broches*, sorte de grands clous, seront faites avec du fer de première qualité, bien doux, pliant à chaud, à froid, et non cassant. Toutes seront proprement forgées, exemptes de paille, de crevasse, et de tout autre défaut. La tige de chacune d'elles sera rectangulaire, aura la forme d'une pyramide à demi-plate, et sera terminée au gros bout par une tête, en prisme triangulaire, formant sur ladite tige deux ailes saillantes de (0^m,006) à (0^m,008) de longueur.

Les *Broches* pourront être fournies sous des formes différentes, qui constitueront quatre espèces, savoir :
1° Les *Broches* de 15e, qui auront, chacune, (0^m,15) de longueur, (0^m,006) sur (0^m,007) d'équarrissage sous la tête, et qui pèseront (0^k,06).

(Pour mémoire.) 2° BROCHES de 20 cent. — 3° B. de 25 cent. — 4° B. de 30 cent.

Art. 149 et 150. *(Pour mémoire.)* CAILLOUX. — CARREAUX de terre cuite.

Art. 151. — La cendrée sera tirée des fours à chaux de C ou de D, où l'on cuit à la houille. Elle sera pure, c'est-à-dire qu'elle ne renfermera aucune partie terreuse, ni de houille ni de pierre non cuites, et qu'elle ne sera composée que de cendres et de parcelles de chaux.

L'Entrepreneur la fera transporter dans des sacs, ou dans des vases clos, à l'abri de l'humidité; et la fera pulvériser de façon qu'on puisse la passer dans un crible qui ait des mailles de (0^m,003) d'ouverture. Enfin, il sera tenu de la fournir ou de l'employer bien sèche, et dans les dix jours qui suivront sa sortie du four : celle qui serait plus ancienne, ou qui aurait été mouillée, serait rejetée.

La cendrée sera payée au mètre cube, et mesurée à l'hectolitre autant qu'on le pourra : on emplira la mesure en y jetant la cendrée à la pelle sans chercher à la condenser, puis on la raclera. *(Note XXIV.)*

Art. 152 a 158. *(Pour mémoire.)* CENDRES. — CERCEAUX. — CERUSE. — CHANDELLE. — CHANVRE. — CHARBON de bois. — CHASSE-ROUES.

Art. 159. — Les chaux surnommées en pierres au Bordereau, sont le résultat de la calcination d'une pierre calcaire bien ébousinée, et concassée en morceaux dont l'épaisseur soit au plus de (0^m,15) : ces morceaux devront être bien cuits, entiers, d'une couleur uniforme dans la cassure, et non frités à la surface.

L'Entrepreneur prendra les précautions nécessaires pour garantir les chaux en pierres du contact de l'air, et de toute humidité, jusqu'au moment de les mettre en œuvre : celles qui auront été mouillées, ou qui seront éventées, seront rejetées. Une chaux éventée est moins sonore, plus ou moins crevassée et fragile; les arêtes en sont moins vives; la surface en est couverte d'une couche de poussière épaisse qui s'en détache

(Bord., Art. 200 à 205.)
BRANCHAGES.
(Bord., Art. 206 à 211.)
Clauses générales.

Branchages courts.

Branchages des bois de l'État.

(Bord., Art. 212 à 214.)
BRIQUES cuites.
(Bord., Art. 215 à 217.)
Qualités générales.

Briques de 4 et de 5 t.

Briques de C.

Briques de formes particulières.

BROCHES.
(Bord., Art. 218 et 219.)

(Bord., Art. 220 à 224.)
CENDRÉE.
(Bord., Art. 225.)

(Bord., Art. 226 à 235.)
CHAUX.
(Bord., Art. 236 à 246.)
Qualités générales.

facilement : or, comme les chaux arrivent promptement à cet état, quelque soin qu'on prenne de leur conservation, il est indispensable que l'Entrepreneur les emploie dans le plus court délai possible après leur sortie du four.

Chaux grasse en pierres. — La chaux grasse en pierres sera faite avec de la pierre des carrières de A.

Chaux grasse en poudre. — Pour obtenir de la chaux grasse en poudre, on traitera de la chaux grasse en pierres de la manière suivante.

Après avoir placé la chaux en pierres sur le plancher d'un magasin fermé et sec, en couche d'environ (o^m,3) d'épaisseur, et l'y avoir laissée effleurir pendant quelque temps, on la sassera dans un crible, dont les mailles devront avoir (o^m,oo5) d'ouverture, pour en démêler les parties pulvérulentes, qui constitueront ce que l'on entend par chaux grasse en poudre. Toutes les parties qui ne passeront pas à travers le crible, seront remises de nouveau sur le plancher, afin de pouvoir encore plus tard en retirer de la nouvelle poudre. La chaux qui, après avoir été sassée, resterait à l'air durant plus de (trois mois), ou qui aurait été mouillée, serait rejetée.

Chaux maigre en pierres. — La chaux maigre en pierres sera tirée des carrières de B, de C, ou de D, suivant les commandes.

Chaux maigre en pâte. — On fera la chaux maigre en pâte avec de la chaux maigre en pierres, que l'on éteindra ainsi qu'il suit.

Après avoir mesuré la chaux vive, et l'avoir placée dans un bassin, soit de bois, soit de sable, on y ajoutera subitement, au moyen de cuveaux ou de grands baquets, un volume d'eau douce (égal) au sien : et l'on triturera le tout jusqu'à ce que le mélange soit en pâte liquide, ayant soin d'en retirer les parties de chaux mal cuites que l'on n'aura pu détremper.

La chaux en cet état sera tout de suite mise en œuvre : celle qu'on laisserait ainsi sans emploi durant plus de (quarante-huit heures), ne serait plus reçue.

Chaux maigre en poudre. — La chaux maigre en poudre sera de la chaux maigre en pierres éteinte ainsi qu'il suit.

Après avoir concassé cette dernière en morceaux, chacun du volume de (o^m,oo5) cubes au plus, on la placera dans un panier d'osier, et on la plongera, avec ce panier, dans un cuveau plein d'eau douce, où on la laissera entièrement submergée pendant environ une demi-minute ; après cette immersion, la chaux sera retirée et déposée immédiatement dans un tonneau, ou dans un vase clos, afin qu'elle puisse s'éteindre à l'abri du contact de l'air.

Les chaux ainsi préparées seront conservées en vases clos, ou en tas couvert d'une couche de sable de (o^m,1) d'épaisseur : dans aucun cas, on n'admettra celles qui auront plus de (trois mois) d'extinction.

Chaux ordinaire en pierres. — La chaux ordinaire en pierres sera tirée des fours de G.

Chaux ordinaire en pâte. — On obtiendra de la chaux ordinaire en pâte en éteignant, au moins (six mois) d'avance, de la chaux ordinaire en pierres de la manière suivante.

Après avoir mesuré la chaux vive, on la placera, en couche d'une épaisseur égale, dans un auchau bien caffaté, et de la capacité de (2^m) cubes au plus. Sur cette couche on versera ensuite subitement, au moyen de deux ou de trois grands baquets, une quantité d'eau douce égale au (triple) du volume de la chaux ; et l'on triturera ce mélange avec des bouloirs, jusqu'à ce que toute la masse soit en consistance de bouillie, ayant soin d'en enlever les parties pierreuses que l'action de l'eau n'aura pas dissoutes. La chaux, en cet état, sera alors versée dans une fosse à parois planes, solides, et bien dressées, où on la laissera reposer jusqu'à ce qu'elle ait acquis la consistance d'une pâte ferme : époque à laquelle on la couvrira d'une couche de sable de (o^m,2) d'épaisseur, en attendant qu'on la mette en œuvre.

L'Entrepreneur préviendra d'avance le Chef du Génie lorsqu'il fera éteindre de la chaux de cette manière, afin que celui-ci puisse y faire assister quelqu'un de confiance, s'il le juge à propos : les chaux éteintes sans cette formalité, ne seront point reçues.

Chaux ordinaire en poudre. — Pour obtenir de la chaux ordinaire en poudre, on pulvérisera de la chaux ordinaire en pierres, au moyen d'un bocard, et on la passera dans un sas de fer, à mailles de (o^m,oo2) d'ouverture. Cette opération, ainsi que la livraison et l'emploi de cette sorte de chaux, seront faits dans l'espace de (quarante-huit) heures au plus : toute chaux pulvérisée depuis plus de (deux) jours sera rebutée.

Mesurage des chaux en pierres. — Toutes les chaux seront payées au mètre cube. Celles qui seront en pierres seront mesurées telles qu'elles arriveront sur les ateliers, soit sur les voitures mêmes qui les auront transportées, soit au moyen d'un hectolitre, au choix de l'Entrepreneur.

Mesurage des chaux en pâte. — Le mesurage des chaux en pâte se fera, autant qu'il sera possible, suivant le volume effectif que lesdites chaux présenteront dans les bassins, ou dans les fosses ; ou bien au moyen d'une mesure de capacité, dans laquelle on les sassera de façon qu'il n'y reste aucun vide.

Mesurage des chaux en poudre. — Enfin, les chaux en poudre seront mesurées comme la cendrée (art. 151).

Galets et rigauds. — Dans l'emploi des chaux, si l'on s'apercevait qu'elles renfermassent des matières étrangères, ou des parties de pierre mal cuites qui ne pussent se réduire en pâte ou en poudre par la seule action de l'eau, ces parties, connues sous les noms de galets ou de rigauds, ainsi que les matières étrangères, seraient démêlées, mises de côté, et déduites à l'Entrepreneur des chaux fournies.

Chaux de la pierre de l'État. — Pour les chaux de la pierre de l'État, la pierre crue seulement sera fournie à l'Entrepreneur. Lorsqu'on ne pourra pas mesurer exactement le volume de la chaux produite par la pierre fournie, on passera un dixième de déchet sur cette dernière.

(Bord., Art. 247 à 252.)
CHIENDENT.
(Bord., Art. 253.)

Art. 160 et 161. *(Pour mémoire)* CHEVILLES. — CHEVRONS de 8 cent. et de 11 cent. d'équarrissage.

Art. 162. — Le chiendent, pour planter les talus, ne sera arraché que trois jours au plus avant d'être mis en œuvre. Les pieds de cette plante seront dégarnis de feuillage, dégagés de toute espèce de terre, et auront des racines au moins de (o^m,2) de longueur.

Le chiendent sera livré en sacs, chacun du poids de Pk, et sera conservé, ainsi renfermé, jusqu'au moment de son emploi.

(Bord., Art. 254 à 258.)
CLAYONNAGES.
(Bord., Art. 259 à 267.)
Firca générale.

Art. 163 et 164. *(Pour mémoire)* CIMENT. — CIRE.

Art. 165. — Les clayonnages, suivant les ordres, seront plans, cylindriques ou coniques, et de dimensions comprises dans les limites fixées ci-après pour chaque espèce.

Pour exécuter un clayonnage, on enfoncera des piquets en terre, de (o^m,12) s'ils ont moins d'un mètre de longueur, et du huitième de leur longueur totale s'ils ont plus d'un mètre ; puis on commencera le clayonnage avec deux gaulettes que l'on croisera entre chaque piquet , de manière que chacune d'elles soit alternativement dessus et dessous ; et on le continuera en remplaçant les gaulettes par d'autres , à mesure qu'elles seront employées , de telle sorte qu'on en ait toujours deux en mains. Les bouts de chaque gaulette seront ensuite coupés proprement en sifflet , à (o^m,o2) ou à (o^m,o3) au-delà du piquet où elles devront commencer ou finir : on aura soin que tous les bouts coupés soient d'un même côté , et , autant qu'il sera possible , du côté destiné à être caché.

Lorsque le clayonnage aura des extrémités , on clayonnera alternativement dans un sens , puis dans l'autre , en tordant les gaulettes , au moins de trois en trois , pour envelopper étroitement les piquets extrêmes , afin que ceux-ci ne puissent échapper du clayonnage.

Dans le courant du travail , on battra les gaulettes entre chaque piquet , avec un maillet , pour les serrer fortement les unes contre les autres , en sorte qu'elles se touchent à chaque point de croisement ; et , lorsque le clayonnage sera fait jusqu'à (o^m,o5) de la tête des piquets , ceux-ci , liés ainsi par le clayonnage , seront arrachés avec précaution ; puis on placera à chacun d'eux , et alternativement en haut et en bas , une hart qui enveloppera , de deux tours au moins , les cinq ou les six dernières gaulettes extrêmes , et qui les serrera fortement contre le piquet , auquel on fera une coche pour empêcher le glissement.

Les clayonnages terminés ne devront renfermer aucun piquet ni hart ni gaulette cassés.

Les clayonnages faibles , forts , ou moyens , seront faits respectivement avec des bois à piquets faibles , forts , ou moyens ; des gaulettes et des harts courtes , longues , ou moyennes. Leurs dimensions pourront avoir en longueur , mesurée dans le sens des gaulettes , jusqu'à (5^m) ; et en hauteur , toutes celles que les bois à piquets (art. 137) pourront produire. L'espacement des piquets de milieu en milieu , sera de (o^m,2) pour les premiers , de (o^m,3) pour les seconds , et de (o^m,25) pour les derniers.

Les clayonnages seront payés au mètre carré : le mesurage se fera suivant l'étendue effective des parties clayonnées , sans comprendre les bouts des piquets. (*Voyez* : Gabions , chap. II.)

Pour les clayonnages des bois de l'État , les conditions seront les mêmes que pour les branchages. Pour les clayonnages des gaulettes de l'État , ces dernières seront fournies à pied-d'œuvre à l'Entrepreneur ; toutes les autres fournitures , telles que piquets , harts , façon , restant au compte de ce dernier.

Art. 166. — Les clous seront faits avec du fer de première qualité , bien doux , pliant à chaud , à froid , et non cassant. Tous seront forgés proprement , et entièrement exempts de paille , de crevasse , et de tout autre défaut. La tige de chaque clou aura la forme d'une pyramide rectangulaire un peu tronquée , mais néanmoins toujours pointue ; ou bien elle sera cylindrique en tout ou en partie , suivant l'espèce.

Chaque prix du Bordereau sera applicable à plusieurs espèces de clous , ainsi qu'on va l'expliquer.

On paiera comme clous à ailes :

1° Le clou à ailes de 9^c. Ce clou aura une tige de (o^m,o9) de longueur , et de (o^m,oo7) d'équarrissage près de la tête ; une tête plate de (o^m,oo5) de largeur dans le milieu , pointue aux extrémités , de (o^m,oo2) d'épaisseur , et qui débordera la tige de (o^m,o6) sur deux côtés opposés , en forme d'ailes courbées en demi-cercle. Le poids en sera de (o^k,o25).

(*Pour mémoire.*) 2° Le Clou à ailes de 12 cent.

Les clous courts comprendront :

1° Le clou-broquette , dont la tige aura (o^m,o2) de longueur , et (o^m,oo4) de tour près de la tête où elle sera cylindrique ; dont la tête sera ronde , estampée , a bombement sphérique , et large de (o^m,oo5) ; dont le poids sera de (o^k,ooo5).

(*Pour mémoire.*) 2° Le Clou à auge — 3° Le C. à manguières.

On regardera comme clous de sujétion :

1° Le clou de batelier de 8^c. La tige de ce clou sera demi-plate , mince par le bout , et aura (o^m,o8) de longueur , et (o^m,oo4) sur (o^m,oo5) d'équarrissage près de la tête ; la tête en sera carrée , bombée , à cinq facettes , et aura (o^m,o1) de côté ; son poids sera de (o^k,o1).

(*Pour mémoire.*) 2° Le Clou de Batelier de 12 cent. — 3° Le Clou de B. de 14 cent. — 4° Le C. à falbugs. — 5° Le C. à serrures.

Par clous limés on entendra :

1° Le clou à placards. La tête de ce clou sera en forme de cône dont la base formera le dessus de la tête , et aura (o^m,o1) de diamètre : le dessus de cette tête sera proprement limé , et aura (o^m,oo1) d'épaisseur sur les bords. La tige du clou aura (o^m,oo5) d'équarrissage sous la tête , et (o^m,1) de longueur ; le poids en sera de (o^k,o2).

2° Le clou à river à tête bombée , dont la tige cylindrique aura (o^m,oo8) de diamètre , et (o^m,1) de longueur ; dont la tête sera amboutie , demi-sphérique , large de (o^m,o35) , et faite de fer de (o^m,oo2) d'épaisseur ; enfin , dont le poids sera de (o^k,o5) : la tête de ce clou sera proprement limée et polie.

(*Pour mémoire.*) 3° Le C. à river ordinaire.

(*Pour mémoire*) 1° Le C. à Ardoises , court. — 2° Le C. à A., long. — 3° Le C. à Bandes. — 4° Le C. à Lattes. — 5° Le C. de Plafonneur. — 6° Le C. de Plombier.

(*Pour mémoire*) 1° Le C. de Charpentier , de 8 cent. — 2° Le C. de Ch., de 11 cent. — 3° Le C. à Planchers , double. — 4° Le C. à Pl , ruiluce. — 5° Le C. à Pl , simple.

Art. 167 à 169. (*Pour mémoire.*) COLLE de farine. — C. de peau. — C. forte.

Art. 170. — Les couleurs seront composées d'huile , ou d'essence , employée comme dissolvant , et de matières colorantes , proprement dites couleurs : les détails suivants , particuliers à chaque couleur , indiqueront les diverses matières qui devront ordinairement entrer dans leurs compositions.

Quelles que soient ces matières , pour confectionner les couleurs , on broiera à la molette , sur un marbre , les matières sèches avec une partie de l'huile , jusqu'à ce que la mixtion devienne parfaite , et que les matières soient tellement triturées , qu'on ne puisse plus y trouver aucun grain palpable , ou visible , même en les étendant sur une vitre : il est d'autant plus nécessaire de bien broyer les couleurs , qu'elles ne doivent leur éclat qu'à leur extrême ténuité.

Les couleurs ainsi préparées et réduites en pâte , seront ensuite délayées avec le reste de l'huile , au moment où l'on voudra les mettre en œuvre. Toutes seront fabriquées dans les ateliers désignés par le Chef du Génie , afin que l'on puisse en surveiller la composition.

La couleur grise sera composée , en poids , de cinquante parties de céruse , d'une partie de noir léger , et de trente parties d'huile de lin.

(Pour mémoire.) COULEUR au minium. — C. noire. — C. olivâtre. — C. rouge — C. verte.

Emploi des dessiccatifs.

Le Chef du Génie, afin que les couleurs puissent arriver plus ou moins promptement à siccité, pourra, soit dans l'opération du broiement, soit dans celle du délaiement, faire remplacer une partie de l'huile qui devra entrer dans la composition de la couleur, par une même quantité d'huile grasse ou d'essence; ou bien faire ajouter, aux divers mélanges, de la litharge broyée. Il aura également le droit de prescrire des augmentations dans les doses, soit d'huile, soit de couleur, qui sont spécifiées ci-dessus, lorsqu'il désirera avoir des teintes fortes ou faibles : le tout à sa volonté, dans les proportions qu'il déterminera; et sans que l'Entrepreneur puisse, pour ces changemens ou pour ces additions, prétendre à aucune indemnité.

(Bord., Art. 283 à 323.)

Art. 191 à 191. *(Pour mémoire.)* CRAIES. — CRAMPONS de 6 centimètres et de 12 c. — CUIR. — CUIVRE. — DALLES. — DÉTREMPES. — DOSSES ou CROUTES. — EAU d'enrollage. — EAU-DE-VIE. — E. douce. — ÉCHANDOLES — ÉMERI. — ÉPINES. — ESSEAUX. — ESSENCE. — ÉTAIN. — ÉTOUPES de chanvre. — E. goudronnées. — FAGOTS. — FARINE. — FASCINES.

FER-BLANC.
(Bord., Art. 324.)

Art. 192. — Le fer-blanc sera de la qualité dite *double terne;* on le fournira en feuille. Chaque feuille sera bien étamée des deux côtés, bien lisse, sans trou ni rupture, entière, proprement ébarbée, rectangulaire, de fer non cassant, et aura (o^m,32) de longueur sur (o^m,24) de largeur; le poids moyen en sera de (o^k,25).

FERS.
(Bord., Art. 325 à 329.)
Qualités générales.

Art. 193. — Les fers seront tirés des forges de F, ou de G, suivant les commandes. Tous seront nerveux, d'un grain fin et non cendreux, exempts de rouille, de paille, de crevasse (ou *crique*), de gerçure; tous seront à vive-arête dans toute leur longueur; aucun d'eux ne sera rouverain, c'est-à-dire, cassant à chaud ou à froid; enfin tous auront les dimensions prescrites : celles-ci toutefois ne devront pas, quant à la grosseur, excéder les dimensions-limites fixées ci-après pour les différentes espèces de fer.

Fer à cercles.

Les fers à cercles seront plats, et comprendront ceux qui sont connus dans le commerce sous les noms de *fer-bandelette*, de fer à seaux, ou autres noms, et dont les dimensions sont, pour l'épaisseur, de (o^m,001) à (o^m,006) exclus; pour la largeur, de (o^m,022) à (o^m,12).

Fer doux.

Les fers doux seront carrés. On rangera dans cette classe les fers *métis*, de cloutier, en botte, ainsi que tous les autres fers ayant (o^m,005) à (o^m,01) exclus d'équarrissage.

Fer fort.

Les fers forts, dits fers *platinés*, de fenderie, ou fers refendus, seront carrés, ou plats : les premiers auront (o^m,01) à (o^m,022) inclus d'équarrissage; les seconds, (o^m,006) à (o^m,018) inclus d'épaisseur, sur (o^m,011) à (o^m,044) de largeur.

Fer ordinaire.

Les fers ordinaires, connus sous les noms de fer marchand, de fer de carillon, de fer *martiné*, etc., comprendront les barres carrées ayant plus de (o^m,022) d'équarrissage; ainsi que les fers méplats de (o^m,01) d'épaisseur ou plus, sur (o^m,045) à (o^m,15) de largeur.

Fer rond.

Enfin, les fers ronds seront cylindriques, et des espèces dites fer à tringles, fer *cylindré*, ou autrement nommées, dont les barres ont (o^m,01) à (o^m,05) de diamètre.

(Bord., Art. 330.)
FIL de fer.
(Bord., Art. 331 à 355.)

Art. 194. *(Pour mémoire.)* FIL à coudre.

Art. 195. — Les fils de fer seront tirés à la filière, parfaitement cylindriques, bien unis, sans paille ni rouille, roides et élastiques ou recuits, et des dimensions demandées; pourvu toutefois que la grosseur de chacun d'eux soit égale à celle d'une des espèces ci-après désignées.

On paiera comme fils de fer n° 6 et n° 30, ceux qui sont désignés dans le commerce par ces numéros. (54) de chacun de ces fils de fer devront fournir une longueur, savoir : le n° 6, de A^m; et le n° 30, de B^m.

(Bord., Art. 356 et 357.)
GABIONS.
(Bord., Art. 358 à 363.)

Art. 196 et 197. *(Pour mémoire.)* FIL de laiton. — FUMIER.

Art. 198. — Par exception à l'article 165 du Devis, on paiera à la pièce, comme gabion de 1 mètre, ou de 1^m,20, tout clayonnage de forme cylindrique ayant (1^m) de hauteur clayonnée sur (o^m,6) de diamètre hors d'œuvre, ou, (1^m,2) de hauteur sur (o^m,8) de diamètre.

GAULETTES.
(Bord., Art. 364 à 369.)
Qualités générales.

Art. 199. — Les gaulettes devront satisfaire aux conditions générales exigées pour les branchages (*art.* 144); et seront, outre cela, bien droites, de bois vert, parfaitement flexibles et non cassantes, dégagées de toute petite branche, coupées proprement aux extrémités; enfin liées, au moyen de deux harts, en botte de vingt-cinq brins : chaque brin aura au petit bout, un diamètre au moins égal à la moitié de celui de son autre extrémité.

Gaulettes courtes.

Chaque gaulette courte aura (o^m,06) à (o^m,08) de circonférence au gros bout, et (3^m) à (4^m) de longueur.

Gaulettes des bois de l'État.
GAZONS.
(Bord., Art. 370 et 371.)

(Pour mémoire.) GAULETTES longues. — G. moyennes.

Relativement aux gaulettes des bois de l'État, les conditions seront les mêmes que pour les branchages.

Art. 200. — Les gazons seront pris dans les prés les plus herbeux, les mieux fournis; dont le terrain est le plus gras et légèrement humide, c'est-à-dire, non pierreux, ni graveleux, ni sablonneux, ni marécageux : l'Entrepreneur, d'ailleurs, sera toujours tenu de faire agréer, par le Chef du Génie, le terrain sur lequel il voudra prendre les gazons, avant d'en commencer la coupe.

Les gazons seront rectangulaires, mais leurs dimensions pourront varier suivant les commandes, savoir : pour la largeur, de (o^m,2) à (o^m,4); pour la longueur, de (o^m,3) à (o^m,6); et pour l'épaisseur, de (o^m,06) à (o^m,15) : les dimensions des gazons seront ordinairement déterminées, plutôt en considération de la nature du terrain que de toute autre cause.

Les gazons qui ne seront pas bien garnis d'herbe d'un côté, et de chevelu de l'autre, ou qui seront fendus, brisés ou écornés, seront rejetés.

Les gazons seront payés au mètre cube. Le mesurage se fera en multipliant l'étendue de leur face herbeuse par leur épaisseur moyenne, ou bien sur des tas réguliers et exempts de vide dans l'intérieur; et en diminuant de (la moitié) le résultat que l'on aura trouvé, soit dans l'un, soit dans l'autre de ces deux cas : c'est-à-dire qu'on ne paiera que la moitié des gazons réellement fournis, les prix du Bordereau ayant été établis en conséquence. *(Note XXV.)*

Toutefois, par exception à l'article 45 du Devis, lorsque les gazons ne seront pas coupés à pied-d'œuvre, l'État en paiera le transport en sus de leur valeur. *(Voyez :* TRANSPORTS, *chap. III.)*

(Bord., Art. 372 à 376.)
HARTS.
(Bord., Art. 377 à 382.)

Art. 201 à 205. *(Pour mémoire.)* GOUDRON minéral. — G. végétal. — GRAINE. — GRAVIER. — GYPSE.

Art. 206. — Les harts devront satisfaire à toutes les clauses générales exigées pour les branchages par l'article 144. Toutes seront, outre cela, venues sur souche, bien droites, ébranchées, de bois flexible et propre à être tordu sans se casser; tels sont : le saule blanc, le jaune, celui du Levant, et celui à longue feuille; le peuplier tremble, le noir, et le pyramidal; le coudrier, la viorne, etc.

Les harts seront liées et livrées en botte de cinquante brins.

Les harts courtes auront ($0^m,5$) à (1^m) de longueur, et ($0^m,02$) à ($0^m,04$) de tour au gros bout; les longues, (2^m) à (3^m) de longueur, et ($0^m,04$) à ($0^m,06$) de tour; enfin les dimensions des harts moyennes seront intermédiaires entre celles des deux autres espèces.

Art. 207. — La houille sera de l'espèce connue sous le surnom de grasse. Elle sera fournie sèche; chaque fourniture ne pourra pas renfermer plus de la moitié de son poids de morceaux pesant moins de ($0^k,1$); enfin elle sera telle, qu'un volume de houille pesant (50^k), c'est-à-dire, un quintal, ne laisse pas après la combustion plus de (5^k) de cendres.

Art 208 à 211. — (Pour mémoire.) HUILES. — JANTES. — LAITIER. — LAMPIONS.

Art. 212. — Les lattes de fente seront de cœur de chêne refendu. Chacune d'elles aura ($0^m,08$) à ($0^m,1$) de largeur, ($0^m,004$) à ($0^m,006$) d'épaisseur, et ($1^m,3$) de longueur. Ces lattes seront, outre cela, parfaitement entières, c'est-à-dire, non fendues, ni gercées ni ébréchées; toutes seront bien planes, coupées carrément à chaque bout, et liées en botte de cinquante lattes.

Pour les lattes du bois de l'Etat, le chêne sera remis en grume.

Art. 213. — Les lattes de sciage auront toutes les qualités générales exigées par l'article 139 pour les bois équarris. Ces lattes, outre cela, présenteront des faces bien planes, dressées à la scie depuis un au au moins; et seront exemptes de fente, de gerçure et de nœud quelconque. L'équarrissage en sera de ($0^m,054$) sur ($0^m,027$); la longueur, de ($3^m,9$) pour celles de sapin, et de (2^m) à (4^m) pour celles de chêne, suivant les commandes.

Art. 214. — Les *lattons* (ou lattes de Plafonneur) ne différeront des lattes de fente que par leurs dimensions. Chacun d'eux aura ($1^m,0$) de longueur, ($0^m,03$) à ($0^m,04$) de largeur, et ($0^m,002$) à ($0^m,004$) d'épaisseur. On les paiera à la botte liée de deux harts, laquelle en contiendra cent.

Art. 215 à 218. — (Pour mémoire.) LAVES. — LIBAGES. — LIMAILLE. — LITHARGE.

Art. 219. — Les madriers auront toutes les qualités générales exigées par l'article 139 pour les bois équarris; et seront, outre cela, bien secs, bien plans, sciés sur toutes les faces, débités depuis deux ans au moins, conservés depuis leur sciage en magasin couvert; enfin, exempts de fente, de gerçure, et de tout autre défaut.

Les madriers de chêne de 41^m et de 81^m auront respectivement ($0^m,041$) ou ($0^m,081$) d'épaisseur. L'Entrepreneur les fournira des dimensions prescrites, et qui ne devront pas excéder, en largeur, ($0^m,35$) pour ceux de 41^m, ($0^m,7$) pour ceux de 81^m; et en longueur, (4^m).

Les madriers de sapin de 41^m auront ($0^m,041$) d'épaisseur, et seront fournis, suivant les commandes, de ($0^m,21$) ou de ($0^m,24$) de largeur, et de ($3^m,6$) ou de ($3^m,9$) de longueur.

L'Entrepreneur aura constamment en approvisionnement, et à l'abri de l'humidité, savoir: M^m carrés de madriers de T. Chaque année il complètera cet approvisionnement avec des bois nouvellement débités; et ne pourra employer, pour le service de son entreprise, que ceux desdits bois qui auront deux ans de sciage et de magasin. Le Chef du Génie aura droit, à mesure qu'on formera ledit approvisionnement, de faire marquer chaque madrier au fer rouge, de la lettre G, et de la date de son entrée en magasin, afin de pouvoir s'assurer de l'exécution de la présente clause.

Dans le cas où les madriers de cet approvisionnement, ayant deux ans de conservation, ne suffiraient pas ou ne conviendraient pas pour les travaux, l'Entrepreneur devrait s'en procurer ailleurs qui satisfissent aux conditions générales prescrites ci-dessus, et laisserait en magasin ceux qui n'y auraient pas encore passé le temps voulu.

Les madriers seront payés au mètre carré, le mesurage se fera suivant l'étendue effective de l'une de leurs grandes faces. Tout bois scié seulement sur l'une de ses grandes faces, sera regardé comme dosse, s'il satisfait d'ailleurs à l'article 177. (Note XXVI.)

Art. 220. — (Pour mémoire.) MARCHES.

Art. 221. — Le mastic à la litharge sera composé de quatre parties de ciment, et de quatre parties de cailloux, broyés et passés au tamis de soie; d'une partie de litharge en poudre; d'une partie de céruse également pulvérisée; d'une partie d'huile grasse; enfin de trois parties et demie d'huile de lin: le tout mesuré au poids. Ces matières seront mêlées et triturées à la molette, de manière que l'on ne puisse plus distinguer aucune des parties composantes. Ce mastic sera employé dans les quarante-huit heures qui suivront sa fabrication.

Art. 222 à 225. — (Pour mémoire.) MASTIC à l'eau forte. — M. de Corbel. — M. de Fiennes. — M. de Fontainier.

Art. 226. — Le mastic de goudron sera fait de trois parties de goudron végétal, et de sept parties de poudre de pierre, mesurées au volume. Pour le confectionner, on mettra en ébullition le goudron, et dès qu'il commencera à bouillir, on y projettera lentement la poudre, au moyen d'un sas de fil de fer, ayant soin de remuer continuellement les matières avec une spatule, afin que le mélange devienne parfait, et que la poudre ne se dépose pas au fond de la chaudière. Il faut que le goudron soit constamment en ébullition pendant et après cette opération, jusqu'à ce que la cuisson soit à point: ce que l'on reconnaît à la consistance que prend le mélange, aux bulles qui se forment à sa surface, enfin à la fumée suffocante et d'un bleu obscur qui s'en échappe. Ce mastic sera employé immédiatement et avant son refroidissement; autrement il sera rejeté.

Art. 227 à 230. — (Pour mémoire.) MASTIC de limaille. — M. de Pointe. — M. de Turis. — M. de Vitrier.

Art. 231. — Le mastic-Loriot sera composé en volume de trois parties de chaux ordinaire en pierres, d'une partie de chaux ordinaire en poudre, de seize parties de ciment fin, de quatre parties d'eau douce; et sera confectionné ainsi qu'il suit.

On éteindra la chaux en pierres dans l'eau, de façon qu'elle se tourne en lait; on y mêlera ensuite le ciment; et quand le tout sera en pâte homogène, on y ajoutera la chaux en poudre, en remuant bien avec la truelle; puis on emploiera tout de suite ce mastic: celui qui resterait plus d'une (demi-heure) sans être mis en œuvre, après l'addition de la chaux en poudre, ne serait plus reçu.

Art. 232 — (Pour mémoire.) MASTIC minéral de Lobann.

Art. 233. — Pour faire le mastic-Vauban, on éteindra de la chaux ordinaire en pierres dans de l'huile

HOUILLE.
(Bord., Art. 383.)

(Bord., Art. 384 à 391.)
LATTES de fente.
(Bord., Art. 392 et 393.)

LATTES de sciage.
(Bord., Art. 394 et 395.)

LATTONS.
(Bord., Art. 396 et 397.)

(Bord., Art. 398 à 401.)
MADRIERS.
(Bord., Art. 402 à 409.)
Qualités générales.

Madriers de chêne.

Madriers de sapin.

Approvisionnemens.

Mesurage des madriers.

(Bord., Art. 410 et 411.)
MASTIC à la litharge.
(Bord., Art. 412.)

(Bord., Art. 413 à 416.)
MASTIC de goudron.
(Bord., Art. 417.)

(Bord., Art. 418 à 421.)
MASTIC-LORIOT.
(Bord., Art. 422.)

(Bord., Art. 423.)
MASTIC-VAUBAN.
(Bord., Art. 424.)

de lin, de sorte qu'elle soit en pâte ; on pilera ensuite du ciment pour l'avoir en poudre très-fine ; on mêlera parfaitement dix parties de cette poudre avec six parties de la chaux en pâte, le tout mesuré au volume ; on battra ce composé à la dame durant six heures ; on le laissera ensuite reposer pendant une nuit ; enfin, le lendemain, on le rebattra encore durant une demi-heure pour l'employer immédiatement.

Art. 234. — (*Pour mémoire*) MINIUM.

Bord., Art. 425.)
MOELLONS de A.
(Bord., Art. 426.)

MOELLONS esmiliés.
(Bord., Art. 427.)

MOELLONS ordinaires.
(Bord., Art. 428.)

MOELLONS piqués.
(Bord., Art. 429.)
Qualités générales.

Moellons piqués à tête plane.

Moellons piqués à tête courbe.

Carreaux et Boutisses.

Grosseur des moellons.

Mesurage des moellons piqués.

MORTIERS.
(Bord., Art. 430 à 474.)
Clauses générales.

Art. 235. — Les moellons de A devront avoir, chacun, plus de (0^m,001) cube de volume : et seront de la pierre non gélisse des carrières de A ou de B, suivant les commandes : toute pierre tendre provenant de ces carrières sera rebutée.

Les moellons de cette sorte seront grattés, balayés avec soin, dégagés de tout ce qui pourrait empêcher l'adhésion du mortier, et payés au mètre cube : le mesurage se fera sur des tas réguliers.

Art. 236. — Les moellons esmiliés seront de la pierre dure des carrières de D. Chacun d'eux sera proprement taillé à la smille, et aura une tête plane de forme rectangulaire, entourée d'arêtes vives, et de plans de joint taillés bien d'équerre à ladite tête sur une largeur de (0^m,1) au moins sans démaigrissement. Du reste, ces moellons auront les dimensions suivantes : (0^m,3) à (0^m,35) de longueur de queue, (0^m,12), (0^m,14), ou (0^m,16) de hauteur de tête ; et une longueur de tête d'un quart en sus plus grande que ladite hauteur. Dans chaque livraison, ces trois sortes de moellons se trouveront en nombre égal.

Art. 237. — Les moellons ordinaires seront pris dans les carrières de F, et seront extraits un an d'avance, autant qu'il sera possible. L'Entrepreneur sera tenu d'en avoir constamment, soit sur la carrière, soit sur ses chantiers, un approvisionnement de M^m cubes, afin qu'ils puissent essuyer l'effet des gelées avant d'être mis en œuvre. Tous ces moellons seront, outre cela, ébousinés au moment de l'emploi ; et dégagés de toute espèce de terre, de poussière, ou de parties tendres. Le volume de chacun d'eux sera au moins de (0^m,002) cubes.

L'Entrepreneur ne pourra employer les moellons de l'approvisionnement fixé ci-dessus qu'aux travaux de son entreprise : il emploiera toujours de préférence ceux qui seront extraits depuis le plus de temps ; et dans le cas où ceux de ces moellons qui auraient subi l'effet des gelées ne suffiraient pas pour les travaux, il serait tenu de s'en procurer ailleurs qui eussent cette qualité, et de laisser en dépôt les parties de son approvisionnement qui ne l'auraient pas.

Les moellons ordinaires seront payés au mètre cube, et mesurés par tas bien entoisés.

Art. 238. — Les moellons piqués seront de la pierre de taille des carrières de K. La surface en sera au vif de toutes parts ; et les têtes en seront courbes, ou planes, suivant les commandes. Dans tous les cas, la tête de chaque moellon sera proprement brettelée, aura un encadrement *ciselé* ; et sera exempte d'écornure, de moye, et de tout autre défaut. Les plans de lit et de joint qui l'entouvrent seront également taillés sur une longueur de (0^m,1) au moins, à partir de ladite tête, sans démaigrissement ni cavité dans cette partie.

Les moellons piqués à tête plane, destinés aux murs ordinaires, présenteront, chacun, une tête rectangulaire, faisant avec les plans de lit l'angle déterminé pour le béveau du mur. Ces plans de lit seront parallèles au lit de carrière de la pierre, et les plans de joint leur seront perpendiculaires, ainsi qu'au plan de la tête. Le lit inférieur sera sans démaigrissement jusqu'à (0^m,25) de distance de la tête ; le lit supérieur pourra être démaigri à partir de (0^m,1) de la tête, mais seulement sur (0^m,05) de hauteur au plus.

Les moellons à tête courbe, nécessaires pour les voûtes, auront, chacun, une tête dont la surface sera de forme cylindrique, et d'une courbure égale à celle de la voûte à laquelle on les destinera : les quatre angles de cette tête seront droits. Les plans de lit, dont l'un sera parallèle au lit de carrière, seront normaux, ainsi que les plans de joint, qui seront eux-mêmes perpendiculaires aux deux lits. Enfin, les plans de lit des moellons à tête courbe n'auront ni démaigrissement ni cavité jusqu'à (0^m,25) de distance de leur tête.

Les moellons piqués, soit à tête plane, soit à tête courbe, seront distingués en deux classes suivant leurs longueurs de queue ; et en quatre espèces relativement à leurs épaisseurs.

Ceux de la première classe, nommés carreaux, auront (0^m,3) à (0^m,50) de longueur, mesurée sur le lit inférieur ; ceux de la seconde, nommés boutisses, auront plus de (0^m,5).

Les moellons de la première espèce auront (0^m,12) d'épaisseur ; ceux de la seconde, (0^m,14) ; ceux de la troisième, (0^m,16) ; ceux de la quatrième, (0^m,18) : ces épaisseurs seront mesurées, pour les moellons à tête plane, suivant une perpendiculaire aux plans de lit ; et pour ceux qui seront à tête courbe, suivant la ligne de courbure de leur tête.

Chaque moellon piqué aura de longueur de tête, mesurée perpendiculairement aux plans de joint, un tiers en sus de son épaisseur.

Les moellons piqués seront tous payés à la pièce et au même prix, quelles que soient leur forme et leurs dimensions. Dans chaque fourniture, le cinquième des moellons sera composé de boutisses, c'est-à-dire, de moellons de la deuxième classe ; et les quatre espèces s'y trouveront en nombre égal. Néanmoins, les moellons à tête courbe destinés aux voûtes de (2^m) à (5^m) de diamètre, seront payés plus cher que les autres (d'un dixième) en sus ; et l'on paiera (du cinquième) en sus, ceux qui sont destinés aux voûtes de dimensions moindres : ces augmentations se feront sur le nombre des moellons, et non sur le prix.

Art. 239. — Les mortiers seront généralement des composés de chaux, d'eau, et de matières sèches, mêlées ensemble suivant divers procédés : les détails qui vont suivre feront connaître ces procédés, ainsi que les matériaux qui devront entrer dans leurs compositions. L'eau douce sera seule admise dans les composés de cette sorte, à moins que le Chef du Génie n'ordonne formellement d'en employer d'une autre espèce.

Quel que soit le mode de trituration prescrit, les mortiers seront toujours réduits en pâtes homogènes, en sorte qu'on ne puisse plus distinguer aucune partie de chaux pure, quelque petite qu'elle soit ; la trituration en sera toujours prolongée jusqu'à ce que le volume total des matières soit arrivé au point de réduction fixé ci-après pour chacun d'eux ; enfin, l'Officier chargé de la surveillance du travail aura droit de vérifier si cette dernière clause a été remplie, et de faire à cet effet mesurer les mortiers aux frais de l'Entrepreneur.

Lorsque le Devis ne désignera pas la nature du sol sur lequel devra se faire la trituration, celle-ci sera toujours exécutée sur des aires de bois, de pierre, ou de terre bien battue, et cela au choix de l'Entrepreneur ; excepté, toutefois, lorsqu'on devra confectionner plus de (100ᵐ) cubes de mortier sur un atelier, attendu que dans ce cas le Chef du Génie aura droit d'exiger que tous les mortiers relatifs audit atelier soient triturés sur des aires de madriers jointifs, et conservés à couvert sous des hangars : le tout aux frais de l'Entrepreneur.

Les mortiers ne devront renfermer aucun galet, ni aucune matière étrangère à leur composition, ni jamais être trop liquides : on reconnaît qu'un mortier est trop liquide, lorsqu'on peut plonger verticalement une pelle dans l'intérieur de sa masse, et l'en retirer sans en emporter quelques parcelles.

Pour faire les mortiers à bourre, on mêlera ensemble, au moyen du rabot, toutes les matières qui devront entrer dans leurs compositions. Ces mortiers seront toujours employés le plus tôt possible, et ceux qui viendraient à durcir avant d'être mis en œuvre, seraient rejetés.

Le mortier à bourre blanche sera composé de deux parties de chaux ordinaire en pâte ; d'une partie de Mortier à bourre blanche. blanc d'Espagne réduit en poudre, et mesuré suivant le procédé de l'article 151 ; d'eau d'encollage ; et de bourre blanche, à raison de (20ᵏ) de bourre par mètre cube de chaux. On le confectionnera avec le moins d'encollage qu'il sera possible, c'est-à-dire qu'il n'en faudra mettre que la quantité justement nécessaire pour que le mortier soit en pâte ferme. Après la trituration, le volume total devra égaler les (cinq sixièmes) de celui de la chaux et du blanc employés.

(Pour mémoire.) Mortiers à bourre gris.

Les mortiers à chapes seront faits de trois manières différentes, suivant qu'il entrera dans leur composition de la chaux en pierres, en pâte, ou en poudre.

1° Lorsqu'on emploiera de la chaux en pierres, on formera, sur une aire de madriers jointifs, un petit bassin avec les matières sèches qui devront entrer dans la composition du mortier ; on concassera la chaux en morceaux de (0ᵐ,05) d'épaisseur au plus ; on la placera dans un panier d'osier ; on plongera le tout dans un cuveau plein d'eau, où la chaux devra rester entièrement submergée pendant environ une demi-minute ; on retirera ensuite le panier de l'eau, et l'on déposera immédiatement la chaux au milieu du bassin, en ayant soin de la couvrir tout de suite et parfaitement, avec une partie des matières qui auront servi à former ledit bassin, et de boucher les crevasses à mesure qu'elles se formeront à la surface du tas. Quand ce dernier commencera à ne plus fumer et à se refroidir, on broiera le tout à la pelle et au rabot, en y ajoutant à-peu-près un volume d'eau égal aux (trois cinquièmes) de la chaux employée, de manière que l'on obtienne une pâte molle, mais non liquide.

Le mortier, en cet état, sera ensuite déposé sur un plancher (durant vingt-quatre heures au moins, et trois jours au plus), dans un lieu frais, couvert et à l'abri de l'eau ; après ce repos on le placera dans une auge, où l'on achèvera sa trituration sans eau, au moyen de broyons garnis de têtes de clou dans leur partie inférieure, jusqu'à ce que ledit mortier soit assez ductile et assez onctueux pour qu'on puisse l'employer : ce que l'on devra faire immédiatement. On broiera absolument sans eau, à moins que le mortier ne soit trop sec et qu'il ne puisse se lier ; auquel cas les ouvriers pourront tremper légèrement, de temps à autre, les broyons dans du lait de chaux.

Lorsqu'on devra confectionner beaucoup de mortier de cette sorte, on aura soin, après la première trituration au rabot, et pour laisser reposer le mortier, de faire autant de tas que de *broyées*, afin que chacune de celles-ci puisse être reconnue, et battue au broyon dans le délai fixé.

2° Lorsqu'on fera usage de chaux en pâte, on placera tout de suite les matières dans l'auge pour les triturer comme il est dit ci-dessus ; et le mortier sera mis en œuvre aussitôt cette opération terminée.

3° Enfin, pour faire un mortier à chapes avec de la chaux en poudre, on mêlera d'abord les matières au rabot, en les arrosant d'une quantité d'eau égale (au tiers) du volume de la chaux employée, jusqu'à ce que la masse en soit homogène ; puis on broiera le tout dans une auge comme on vient de le dire.

Les mortiers à chapes seront généralement en pâte très-ferme au moment de les mettre en œuvre ; ceux qui seront en pâte claire, ou même collante, seront rejetés ; et ceux qui ne seront pas liés, c'est-à-dire, qui seront en poussière, seront rebattus au broyon jusqu'à ce qu'ils aient acquis de l'onctuosité.

Dans le cas où l'Entrepreneur n'emploierait pas tout de suite les mortiers à chapes, il serait tenu de les faire rebattre chaque jour au broyon pendant le temps nécessaire pour les ramollir : ceux qui auraient plus de (dix jours), ne seraient plus admis.

Le mortier à chapes de chaux grasse et de ciment, sera composé de deux parties de chaux grasse en Mortier à chapes de chaux grasse et de ciment. pâte, et de trois parties de ciment commun. La trituration au rabot devra réduire le volume du mélange aux (trente-trois cinquantièmes) de celui de la chaux et du ciment employés.

Le mortier à chapes de chaux maigre sera fait de quatre parties de chaux maigre en poudre, d'une partie Mortier à chapes de chaux maigre. de sable lavé, et de deux parties de trass fin : son volume, après la trituration au rabot, devra égaler celui du sable et du trass employés.

Le mortier à chapes de ciment sera confectionné avec une partie de chaux ordinaire en pierres, et deux Mortier à chapes de ciment. parties de ciment commun. La trituration devra en réduire le volume (d'un tiers).

(Pour mémoire.) Mortiers à chapes de sable et de ciment.

Pour obtenir un mortier *bâtard*, on prendra un des mortiers qui seront désignés ci-après ; on le mettra Mortiers bâtards. dans un baquet, placé près de l'endroit où l'on devra mettre en œuvre le mortier *bâtard* ; on rendra li- Façon générale. quide ledit mortier, au moyen d'une addition d'eau ; puis on y projettera la quantité de plâtre voulue, en corroyant le mélange au fur et à mesure, soit à la pelle, soit à la truelle, et jusqu'à ce qu'on ne puisse plus distinguer le plâtre d'avec le mortier.

Les mortiers de cette sorte seront mis en œuvre immédiatement après leur confection : ceux qui viendront à durcir avant d'être employés seront rejetés ; et il en sera de même de ceux qui (une demi-heure) après leur pose n'auront pas encore acquis de consistance.

(Pour mémoire.) Mortiers bâtard de sable fin.

Le mortier *bâtard* de terre grasse sera composé de deux parties de mortier de terre grasse et de paille, Mortier bâtard de terre grasse. et d'une partie de plâtre gris.

Mortier *bâtard* ordinaire.
Le mortier *bâtard* ordinaire sera fait de trois parties de mortier de chaux maigre et de sable lavé, et d'une partie de plâtre blanc.

Mortiers-Bétons.
Façon générale.
Les mortiers-bétons seront toujours fabriqués sous des hangars, ou dans tout autre lieu convert, et sur des aires unies, de bois ou de pierre de taille.

Pour confectionner un mortier-béton, on formera un bassin circulaire de (1^m) de diamètre, avec les matières sèches, autres que la chaux, le gravier, et les recoupes de pierre, qui devront entrer dans sa composition, ayant soin que les matières dudit bassin ne forment jamais plus de ($1^m,2$) cube de volume. Au milieu de ce bassin on empilera la chaux concassée, sur laquelle on versera, au moyen d'arrosoirs à buse, environ le (dixième) de la quantité d'eau nécessaire pour la confection du mortier. Aussitôt que cette chaux commencera à produire de la vapeur, on la couvrira entièrement avec les rebords du bassin, en continuant de l'humecter avec une nouvelle quantité d'eau égale à la première. La chaux étant bien couverte, on arrosera encore peu à peu le tas du reste de l'eau, en formant à son sommet une espèce d'entonnoir qu'on remplira, pendant qu'un ouvrier, avec un bâton mince et ferré, fera des trous dans toutes les directions et jusqu'au sol, pour faire arriver l'eau partout, et pour compléter l'extinction de la chaux.

Lorsqu'il ne paraîtra plus de vapeur, on ouvrira le tas pour le corroyer. Cette opération sera faite par six ou huit hommes, pourvus de rabots et de pelles en nombre égal, et sera continuée sans interruption pendant (trois heures) au moins; après quoi le mortier sera étendu en couche de ($0^m,1$) à ($0^m,15$) d'épaisseur, sur laquelle on répartira uniformément le gravier et les recoupes de pierre, qu'on fera ensuite pénétrer à coups de dame, ou de broyon, dans son intérieur : cette seconde trituration sera ainsi continuée durant (deux heures), en ayant soin, de quart d'heure en quart d'heure, de retourner les matières. Enfin, le mortier, dès qu'il sera terminé, sera relevé en tas pour être employé immédiatement : dans le cas où il resterait en cet état durant plus de (douze heures), on le rebattrait au broyon pour le ramollir avant de l'employer, toujours sans addition d'eau; celui qu'on y laisserait plus de (deux jours), serait rebuté.

Mortier-Béton de chaux grasse et de pouzzolane.
Le mortier-béton de chaux grasse et de pouzzolane sera composé de quatre parties de chaux grasse en pierres, de trois parties de sable lavé, de trois parties de pouzzolane fine, de trois parties de gravier, de trois parties de recoupes de pierre, enfin de sept parties d'eau. La trituration au rabot devra réduire le volume du mélange aux (treize vingtièmes) du volume total de la chaux, de la pouzzolane et du sable employés.

(Pour mémoire.) Mortier-béton de sable et de tras. — M. b. de tras.

Mortier-Béton ordinaire.
Le mortier-béton ordinaire sera composé de cinq parties de chaux maigre en pierres, de quinze parties de sable ordinaire, de dix parties de recoupes de pierre, et de quatre parties d'eau. Après la trituration au rabot, le volume du mélange égalera celui du sable employé.

Mortiers de chaux grasse.
Façon générale.
On confectionnera les mortiers de chaux grasse en triturant tout de suite ensemble au rabot, et avec l'eau nécessaire, toutes les matières qui devront entrer dans leurs compositions. Ceux de ces mortiers que l'on ne mettra pas en œuvre immédiatement, seront rebroyés au moment de les employer; et ceux qui viendront à durcir, seront rejetés.

(Pour mémoire.) Mortier de chaux grasse et de cendres de houille. — M. de ch. gr. et de ciment.

Mortier de chaux grasse, ordinaire.
Le mortier de chaux grasse ordinaire sera fait de quatre parties de chaux grasse en poudre, et de trois parties de sable commun. Après la trituration, le volume du mortier devra égaler celui du sable employé.

Mortiers de chaux maigre.
Façon générale.
Les mortiers de chaux maigre seront confectionnés de deux manières, suivant qu'on y emploiera de la chaux en pierres, ou en pâte.

1° Lorsqu'on emploiera de la chaux en pierres, après avoir mesuré les matériaux nécessaires pour faire au plus ($0^m,2$) cubes de mortier, on formera un petit bassin avec les matières pulvérulentes; on concassera la chaux, et on l'éteindra par immersion, comme pour les mortiers à chapes, c'est-à-dire, en la plongeant dans l'eau, et en la couvrant avec les rebords du bassin pour qu'elle ne s'évente pas. Quand le tas sera presque froid, on fera le mélange à sec, au moyen de rabots et de pelles, de façon qu'on ne distingue plus les matières du bassin d'avec la chaux; après quoi le tout sera relevé de nouveau en tas, pour être conservé à couvert et à l'abri de l'humidité, jusqu'au moment de terminer le mortier : toutefois, l'Entrepreneur ne devra pas garder plus de six mois les mélanges de cette sorte; ceux qui auraient été conservés plus longtemps, ou dans lesquels il se serait introduit de l'eau depuis plus de (trois jours), ne seraient plus reçus. *(Note XXVII.)*

Pour achever la fabrication du mortier, on broiera de nouveau le mélange, au rabot et à la pelle, en y ajoutant l'eau nécessaire pour le réduire en pâte.

Lorsqu'on devra confectionner une grande quantité de mortier, on aura soin de ranger les tas de chaux éteinte, de manière qu'on puisse les broyer l'un après l'autre; et de n'ajouter l'eau, pour opérer la seconde trituration, qu'à mesure de l'emploi du mortier.

2° Pour confectionner un mortier avec de la chaux en pâte, on mêlera tout de suite, au rabot et à la pelle, toutes les matières qui devront entrer dans sa composition, en y ajoutant l'eau nécessaire pour obtenir une ductilité convenable. Les mortiers de cette espèce seront mis en œuvre immédiatement après leur trituration; ceux qu'on laissera durcir sans emploi, seront rebutés.

Mortier de chaux maigre et de sable de mine.
Le mortier de chaux maigre et de sable de mine, sera composé de deux parties de chaux en pâte, et de cinq parties de sable de mine. Le volume du mortier devra égaler celui du sable employé.

(Pour mémoire.) Mortier de chaux maigre et de sable lavé. — M. de ch. maig., de sable, et de tras commun — M. de ch. maig. de sab., et de tras fin.

Mortier de chaux maigre, ordinaire.
Le mortier de chaux maigre ordinaire sera fait d'une partie de chaux maigre en pierres, et de trois parties de sable commun. La réduction de son volume, par l'effet de la trituration, sera la même que pour le mortier précédent.

Mortiers de chaux ordinaire.
Façon générale.
On obtiendra les mortiers qui devront être confectionnés avec de la chaux ordinaire en pâte, en triturant, au rabot et à la pelle, toutes les matières qui devront entrer dans leurs compositions; et en ajoutant en même temps à chaque mélange l'eau nécessaire pour le rendre onctueux. Ceux de ces mortiers qui ne seront pas employés immédiatement après la confection, seront rebroyés de nouveau au moment de les mettre en œuvre.

Le mortier de cendres de houille (*art. 451 du Bord.*) sera composé de deux parties de chaux ordinaire en pâte, de deux parties de sable fin, et de trois parties de cendres de houille : le volume du mortier égalera les (huit dixièmes) de celui des cendres et du sable employés.

(Pour mémoire.) Mortier de cendree. — M. de ciment commun. — M. de cim. im. — M. de laitier. — M. de pouzzolane commune. — M. de sable et de ciment commun. — M. de sable et de trass commun. — M. de sable fin. — M. de sable lavé. — M. de s. ordinaire. — M. de schiste. — M. de trass commun.

Mortier de cendres de houille.

Les mortiers de plâtre seront confectionnés en gâchant, soit à la pelle, soit à la truelle, les plâtres avec de l'eau, en sorte qu'ils acquièrent la consistance d'une pâte très-molle, et bien homogène.

Mortiers de plâtre. Façon générale.

Les mortiers de cette espèce, aussitôt qu'ils seront gâchés, seront employés : ceux qu'on laissera prendre en masse avant l'emploi, seront rejetés ; et il en sera de même de ceux qui, (un quart d'heure) après avoir été mis en œuvre, n'auront pas encore durci, ou bien qui resteront plus de (vingt minutes) dans les baquets sans se solidifier.

Pour faire le mortier de plâtre blanc (*art. 456 du Bord.*), on gâchera du plâtre blanc avec une quantité d'eau égale environ aux (deux tiers) de son volume.

Mortier de plâtre blanc.

(Pour mémoire.) Mortier de plâtre-ciment. — M. d. plâtre gris.

On obtiendra le mortier de terre de route (*art. 466 du Bord.*) en corroyant de la terre de route avec de l'eau, de façon qu'elle se tourne en pâte ferme bien homogène, c'est-à-dire, exempte de partie dure, pierreuse, ou pulvérulente : on l'emploiera en cet état.

Mortier de terre de route.

(P ur mémoire.) Mortier de terr. t d. paiee iuches, ou Batoc. — M. de terre grasse.

Pour obtenir les mortiers-Fleuret, on éteindra la chaux comme pour les mortiers de chaux maigre en pierres, c'est-à-dire, par immersion ; et, lorsque les tas seront refroidis, on broiera les matières au rabot, en y ajoutant, au moyen d'un arrosoir à pomme, la quantité d'eau nécessaire pour qu'elles acquièrent à-peu-près le même degré d'humidité que de la terre excavée à (1^m) de profondeur.

Mortier-Fleuret. Façon générale.

Dès que le mélange sera complet, on le placera dans des auges, et on le battra au broyon, comme il est dit pour les mortiers à chapes, c'est-à-dire, absolument sans eau, jusqu'à ce qu'il ait la consistance d'une pâte très-ferme, et l'onctuosité nécessaire pour être mis en œuvre : ce que l'on reconnaîtra à son adhérence aux broyons.

Les mortiers-Fleuret seront employés dès que la trituration au broyon en sera terminée : ceux qui resteront après cette opération durant (trois heures) sans être mis en œuvre, seront rejetés ; à moins que l'on ne parvienne, en les broyant de nouveau, toujours sans eau et sans les mêler avec d'autres, à leur rendre l'onctuosité convenable.

(Pour mémoire.) Mortier-Fleuret de pouzzolane.

Le mortier-Fleuret ordinaire sera composé de trois parties de chaux maigre en pierres, de quatre parties de ciment commun, de deux parties de sable commun, et d'une partie de cendres de houille.

Mortier-Fleuret ordinaire.

On composera le mortier-Lafaye de deux parties de chaux maigre en poudre, et de deux parties de sable lavé, que l'on mêlera ensemble au rabot, en y ajoutant un volume d'eau égal aux (trois quarts) de celui de la chaux employée, de manière que le mélange se réduise en pâte, et que le volume du mortier devienne égal à celui du sable.

Mortier-Lafaye.

Ce mortier sera préparé à mesure qu'on le mettra en œuvre ; s'il venait à durcir avant d'être employé, l'Entrepreneur devrait le rebroyer ; s'il restait plus de (cinq jours) sans emploi, on le rejetterait.

Pour confectionner du mortier-Loriot, on prendra un mortier de chaux ordinaire ; on le rebroiera au rabot, en y ajoutant assez d'eau pour le réduire à l'état de pâte très-molle ; on le mettra ensuite dans un baquet, en y mêlant de la chaux ordinaire en poudre, que l'on aura soin de gâcher, à mesure du versement, jusqu'à ce que le mélange soit homogène.

Mortier-Loriot. Façon générale.

Ces mortiers, ayant la propriété de se durcir promptement, devront être gâchés par petites parties, et employés immédiatement. Tout mortier de cette sorte laissé sans emploi durant une (demi-heure), après l'addition de la chaux en poudre, sera rebuté.

Le mortier-Loriot de ciment sera fait de cinq parties de mortier de ciment fin, et d'une partie de chaux ordinaire en poudre.

Mortier-Loriot de ciment.

(Pour mémoire.) Mortier-Loriot ordinaire.

Les mortiers seront payés au mètre cube, et mesurés à l'hectolitre.

Mesurage des mortiers. (Bord., Art. 475 à 495.)

Art. 250 à 251. *(Pour mémoire.)* SOUS-E. — MOYEUX de brouette. — NAILLES. — NOIR de fumée. — N. d'ivoire. — N. de Paris. — OCHES. — OSIER. — PAILLES. — PALISSADES. — PAPIERS. — PATES.

Art. 252. — Les perches seront de bois de chêne, de frêne, de charme, ou de sapin. Celles de chêne seront recouvertes ou dépourvues d'écorce ; celles de frêne et de charme en seront toujours couvertes, et celles de sapin seront écorcées : le tout suivant les commandes.

PERCHES. (Bord., Art. 496 et 497.)

Les perches seront bien droites, ébranchées, sans nœud, et des dimensions demandées ; mais qui toutefois seront comprises dans les limites suivantes, savoir : pour la grosseur, ($0^m,2$) à ($0^m,3$) de tour au gros bout, et la moitié au moins de cette dimension au petit bout ; pour la longueur, jusqu'à (6^m).

Les perches autres que celles qui sont désignées ci-dessus, seront regardées comme chevrons, ou comme bois à piquets, suivant leurs dimensions.

Art. 253. — On extraira les pierres brutes à pavés des carrières de P, et on les fournira de l'espèce dite A. Ces pierres seront a-peu-près en forme de parallélipipède, un peu amaigries vers la queue, à tête plane rectangulaire ; et chacune d'un volume tel qu'on puisse, en les taillant, en faire des pavés de ($0^m,12$) de largeur de tête, de ($0^m,2$) de longueur de tête, et dont l'assiette soit parallèle à la tête sur une étendue au moins égale à la moitié de celle de cette dernière.

PIERRES brutes. (Bord., Art. 498.)

L'Entrepreneur sera tenu d'extraire les pierres brutes un an d'avance ; et d'en avoir toujours sur la carrière, ou sur ses chantiers, un approvisionnement de M^m cubes, afin qu'elles essuient l'effet des gelées avant d'être mises en œuvre.

Les pierres brutes seront payées au mètre cube ; le mesurage se fera comme pour les moellons bruts (*art. 237*).

Art. 254. — La pierre de B sera tirée des carrières de B, ou de C, au moins six mois avant qu'on ne la mette en œuvre. On l'approvisionnera sous la forme de prismes rectangulaires, piqués au vif, bien ébousinés, exempts de moye, de veine, et de tout autre défaut. Chaque bloc aura ses deux grandes faces

PIERRE de B. (Bord., Art. 499 et 500.)

8

parallèles au lit de carrière, et sera de l'échantillon prescrit ; mais dont les dimensions ne pourront pas excéder les limites fixées ci-après pour chaque espèce, savoir : pour les pierres de sujétion, toutes les dimensions qui produiront un volume compris entre $(0^m,2)$ et $(0^m,5)$ cubes, pour les pierres ordinaires, toutes celles dont il résultera un volume moindre que celui des pierres précédentes. La pierre de B sera payée au mètre cube, le mesurage se fera suivant le volume effectif de chaque bloc.

PIERRES de F.
(Bord., Art. 501.)

Art. 255. — Les pierres de F, à pavés, seront du grès dur des carrières de F. Toutes seront taillées à l'épinçoir ; et auront une tête rectangulaire de $(0^m,20)$ de côté, entourée d'arêtes vives, sans écornure ni flache, enfin plane ou dont le bombement ne surpassera pas $(0^m,02)$. Les quatre faces de joint qui entoureront cette tête seront à-peu-près planes, et feront avec elle des angles un peu aigus, mais qui néanmoins devront avoir plus de (70°) d'ouverture. Chacun de ces pavés aura $(0^m,25)$ de hauteur de queue ; et une assiette parallèle à la face de la tête, ayant d'étendue la moitié au moins de celle de cette dernière.

PIERRES de roche.
(Bord., Art. 502.)

Art. 256. — La pierre de roche pour paver, sera extraite des carrières quartzeuses de A. Chaque pierre présentera une tête plane, rectangulaire, non ébréchée, ayant au moins $(0^m,06)$ de largeur sur $(0^m,25)$ de longueur ou plus ; une assiette parallèle à ladite tête, et d'un tiers moins grande qu'elle ; enfin des plans de joint tels que ceux qui sont décrits à l'article précédent.

Ces pierres seront échantillonnées en trois classes, suivant leurs longueurs de queue : la première classe comprendra celles qui auront $(0^m,1)$ à $(0^m,15)$ inclus de longueur ; la seconde, celles qui auront $(0^m,15)$ à $(0^m,18)$ exclus ; enfin les pierres de $(0^m,18)$ à $(0^m,20)$ inclus, seront du troisième échantillon.

L'Entrepreneur fournira ces pierres de l'échantillon demandé, et en sera payé au mètre cube, toujours au même prix, quel que soit l'échantillon : le mesurage se fera comme pour les moellons ordinaires (art. 237).

PIERRE de taille.
(Bord., Art. 503.)

Art. 257. — La pierre de taille sera prise dans les carrières de P ; et sera, aux dimensions près, soumise à toutes les conditions exigées pour la pierre de B, par l'article 254. L'Entrepreneur devra toujours en avoir sur ses chantiers un approvisionnement de M^m cubes ; et fournira, outre cela, les blocs de dimensions déterminées qui lui seront demandés, dont le volume n'excédera pas (1^m) cube.

Pendant la durée du Marché, si on ouvrait de nouvelles carrières de pierres de la même nature que la pierre ci-dessus, les produits n'en seraient employés qu'autant que le Chef du Génie y consentirait.

PIERRES épincées.
(Bord., Art. 504.)

Art. 258. — On obtiendra les pierres épincées en taillant à l'épinçoir des pierres brutes (art. 253), de façon qu'elles satisfassent aux conditions exigées pour les pierres de F (art. 255) : excepté toutefois que les longueurs de têtes en pourront varier depuis $(0^m,12)$ jusqu'à $(0^m,15)$; celles de queues, depuis $(0^m,10)$ jusqu'à $(0^m,25)$; enfin qu'elles seront payées au mètre cube, et mesurées en tas comme les moellons ordinaires (art. 237).

PIERRES piquées.
(Bord., Art. 505.)

Art. 259. — Pour obtenir les pierres piquées, on taillera les plus grosses pierres brutes (art. 253), en sorte qu'elles aient $(0^m,1)$, $(0^m,12)$ ou $(0^m,14)$ de largeur de tête, sur une longueur au moins égale ; et qu'elles satisfassent d'ailleurs, quant à la forme, aux conditions prescrites pour les pierres de F (art. 255). Les pierres piquées, outre cela, présenteront des têtes exemptes de tout défaut, parfaitement planes, taillées à la fine pointe, terminées par des encadremens ciselés de $(0^m,02)$ de largeur ; et des plans de joint également ciselés à la partie supérieure.

Ces pierres seront payées à la pièce, quelles qu'en soient les dimensions ; mais chaque livraison contiendra des pierres des trois échantillons désignés ci-dessus, en nombre égal.

(Bord., Art. 506.)
PIQUETS.
(Bord., Art. 507 à 518.)

Art. 260. *(Pour mémoire.)* PIERRE réfractaire.

Art. 261. — Les piquets faibles, forts, ou moyens, seront faits des bois à piquets auxquels ils correspondent. Tous seront coupés carrément à un bout, apointissés proprement par l'autre, et parfaitement ronds, c'est-à-dire, sans bosse ni nœud saillant.

Les piquets de 5^d, de 8^d, de 12^d, de 14^d, et de 20^d, auront respectivement $(0^m,5)$, $(0^m,8)$, $(1^m,2)$, $(1^m,4)$, $(1^m,6)$, ou (2^m) de longueur.

Les piquets du bois de l'État seront soumis d'ailleurs aux mêmes conditions que les branchages (art. 144).

(Bord., Art. 519 à 529.)
PLANTS d'arbre.
(Bord., Art. 530 à 533.)
Clauses générales.

Art. 262 et 263. *(Pour mémoire.)* PLANCHES. — PLANÇONS.

Art. 264. — Il faut, pour qu'un arbre soit propre aux plantations, qu'il soit arraché du 1er novembre au 1er mars, et dans un temps exempt de gelée : en conséquence, et par exception à l'article 41, l'Entrepreneur ne répondra des plants d'arbre qu'autant que les commandes lui seront faites assez à temps pour qu'il puisse les fournir à l'époque désignée ci-dessus.

Pour arracher un arbre, on décrira un cercle de $(0^m,6)$ de diamètre, qui en entourera le pied ; on enlèvera ensuite la terre extérieurement à ce cercle, et tout autour, jusqu'à la profondeur de $(0^m,5)$ au moins, avec la précaution de couper proprement toutes les grosses racines qui se présenteront dans cette excavation ; enfin, on ébranlera l'arbre doucement, et le dégageant peu à peu, au moyen d'un crochet de fer, de la terre qui en environnera les racines, ayant bien soin d'épargner le chevelu de celles-ci, de le laisser en entier après l'arbre, et de conserver la racine pivotante de ce dernier le plus longue qu'il sera possible.

Les arbres étant arrachés, on les liera en botte ; puis on en garnira les racines de mousse fraîche, et même de toile cousue s'ils doivent voyager, afin de les tenir en bon état.

Tous les plants d'arbre seront extraits de pépinière. Ils auront au moins $(0^m,12)$ de tour au-dessus des racines, $(0^m,2)$ de longueur de tronc ; et au plus $(0^m,2)$ de circonférence, et (3^m) de longueur. Les racines principales en seront coupées proprement, exemptes de fente et d'écorchure, bien fraîches, garnies de tout leur chevelu ; et auront chacune au moins $(0^m,3)$ de longueur. La racine pivotante de chacun d'eux, depuis le sommet ou le bas du tronc jusqu'à la pointe, aura au moins $(0^m,5)$ de longueur. Enfin, il faudra que tous soient bien verts, bien frais, d'une écorce unie et point noueuse, arrachés depuis le moins de temps possible ; qu'ils aient toutes leurs branches ; qu'ils soient droits, d'une belle venue, et absolument exempts de chancre, de rupture, et de tout autre défaut.

Les plants d'arbre seront fournis de l'essence demandée parmi les espèces désignées ci-après, et qui se rapportent à chacun des prix du Bordereau, ainsi qu'il suit.

Arbres communs.

On regardera comme arbres communs, le peuplier blanc, le noir, celui d'Italie ; le saule blanc, le marceau, celui du Levant et celui à longue feuille ; le hêtre, l'aulne, etc.

Arbres rares.

On paiera comme arbres rares, le chêne à grappe, le sessile et l'yeuse ; l'érable plane, le sycomore, celui à

feuille de frêne ; l'alisier , le sorbier , le platane de Virginie et celui d'Orient ; le peuplier de Hollande , celui du Canada ; enfin le févier à trois pointes , le marronnier d'Inde , le frêne , le tilleul , le noyer , etc.
Les arbres résineux seront le mélèze ; le pin larix , le maritime et le sauvage ; le thuya , etc.

Art. 265 (Pour mémoire.) PLANT de bois.

Art. 266. — Les plâtres seront purs, c'est-à-dire qu'ils ne renfermeront aucune substance étrangère à la pierre avec laquelle ils auront dû être faits. Tous seront parfaitement cuits, pulvérisés et passés au sas ; ceux de gypse seront onctueux ; tous enfin seront d'ailleurs soumis aux conditions exigées pour la conservation , pour le transport , pour le degré de siccité , pour l'emploi et pour le mesurage de la cendrée (art. 151).
Le plâtre blanc sera le résultat de la calcination et de la pulvérisation du gypse le plus pur que l'on extrait des carrières de B. Le sas dans lequel on le passera , sera à maille de $(0^m,002)$ d'ouverture au plus. Les plâtres de cette sorte qui deviendront grisâtres après l'emploi , ne seront payés que comme plâtre gris.
Le plâtre-ciment sera fait avec des galets de B , ou bien avec de la pierre provenant des carrières de C. Les mailles du sas employé à sa fabrication , auront chacune $(0^m,003)$ d'ouverture.

(Pour mémoire) PLATRE gris.
Art 267 et 268 (Pour mémoire.) PLOMBAGINE. — PLOMBS.

Art. 269. — Les pointes seront faites , suivant l'espèce , avec les fils de fer désignés à l'article 195 du Devis. Toutes seront proprement apointissées par un bout , bien droites , bien polies ; et , à l'exception des pointes à vitres , toutes porteront au bout opposé à celui qui sera pointu , une tête plate , ronde , qui débordera uniformément la tige tout autour , par une saillie égale à environ la moitié du diamètre de cette dernière , ou seulement par un petit renflement , suivant les commandes.
Les POINTES à vitres auront $(0^m,015)$ de longueur , et seront faites du fil de fer n° 8. Les pointes de 14^m et de 81^m , nommées CLOUS-D'ÉPINGLES , auront respectivement $(0^m,014)$ et $(0^m,081)$ de longueur ; et seront faites des fils de fer dont les numéro sont indiqués par les titres du Bordereau.

Art 270 (Pour mémoire) POUDRE passée au tamis de soie

Art. 271. — Les pouzzolanes seront tirées des carrières de P , et ne renfermeront aucune ordure ni matière étrangère. On regardera comme pouzzolanes brutes , celles qui seront en morceaux et telles qu'on les sort des carrières ; comme pouzzolanes communes ou fines , celles qui auront été pulvérisées et passées au crible , dont les mailles devront avoir , pour les premières , $(0^m,004)$ d'ouverture , et $(0^m,002)$ au plus pour les secondes.
La pouzzolane brute sera payée au poids ; mais la pouzzolane commune et la fine seront payées au mètre cube , et mesurées comme la cendrée (art. 151).

Art. 272 à 276 (Pour mémoire.) QUARTIERS. — RAYGRASS. — RECOUPES. — RÉSINE — ROSEAUX , ou ROSANIERS secs.

Art. 277. — Tous les sables seront siliceux , criants à la main , et parfaitement dégagés de tout corps étranger , soit calcaire , soit terreux , soit argileux , soit d'une toute autre nature.
Le sable commun sera extrait de la rivière : on le passera à la claie , de manière qu'il ne contienne pas de caillou ayant plus de $(0^m,02)$ d'épaisseur. Dans le cas où du sable de cette sorte serait boueux , ce que l'on reconnaît en le détrempant dans de l'eau qui alors devient trouble , l'Entrepreneur serait tenu de le faire laver à ses frais , jusqu'à ce qu'on puisse l'agiter dans de l'eau , et décanter tout de suite celle-ci sans qu'elle en soit salie.
Le sable de mer sera fin et ne renfermera pas de grain qui ait plus de $(0^m,005)$ d'épaisseur. On l'extraira de la plage de P , une année au moins avant de l'employer ; et on le laissera à l'air durant tout ce temps , en couche de $(0^m,5)$ de hauteur , sur un terrain éloigné des eaux de la mer de plus de (500^m) , afin que la pluie puisse le dessaler.
Le sable de mine sera pris dans la sablière de A , et choisi parmi le plus beau et le meilleur que cette carrière puisse fournir , c'est-à-dire qu'il ne proviendra jamais des veines jaunes ou terreuses : on reconnaît qu'il en provient , d'abord à la couleur , ensuite lorsqu'en le lavant à grande eau et à plusieurs reprises , il perd plus du (vingtième) de son poids primitif. Enfin , le sable de mine sera passé à la claie , en sorte que tous les cailloux de $(0^m,01)$ d'épaisseur ou plus en soient ôtés.
On obtiendra le sable fin en passant du sable commun dans un crible à maille de $(0^m,002)$ d'ouverture , à moins que l'on n'en trouve sur les bords de la rivière qui satisfasse à la condition de pouvoir passer entièrement à travers ledit crible.
Le sable lavé sera du sable de mine nettoyé à grande eau , et dont toutes les parties terreuses auront été enlevées , ainsi qu'on l'a expliqué en parlant du sable commun.
Les sables seront payés au mètre cube : les mesurages se feront dans les voitures qui les transporteront , ou sur des tas réguliers.

Art. 278 à 285 (Pour mémoire.) SABOTS — SAUCISSONS pour les revêtemens. — S. farcis pour les barrages de rivière. — SAVONS. — SCHISTE — SEL — SORBIER — SOUFRE — STIL DE GRAIN.

Art. 287. — Les tables de mastic seront faites au moyen d'une grande table de bois bien sec de $(0^m,05)$ d'épaisseur , sur les bords de laquelle on clouera des tringles , qui formeront avec la table une espèce de moule , dont on couvrira parfaitement le fond de feuilles de papier collées ensemble.
Ce moule étant ainsi couvert , placé à l'abri du soleil , du vent , de la pluie et du froid , étant parfaitement horizontal , bien calé , et posé sur des chantiers , on en approchera la chaudière dans laquelle on aura fait cuire le mastic de goudron ; et , avant qu'il ne soit le temps de déposer , on le versera dans ledit moule , en se servant pour cela d'une cuillère , et en ayant soin de l'étendre en couche uniforme avec une barre de fer chaud. Pendant cette opération , que l'on fera promptement , on ne cessera de remuer le mastic dans la chaudière pour en entretenir l'homogénéité ; et , dès qu'il sera étendu , on le laissera reposer jusqu'à son entier figement , qui doit se faire , autant que cela est possible , à une température calme et constante , qui ne soit ni trop chaude , ni trop froide , ni trop humide.
Au bout de cinq à six heures , le mastic étant suffisamment froid , on le détachera des bords du moule avec le tranchant d'un couteau très-chaud ; puis on l'enlèvera en feuille , en le saupoudrant de poudre de pierre , et en le roulant sur un léger cylindre de $(0^m,3)$ à $(0^m,4)$ de diamètre.
Les tables (ou feuilles) de mastic seront payées au mètre cube , suivant leur volume effectif.

Arbres résineux.
(Bord., Art 534 et 535)
PLATRES.
(Bord , Art. 536 à 541.)
Clauses générales.

Plâtre blanc.

Plâtre ciment.

(Bord., Art. 542 à 545.)
POINTES.
(Bord , Art. 546 à 580.)

(Bord., Art. 581.)
POUZZOLANES.
(Bord , Art. 582 à 584.)

(Bord., Art. 585 à 602.)
SABLES.
(Bord , Art 603 à 607.)
Sable commun.

Sable de mer

Sable de mine.

Sable fin.

Sable lavé.

Mesurage des sables.

(Bord., Art. 608 à 628.)

TABLES de mastic.
(Bord., Art. 629 et 630.)

TERRES.
(*Bord*, *Art.* 631 à 637.)

Terre à bâtir.
Terre à corroi.
Terre à pisé.

Terre corroyée.

Art. 288. — Aucune terre ne devra renfermer de matières d'une nature qui lui soit étrangère, ni contenir de caillou calcaire. Toutes seront livrées fraîches, ce qui obligera à ne les extraire que peu de temps avant de les mettre en œuvre.

La terre à bâtir sera grasse, jaune, et sera extraite de A.

La terre à corroi sera de la terre argileuse, d'un vert bleuâtre, et imperméable à l'eau. On l'extraira de B.

La terre à pisé sera jaunâtre, demi-grasse, c'est-à-dire, composée de terre grasse mêlée avec du sable fin et siliceux. Cette terre, que l'on extraira de D et à trois pieds sous terre, aura pour caractère principal de prendre en masse très-ferme lorsqu'on la comprimera dans la main, et de se détacher nettement des doigts.

La terre corroyée sera faite avec de la terre à corroi, que l'on préparera de la manière suivante.

La terre à corroi, après son extraction et tandis qu'elle sera encore malléable, sera démêlée et triée à la main par petites parties, afin que l'on puisse en enlever entièrement toutes les matières de nature étrangère. On la placera ensuite en couche de ($0^m,1$) d'épaisseur, sur une aire de bois, où des ouvriers la battront sans relâche, et en la retournant à plusieurs reprises, jusqu'à ce qu'elle soit en pâte ferme, bien homogène, et sans vide intérieur. Cette opération se fera au moyen de maillets, du poids de (2^k), emmanchés obliquement à l'extrémité d'un bâton de ($1^m,5$) de longueur, et sans y mettre d'eau autre que celle que les maillets apporteront, lorsque les ouvriers les tremperont de temps en temps pour empêcher que la terre ne s'y attache.

La terre corroyée sera, s'il est possible, employée en cet état, c'est-à-dire, immédiatement après sa fabrication. Dans le cas où cela ne pourrait être, on la mettrait en tas pour la conserver, en ayant soin de former ces tas par petites parties bien battues l'une sur l'autre, de façon qu'il n'y ait aucun vide dans l'intérieur de la masse; ces tas seraient ensuite couverts de paillassons, ou de toute autre chose, pour empêcher qu'ils ne se dessèchent : toute terre corroyée qui se desséchera, ce qu'on reconnaît aux petites crevasses de la surface, ne pourra plus être employée pour les travaux.

Terre de route.
Terre végétale.

On obtiendra la terre de route en faisant sécher à l'air la boue des grandes routes.

Enfin, la terre végétale sera prise dans les jardins. Cette terre ne devra renfermer que du terreau mêlé avec de la terre noire, et sera surtout exempte de caillou et de toute autre pierre.

Mesurage des terres.
(*Bord*, *Art.* 638.)

Les terres seront payées au mètre cube, et mesurées comme les sables (*art.* 277).

TOILE de chanvre.
(*Bord.*, *Art.* 639.)

Art. 289. (*Pour mémoire.*) TOILE bitumineuse.

Art. 290. — La toile de chanvre sera bien sèche, tissée également, faite d'un fil de chanvre d'une grosseur uniforme, de façon que l'on puisse compter F fils au moins par centimètre de largeur ; et ne sera ni échauffée, ni brûlée, ni pourrie. L'épaisseur en sera telle, que (10^m) carrés de ladite toile pèsent A^k à B^k. L'Entrepreneur fournira les toiles en pièce de toute longueur jusqu'à ($0^m,2$) et de M ou de N de lé, suivant les commandes.

TOLES.
(*Bord.*, *Art.* 640 à 642.)

Art. 291. — Tous les fers laminés non étamés, ayant moins de ($0^m,008$) d'épaisseur, et plus de ($0^m,12$) de largeur, seront regardés comme tôles.

Les tôles seront tirées des forges de F, et payées à la feuille ou au poids, ainsi qu'il suit.

On paiera au poids comme tôles faibles, celles dont l'épaisseur sera de ($0^m,001$) à ($0^m,003$) inclus ; comme tôles fortes, celles qui auront ($0^m,003$) à ($0^m,008$) exclus. L'Entrepreneur sera tenu de fournir les tôles payables au poids, suivant les dimensions demandées, pourvu toutefois que chaque feuille n'ait pas plus de (1^m) de largeur sur (2^m) de longueur.

Les tôles qui seront coupées en rectangle de ($0^m,325$) sur ($0^m,38$) de côtés, et qui auront une épaisseur telle, que chaque feuille pèse ($0^k,25$), terme moyen, seront payées à la feuille.

Les tôles seront proprement ébarbées; exemptes de fente, de crevasse, de trou quelconque ; et entièrement nettes de rouille.

TUILES.
(*Bord.*, *Art.* 643 à 648.)
(*Bord.*, *Art.* 649 à 653.)

Tuiles creuses.

Art. 292 à 295. (*Pour mémoire.*) TORCHES. — TOURTEAUX. — TRASS. — TRIPOLI.

Art. 296. — Les tuiles auront, à la forme près, toutes les qualités générales exigées pour les briques par l'article 147 ; et, outre cela, une épaisseur de pâte uniforme dans toute leur étendue.

Les tuiles creuses seront tirées de T, et auront à-peu-près la forme d'une portion de tronc de cône coupé parallèlement à son axe ; chacune d'elles aura ($0^m,46$) de longueur, sur ($0^m,16$) de largeur à un bout, et ($0^m,13$) à l'autre ; le creux de chaque tuile, pris au centre et mesuré perpendiculairement à la face de section, sera de ($0^m,04$) ; enfin les tuiles auront ($0^m,015$) d'épaisseur après la cuisson.

Tuiles plates.

(*Pour mémoire.*) Tuiles faîtières.

Les tuiles plates seront prises à la fabrique de P. Chacune d'elles aura ($0^m,32$) de longueur, ($0^m,15$) de largeur, ($0^m,012$) d'épaisseur ; et portera en-dessous, à un bout, un crochet de ($0^m,03$) de saillie, dont la face qui regardera l'autre bout de la tuile, sera perpendiculaire à la surface de cette dernière. Ces tuiles seront bien planes des deux côtés ; le bout qui portera le crochet sera rectangulaire, et percé de deux trous de ($0^m,005$) d'ouverture, disposés près des angles ; le bout opposé aura à-peu-près la forme d'un demi-cercle tangent aux deux longs côtés, lesquels seront parallèles entre eux.

Tuiles vernissées.

Les tuiles vernissées ne différeront des tuiles plates que parce qu'elles n'auront que ($0^m,01$) d'épaisseur ; et que la surface supérieure en sera couverte d'un vernis en émail brun, qui ne devra présenter ni bouillon, ni soufflure, ni écorchure, sauf celles qui pourront provenir d'un contact mutuel dans le four.

TUYAUX de bois.
(*Bord.*, *Art.* 654 à 657.)

Art. 297. — Les tuyaux de bois auront d'abord toutes les qualités générales exigées pour le bois de chêne brut (art. 139). Chaque pièce, outre cela, sera équarrie depuis deux ans, percée suivant toute sa longueur d'un trou parfaitement cylindrique, coupée à la scie à chaque extrémité, et à chanfreins d'une largeur égale ; enfin les tuyaux seront absolument exempts de nœud, de fente et de gerçure quelconque. Comme certaines gerçures sont quelquefois presque invisibles, il faudra, pour s'assurer que les tuyaux en sont parfaitement exempts, placer ceux-ci verticalement après les avoir bouchés par le bas, les emplir d'eau, et comprimer ensuite ce liquide au moyen d'un tampon que l'on enfoncera à coups de marteau : tout tuyau qui, dans cette épreuve, présentera quelque suintement sera rejeté.

Dimensions des tuyaux.

Le trou cylindrique des tuyaux de 8^c, aura ($0^m,06$) à ($0^m,1$) de diamètre ; celui des tuyaux de 11", ($0^m,1$) à ($0^m,12$). Ces derniers auront ($0^m,28$) d'équarrissage, les premiers n'en auront que ($0^m,22$). Les tuyaux de bois seront fournis de toute longueur jusqu'à (4ᵐ); et auront intérieurement le diamètre demandé, pourvu qu'il soit compris dans les limites ci-dessus.

L'Entrepreneur sera tenu d'avoir constamment en approvisionnement Mᵐ courants de pièces de bois propres à la fabrication des tuyaux, dont la moitié de chaque espèce; ces bois seront soumis d'ailleurs aux conditions prescrites pour les approvisionnemens de madriers (art. 219).

Art. 298. (Pour mémoire.) TUYAUX de mortier.

Art. 299. — Les tuyaux de poterie auront, à la forme près, toutes les qualités exigées pour les tuiles par l'article 296. La forme en sera celle d'un tronc de cône de (0ᵐ,4) de hauteur, portant un bourrelet (ou renfort) extérieur à la base, et tout autour.

Chaque tuyau de poterie de 5ᵉ aura (0ᵐ,012) d'épaisseur de pâte; le diamètre de la base en sera, dans œuvre, de (0ᵐ,08); celui du sommet, de (0ᵐ,05).

Chaque tuyau de poterie de 20ᵉ, aura (0ᵐ,20) de diamètre intérieur au sommet; et (0ᵐ,21), à (0ᵐ,03) de distance de sa base. Sur ces trois derniers centimètres de sa longueur, le trou s'évasera subitement dans l'épaisseur du bourrelet, de façon qu'il puisse recevoir la partie supérieure d'un autre tuyau semblable. Enfin, la hauteur du bourrelet sera de (0ᵐ,05); et l'épaisseur de la pâte, de (0ᵐ,015).

Art. 300. (Pour mémoire.) VERNIS.

Art. 301. — Les verres seront de la qualité de ceux qui sont surnommés demi-blancs, et dont la transparence est telle, qu'elle n'influe en rien sur la couleur des objets que l'on regarde au travers. Tous seront nets, unis; et entièrement exempts de bouillon, d'écornure et de fêlure quelconque. L'Entrepreneur les fournira en feuille plane de (0ᵐ,0015) d'épaisseur au moins, et de l'échantillon du commerce qui sera demandé.

Art. 302 à 304. (Pour mémoire.) VERT-DE-GRIS. — VIEUX-OING — VINAIGRE.

Art. 305. — Les vis à bois seront de fil de fer proprement travaillé. Toutes seront droites, nettement taraudées et polies; exemptes de paille, de crevasse et de rouille. La tige de chaque vis sera cylindrique dans sa moitié supérieure; la pointe (ou moitié inférieure), légèrement conique et couverte de pas de vis triangulaires; le bout opposé à cette pointe portera une tête ronde d'un diamètre double de celui de la tige. Cette tête, suivant les commandes, sera plate en-dessous et bombée en calotte sphérique en-dessus; ou bien conique en-dessous et plate en-dessus: dans tous les cas, elle présentera en-dessus une coche diamétrale, qui aura de profondeur les deux tiers de l'épaisseur de la tête; cette épaisseur sera elle-même égale aux deux tiers du diamètre de la tige. Enfin, la profondeur du pas de vis, ainsi que sa largeur au fond, seront égales au quart de ce diamètre; l'épaisseur de la spirale saillante, prise à la base, en égalera le huitième.

Les vis que l'Entrepreneur pourra être tenu de fournir, seront des grosseurs désignées dans le commerce par les numéro 15 et 30, numéro qu'elles tiennent des fils de fer dont elles sont faites (art. 195); et, à l'égard des longueurs, il se conformera aux indications des titres du Bordereau, où les nombres 1ᵉ, 3ᵉ, 4ᵉ et 20ᵉ, expriment en centimètres, relativement à chaque vis, la longueur qu'elle devra avoir, la tête non comprise.

Art. 306. (Pour mémoire.) ZINC laminé pour les couvertures.

CHAPITRE III.

OUVRAGES GÉNÉRAUX.

Art. 307. — Les acérures, soit pour les tranchans d'outil, soit pour tout autre ouvrage, seront proprement forgées, dressées, polies à la lime douce, et trempées au degré prescrit. L'acier qui les formera sera parfaitement soudé avec le fer, auquel il devra adhérer sans crevasse, et de façon que l'on ne puisse plus distinguer la brasure.

Les acérures seront payées au kilogramme: la pesée se fera sur l'acier, avant qu'on l'emploie; et l'on en déduira ensuite le poids de celui de l'ouvrage auquel il aura été adapté. Pour les acérures du métal de l'État, l'acier seul sera fourni.

Art. 308. — Les couches de mortier destinées à servir de remplissage ou de pavés, lorsqu'elles auront plus de (0ᵐ,01) d'épaisseur moyenne, seront regardées comme aires; au-dessous de cette dimension, on les paiera comme crépis ou comme enduits: les aires d'ailleurs différeront de ces derniers sous le rapport du mode de construction.

Les aires seront planes, bien dressées; et ne devront présenter, après que le dessèchement en sera complet, aucune crevasse ouverte.

Pour établir une aire de mortier *bâtard*, on étendra du mortier *bâtard* ordinaire en couche uniforme, dont on dressera la surface à mesure de la pose.

Les aires de mortier de terre seront faites du mortier de terre grasse ordinaire, le plus ferme qu'il sera possible d'avoir, que l'on étendra d'abord en couche unie, et que l'on couvrira immédiatement de toiles ou de paillassons. On battra ensuite ces couches à la dame plate pendant long-temps; puis on les rebattra à la batte jusqu'à ce qu'elles soient sèches, en ayant soin de les tenir toujours couvertes, afin qu'elles ne se dessèchent pas trop promptement. Les aires de cette sorte seront soigneusement exécutées, surtout lorsqu'elles seront destinées à servir d'âtres.

Les aires de mortier ordinaire seront principalement employées pour remplir des intervalles de gîtes ou plancher. On les construira en étendant du mortier de sable ordinaire, à l'état de pâte très-ferme ou à demi-sec; en couche de l'épaisseur prescrite. Ces couches seront d'abord battues à la batte, et unies à la truelle, pour qu'il n'y reste aucun vide intérieur; ensuite elles seront rebattues et repolies à la truelle, à plusieurs reprises, quand elles commenceront à durcir, afin de fermer les crevasses qui auront pu s'y former: chaque fois qu'on voudra les rebattre, et pour remplir les ouvertures, on les arrosera avec du mortier de sable fin délayé dans de l'eau.

(Pour mémoire.) AIRE de plâtres. — A. de plâtre.

(Bord., Art. 658 à 660.)
TUYAUX de poterie.
(Bord., Art. 661 à 664.)

Tuyau de poterie de 5 c.

Tuyau de poterie de 28 c.

(Bord., Art. 665.)
VERRE.
(Bord., Art. 666.)

(Bord., Art. 667 à 669.)
VIS à bois.
(Bord., Art. 670 à 765.)

(Bord., Art. 766.)

ACÉRURES.
(Bord., Art. 767 et 768.)

AIRES.
(Bord., Art. 769 à 773.)
Clauses générales.

Aire de mortier bâtard.

Aire de mortier de terre.

Aire de mortier ordinaire.

Approvisionnemens.

Mesurage des aires.   Les aires seront payées au mètre cube, suivant leur volume effectif; pour les aires de mortier de terre et de mortier ordinaire, on paiera, outre cela, le parement. (*Voyez* : PAREMENT , *chap. III.*) (*Note* XXVIII.)

ARÈTES *de maçonnerie.*   Art. 3o9. — Lorsqu'on exécutera des maçonneries dont le parement sera de briques , de moellons esmiliés ,
(*Bord., Art. 774 à 779.*)   ou de moellons piqués , et que ces maçonneries devront présenter des arêtes , l'Entrepreneur, s'il en reçoit l'ordre , fera construire lesdites arêtes avec propreté et précision. Pour cela , si elles sont de briques , on coupera d'abord celles-ci à la scie , ensuite on les polira , en les frottant l'une contre l'autre , ou sur une pierre de grès , de manière qu'elles aient la forme des arêtes à construire ; si elles sont de moellous , on retaillera ces derniers à la fine pointe et au ciseau , conformément aux instructions données.

Ce travail de main-d'œuvre particulière , sera payé en sus des maçonneries (*voyez l'art.* MAÇONNERIES , *chap. III*) , et au mètre courant, suivant la longueur développée des arêtes ainsi construites : l'Entrepreneur ne pourra rien réclamer pour celles qui seront faites de briques ou de moellons simplement ébréchés au marteau ou grossièrement taillés.

ARÈTES *de roc.*   Art. 3ıo. — Lorsque l'Entrepreneur fera façonner dans le roc vif, soit à la fine pointe, soit au ciseau ,
(*Bord., Art. 78o et 781.*)   des paremens bien dressés , et que les divers plans qui les composeront, se couperont en formant des angles rentrants , ces angles développés suivant les lignes d'intersection desdits plans , seront payés au mètre courant, d'après la longueur effective de ces lignes , et suivant les prix fixés au Bordereau pour les arêtes *rentrantes.* On regardera comme ROC DUR , les roches granitiques de A; comme ROC TENDRE , les roches micacées de B , ainsi que toutes les roches calcaires.

Lorsqu'on rencontrera dans l'exécution des travaux , des roches autres que celles qui sont désignées ci-dessus , on les assimilera, autant qu'il sera possible , à l'une d'elles ; et , dans le cas où l'Entrepreneur ne tomberait pas d'accord avec les Officiers du Génie au sujet de cette assimilation , le travail serait exécuté à l'économie : cette dernière clause sera générale pour tous les cas analogues. (*Voyez* : DÉBLAIS , PAREMENS , *chap. III.*) (*Note* XXIX.)

(*Bord., Art. 782.*)   Art. 3ıı. (*Pour mémoire.*) BALAIEMENS *pour les cours , les rues et les places publiques.*
BLOCAILLAGES.
(*Bord., Art. 783 à 788.*)   Art. 3ı2. — Pour exécuter un *blocaillage* , on regalera au rateau et l'on *damera* de la blocaille en couche de l'épaisseur prescrite , en donnant à la face supérieure de ladite couche , la forme voulue. Les ouvrages de ce genre seront payés au mètre cube : on les comptera comme *blocaillages* de sujétion , ou ordinaires , selon qu'ils seront faits de blocaille fine ou commune. Le mesurage se fera suivant le volume effectif des massifs de blocaille.

Pour les *blocaillages* des moellons de l'Etat , on remettra la pierre à l'Entrepreneur, qui sera tenu de la réduire en blocaille sur un emplacement autre que celui où l'on devra la mettre en œuvre.

BRONZES.   Art. 3ı3. — Le bronze sera le résultat de l'alliage de quatre-vingt-neuf parties de cuivre rouge et de onze
(*Bord., Art. 789 à 792.*)   parties d'étain. Les ouvrages de bronze seront d'abord coulés , ensuite débrutis, polis , ciselés , taraudés ou soudés, suivant les commandes ; et ne devront présenter ni paille , ni bouillon , ni cavité défectueuse , ni barbure.

Toute pièce de bronze pesant (ı^k) ou moins , sera payée comme BRONZE DE SUJÉTION ; celles qui seront d'un poids plus considérable , comme BRONZE ORDINAIRE.

Le bronze sera payé au kilogramme, y compris la soudure ; et les prix seront appliqués suivant le poids de chaque pièce comptée isolément : on regardera celles qui seront soudées ensemble comme ne formant qu'une seule et même pièce ; et l'on pèsera séparément celles qui seront jointes par des rivures , ou par des écrous. Pour les ouvrages du métal de l'Etat , le cuivre et l'étain seront fournis , soit à part l'un de l'autre , soit déjà alliés entre eux.

BRUNISSAGE.   Art. 3ı4. — Le brunissage ne sera fait que sur des planchers parfaitement secs , et s'il est possible par
(*Bord., Art. 793.*)   de beaux temps.

Pour exécuter le *brunissage* , on étendra d'abord sur le bois , et au pinceau , une couche de cire fondue et , si on le peut , qui soit bouillante ; puis , avec un fer chaud , on la repassera doucement et long-temps , jusqu'à ce que toute la cire ait à-peu-près pénétré dans le bois ; ensuite on frottera fortement le plancher avec une brosse à soies courtes , de manière que la surface en devienne d'une teinte uniforme, polie , brillante et parfaitement nette. Le *brunissage* sera payé au mètre carré suivant l'étendue effective des planchers ainsi travaillés.

CHAPES.   Art. 3ı5. — Les chapes différeront des aires , ı° par la nature des matériaux que l'on y emploiera ; ɔ° par
(*Bord., Art. 794 à 80ı.*)   la manière de les exécuter ; 3° parce que les chapes terminées ne devront présenter à la surface aucune trace
Clauses générales.   de crevasse : celles qui en présenteraient seraient démolies et reconstruites aux frais de l'Entrepreneur.

Comme il est à-peu-près prouvé que les crevasses qui surviennent dans une chape , même lorsqu'on la commence, finissent toujours , à la longue , par se rouvrir , quelques soins qu'on ait mis à les fermer , il résulte de la condition précédente, que l'Entrepreneur devra prendre toutes les précautions nécessaires pour qu'il ne s'en forme aucune , tant au commencement qu'à la fin du travail.

Les surfaces sur lesquelles devront être appliquées les chapes , seront toujours dressées aux frais de l'Etat, en sorte que l'Entrepreneur n'ait plus qu'à les faire balayer au moment de la pose.

Chape de mastic de   Les chapes de mastic de goudron seront construites avec des tables de mastic , ainsi qu'il suit (*art. 287*).
goudron.   Après avoir donné aux tables les formes nécessaires , en les coupant avec un couteau chauffé , on les étendra sur la surface à couvrir , et qui devra être bien sèche , dans l'emplacement qu'elles devront occuper , en les plaçant bord à bord , ou à *recouvrement* , selon les ordres. Lorsque les feuilles seront juxta - posées , on laissera entre elles des intervalles de (o^m,oı) , que l'on emplira du même mastic fondu (*art. 226*), en s'aidant d'un fer chaud. Lorsqu'on devra les poser à *recouvrement* , qui sera au moins de (o^m,o5) , on passera le fer chaud entre lesdites tables pour qu'elles puissent se souder ; ou bien on appliquera sur les parties qui devront s'unir , une couche du même mastic fondu et rendu plus liquide avec du brai gras.

Pour les chapes de mastic de goudron de l'Etat , on fournira isolément à l'Entrepreneur , par exception à l'article 35 , le goudron et le brai.

Chape de mortier de   (*Pour mémoire.*) CHAPE de mastic minéral.
ciment.   Pour construire une chape de mortier de ciment , on commencera par fouetter à la truelle , principalement dans les joints de la surface à couvrir , si elle en a , du mortier à chapes de chaux grasse et de ciment ,

en ayant soin de former ainsi une couche régulière et proprement dressée de (o^m,o3) à (o^m,o5) d'épaisseur; sur cette couche, on arrangera à la main, les unes contre les autres, et l'on enfoncera dans le mortier, des recoupes de pierre. Lorsque cette première couche de mortier et de recoupes sera ressuyée, on en appliquera une seconde de la même manière, et ainsi de suite selon l'épaisseur de la chape, excepté qu'on ne placera pas de recoupes dans la dernière.

Toutes les couches étant posées, on polira la dernière à la truelle; ensuite on la battra à petits coups, avec une batte de bois, pour condenser le mortier; puis on l'unira de nouveau, et on la laissera sécher. Dès qu'elle aura acquis assez de fermeté pour que l'on puisse marcher dessus sans y enfoncer trop profondément, on commencera de la rebattre, soit à la batte, soit à la baguette, et l'on continuera ce travail de temps à autre jusqu'à ce qu'elle soit tout-à-fait dure, en ayant soin, chaque fois que l'on aura fini de la rebattre, d'en polir la surface, dans les premiers temps, à la truelle, et vers la fin du travail, avec un caillou.

S'il se formait des crevasses dans la chape, on les arroserait de lait de chaux; puis on battrait le mortier avec de petites baguettes, dans les parties qui en avoisineraient les bords, afin de les faire disparaître.

Enfin, lorsque la chape aura été suffisamment battue et polie, on en couvrira la surface d'une première couche d'huile de lin bouillante; on lissera de nouveau au caillou; ensuite on y posera une seconde couche d'huile froide, et on lissera pour la dernière fois.

Les chapes de cette sorte seront, autant qu'on le pourra, travaillées à l'abri du soleil et de la pluie.

Pour construire une chape de mortier de sable et de ciment, on fouettera d'abord contre la maçonnerie, une couche de mortier à chapes de sable et de ciment, que l'on battra immédiatement, et que l'on dressera à la truelle le mieux qu'il sera possible. Aussitôt que la surface de cette couche sera ressuyée, et lorsqu'elle cessera d'être collante, ce qui arrivera au bout (d'une heure) ou environ, on la couvrira d'une couche de sable fin de (o^m,o5) d'épaisseur, que l'on posera à l'aide d'un sas, pour éviter que quelque corps pesant, en tombant, n'en gâte la régularité. *Chape de mortier de sable et de ciment.*

Les chapes de cette sorte, ainsi couvertes, seront ensuite abandonnées à elles-mêmes durant quelques mois, jusqu'au y touche; ou jusqu'à ce qu'elles se soient parfaitement solidifiées. (*Note* XXX.)

Pour faire une chape de mortier-Fleuret, on posera sur la surface à couvrir, une couche de mortier-Fleuret ordinaire, que l'on battra tout de suite à la batte, qu'on dressera à la truelle, et que l'on couvrira immédiatement de paillassons. *Chape de Mortier-Fleuret.*

Dès qu'on s'apercevra que cette couche peut supporter le poids d'un homme sans trop fléchir, on commencera de la rebattre, puis à la polir; et l'on répétera cette opération de (dix) heures en (dix) heures, jusqu'à ce que les coups de batte n'y marquent plus, époque à laquelle on commencera à la lisser au caillou, pour ne finir que lorsque la chape sera sèche : bien entendu que l'on devra toujours la tenir couverte quand on n'y travaillera pas; et il sera même prudent de la laisser ainsi sous les paillassons jusqu'à ce qu'on la couvre de terre, ou durant environ deux mois si on ne doit pas la couvrir.

Les chapes en pavé que l'on voudra construire sur les trottoirs, ou dans les bâtimens, seront exécutées comme les chapes de mortier-Fleuret, excepté qu'on y emploiera un composé bien trituré au rabot, de parties égales de mortier à chapes de chaux maigre, et de gravier lavé à trois ou à quatre eaux et parfaitement dégagé de toute espèce de parties fines, terreuses, ou vaseuses. *Chape en pavé.*

Toutes les chapes seront payées au mètre cube, suivant leur volume effectif : le parement en sera payé à part. (*Voyez* : PAREMENS, *chap. III.*) *Mesurage des chapes.*

Les chapes de mastic que l'on voudra construire sur des carrelages de briques ou de carreaux posés à sec, seront faites à l'économie, à cause de l'impossibilité qu'il y a de toiser le volume du mastic qui s'introduit dans les joints. *Chapes sur carrelages.*

Lorsqu'on devra construire une chape sur une aire de bois, on commencera, avant de fouetter la première couche de mortier, par placer immédiatement sur le bois un lit de recoupes de pierre, arrangées les unes à côté des autres, et rapprochées le plus possible. Ce lit de recoupes sera compris dans le *cubage* de la chape, et payé au prix de cette dernière. *Chapes sur bois.*

Art. 316. — Les prix de chargement seront alloués toutes les fois que l'Entrepreneur fera charger, soit de gazons soit de matériaux appartenans à l'Etat, quelques-unes des machines de transport désignées de l'article 802 à l'article 837 : dans ce cas, on entendra par MATÉRIAUX, toute espèce de choses que l'on pourra charger sans précaution dans une brouette, soit à la main, soit à la pelle, soit à la fourche, c'est-à-dire, sans avoir à craindre de les briser; telles que terres, décombres, blocaille, etc. *CHARGEMENS. (Bord., Art. 802 à 837.) Cas de paiement.*

Les prix des chargemens de gazons seront alloués au mètre cube; mais le mesurage sera fait de deux manières, selon que les gazons auront été employés au compte de l'Entrepreneur, ou qu'on devra les mettre en œuvre aux frais de l'Etat. *Mesurage des chargemens de gazons.*

Lorsque les gazons auront été employés par l'Entrepreneur, le prix du chargement en sera alloué suivant le volume effectif de l'ouvrage fait, et non des gazons chargés, c'est-à-dire que l'on ne tiendra pas compte du déchet; tandis que pour les gazons destinés aux travaux à l'économie, le mesurage se fera suivant le volume effectif desdits gazons, et conformément aux conditions de l'article 200, c'est-à-dire qu'on n'allouera le prix que pour (la moitié) de leur volume réel.

Les chargemens de matériaux résultant toujours de l'exécution d'un déblai à la pelle, ces chargemens seront payés suivant le volume effectif et primitif que les déblais auront occupé avant d'avoir été excavés, augmenté d'un (vingtième) par homme à la fouille, ainsi qu'on l'expliquera à l'article des Déblais (*chap. III*). (*Note* XXXI.) *Mesurage des chargemens de matériaux.*

Art. 317. — Les bois de charpente devront avoir, selon l'espèce, toutes les qualités générales exigées par l'article 139. Les prix du Bordereau seront applicables aux charpentes qui seront faites avec des bois de 10 mètres, de 6 mètres, de 25^c ou moins, de 25 à 60^c, de 60^c ou plus, ou bien de 20^c ou moins, de 20 à 45^c, enfin de 45^c ou plus, conformément aux définitions de l'article précité, en prenant toutefois pour base les dimensions de chaque pièce après qu'elle sera façonnée, et non avant le débitage. *CHARPENTES. (Bord., Art. 838 à 901.)*

Les prix de CHARPENTES ORDINAIRES seront applicables aux pièces employées sans être assemblées, ainsi qu'aux pièces assemblées bout à bout, soit à mi-bois, soit en bezeau ; ou bien enfin à celles qui seront assemblées d'équerre et à entaille dont la profondeur ne dépassera pas le tiers de l'épaisseur de chaque pièce.

Les prix de CHARPENTES DE SUJÉTION seront alloués pour les bois assemblés à tenon et à mortaise, à embrèvement, à entaille oblique, à entaille droite atteignant au-delà du tiers de l'épaisseur du bois, à trait de Jupiter, en adent ou en crémaillère, à queue d'aronde, ou de toute autre manière non prévue par ce qui précède, et quelque compliquée qu'elle soit.

Les assemblages de charpente seront exécutés avec beaucoup de soins, de régularité ; les surfaces qui en feront partie seront bien dressées, bien polies, et ne présenteront ni éclat, ni flache, ni fente ; enfin, les faces desdits assemblages, qui devront être en contact, ne laisseront entre elles aucun vide, ni aucune refuite.

Toutes les charpentes seront d'ailleurs proprement façonnées, chevillées ; et seront exemptes d'éclat, de fente, de flipot, de rossignol, dans toutes les parties visibles.

Mesurage des charpentes.

Les charpentes seront payées au mètre cube. L'application des prix se fera sur chaque pièce en particulier : et le *métrage* de chacune d'elles, sera le volume du plus petit parallélipipède rectangle que l'on pourra y circonscrire, y compris les tenons.

Charpentes du bois de l'État

Pour les charpentes à construire avec du bois de l'État, on fournira à l'Entrepreneur des pièces de dimensions convenables : c'est-à-dire, brutes ou équarries, selon la nature de l'ouvrage ; et d'une grosseur telle, que chacune d'elles n'excède pas de (o^m,03), soit en largeur, soit en épaisseur, les dimensions de l'équarrissage suivant lequel on devra le toiser après qu'elle sera mise en œuvre. Dans le cas où les bois fournis ne seraient pas comme on vient de le dire, ou en paierait la façon de l'équarrissage ou du sciage en sus de celle de la charpente. (*Note* XXXII.)

(*Bord*, *Art.* 912 et 903.)

Art. 318. (*Pour mémoire*) CHAGE.

Art. 319. — Les cordages, les cordes de chanvre et les cordeaux, seront faits avec du chanvre de première qualité, et tel que le prescrit l'article qui le concerne.

CORDAGES, CORDEAUX *et* CORDES. (*Bord*, *Art.* 904 à 909.)

L'élément des ouvrages de corderie étant un assemblage de deux ou de trois fils, chacun d'environ (o^m,002) de diamètre, réunis en un seul appelé toron, on regardera comme CORDAGES, les ouvrages composés de sept torons ou plus ; comme CORDES, ceux qui seront de trois à six torons, lorsqu'ils auront plus de (o^m,008) de diamètre ; comme CORDEAUX CÂBLÉS, ceux de deux ou de trois torons, et qui auront (o^m,003) à (o^m,008) de diamètre ; enfin, les torons de deux ou de trois fils seront réputés CORDEAUX ORDINAIRES, pourvu qu'ils aient plus de (o^m,003) de diamètre. (*Voyez* : FICELLE, *chap. III*.)

Tous les fils employés à ces ouvrages seront parfaitement tordus, et commis entre eux pour former les torons ; ces derniers seront bien câblés et bien serrés les uns avec les autres. Les ouvrages de cette nature dans lesquels on aurait fait entrer des étoupes, ou dont la section transversale ne présenterait pas une teinte uniforme, seraient rejetés.

(*Pour mémoire*) Cordes de tilleul

Les cordages, les cordes et les cordeaux seront payés au poids. L'Entrepreneur devra les fournir très-secs, composés du nombre de fils et de torons demandé, et de la longueur prescrite, qui toutefois ne devra pas excéder (150^m).

CORROI. (*Bord*, *Art.* 910 à 913.) *Clauses générales.*

Art. 320. — Tout batardeau, tout mur, ou tout massif, construit de terre corroyée (*art.* 288) afin d'empêcher l'infiltration des eaux, sera regardé comme corroi. Les diverses localités obligeant à construire ces ouvrages, quelquefois sous l'eau, et d'autres fois hors de l'eau, il en résulte que l'on devra suivre plusieurs modes d'exécution qui vont être détaillés ci-après ; mais, quel que soit le procédé employé, l'Entrepreneur sera toujours tenu de rendre les corrois imperméables, c'est-à-dire, exempts de vide, de fente et de crevasse quelconque : ceux qui laisseront les eaux s'infiltrer seront défaits et reconstruits à ses frais, à moins qu'il ne parvienne à les étancher.

Corroi construit à sec.

Les corrois à sec seront ceux que l'on exécutera hors de l'eau. Après avoir nettoyé et mis au vif le sol sur lequel devra reposer un corroi de cette sorte, ainsi que les parois, soit de bois, soit de maçonnerie, contre lesquelles il devra s'appuyer, on découpera de la terre corroyée en tranches d'environ (o^m,05) d'épaisseur ; on appliquera ensuite à la main et avec force une première tranche à la place qu'elle devra occuper ; on la battra avec le maillet à corroyer jusqu'à ce qu'elle soit parfaitement unie avec le fond, les parois ou le corroi qui l'environneront, et qu'il ne reste aucun vide entre eux ; enfin, on appliquera et l'on battra de même et successivement chaque tranche, jusqu'à ce que le massif soit achevé. Lorsqu'un corroi devra s'appuyer aux terres, on remblaiera celles-ci contre lui, à mesure qu'il s'élèvera, afin d'empêcher qu'il ne se dessèche.

Corroi construit sous l'eau.

Pour exécuter un corroi sous l'eau, après avoir, autant qu'on le pourra, mis au vif le sol et les parois du lieu qui devra le contenir, on formera avec de la terre corroyée des cubes d'environ (o^m,3) de côté, exempts de crevasse et de vide quelconque ; on échouera ensuite ces cubes, pour former une première couche, dans laquelle ils soient arrangés et serrés les uns contre les autres le mieux qu'il sera possible. Lorsque cette couche aura été établie sur toute l'étendue du fond de l'emplacement du corroi, on la comprimera fortement, mais peu à peu, au moyen d'une dame plate et large en-dessous, pour faire joindre les cubes ensemble. Sur cette première couche, on en posera une seconde de la même manière ; et ainsi de suite jusqu'à fleur d'eau.

Mesurage des corrois.

Après l'achèvement des massifs, on paiera les corrois au mètre cube ; et le mesurage se fera suivant le volume effectif qu'ils présenteront. Par exception à l'article 45 du Devis, les encaissemens nécessaires pour la construction des ouvrages de cette sorte, seront payés en sus de la valeur de ces derniers. Les corrois que l'on devra construire à plus de (2^m) de profondeur sous l'eau, seront faits à l'économie.

COUCHES *appliquées*. (*Bord*, *Art.* 914 à 955.) *Clauses générales.*

Art. 321. — Les couches, soit pour le décor, soit pour la conservation des ouvrages, seront appliquées de diverses manières selon l'espèce.

Toute première couche posée sur une surface qui ne sera ni métallique, ni peinte à l'huile, ni couverte de goudron ou de bitume, sera réputée COUCHE DE FOND ; les autres couches, c'est-à-dire, les secondes, les troisièmes ou les quatrièmes couches, ainsi que les premières couches posées sur les surfaces désignées ci-dessus, seront regardées comme COUCHES ORDINAIRES. (*Note* XXXIII.)

Avant d'appliquer une première couche, on devra balayer proprement les murs, ou brosser les boiseries. Chaque couche ordinaire ne sera appliquée qu'après que la couche qui la précédera sera parfaitement sèche. Enfin, la principale condition à remplir dans l'application des couches sera de les étendre uniformément, en teinte bien égale et sans aucune tache ni trace quelconque de brosse ou de pinceau.

Les couches de badigeon seront appliquées à la grosse brosse, et pourront être de diverses couleurs, suivant les commandes. Les teintes que l'on pourra exiger sont :

1° Les teintes jaunes, que l'on obtiendra au moyen d'un liquide composé, en volume, d'une partie de chaux ordinaire en pâte, de deux parties d'eau douce, et d'ocre jaune, le tout parfaitement délayé.

(Pour mémoire.) 2° ...: teintes rouges ou roses.

3° Les teintes grises ou noires, pour lesquelles le liquide sera fait de trois parties de chaux ordinaire en pâte, de quatre parties ...'eau douce, et de noir de fumée.

Les proportions d'ocre et de noir seront toujours fixées par le Chef du Génie. Pour les badigeons collés, on substituera de l'eau d'encollage à l'eau douce.

Les couches de bitume seront un mélange de parties égales, en poids, de mastic et de goudron minéraux. Pour les obtenir, on commencera par faire chauffer le goudron ; puis on y ajoutera le mastic concassé en très-petits morceaux, en ayant soin d'agiter les matières pour empêcher ce dernier de descendre au fond de la chaudière, et de s'y attacher. Quand le mélange sera homogène, on l'appliquera à la brosse, et le plus bouillant possible, sur la surface à enduire ; ensuite, au moyen d'un *polissoir* de fer chaud, on unira parfaitement la couche. Cette dernière opération devra se faire avec beaucoup de soins : il faudra principalement veiller a ce que le *polissoir* ne soit pas trop chaud, car il brûlerait la matière ; et à ce qu'il le soit assez pour qu'il puisse la tenir en fusion, et l'étendre d'une manière uniforme.

Les couches de bitume devront être appliquées par un beau temps, et sur des surfaces bien sèches : toutes les fois que l'Officier chargé du travail le demandera, l'Entrepreneur devra chauffer légèrement lesdites surfaces, soit avec de la paille, soit avec des copeaux qu'on brûlera dessus immédiatement avant d'y poser la matière. Pour les couches du bitume de l'État, le mastic et le goudron seront fournis à l'Entrepreneur.

Les couches de blanc d'Espagne seront appliquées au gros pinceau. Pour le blanc ordinaire, le liquide sera composé de (1ᵏ) de blanc d'Espagne pulvérisé, et délayé dans deux litres d'eau douce ; pour le blanc collé, on remplacera l'eau douce par de l'eau d'encollage.

(Pour mémoire.) Couche de brai.

Les couches de couleur seront appliquées au pinceau, en employant, suivant la teinte, l'une ou l'autre des couleurs décrites à l'article 170.

Avant de poser une couche à l'huile sur du bois, on remplira de futée, ou de mastic de vitrier, toutes les gerçures et tous les trous visibles à la surface ; et, si le bois est de sapin, on en passera les nœuds à l'essence et à l'eau forte, avant de poser la couche de fond, afin d'empêcher que la résine ne paraisse au travers de la teinte. Pour les couches de fond, on rendra le liquide plus fluide que pour les couches ordinaires, au moyen d'une addition d'huile, afin qu'il pénètre mieux dans le bois.

(Pour mémoire.) Couche de détrempe.

Les couches de lait de chaux seront étendues à la brosse de badigeonneur. Pour les couches de fond, le liquide sera composé, en volume, de parties égales d'eau douce et de chaux ordinaire en pâte, bien délayées ensemble ; dans ce liquide on détrempera du noir de fumée, à raison de (0ᵏ,03) de noir pour (10ˡⁱᵗ) de chaux. Pour les couches ordinaires, le liquide sera fait de quatre parties d'eau pour trois de chaux. Les laits de chaux collés ne différeront des laits de chaux ordinaires que parce que l'on ajoutera de l'alun à l'un ou à l'autre, à raison de (1ᵏ) pour (80ˡⁱᵗ) de liquide.

Toutes les couches seront payées au mètre carré ; mais les mesurages se feront de diverses manières, suivant la nature des couches et celle des surfaces.

Pour les couches de bitume, de brai, de couleur, de détrempe, le mesurage se fera suivant l'étendue effective des surfaces couvertes ; excepté lorsque lesdites surfaces appartiendront à des croisées à petits bois, à des persiennes, ou à des jalousies, lesquelles seront toisées ainsi qu'il suit.

On comptera (une face et un quart) comme si ladite face était pleine et unie, pour les deux faces des croisées sans imposte, à carreaux de (0ᵐ,4) de hauteur ou plus ; et (une face et demie) pour les mêmes croisées à imposte, ainsi que pour les croisées sans imposte a carreaux de (0ᵐ,3) à (0ᵐ,4) de hauteur. On paiera (une face et deux tiers) pour les croisées précédentes à imposte, ainsi que pour celles qui seront sans imposte et a carreaux de (0ᵐ,3) de hauteur ou moins. Enfin, pour ces dernières croisées à imposte, on comptera les deux faces comme pleines. Les persiennes et les jalousies peintes de toutes parts, y compris leurs châssis dormants, seront payées suivant leur largeur multipliée par le (triple) de leur hauteur.

Relativement aux couches de badigeon, de blanc d'Espagne, et de lait de chaux, on toisera les surfaces comme pleines et unies, c'est-à-dire, sans déduire le vide des portes, ni des fenêtres, et sans rien ajouter pour leurs ébrasements.

Toute couche collée, soit de badigeon, soit de blanc d'Espagne, soit de lait de chaux, dont la couleur, quelques jours après sa pose, pourra encore être enlevée par le frottement de la main, sera refaite aux frais de l'Entrepreneur : celles de détrempe seront également soumises à la même condition. Enfin, l'Entrepreneur devra recommencer les couches de couleur à l'huile, si leurs teintes viennent à changer dans l'année de sa responsabilité.

Art. 522. — Lorsqu'on exécutera des pavés destinés à recevoir du coulis dans les joints, on aura soin de ne pas remplir de sable lesdits joints, jusqu'à (0ᵐ,03) en contre-bas de la surface des pavés : dans le cas où ils se rempliraient, l'Entrepreneur les ferait vider avec un crochet de fer, ou avec un balai très-rude, immédiatement après l'achèvement des pavés, et les maintiendrait vides jusqu'au moment du coulement.

Pour exécuter ce dernier, on versera dans les joints, soit du mortier de ciment fin, soit du mortier de sable fin, délayé dans le (quart) de son volume de lait de chaux, et l'on hiera en même temps chaque pavé, jusqu'à ce qu'il soit en place, et avant que le coulis environnant ait pris ; ensuite on versera de nouveau, dans ces mêmes joints, du mortier plus étendu de lait de chaux que le premier, en faisant attention,

Marginal notes (right column):
Couche de badigeon.
Couche de bitume.
Couche de blanc d'Espagne.
Couche de couleur.
Couche de lait de chaux.
Mesurage des couches.
COULEMENT, sur pavés. *(Bord., Art. 956 et 957.)*

après ce second coulement, de ne plus marcher sur les pavés jusqu'à ce qu'ils soient tout-à-fait secs : dans le cas où l'on devrait forcément passer dessus, l'Entrepreneur les couvrirait de madriers dans les points de passage.

Le coulement de mortier sera payé au mètre carré, suivant l'étendue des pavés sur lesquels on l'aura exécuté.

Lorsqu'on voudra couler un vieux pavé, le nettoiement des joints sera fait à l'économie, ou payé comme *piquage* de mur (*chap. III*), au choix du Chef du Génie. Ce nettoiement consistera, d'abord, à enlever tout ce qui se trouvera dans les joints du pavé sans y adhérer, jusqu'à (o^m,o3) de profondeur au moins; ensuite, à balayer ce dernier; enfin, à le laver proprement, surtout dans les joints.

CRÉPIS.
(*Bord., Art.* 958 à 967.)
Clauses générales.

Art. 323. — Toute couche de mortier seulement dressée à la truelle, et appliquée sur un lattis, sur une maçonnerie, sur un mur de pisé ou de torchis, pour unir une surface, ou pour la garantir des intempéries, sera regardée comme crépi : l'épaisseur de la couche, et la manière de l'appliquer, dépendront de la nature de chaque surface.

Les crépis devront toujours adhérer de toutes parts aux surfaces qu'ils couvriront, et devront être exempts de bulle, de bosse et de cavité quelconque. Leur parement sera assez régulier pour que l'on puisse y appliquer une règle en tous sens, s'il est plan, ou des panneaux de la forme des génératrices, et dans le sens desdites génératrices, s'il est courbe, sans qu'il se présente, entre la règle ou les panneaux et le parement du crépi, de jour dont l'ouverture dépasse (o^m,oo6).

Crépi sur vieux lattis.

Lorsqu'on devra crépir un vieux lattis, on le nettoiera d'abord au moyen du marteau à pointe fine, pour le dégager de tout le vieux mortier; on le balaiera ensuite, et l'on ouvrira tous ses joints avec un crochet de fer; enfin, s'il est nécessaire, on le réparera de manière qu'il satisfasse aux conditions demandées pour les lattis de son espèce (*chap. IV*). Lorsque ce travail préparatoire, que l'on paiera en sus du crépi, sera fait, on arrosera légèrement le lattis, si l'ordre en est donné, et l'on y appliquera le mortier en le comprimant à la *palette* ou à la truelle, en sorte qu'il pénètre dans tous les joints; qu'il couvre entièrement le lattis; et que la couche qu'il formera ait au moins (o^m,oo3) d'épaisseur dans ses parties les plus minces, c'est-à-dire, au-dessus des points les plus saillants du lattis. Enfin, on dressera le crépi, soit en le raclant, soit en l'unissant à la truelle, suivant les commandes.

Crépi sur lattis neuf.

Les crépis seront appliqués sur les lattis neufs comme sur les vieux lattis; à l'exception du travail préparatoire détaillé ci-dessus, lequel dans ce cas deviendra inutile.

Crépi sur vieux mur.

Pour crépir les vieux murs de maçonnerie, on devra faire ordinairement trois opérations distinctes qui vont être détaillées, et qui sont : le *piquage*, la construction du renformis, et l'application du crépi. Le *piquage* et le renformis, n'étant que des travaux préparatoires, seront toujours, lorsqu'on les exécutera, payés en sus de la valeur du crépi; sauf dans quelques cas d'exception qui sont fixés ci-après.

Piquage.

Le *piquage* se fera d'abord de la manière suivante. On piquera le mur au vif, c'est-à-dire que l'on en détachera et que l'on fera tomber, au moyen du marteau à fine pointe, toutes les parties non adhérentes, et même peu adhérentes; on grattera ensuite, soit au racloir, soit au marteau, toutes les mousses, tous les lichens, ainsi que toute autre végétation quelconque, qui se trouveront après les parties solides du mur, de sorte qu'il n'y en reste aucune trace; on extirpera de même les racines d'herbe; on videra, le plus profondément possible, au moyen de pointes de fer et de crochets aigus, tous les joints remplis de terre ou de mortier peu cohérent; on balaiera tout le mur avec un balai très-rude; puis, suivant les ordres, on le lavera, soit en jetant de l'eau à seaux, soit au moyen d'une pompe à incendie, dont on dirigera le jet dans les joints, de la plus petite distance possible; enfin, on terminera ce travail en faisant la recherche de toutes les parties que le lavage aura décollées, et en les enlevant avec une fine pointe de fer.

Renformis.

Le renformis, que l'on exécutera après le *piquage*, ne sera autre chose que la réparation du mur, c'est-à-dire, le remplissage des trous, des creux, ou des plus grands joints. Ce remplissage sera fait avec des éclats de briques cuites, de moellon, ou de pierre de taille, et avec le mortier qui sera désigné. Du reste, ce travail ne sera payé en sus de la valeur du crépi que dans les circonstances suivantes, savoir : 1° toutes les fois qu'on le fera avec un mortier autre que celui qui sera employé pour le crépi. 2° Toutes les fois que par mètre carré de crépi on fera un remplissage de maçonnerie qui excédera, en volume, (o^m,oo2) cubes, non compris le volume du crépi que l'on suppose être de (o^m,o1) cube, ou environ, ce qui répond à une couche de (o^m,o1) d'épaisseur moyenne.

Lorsque le *piquage* et le renformis seront terminés, on fera le crépi, en mouillant d'abord le mur, puis en appliquant sur sa surface, soit à la *palette*, soit à la truelle, suivant les ordres, une couche de mortier de (o^m,oo3) d'épaisseur au moins au-dessus des parties les plus saillantes; et en ayant soin de racler proprement la surface de cette couche, ou de l'unir à la truelle.

Crépi sur maçonnerie neuve.

Les crépis seront posés sur les maçonneries neuves comme sur les vieux murs; seulement, le *piquage* et le renformis étant inutiles dans ce cas, on se contentera de balayer proprement le parement, et de le mouiller avant d'appliquer le crépi. Néanmoins, si le Chef du Génie jugeait nécessaire de faire exécuter le piquage, ou le renformis, ces travaux seraient aux frais de l'Entrepreneur : attendu qu'un mur neuf ne peut être hors d'état de recevoir un crépi qu'autant qu'il est mal dressé, ou mal rejointoyé.

Crépi sur pisé ou sur torchis.

Les crépis qu'on appliquera sur les murs de pisé, ou de torchis, seront soumis aux conditions fixées ci-dessus pour les crépis sur maçonnerie; excepté qu'on supprimera le lavage ainsi que l'arrosement : pour remplacer leur effet, on brossera soigneusement ces sortes de murs au balai de crin, de manière que toutes les parties pulvérulentes en soient détachées, et qu'il ne reste à découvert que des parties solides, c'est-à-dire, adhérentes.

Distinction des crépis.

Les prix du Bordereau seront applicables aux crépis faits : 1° de mortier à bourre gris (*Bord., Art.* 958 et 959); 2° de mortier *bâtard* ordinaire (*Bord., Art.* 960); 3° de mortier de sable ordinaire (*Bord., Art.* 962); 4° de mortier de ciment commun (*Bord., Art.* 963); 5° de mortier de plâtre gris (*Bord., Art.* 964 et 965); 6° enfin de mortier de terre grasse et de paille (*Bord., Art.* 966). On fera toutefois observer que les crépis dont les titres ne disent pas qu'ils doivent être appliqués sur lattis sont supposés appliqués sur des murs, soit de pisé, soit de maçonnerie, soit de torchis.

Les crépis seront tous payés au mètre carré : le mesurage se fera suivant l'étendue effective de leur parement, et sans égard à leur épaisseur, quelle qu'elle soit.

Art. 324. *(Pour mémoire.)* CUIVRES *travaillés.*

Art. 325. — Quand on exécutera un remblai de matériaux (*voyez l'art.* 316), si le Chef du Génie juge à propos de le faire plomber, on conduira ledit remblai par couches réglées, chacune de (0ᵐ,25) de hauteur au plus, toujours menées uniformément, de façon que les premiers déblais étant versés à la naissance du remblai, le roulage ou le transport des machines se fasse successivement sur les matériaux déjà remblayés ; puis, à coups de dame, on plombera fortement chaque couche dans toute son étendue : on se servira de dames du poids de (124) à (154).

Lorsque le remblai se fera avec des quartiers de roc, ou des démolitions, on entremêlera alternativement, dans le remblai général, des couches de pierres rangées à la main, et des lits de terre, pour qu'il n'y reste aucun vide.

Pour les remblais faits de cette manière, et pour ceux-là seulement, on allouera le prix du *damage*, prix applicable au mètre cube : le mesurage se fera suivant le volume effectif des matériaux avant qu'ils n'aient subi un premier déblai, ainsi que cela est expliqué pour les chargemens à l'article 316 ; et non sur le remblai.

Pour exécuter le *damage*, ainsi qu'on vient de le dire, on mettra, tant pour régaler que pour plomber, un nombre d'ouvriers au moins égal au tiers de celui des chargeurs employés au déblai primitif ; et, si ce nombre n'était pas jugé suffisant, l'Entrepreneur serait tenu de l'augmenter autant que le Chef du Génie le prescrirait : néanmoins, si ledit nombre dépassait les deux tiers de celui des chargeurs, le surplus en serait payé à la journée au compte de l'État. (*Voyez* : RÉGALEMENT, *chap. III.*)

Lorsqu'il se trouvera des talus à construire dans les remblais, les *dameurs* et les terrassiers employés à taluter seront toujours indépendans et en sus des ouvriers employés à plomber, ou à régaler.

Art. 326. — Les déblais pourront être payés de diverses manières, savoir : suivant leur nature, et suivant la nature des outils que l'on emploiera à leur extraction.

Par déblai à la drague, on entendra tout déblai de matériaux (*voyez la définition de ce mot à l'art.* 316) que l'on exécutera sous l'eau à plus de (0ᵐ,15) de profondeur, soit qu'on le fasse à la drague, soit qu'on se serve de la main, de la pelle, ou de la fourche. Toutefois, l'Entrepreneur aura droit d'exiger que les déblais qui ne pourront pas être exécutés par l'un des moyens désignés ci-dessus, ou pour lesquels il faudra opérer à plus de (3ᵐ) de profondeur sous l'eau, soient faits à l'économie. Un déblai à la drague sera réputé terminé lorsque les matériaux à déblayer seront hors de l'eau. Bien entendu que l'on ne regardera comme déblais faits sous l'eau, que ceux qui auront été exécutés pour enlever des matériaux réellement couverts de plus de (0ᵐ,15) d'eau : lorsque les matériaux seront habituellement couverts d'eau dont l'*épuisement* sera entretenu au moment du travail, de manière qu'il n'y en ait plus que (0ᵐ,15) de hauteur, ou moins, le travail alors ne sera compté que comme déblai à la pelle, ainsi qu'on va l'expliquer.

On regardera comme déblai à la pelle, tout déblai de matériaux fait hors de l'eau, ou sous l'eau à moins de (0ᵐ,15) de profondeur, à l'aide, soit des mains, soit de la drague, soit de la fourche, soit de la pelle ; ainsi que celui de toute matière quelconque que l'on pourra, au moyen de la pioche, réduire à l'état de matériaux. Un déblai à la pelle ne sera réputé fait qu'autant que les matériaux qui le composeront auront été déplacés, transportés ; et qu'ils seront déposés à quelque distance de leur emplacement primitif, ou chargés sur une des machines de transport décrites au chapitre I.

Tout déblai fait dans de la maçonnerie ou dans du roc trop durs pour qu'on puisse les réduire à l'état de matériaux en ne se servant que de la pioche, ne pouvant faire partie des déblais à la pelle spécifiés ci-dessus, à cause de la grande cohésion desdites matières, sera payé comme déblai au pic lorsqu'on se servira pour l'exécuter de la masse et du coin, ou bien du pic à tros, du ciseau, ou de tout autre outil à fine pointe ou à tranchant ; comme déblai au pétard lorsqu'on y emploiera de la poudre, et simultanément n'importe quel outil : le Chef du Génie déterminera toujours lequel de ces deux procédés sera employé. Un déblai de l'une ou de l'autre de ces deux espèces sera réputé terminé, dès que les parties de roc ou de maçonneries qui le composeront auront été déplacées, et que toute la masse dudit sera réduite à l'état de matériaux. On regardera comme Rocs durs, ou tendres, ceux qui sont ainsi désignés à l'article 310 ; comme MAÇONNERIES FAIBLES, celles qui auront moins de (0ᵐ,5) d'épaisseur ; comme MAÇONNERIES FORTES, celles qui seront d'une plus grande épaisseur.

Pour exécuter un déblai quelconque, on commencera toujours par enlever les parties les plus élevées, afin d'éviter les accidens ; et tous les déblais, autant que possible, seront exécutés par couches, chacune de (1ᵐ,6) de hauteur : les matières à déblayer seront coupées à plomb, en talus, ou en *banquettes*, suivant les ordres, en observant de ne pas asseoir immédiatement les *banquettes* sur les plans des talus, mais de laisser du large pour bien façonner ces derniers, si toutefois ils doivent l'être.

Les rampes à laisser pour le transport des déblais, dans la masse desdits déblais, ainsi que l'enlèvement desdites rampes, seront déterminés par les Officiers du Génie, et exécutés aux frais de l'Entrepreneur : c'est-à-dire que ce dernier ne pourra rien réclamer pour ce travail, quelques difficultés qu'il présente ; et que son paiement sera compris dans le prix du déblai général.

Les talus à conserver sont à exécuter dans les déblais seront soigneusement dressés, suivant les surfaces indiquées ; et lorsque l'Entrepreneur excédera le tracé des déblais, non-seulement il ne lui sera mesuré et compté que les parties de déblai qui auront été ordonnées ; mais, outre cela, il sera obligé de remblayer à ses frais les vides excédans, savoir : avec de la maçonnerie de l'espèce qui sera désignée, si l'erreur a été commise dans de la maçonnerie, ou dans du roc ; et avec de la terre, ou avec les matériaux provenant du déblai, lorsqu'il s'agira d'un déblai de terre ou de matériaux (*art.* 30).

L'Entrepreneur réparera et relèvera également à ses frais les éboulemens qui, par défaut de précaution de sa part, pourront survenir ; et sera responsable, quand il fera déblayer au pétard, des accidens que les explosions pourront occasionner.

Les échafauds ainsi que les planchers nécessaires au transport des déblais, en les jetant de *gradin* en *gradin*, ou de *banquette* en *banquette*, seront aux frais de l'Entrepreneur ; mais on lui paiera comme écha-

Mesurage des crépis.

(*Bord., Art.* 968 *à* 975.)

DAMAGE.
(*Bord., Art.* 976.)

DÉBLAIS.
(*Bord., Art.* 977 *à* 990.)
Déblai à la drague.

Déblai à la pelle.

Déblai au pétard et au pic

Ordre à suivre dans l'exécution des déblais.

Rampes dans les déblais.

Talus à conserver.

Éboulemens et accidens.

Échafauds.

fauds (*art.* 64 *et* 104), ou comme *étrésillonnement* (*voyez cet article au chap. III*), par exception à l'art. 45, et en sus de la valeur des déblais, les bois ainsi que les fers nécessaires pour étayer, étançonner ou étrésillonner provisoirement les parties solides attenantes aux déblais.

Observations sur les prix.　Les prix de déblais à la drague, au pic, au pétard, sont immédiatement donnés par le Bordereau ; mais celui des déblais à la pelle, à un homme et à une *portée*, ne peut être appliqué qu'après avoir été multiplié, d'abord par le nombre de *portées*, et ensuite par le nombre d'hommes, relatifs à chaque déblai : du reste, par *portée*, ainsi que par *homme*, on comprendra ce qui suit.

Portées.　En supposant un atelier composé de deux hommes, l'un chargeant dans une brouette, soit à la main, soit à la pelle, soit à la fourche, des matériaux quelconques, et l'autre roulant ces mêmes matériaux à une certaine distance ; en supposant de plus que le brouettier mette à conduire une brouette pleine, et à la ramener vide au chargeur, un temps justement égal à celui que ce dernier met à remplir une autre brouette semblable à la première : les matériaux déblayés et transportés de cette manière seront réputés à une *portée*, lorsque le brouettier ne pourra conduire sa brouette qu'à (20ᵐ) ; ils seront à deux *portées*, lorsqu'il ne pourra la conduire qu'à (40ᵐ) ; enfin, à trois *portées*, lorsqu'il ira à (60ᵐ), et ainsi de suite : en sorte que la longueur du chemin parcouru par le brouettier, mesurée au mètre pris pour unité, et divisée par vingt, donnera pour quotient le nombre de *portées* par lequel on devra multiplier le prix du Bordereau. Quant au nombre d'hommes, on le déterminera ainsi qu'il suit.

Hommes en relais.　Les matières à déblayer étant à l'état de matériaux (art. 316), ceux-ci seront réputés à un homme, lorsqu'il s'agira seulement de les enlever de leur place pour les charger dans une machine de transport, ou pour les jeter à (3ᵐ) au plus de distance horizontale, ou bien enfin pour les déposer sur une *banquette* à (1ᵐ,2) au plus de hauteur mesurée verticalement. Lorsque les déblais devront être transportés, soit à la main, soit à la pelle, soit à la fourche, à plus de (3ᵐ) horizontalement, ou à plus de (1ᵐ,2) verticalement : dans le premier cas, en prenant le mètre pour unité, on mesurera la distance du point où les matériaux seront enlevés primitivement à celui où ils seront déposés en dernier lieu ; on augmentera cette distance de (1ᵐ) ; on la divisera par (4ᵐ) ; et le quotient qu'on obtiendra sera le nombre d'hommes par lequel on devra multiplier le prix du Bordereau, déjà multiplié par le nombre des portées. Dans le second cas, ce nombre d'hommes sera égal au nombre de fois que la longueur (1ᵐ,6) se trouvera comprise dans la différence de niveau qui existera entre le même point de départ et celui d'arrivée desdits matériaux, après avoir toutefois augmenté cette différence de (0ᵐ,4). Lorsqu'il se trouvera entre ces deux points une grande distance horizontale, et en même temps une grande distance verticale, on combinera alors les deux règles ci-dessus de la manière suivante.

Après avoir d'abord mesuré la distance verticale, l'avoir augmentée de (0ᵐ,4), et l'avoir divisée par (1ᵐ,6), pour avoir le nombre d'hommes qu'elle doit faire allouer ; après avoir ensuite mesuré la distance horizontale et l'avoir augmentée de (1ᵐ), on retranchera la distance verticale de cette dernière, et en divisant le reste par (4ᵐ), si toutefois il y en a un, on obtiendra un quotient qui, étant ajouté au nombre d'hommes donné par la distance verticale, formera avec lui le total du nombre des hommes qu'il faudra allouer dans ce cas ; bien entendu qu'il n'y aura rien à ajouter au premier nombre lorsque le reste sera nul ou négatif.

Hommes à la fouille.　Enfin, lorsque les matières à déblayer ne seront pas à l'état de matériaux, et lorsqu'il sera possible de les y réduire en les travaillant à la pioche, pour avoir le nombre total et définitif des hommes à payer à l'Entrepreneur, on ajoutera à celui qui aura déjà été déterminé, comme il est dit précédemment, le quotient du nombre des ouvriers *piocheurs* justement nécessaires pour entretenir un certain nombre d'ouvriers *pelleurs*, divisé par le nombre de ces mêmes ouvriers *pelleurs* : ainsi, s'il faut autant de *piocheurs* que de *pelleurs*, ce quotient sera un ; s'il faut deux *piocheurs* pour suffire à un *pelleur*, ce quotient sera deux, et ainsi de suite. Ce que l'on entendra dans les conditions du présent Devis par HOMMES A LA FOUILLE, sera toujours le quotient dont on vient de parler.

Fixation des prix et de leurs fractions.　Le nombre des *portées*, et celui des hommes, seront toujours déterminés d'avance, par l'Officier chargé du travail, de concert avec l'Entrepreneur, avant qu'aucun déblai ne soit commencé ; et, si les prétentions de ce dernier, à l'égard de cette fixation, paraissaient trop élevées, ces nombres seraient déterminés par des expériences ainsi qu'on va le dire. Dans tous les cas, on ne comptera jamais moins d'un homme et d'une *portée*, ni de fraction d'homme, ou de *portée*, autre que des demies ou des quarts. Enfin, par exception à l'article 45, toutes les fois que les déblais seront chargés dans une des machines de transport désignées au Bordereau, de l'article 802 à l'article 837, on allouera à l'Entrepreneur le prix du chargement, en sus du prix du déblai, conformément à l'article 316, bien qu'un déblai ne soit réputé fait qu'autant qu'il est chargé dans lesdites machines.

Expérience pour déterminer les portées.　En cas de discussions, pour déterminer le nombre de *portées* qui caractérise un déblai, celui-ci étant tellement disposé que l'on puisse immédiatement le charger dans une brouette, et le rouler sur un terrain à-peu-près horizontal, l'Officier du Génie choisira premièrement un homme de confiance, et lui fera donner, soit une drague, soit une fourche, soit une pelle, afin qu'il puisse charger dans une brouette, avec le plus de promptitude possible, les matériaux à déblayer, en n'employant que l'un des susdits outils ou ses mains, suivant la nature du déblai. L'Entrepreneur choisira ensuite un homme à son gré, destiné à transporter le déblai à la brouette. A ces deux ouvriers on adjoindra d'abord des *piocheurs* en assez grand nombre pour que le chargeur ait toujours à sa disposition des matériaux prêts à être enlevés avec l'outil dont il devra se servir ; on leur adjoindra ensuite un homme, intermédiaire entre le chargeur et le brouettier, qui n'aura d'autre fonction que de présenter les brouettes vides au chargeur, et de conduire les brouettes pleines à quelques pas, dans un endroit où le brouettier puisse venir les prendre et changer de brouette le plus commodément possible ; enfin, on leur adjoindra encore un autre homme qui présentera les brouettes vides au brouettier, à l'extrémité de sa course, et qui conduira et versera, à quelque distance de là, les brouettes pleines que le brouettier lui aura remises : les brouettes qu'on emploiera à cette sorte d'expériences seront fermées du devant, et de la capacité de (0ᵐ,033) cubes.

L'atelier étant ainsi disposé, le chargeur remplira une première brouette le plus promptement possible et jusqu'au niveau des bords ; cette brouette, pendant qu'il continuera d'en emplir de la même manière une seconde que l'on tiendra toujours toute prête à côté de lui, sera conduite au brouettier et à son point de départ par l'intermédiaire qui, avant de partir, en disposera une vide près du chargeur. Le brouettier conduira la première brouette à l'extrémité de sa course, l'abandonnera au déchargeur, et reviendra tout de suite avec une troisième brouette vide, que ce dernier lui aura remise, pour chercher à son point de départ une autre brouette pleine, que le chargeur aura emplie pendant qu'il roulait la première, et qui lui sera encore présentée par l'intermédiaire auquel il remettra la troisième.

Le travail étant ainsi continué, c'est-à-dire, le chargeur emplissant toujours les brouettes, et le brouettier partant toujours du même point, mais variant la longueur de sa course jusqu'à ce qu'il ait trouvé l'endroit où il doive conduire et abandonner sa brouette au déchargeur, en sorte qu'il mette, tant pour aller que pour revenir, un temps égal à celui que le chargeur met à emplir une brouette ; la longueur du *roulage*, depuis le point où le brouettier prendra les brouettes jusqu'à celui où il les abandonnera, mesurée au mètre pris pour unité, donnera une quantité qui, étant divisée par (20^m), déterminera le nombre des *portées* qu'on devra allouer. On reconnaît que le temps que met le brouettier pour faire sa course est égal à celui qu'emploie le chargeur pour emplir une brouette, quand il n'y a jamais plus d'une brouette pleine et au point de départ du brouettier et près du chargeur.

Dans cette expérience, on suppose que le roulage peut se faire sur un terrain à-peu-près horizontal, et que le chargeur peut déposer immédiatement les déblais dans les brouettes. Lorsque les localités s'opposeront à ce que ces deux circonstances aient lieu, alors, si le roulage ne peut se faire qu'en descendant, l'Officier du Génie déterminera le point de départ, ainsi que la route du brouettier ; en cas contraire, ainsi qu'en terrain horizontal, ces deux choses seront au choix de l'Entrepreneur qui, dans tous les cas, aura droit de faire placer des madriers sur le sol pour faciliter le roulage, lorsqu'il le jugera à propos. Enfin, lorsque les lieux ne permettront pas au chargeur de déposer immédiatement les déblais dans les brouettes, cet ouvrier devra les jeter horizontalement à plus de (2^m), ou à (1^m) au moins verticalement ; et on placera, entre l'endroit où il les jettera et celui où les brouettes pourront être emplies, un assez grand nombre d'hommes pour que lesdits déblais soient transportés et chargés rapidement : dans ce cas on reconnaît que le brouettier emploie pour faire sa course un temps égal à celui que le chargeur mettrait pour emplir une brouette, quand il ne reste jamais devant les hommes intermédiaires qu'un volume constant de matériaux, et jamais plus d'une brouette pleine, tant auprès des ouvriers chargeurs, qu'au point de départ du brouettier.

On voit, d'après le détail ci-dessus, qu'il est nécessaire, pour que l'expérience soit bien faite, que les ouvriers adjoints au chargeur et au brouettier servent parfaitement ces deux ouvriers, et de manière qu'ils n'éprouvent aucun retard.

Expérience pour déterminer les hommes à la fouille.

Pour déterminer le nombre d'hommes à la fouille qui caractérise un déblai, celui-ci étant supposé trop cohérent pour qu'on puisse l'enlever immédiatement à la pelle, à la main, ou à la fourche, l'Officier du Génie prendra un homme de confiance, et le fera piocher pendant un temps déterminé, dont on tiendra compte, dans les matières qu'il s'agira de déblayer, de façon qu'il les réduise à l'état de matériaux (art. 316). L'Entrepreneur mettra ensuite sur le même emplacement un ouvrier de son choix, et lui fera déblayer tous les matériaux qui auront été préparés par le *piocheur* : on aura soin que cet ouvrier n'emploie qu'un des outils désignés ci-dessus, et qu'il dépose lesdits matériaux, soit dans une brouette, soit à une distance de (2^m) au moins mesurée horizontalement, ou de (1^m) verticalement. Ayant alors observé le temps que le second ouvrier aura mis à faire le déblai de tous les matériaux piochés par le premier, le nombre de fois que le temps employé par ce premier ouvrier *piocheur* contiendra le temps employé par le second ouvrier *pelleur* déterminera le nombre des hommes à la fouille (ou *piocheurs*) qu'il faudra allouer.

Mesurage des déblais à la drague.

Les déblais à la drague seront payés au mètre cube, et le mesurage se fera suivant le volume que lesdits déblais présenteront après leur extraction, soit dans les machines de transport, soit dans des mesures de capacité, soit enfin en tas réguliers : dans tous les cas, l'Entrepreneur désignera celui de ces trois modes de mesurage qu'on voudra employer, et les fera qu'il entraînera seront à son compte. Lorsqu'un déblai à la drague sera repris à la pelle, on paiera également ce nouveau travail au mètre cube : le mesurage dans ce cas, et dans tout autre cas semblable, se fera pour le déblai à la pelle comme pour le déblai à la drague.

Mesurage des déblais à la pelle.

Les déblais à la pelle seront payés au mètre cube : le mesurage se fera toujours, autant que possible, et sauf l'exception qui précède et celle qui suit, suivant le volume effectif des déblais avant leur extraction primitive ; et l'on augmentera le *métrage* d'un (vingtième) par homme à la fouille, afin d'indemniser l'Entrepreneur du foisonnement. Si un déblai à la pelle, après avoir été d'abord excavé une première fois et déposé en remblai, était ensuite repris à la pelle une seconde fois ou plus, le mesurage relatif à cette seconde reprise, ou à toute autre, serait toujours fait sur le volume primitif augmenté d'un (vingtième) par homme à la fouille, ainsi qu'on vient de le dire ; au moins toutes les fois que ce volume pourrait être connu et calculé.

Mesurage des déblais au pic et au pétard.

Les déblais au pétard, ainsi que ceux au pic, seront également payés au mètre cube : le mesurage se fera suivant le volume que présenteront les rocs et les maçonneries avant l'exécution du déblai, augmenté de (moitié) en sus, à cause du foisonnement.

Lorsqu'un déblai de roc ou de maçonnerie, fait au pic ou au pétard, sera ensuite enlevé à la pelle, c'est-à-dire, transporté hors de l'emplacement qu'il occupera par suite du premier déblai, le mesurage relatif au paiement de ce second déblai, ou de tout autre, se fera dans ce cas comme pour le déblai au pic ou au pétard, c'est-à-dire, suivant le volume primitif augmenté de moitié en sus ; au moins autant que possible.

Repères et témoins.

Pour établir les attachemens dans les grands ateliers, on placera à quelque distance l'un de l'autre, en formant un triangle, trois repères pour le nivellement à faire avant et après le déblai. Ces repères seront des pieux enfoncés en terre, au milieu desquels on fixera un clou dont la tête affleure le sommet du pieu ; ou bien des dés de pierre de taille ; ou enfin des massifs de maçonnerie surmontés, chacun, d'une pierre plane et horizontale.

Dans les déblais de peu d'étendue, on se contentera de laisser des témoins en profil, et non en pyramide, dirigés et espacés d'après l'indication de l'Officier chargé du travail : ces témoins seront ensuite enlevés aux frais de l'Entrepreneur, immédiatement après le mesurage.

Enfin, pour les déblais de roc, et principalement de maçonnerie, ainsi que pour les petits déblais de matériaux qui seront en saillie sur un sol régulier, on prendra, autant que possible, l'attachement de leur volume avant que le déblai n'en soit commencé.

Objets trouvés dans les déblais.

Dans tous les cas, l'Officier chef de l'atelier déterminera le mode de repères qu'on emploiera, et les frais qu'il entraînera seront néanmoins au compte de l'Entrepreneur.

Tous les matériaux et tous les objets, de quelque nature qu'ils soient, trouvés dans les déblais appartiendront à l'Etat. Lorsque les déblais renfermeront des matériaux propres aux constructions, l'Entrepreneur sera tenu d'en faire le triage, de les séparer du reste du déblai, de les déposer au lieu désigné, et même de les entoiser si cela est ordonné : dans ce cas on pourra, si l'Entrepreneur y consent, et si l'Officier du Génie pense que l'Etat ne puisse pas y perdre, laisser les frais de triage et d'emmétrage à la charge de l'Entrepreneur, en payant tout le déblai au prix qui conviendra à sa majeure partie; mais si cet arrangement ne convient point à l'un ou à l'autre, alors on déduira du déblai le volume des matériaux triés, et l'on paiera séparément le volume de chaque partie suivant le prix qui lui sera applicable. (*Voyez :* TRIAGE *et* EMMÉTRAGE, *chap. III.*) (*Note* XXXIV.)

DÉMOLITIONS.
(Bord., Art. 991 à 994.)
Clauses générales.

Art. 327. — Le Chef du Génie aura droit, lorsqu'il le jugera convenable et par exception à l'article 34, de faire payer certaines démolitions au toisé. Le travail relatif à ces démolitions consistera à désassembler et à enlever de leurs places les objets à démolir; puis à les transporter, et à les déposer aux endroits désignés à (50ᵐ) ou moins de l'emplacement primitif, c'est-à-dire, à pied-d'œuvre : le tout avec précaution. Pour les démolitions exécutées de cette manière, et pour celles-là principalement, l'Entrepreneur répondra des avaries, et sera tenu de remplacer les objets qui seront détériorés faute de soin.

Les objets que l'on pourra démolir ainsi sont :

Démolition de charpente.

1° Les charpentes de toute espèce, dont la démolition sera payée au mètre cube, et pour lesquelles le mesurage se fera comme le prescrit l'article 317.

Démolition de pierres.

2° Les pierres d'appareil de toute sorte dont le lit supérieur ne sera pas couvert par d'autres maçonneries. Cette espèce de démolition sera payée au mètre cube suivant le volume effectif de chaque pierre. L'Entrepreneur devra avoir soin que les pierres soient arrachées, descendues et transportées avec précaution : attendu que le prix relatif à ces démolitions n'est établi que dans cette hypothèse, et que toute démolition faite sans soin doit être regardée comme étant un déblai.

Démolition de vitres.

3° Les vitres, dont la démolition sera payée au mètre carré, suivant la grandeur effective de chaque feuille de verre.

ÉLÉVATION des eaux.
(Bord., Art. 995 à 1007.)

Art. 328. — Les prix relatifs à l'élévation des eaux seront applicables aux *épuisemens* faits au baquet ou au seau, au chapelet, à l'écope, à la hollandaise, à la pompe, enfin à la vis d'Archimède.

L'élévation des eaux sera payée au mètre cube, suivant l'un des prix du Bordereau multiplié par la hauteur, exprimée en mètres pris pour unités, à laquelle les eaux auront été élevées : mais les eaux à épuiser pouvant être alimentées ou non alimentées par des sources, il en résulte que les mesurages pourront présenter deux cas différents.

Lorsque les eaux ne seront pas alimentées, leur volume sera immédiatement donné par le vide qu'elles auront occupé; et la hauteur de leur élévation sera la distance comprise entre le plan horizontal qui passait par leur centre de gravité, et le point du sol sur lequel elles auront été versées. Lorsque les eaux seront alimentées, non-seulement il faudra d'abord payer l'*épuisement* de leur masse primitive, de la manière qui vient d'être expliquée; mais on devra, outre cela, tenir compte à l'Entrepreneur de l'eau que les sources auront produite pendant tout le temps de l'*épuisement*, ce qu'on évaluera ainsi qu'il suit.

Le niveau des eaux étant à-peu-près au point où l'on devra entretenir l'*épuisement*, on marquera leur hauteur après un objet fixe; on discontinuera ensuite immédiatement l'*épuisement* pendant un certain temps, au bout duquel on marquera de nouveau le niveau de l'eau, toujours après le même objet : l'épaisseur de la couche d'eau produite pendant le temps du repos étant alors donnée par la distance verticale des deux marques, et la moyenne de l'étendue de la surface supérieure et de l'inférieure de cette couche ayant été calculée d'avance, on aura, par une multiplication, le volume de l'eau produite pendant ledit temps de repos; et par conséquent, au moyen d'une proportion, pendant tout le temps de l'*épuisement*, si toutefois le produit des sources est constant. Dans le cas où il ne le paraîtrait pas, on devrait répéter l'expérience ci-dessus aussi souvent que cela serait nécessaire pour obtenir une évaluation exacte; si l'on ne pouvait parvenir à l'avoir, on exécuterait le travail à l'économie.

La hauteur de l'élévation applicable dans ce dernier cas, sera la distance comprise entre les plans horizontaux passant par le point le plus élevé du sol sur lequel les eaux auront été versées, et le niveau auquel l'*épuisement* entretiendra les eaux, lequel niveau devra toujours être déterminé par un ordre.

L'excavation et le comblement des trous pour placer les machines, pour faire les rigoles d'écoulement, ainsi que la construction et la démolition des digues et des batardeaux relatifs aux *épuisemens*, seront payés en sus de la valeur de ceux-ci : néanmoins, les bois employés aux ouvrages de cette sorte ne seront payés que comme échafauds (*art.* 64 *et* 104). La fourniture des machines sera au compte de l'Entrepreneur; mais l'établissement de quelques-unes d'entre elles sera payé à part, conformément aux conditions du chapitre 1ᵉʳ du Devis.

EMMÉTRAGE.
(Bord., Art. 1008.)

Art. 329. — Le prix fixé pour l'*emmétrage* sera alloué pour les moellons, pour les pavés, ainsi que pour toutes les autres pierres quelconques appartenantes à l'Etat, que l'on entoisera, c'est-à-dire que l'on arrangera en tas réguliers, rectangulaires, et d'une hauteur égale sur tous les points. L'*emmétrage* sera payé au mètre cube suivant le volume des tas, et ne comprendra les transports nécessaires à cette opération que jusqu'à (4ᵐ) : au-delà de cette distance on paiera le chargement et le transport en sus de l'*emmétrage*.

Les tas de matériaux entoisés ne devront renfermer aucun corps étranger : le triage de ces derniers, s'il s'en trouvait parmi les matériaux avant l'arrangement des tas, serait au compte de l'Entrepreneur.

EMPIERREMENS.
(Bord., Art. 1009 et 1010.)

Art. 330. — Toute couche de moellons ordinaires posés de champ, construite sur une digue, sur un radier, sur un *tunage*, sur une route, ou sur tout autre terrain quelconque, pour en consolider le sol, ou pour arrêter l'effet destructif des eaux, sera regardée comme empierrement : les moellons employés à ces ouvrages seront tels, que leurs longueurs, ou leurs largeurs, soient à-peu-près égales à l'épaisseur de l'empierrement.

Après la construction des *cases*, soit de charpente, soit de clayonnage, soit de terre, qui devront contenir l'empierrement, on arrangera les moellons dans l'intérieur desdites *cases*, en les frappant fortement du marteau, et en les calant avec des éclats de pierre, de façon que leur partie supérieure affleure la surface plane ou courbe que devra présenter l'empierrement; qu'ils soient tous placés bout à bout, par lignes réglées et dans le sens prescrit; que les joints de chaque file correspondent aux milieux des moellons des deux rangées adjacentes, c'est-à-dire qu'ils soient liaisonnés; enfin qu'ils soient tous bien serrés les uns contre les autres, et sans qu'aucun d'eux puisse vaciller.

Les empierremens seront payés au mètre cube : le mesurage se fera suivant l'étendue en longueur et en largeur de l'intérieur des *cases* remplies, multipliée par l'épaisseur moyenne de la couche de pierres contenue dans chacune d'elles. La construction desdites *cases* sera payée à part.

Art. 331. *(Pour mémoire.)* ENCOLLAGE *posé.*

Art. 332. — On regardera comme enduits certaines couches minces de mastic ou de mortier, qu'on appliquera sur les crépis ou sur les maçonneries, en suivant certains procédés qui vont être détaillés ci-après, afin d'unir leurs paremens, ou d'empêcher l'infiltration des eaux.

Les enduits seront exempts de gerçure, de fente, de bulle quelconque ; leur surface sera plane ou courbe, et assez bien dressée pour qu'on puisse y appliquer une règle en tous sens sur les parties planes, et des panneaux sur les parties courbes, dans le sens de leurs génératrices, sans qu'il y ait plus de ($0^m,002$) de jour entre la règle, ou les panneaux, et la surface de l'enduit : on voit, d'après ce qui précède, que les enduits ne diffèrent des crépis que par le poli de leur surface, l'épaisseur des couches, et les procédés à suivre pour les appliquer.

Pour appliquer un enduit de mastic de goudron, on fera sécher au feu la surface de la maçonnerie sur laquelle on devra le poser ; et, après l'avoir parfaitement piquée, nettoyée, et en avoir détaché les parties peu adhérentes, on y versera du mastic de goudron tout bouillant, que l'on étendra en couche de ($0^m,005$) d'épaisseur ou environ, et qu'on polira ensuite au moyen d'un fer chaud.

Les enduits de mastic-Loriot seront faits en appliquant, sur les surfaces, une couche de ($0^m,001$) à ($0^m,002$) d'épaisseur de mastic-Loriot, que l'on étendra, qu'on dressera à la truelle, et qu'on lissera immédiatement au caillou. On aura soin de bien nettoyer les surfaces, de mettre la maçonnerie au vif, de la mouiller avant d'appliquer le mastic, et de couvrir immédiatement les enduits de toiles ou de paillassons, pour les garantir de l'air et surtout du soleil jusqu'à ce qu'ils soient bien secs : les enduits de cette sorte se gercent et n'adhèrent pas sans ces précautions, ce qui est un cas de refus.

Un enduit de mastic-Vauban sera composé de six couches de mastic-Vauban, qu'on appliquera successivement l'une sur l'autre de la manière suivante.

Après avoir piqué au vif la maçonnerie, l'avoir parfaitement nettoyée et laissé sécher, on étendra sur sa surface une première couche de mastic de ($0^m,003$) à ($0^m,004$) d'épaisseur, qu'on dressera à la truelle, et qu'on laissera sécher durant trois à quatre jours. Au bout de ce temps, on piquera légèrement cette couche, sur laquelle on en appliquera une seconde tout-à-fait semblable; et l'on continuera ainsi le travail jusqu'à la sixième couche, que l'on aura soin de lisser au caillou jusqu'à ce qu'elle soit sèche : l'ensemble de ces six couches doit produire une épaisseur de ($0^m,02$) ou environ.

(Pour mémoir.) ENDUIT de mortier à bourre.

Les enduits de mortier de ciment ne seront jamais appliqués que sur des crépis nouvellement faits, et encore un peu frais ; mais néanmoins assez solides pour ne plus céder à une légère pression.

Pour faire un enduit de cette sorte, on fouettera sur le crépi, et l'on dressera tout de suite à la truelle, une couche de mortier de ciment fin de ($0^m,002$) à ($0^m,003$) d'épaisseur ; on abritera ensuite cet enduit; puis, quand il commencera à se ressuyer, on le lissera à la truelle ou avec le caillou, et l'on continuera ce travail jusqu'à ce qu'il soit tout-à-fait sec, en ayant soin, depuis le moment où l'on commencera à le lisser jusqu'à la fin de cette opération, de le tenir toujours couvert de toiles humides ou de paillassons exactement posés dessus.

Les enduits de mortier fin seront exécutés avec du mortier de sable fin, et d'abord appliqués comme les enduits de mortier de ciment, excepté qu'on ne les abritera pas; ensuite, quand la couche qui les formera sera ressuyée et déjà un peu ferme, on l'aspergera peu à peu, afin d'en ramollir la surface, et l'on achèvera immédiatement de l'unir à la *palette.*

Chaque couche de ($0^m,001$) à ($0^m,003$) d'épaisseur, soit de mortier de plâtre gris, soit de mortier de plâtre blanc, qu'on appliquera sur un crépi de plâtre, sera regardée comme enduit de plâtre. La régularité de surface des ouvrages de cette sorte sera telle, que les règles et les panneaux, dont il est parlé au commencement du présent article, puissent y être appliqués exactement, c'est-à-dire, sans laisser aucun jour : les couches dressées de cette manière seront les seules que l'on paiera en sus des crépis.

Lorsque les enduits de plâtre gris seront faits en même temps que les crépis, le poli des surfaces sera le seul caractère auquel on reconnaîtra la présence de ces ouvrages ; tandis que l'on distinguera toujours les crépis, des enduits de plâtre blanc, ainsi que des enduits de plâtre gris posés sur de vieux crépis, par la différence des plâtres, et par l'épaisseur des couches.

Tous les enduits seront payés au mètre carré en sus de la valeur des crépis : le mesurage se fera suivant leur étendue effective.

Art. 333. — Par enrochement, on comprendra tout massif de béton échoué sous l'eau pour servir de fondation, de *parafouille*, ou dans tout autre but : on en distinguera de deux espèces, suivant qu'ils seront entièrement formés de béton, ou qu'ils seront composés de couches, alternativement, de béton et de pierres.

Pour construire les enrochemens de la première espèce, après avoir nettoyé, au compte de l'État, l'intérieur des encaissemens de palplanches, ou de tout autre emplacement destiné à contenir l'enrochement, on les remplira de mortier, que l'on échouera au moyen d'une *cuillère* à bascule fermée de toutes parts, de manière que le mortier soit déposé immédiatement sur le fond sans être délayé, et arrangé par couches régulières, chacune de ($0^m,5$) d'épaisseur, que l'on comprimera légèrement et successivement avec une large dame de bois chargée de (25^k) de plomb.

(Bord., Art. 1011.)
ENDUITS.
(Bord., Art. 1012 à 1020.)
Clauses générales.

Enduit de mastic de goudron.

Enduit de mastic-Loriot.

Enduit de mastic-Vauban.

Enduit de mortier de ciment.

Enduit de mortier fin.

Enduit de plâtre.

Mesurage des enduits.

ENROCHEMENS.
(Bord., Art. 1021 à 1026.)
Définition.

Enrochement de béton.

Enrochement de béton et de pierres.

Les enrochemens de la deuxième espèce seront construits ainsi qu'il suit. L'encaissement étant préparé comme on l'a dit précédemment, on échouera sur son fond un premier lit de pierres, que l'on arrangera avec un croc, de telle sorte qu'elles se touchent par les bords, et qu'elles ne laissent entre elles que le moins de vide possible. Sur ce premier lit (ou première couche) on échouera ensuite du béton, suivant le procédé indiqué ci-dessus, tant pour remplir les vides qui se trouveront entre les pierres, que pour former au-dessus de ces dernières une couche de (0m,1) à (0m,15) d'épaisseur. Sur cette première couche de béton on échouera doucement une seconde couche de pierres, puis une seconde couche de béton semblable à la première, et ainsi de suite jusqu'à fleur d'eau.

Composition des enrochemens.

Les enrochemens dont les prix sont au Bordereau seront faits avec les matériaux suivans, savoir : ceux de béton de sable et de trass, avec du mortier-béton de sable et de trass, employé seul ; ceux de béton ordinaire, avec du mortier-béton ordinaire ; ceux de béton et de libages, avec du mortier-béton ordinaire et des libages, disposés alternativement par couches ; enfin ceux de béton et de moellons, avec du mortier-béton de ciment, et de gros moellons de A, également entremêlés.

Mesurage des enrochemens.

Les enrochemens seront payés au mètre cube : le mesurage se fera suivant le volume effectif des massifs d'enrochement construits. Tout enrochement pour lequel il faudra échouer le mortier à plus de (4m) de profondeur sous l'eau sera fait à l'économie.

ÉPINÇAGE.
(Bord., Art. 1027.)

Art. 334. — On allouera le prix de l'épinçage toutes les fois que l'Entrepreneur fera retailler à l'épinçoir des pavés appartenans à l'État, de l'une des espèces dites pierres de E, pierres de roche, ou pierres épincées, pour leur donner les formes prescrites par chacun des articles qui les concernent. Ce travail sera payé au mètre cube, et le mesurage se fera sur des tas reguliers que l'Entrepreneur entoisera à ses frais.

ÉTRÉSILLONNEMENS.
(Bord., Art. 1028 et 1029.)

Art. 335. — Lorsqu'il faudra, pour l'exécution d'un déblai de matériaux, pour une démolition, ou pour tout autre travail analogue, étrésillonner, étayer, ou étançonner, afin d'éviter des éboulemens ou des écroulemens, l'Entrepreneur prendra les dispositions nécessaires à cet égard, et en sera généralement payé suivant les prix fixés pour les charpentes ou pour les planchers d'échafaud. Néanmoins, pour la simplification des toisés, on a fixé un prix d'étrésillonnement, que l'on pourra appliquer aux ouvrages ci-dessus, mais seulement dans les circonstances suivantes.

Quand on fera un déblai de peu de largeur, tel, par exemple, que de (3m) ou moins, soit pour une fondation, soit pour tout autre objet, dans un terrain peu cohérent, et que les parois de ce déblai, pour être maintenus en place, exigeront des étrésillons rapprochés, c'est-à-dire, espacés de (1m) à (2m) les uns des autres, on pourra, lorsque l'Entrepreneur y consentira et que l'Officier chargé du travail le croira convenable, allouer le prix de l'étrésillonnement pour chaque mètre cube de matériaux déblayés dans les parties étrésillonnées ainsi qu'on vient de le dire. Tout écroulement survenant, quand on emploiera le mode de paiement ci-dessus, sera enlevé aux frais de l'Entrepreneur.

ÉVIDEMENS.
(Bord., Art. 1030.)

Art. 336. — Lorsqu'on limera, cisèlera, alesera ou taraudera des ouvrages de fonte, on paiera ce travail au centimètre cube comme évidement de fonte, suivant le vide fait, c'est-à-dire, suivant le volume effectif de la fonte enlevée ; à moins qu'il ne s'agisse d'en enlever seulement une couche de (0m,003) d'épaisseur ou moins, auquel cas ledit travail serait payé comme polissure (voyez cet article, chap. III). Toutes les surfaces qui résulteront de ce genre d'ouvrage seront toujours proprement dressées.

FASCINAGES.
(Bord., Art. 1031 à 1033.)

Art. 337. — Les remblais, les digues, ou tout autre ouvrage, composés de bottes de branchages, de piquets, de gaulettes, et de harts, entremêlés de couches de terre, de gravier, ou de blocaille, seront regardés comme fascinages.

L'Entrepreneur se conformera à tout ce que lui prescrira le Chef du Génie relativement aux ouvrages de cette sorte, tant pour le choix des branchages, des piquets, des gaulettes, des harts, que pour leur arrangement, et la disposition des couches de terre, de gravier ou de blocaille.

Les fascinages seront payés au mètre cube, y compris toutes les fournitures, excepté la terre, le gravier, ou la blocaille : le mesurage se fera suivant le volume effectif de leur masse. La terre, le gravier ou la blocaille employés seront payés à part, et l'on en déduira leur volume du total de l'ouvrage.

FER-BLANC.
(Bord., Art. 1034 à 1037.)

Art. 338. — Les ouvrages de fer-blanc pourront être travaillés avec de la soudure ou sans soudure.

Dans les ouvrages soudés, les bords des feuilles adjacentes seront en double sur (0m,01) de largeur, ou environ, pour former leur jonction, laquelle sera toujours parfaitement serrée et remplie de soudure.

Les ouvrages de fer-blanc pourront être composés de feuilles entières, ou de parties de feuille, suivant les commandes ; et pourront présenter des surfaces planes ou courbes, soit en gouttière, soit en forme de cylindre, de sphère, soit à double courbure quelconque : ces ouvrages seront toujours proprement travaillés et dressés avec régularité.

Toute feuille ou toute fraction de feuille présentant une surface à double courbure sera regardée comme FER-BLANC DE SUJÉTION dans ses parties ainsi courbées ; et l'on paiera comme FER-BLANC ORDINAIRE, les feuilles ou les parties de feuille planes, ou courbées seulement dans un sens : dans l'évaluation de ces classes, on ne tiendra pas compte des courbures faites sur les bords des feuilles pour les souder ensemble.

Le fer-blanc travaillé sera payé au mètre carré : le mesurage se fera suivant l'étendue effective de l'une des deux surfaces vues de l'ouvrage, en ayant soin de mesurer et de développer séparément les parties que l'on devra compter comme fer-blanc ordinaire, ou comme fer-blanc de sujétion. (Note XXXV.)

/FERRAILLE.
(Bord., Art. 1038.)

Art. 339. — Les petits morceaux de fer brut, qu'on emploiera dans les scellemens en plomb, pour remplir de trop grands vides, ou pour tout autre usage, seront payés comme ferraille.

FERRURES.
(Bord., Art. 1039 à 1082.)
Clauses générales.

Art. 340. — Toutes les ferrures seront bien battues ; exemptes de paille, de crevasse ou de crique, de fente ; et noircies à la poix toutes les fois qu'on l'ordonnera.

Les faces des ferrures seront bien dressées, sans bosse ni creux, et parfaitement régulières : les parties taraudées ou tournées seront bien polies ; les parties limées ne devront renfermer aucune trace de carreau ni de carrelette ; les parties polies seront sans côte, ni barbe, ni trait de lime apparent ; enfin les soudures, lorsque les ferrures en renfermeront, seront sans démaigrissement, et assez bien exécutées pour que l'on ne puisse pas distinguer la jonction des pièces, et que l'ouvrage ait l'air d'avoir été fait d'un seul morceau.

Les ferrures seront distinguées, relativement aux prix du Bordereau, d'abord en trois classes, savoir : les ferrures de tôle mince, les ferrures de tôle forte ou de tôle faible, les ferrures de fer proprement dit (art. 193 du Devis). *Classement des ferrures.*

Les premières, c'est-à-dire, les ferrures de tôle mince, seront ensuite divisées en deux classes, suivant que les différentes feuilles ou parties de feuille qui les composeront seront isolées et indépendantes les unes des autres; ou qu'elles seront assemblées à replis emboîtés, et liées entre elles par des rivures, à la manière des ouvrages de fer-blanc, aux conditions desquels toutes les ferrures de tôle mince seront d'ailleurs soumises. *Classement des tôles minces*

Les ferrures de tôle forte, ou de tôle faible, pourront être également assemblées et travaillées comme les précédentes ; mais on regardera : *Classement des tôles fortes et des faibles.*

1º Comme FERRURES ORDINAIRES, celles qui ne seront blanchies qu'à la lime bâtarde et seulement sur les bords, sur les arêtes, ou sur le tiers au plus de l'étendue de l'une de leurs faces.

2º Comme FERRURES LIMÉES, celles qui seront blanchies à la lime bâtarde sur plus du tiers de l'une de leurs faces; ou qui seront polies à la lime douce sur le quart, ou moins du quart de l'une de ces dernières.

3º Enfin, comme FERRURES POLIES, celles qui seront polies à la lime douce sur plus du quart de l'une desdites faces.

Relativement au fer proprement dit, les prix du Bordereau se rapporteront à trois sortes de ferrures, suivant que celles-ci pèseront (1ᵏ) ou moins, (1ᵏ) à (10ᵏ), ou (10ᵏ) ou plus ; ensuite on paiera : *Classement des fers.*

1º Comme FERRURES EN BARRE, les pièces qui seront en forme de barre droite simplement coupée proprement à chaque bout, soit à la forge, soit à la lime.

2º Comme FERRURES ORDINAIRES, les ferrures de la classe précédente, ou toute autre pièce, dans lesquelles on aura pratiqué des trous, des entailles ou des assemblages ; ainsi que les pièces coudées, ou qui seront courbées ou étirées sur le quart de leur longueur, ou moins ; enfin celles qui seront blanchies à la lime bâtarde seulement sur les bouts, ou dans leurs assemblages.

3º Comme FERRURES DE SUJÉTION, les pièces courbées ou étirées sur plus du quart de leur étendue ; celles qui seront taraudées ; enfin celles qui seront polies au tour, ou blanchies à la lime bâtarde sur le tiers, ou moins du tiers de leur surface.

4º Comme FERRURE LIMÉE, toute pièce qui sera limée, taraudée ou tournée sur plus du tiers de sa surface; ou qui sera polie à la lime douce sur le quart au plus de cette dernière.

5º Enfin, comme FERRURE POLIE, toute pièce réellement polie à la lime douce sur plus du quart de sa surface.

Toutes les ferrures, à l'exception des ferrures de tôle mince, seront payées au poids, suivant le prix de la classe à laquelle chaque pièce, prise isolément, se rapportera ; excepté que les écrous seront toujours pesés avec leurs boulons, et les rivures avec celle des deux pièces qu'elles devront lier qui méritera le prix le plus élevé. Enfin, lorsqu'une ferrure se rapportera à plusieurs classes, on la paiera au prix le plus élevé qui lui appartiendra. *Mesurage des ferrures.*

Les ferrures pesant moins de (0ᵏ,01), ainsi que les ouvrages de fil de fer non prévus dans le Bordereau, seront payés à l'estimation.

Les ferrures de tôle mince seront payées au mètre carré, suivant l'étendue de l'une des deux faces de l'ouvrage.

Pour les ferrures du métal de l'Etat, le fer sera fourni à l'Entrepreneur, qui devra l'employer quelles que soient ses dimensions, ainsi que celles de l'ouvrage auquel on le destinera ; mais, en compensation, on lui paiera au moins comme ferrures de sujétion les pièces qu'il réduira à un équarrissage autre que celui du fer fourni. L'entrepreneur rendra en magasin les restes du fer de l'Etat qu'il n'aura pas employé ; et, lorsqu'on ne pourra pas surveiller le travail, afin d'éviter toute discussion à cet égard, on lui passera des déchets : de cinq pour cent sur les ferrures en barre, de dix pour cent sur les ferrures ordinaires, de vingt pour cent sur les ferrures de sujétion, de vingt-cinq pour cent sur les ferrures limées, enfin, de trente pour cent sur les ferrures polies. Par exception aux dispositions ci-dessus, on réglera à l'estimation le déchet des fers qui seront couverts d'une couche de rouille de (0ᵐ,01) d'épaisseur, ou plus, ou plus du quart de leur surface. (Note XXXVI.) *Ferrures du métal de l'Etat.*

Art. 341. (Pour mémoire.) FICELLES de (1ᵐ ou 103) de diamètre, ou moins, soit à 1 soit à 2 torons. *(Bord. Art. 1083 et 1084.)*

Art. 342. — Les fontes seront de la meilleure qualité possible, parfaitement moulées, sans bulle, ni barbure, ni creux, ni paille, ni fente ; elles seront pures, et ne renfermeront aucun corps étranger. La fonte blanche sera tirée des forges de A ou de B, suivant les commandes ; la grise, des forges de C. Cette dernière fonte devra présenter des surfaces nettes, bien régulières ; et avoir un grain fin et doux qui permette de la travailler à froid, soit à la lime, soit au ciselet, soit de toute autre manière. *FONTE. (Bord. Art. 1085 à 1092.)*

Les pièces de fonte du poids de (5ᵏ), ou plus, seront regardées comme FONTE ORDINAIRE ; celles qui seront d'un poids moindre, comme FONTE DE SUJÉTION. Les modèles pour le moulage seront fournis au compte de l'Etat toutes et quantes fois qu'ils n'existeront pas aux forges. Pour les ouvrages à faire avec le métal de l'Etat, la fonte sera remise à l'Entrepreneur, n'importe sous quelle forme; et on ne lui passera aucun déchet.

Tous les ouvrages de fonte seront payés au kilogramme.

Art. 343. — Les frais d'échafaud ne seront alloués que dans les circonstances énoncées ci-après, et seulement pour les ouvrages de maçonnerie payables au mètre carré dont les prix sont portés au chapitre III du Bordereau. *FRAIS d'échafaud. (Bord. Art. 1093 et 1094.)*

On allouera le prix des frais d'échafaud à un étage pour les ouvrages exécutés au moyen des échafauds fixes, lorsque ces ouvrages seront élevés de (3ᵐ) à (4ᵐ) au-dessus du sol sur lequel lesdits échafauds reposeront ; celui des frais d'échafaud à un étage, multiplié par deux, par trois, par quatre, et ainsi de suite, pour ceux qui seront faits de la même manière à des hauteurs comprises entre (4ᵐ) et (5ᵐ), (5ᵐ) et (6ᵐ), (6ᵐ) et (7ᵐ), etc., au-dessus du sol ; enfin les frais d'échafaud volant seront accordés pour les ouvrages exécutés au moyen des échafauds suspendus et mobiles, tels que ceux qui sont décrits à l'article 85. Du reste, on ne comptera jamais de fraction d'étage autre que le demi ou des quarts ; et, pour simplifier les toisés, on appliquera à chaque ouvrage le prix du nombre moyen des étages, que l'on obtiendra en divisant le nombre total de ceux qu'il faudra payer par la hauteur de l'ouvrage exprimée en mètres pris pour unités.

Les frais d'échafaud ne seront au surplus alloués que pour chaque mètre carré de parement nu d'ouvrage, et le mesurage se fera suivant l'étendue effective desdits paremens. Toutefois, lorsqu'on exécutera, à l'aide d'un même échafaud, plusieurs ouvrages appliqués successivement l'un sur l'autre, les frais d'échafaud ne seront alors payés que pour le parement du dernier ouvrage fait : ainsi, par exemple, lorsqu'on fera un mur, et que sur ce mur on mettra un crépi et un enduit, on n'allouera les frais d'échafaud que pour le parement de l'enduit ; on l'aurait alloué pour le parement du mur ; si on n'y avait posé ni crépi ni enduit. Enfin, les frais d'échafaud ne seront payés qu'autant que l'échafaud, au paiement duquel ils seront affectés, aura été levé aux frais de l'Entrepreneur ; lequel n'aura rien pour ceux qui auront été levés à l'économie, ou payés comme échafauds, soit à la journée, soit au toisé (art. 64, 85 et 104).

Au reste, on ne paiera jamais de frais d'échafaud pour les ouvrages exécutés sans échafaud, ou qui ne seront pas à plus de (3m) de hauteur au-dessus du sol sur lequel reposeront les échafauds qui auront servi à leur construction, conformément à l'article 45, auquel les autres dispositions du présent article font exception.

GAZONNEMENS.
(Bord, Art. 1095 à 1097.)

Gazonnement d'assises.

Art. 344. — Les gazonnemens seront construits avec des gazons frais, tels que ceux qui sont décrits à l'article 700 ; et suivant l'une ou l'autre des méthodes détaillées ci-après, tant pour les gazonnemens d'assises, que pour les gazonnemens plaqués.

Pour exécuter un gazonnement d'assises, on taillera les gazons carrément sur les quatre côtés, pour que leurs arêtes soient vives et droites ; on les dressera en dessous de façon qu'ils aient une épaisseur uniforme ; on les mettra ensuite en place, l'herbe en dessous, en sorte qu'ils forment une première assise plane, dans laquelle ils soient arrangés, alignés, et serrés les uns contre les autres, sans laisser aucun vide entre eux, et que le bord herbeux de ceux qui formeront le parement déborde ledit parement de (0m,01) ou environ. On plombera alors cette assise, ainsi que les terres qui devront lui être adossées jusqu'à (1m) de distance ; ensuite on l'arrosera ; puis enfin on remplira, avec de la terre très-divisée, les joints et les petits vides qu'elle pourra présenter. Sur cette première assise on en placera une seconde, une troisième, enfin une quatrième, toujours suivant le même procédé, et en ayant soin que les joints soient coupés, c'est-à-dire que les milieux des gazons d'une rangée correspondent aux joints des gazons de l'assise immédiatement inférieure.

Lorsque quatre assises auront été ainsi posées, on recoupera les gazons qui devront faire le parement. Cette opération se fera au louchet, avec soin, suivant les plans déterminés, lesquels ne devront présenter ni bosse, ni cavité. Enfin, l'ouvrage sera continué de la même manière et successivement par tas de quatre assises chacun jusqu'au sommet, où l'on posera la dernière assise l'herbe en dessus : cette assise, d'une largeur égale dans toute son étendue, aura des bords droits et proprement coupés.

Gazonnement plaqué.

Pour exécuter un gazonnement plaqué, on unira et l'on dressera le terrain sur lequel devra reposer le gazon, de telle façon que la distance de sa surface au parement que devra présenter le gazonnement, soit égale à l'épaisseur du gazon. Ayant ensuite taillé carrément ceux-ci, comme il est dit pour le gazonnement d'assises, et répandu un peu de terre douce sur le terrain, on placera lesdits gazons l'herbe en dessus, bout à bout, bien jointifs, par lignes réglées de largeurs égales ; puis on les plombera dans toute leur étendue, jusqu'à ce qu'ils aient leurs faces herbeuses exactement dans le plan du parement. Les paremens ainsi formés ne devront présenter ni creux, ni bosse, ni fente, ni joint ouvert, ni enfin de partie terreuse, c'est-à-dire, sans herbe ; et devront, outre cela, pouvoir supporter sur tous les points le poids d'un homme sans s'enfoncer.

Lorsque les plans de surface des gazonnemens plaqués se couperont entre eux, leurs arêtes, ou lignes d'intersection, seront vives, droites, et ne présenteront que des parties herbeuses : ce que l'on obtiendra en coupant les gazons en dessous, sur les bords et obliquement, pour qu'ils puissent s'appliquer les uns contre les autres dans lesdits angles. Tous les gazonnemens plaqués seront fortement arrosés à mesure qu'ils seront confectionnés.

Mesurage des gazonnemens.

Les gazonnemens seront tous payés au même prix, et au mètre cube : le mesurage se fera suivant le volume effectif de l'ouvrage réellement fait de gazons, c'est-à-dire, déduction faite des parties terreuses qui l'avoisineront.

Par exception à l'article 45, lorsque la distance du point où le gazon aura été coupé à celui où il sera mis en œuvre excédera (50m), on paiera la valeur du transport des gazons en sus du prix du gazonnement ; ensuite, dans tous les cas, on paiera à part la façon du parement, ainsi que les chevilles que l'on emploiera. (*Voyez* : PAREMENT, PIQUETAGE, *et* TRANSPORT, *chapitre III.*) (Note XXXVII.)

Déblais adjacents.

Lorsqu'il sera nécessaire, pour placer des gazons, de faire des déblais ou des remblais, ceux-ci seront payés en sus du prix du gazonnement ; mais seulement lorsque leur volume sera plus considérable que celui de ce dernier ; ou bien lorsqu'ils devront être transportés à plus de (4m) de distance : car en cas contraire ils seront compris dans la valeur du gazonnement, et faits au compte de l'Entrepreneur.

Gazons de l'État.

Pour les gazonnemens tirés des prés de l'État, l'herbe sur pied sera fournie à l'Entrepreneur ; pour ceux qui seront faits des gazons de l'État, les gazons seront remis à pied d'œuvre.

GRATTAGE.
(Bord., Art. 1098.)

Art. 345. — Lorsqu'on devra peindre, blanchir ou badigeonner une boiserie ou une muraille couverte de vieilles couches de détrempe, de badigeon, ou de lait de chaux, et qu'il faudra, pour appliquer la nouvelle teinte, enlever l'ancienne, s'il s'agit d'une boiserie, on la grattera au moyen d'un racloir bien tranchant, puis on la brossera avec une brosse rude ; si c'est d'une muraille, après l'avoir raclée on la balaiera, de manière, dans l'un ou dans l'autre cas, que les vieilles couches soient enlevées partout où elles ne seront pas fortement adhérentes, et que la surface soit tellement unie qu'on ne trouve nulle part de ressaut provenant de l'épaisseur des parties restantes desdites couches.

La main-d'œuvre nécessaire pour ce travail sera payée au mètre carré comme *grattage* : le mesurage se fera suivant l'étendue effective des surfaces grattées, et déduction faite des parties qui ne l'auront pas été. (*Note XXXVIII.*)

Art. 346. — Dans les constructions de pierres d'appareil, soit de pierre de taille, soit de toute autre pierre, les surfaces de lit et celles de joint, dans l'étendue fixée ci-après pour chaque espèce, seront parfaitement dressées, taillées à la fine pointe et au marteau bretelé; et seront sans cavité ni démaigrissement : chacune d'elles portera une *ciselure* de (o^m,02) de largeur sur tous les bords attenants aux lignes d'intersection qu'elle formera avec le plan du parement.

JOINTS
(*Bord., Art.* 1099 à 1102.)

Les lits et les joints seront ordinairement plans; quelquefois on y pratiquera des ressauts, des bombemens ou des vides nécessaires pour assembler les pierres entre elles, ou pour y encastrer quelques objets.

Lorsque les lits d'une pierre, autre qu'un voussoir, seront plans, l'inférieur sera dressé comme il est dit ci-dessus, à partir du parement, sur une étendue égale aux deux tiers au moins de la plus grande largeur, mesurée perpendiculairement aux lignes d'intersection qu'il formera avec le parement; le supérieur le sera de la même manière, jusqu'à une distance égale au tiers de sa largeur.

Pour les voussoirs, les deux surfaces de lit seront dressées et taillées dans toute leur étendue : chacune d'elles portera des abreuvoirs destinés à faciliter l'introduction du mortier.

Les joints, soit de voussoir, soit de toute autre pierre, lorsqu'ils seront plans, seront dressés sur une étendue de (o^m,2) au moins à partir des lignes d'intersection qu'ils formeront avec le parement; dans le reste de leur surface on pratiquera des abreuvoirs.

Enfin, les lits et les joints qui ne seront pas plans, et qui présenteront des ressauts, ou des bombemens, seront taillés régulièrement dans toute leur étendue. Les ordres et les dessins que l'on pourra donner à l'Entrepreneur détermineront la position des lits et des joints; et, lorsqu'on n'aura rien prescrit à ce sujet, ceux-ci, particulièrement les derniers, seront, autant que possible, normaux à la surface du parement des maçonneries, et surtout dirigés de façon que les pierres n'aient pas d'angle aigu, ou du moins trop aigu.

Mesurage des joints.

La taille des surfaces de lit et des surfaces de joint sera payée au mètre courant, suivant les prix de joint fixés au Bordereau : le mesurage se fera suivant la longueur développée de tous les joints, de la maçonnerie, visibles au parement après l'achèvement de l'ouvrage, c'est-à-dire que la taille des lits et des joints adhérents aux maçonneries intérieures ne sera pas payée, et que les prix comprendront la valeur des deux surfaces de lit ou de joint adjacentes.

On regardera comme JOINTS DE SUJÉTION, les lits et les joints qui renfermeront des ressauts, des bombemens, ou des encastremens autres que des trous de louve, ainsi que les lits des voussoirs qui auront plus de (o^m, 5) de longueur de queue, ou de toute autre pierre de (o^m, 80) de queue; comme JOINTS ORDINAIRES, tous les autres lits et tous les autres joints.

Lorsque des pierres de taille, placées dans l'intérieur des maçonneries, et non visibles au parement, seront adossées à d'autres pierres d'appareil, et assemblées avec elles par des surfaces de lit ou de joint taillées, on paiera ces surfaces au mètre courant, et le mesurage se fera suivant leurs longueurs effectives.

Art. 347. — Suivant les ordres du Chef du Génie, les *jointoiemens* seront exécutés au fur et à mesure de la construction des maçonneries, ou bien après que chaque ouvrage sera entièrement achevé.

JOINTOIEMENS.
(*Bord., Art.* 1103 à 1113.)
Clauses générales.

Lorsque les *jointoiemens* devront être faits en même temps que les maçonneries, le travail se réduira à remplir entièrement les joints avec du mortier de la même espèce que celui qui sera employé à la construction de l'ouvrage, puis à racler et à unir proprement ce mortier à la truelle, en sorte qu'il ne reste pas de bavure sur le parement. Lorsqu'on devra les faire après l'achèvement de l'ouvrage, l'Entrepreneur sera tenu de vider les joints, de les gratter et de les laver proprement, de les dépouiller de toutes les parties de mortier peu adhérentes, de toute espèce de poussière; enfin, d'exécuter les *jointoiemens* ainsi qu'on va le détailler : du reste, dans tous les *jointoiemens*, les mastics ou les mortiers adhéreront parfaitement à la maçonnerie qui formera les joints; ceux de mastic et de mortier de ciment devront, outre cela, être exempts de gerçure et de crevasse quelconque; et ceux qui ne rempliront pas ces conditions seront refaits au compte de l'Entrepreneur.

Jointoiement à la
hollandaise.

Le *jointoiement* à la hollandaise sera exécuté sur les maçonneries de briques de C, après qu'elles seront terminées, de la manière suivante.

On commencera par remplir les joints de mortier de cendrée, que l'on pressera à la truellette, avec l'attention de ne laisser aucune bavure sur le parement. Cette opération étant achevée, on frottera jusqu'au vif ce même parement, avec une brique pareille à celles qui le composeront; et, lorsque les têtes des briques dudit parement seront bien unies et arasées dans un même plan, on appliquera de nouveau du même mortier sur les joints, de manière qu'il forme une saillie de (o^m,001) à (o^m,002) sur le parement. Ces joints seront ensuite taillés à la règle, et à vive arête, en ayant soin qu'ils aient tous la même saillie, la même largeur; qu'ils soient bien perpendiculaires les uns aux autres; enfin, qu'ils ne couvrent aucunement les têtes des briques.

Jointoiement de mastic à
la litharge.

Les *jointoiemens* de mastic à la litharge seront exécutés sur des maçonneries parfaitement sèches, en serrant le mastic dans les joints, pour qu'il les remplisse complètement; puis en polissant ledit mastic, d'abord à la truellette, et ensuite au caillou, à trois ou à quatre reprises, jusqu'à ce qu'il soit à-peu-près sec.

Jointoiement de mortier
de ciment.

Pour faire les *jointoiemens* de mortier de ciment, on fouettera fortement à la truelle, et l'on comprimera dans les joints, pendant qu'ils seront encore humides, du mortier de ciment fin dont on dressera tout de suite la surface. Quand ce mortier commencera à sécher, on le frottera avec un caillou; ensuite on le lissera à l'aide d'un fer rond, jusqu'à ce que les joints deviennent un peu concaves et noirs.

Jointoiement de mortier
de laitier.

Les *jointoiemens* de mortier de laitier ne seront faits que sur des maçonneries de moellons bruts. Pour les exécuter, on fouettera fortement le mortier dans les joints encore mouillés; puis on unira et l'on arrangera tout de suite sa surface à la truelle, de manière que les têtes des moellons restent à découvert, autant que possible, et que le mortier ne présente ni creux, ni bourrelet saillant.

(*Pour mémoire.*) JOINTOIEMENT de mortier fin. — J. de m ordinaire.

Jointoiement poli.

Les *jointoiemens* polis seront faits comme les jointoiemens à la hollandaise; excepté que le mortier ne sera pas en saillie sur les briques, et qu'en le posant on le dressera et on le polira tout de suite.

Mesurage
des jointoiemens

Les *jointoiemens* faits à mesure de la construction des maçonneries, et avec le même mortier que le leur, resteront au compte de l'Entrepreneur ; mais ceux que l'on exécutera avec un mortier différent, ainsi que ceux qui seront faits après que l'ouvrage aura été entièrement achevé, lui seront payés au mètre courant, ou au mètre carré, suivant le prix du Bordereau, et en sus de la valeur des maçonneries. Pour les *jointoiemens* payables au mètre carré, le mesurage se fera suivant l'étendue effective des paremens d'ouvrage rejointoyés ; pour ceux qui sont payables au mètre courant, suivant la longueur développée des joints remplis. (*Voyez* : JOINTS, PAREMENS, et MAÇONNERIES, *chapitre III.*)

LAVAGES d'écurie.
(Bord., Art. 1114.)

Art. 348. — Le lavage nécessaire pour l'assainissement des écuries se fera en délayant de la chaux ordinaire en pierres dans de l'eau, à raison d'une partie de chaux pour cent d'eau ; et en lavant avec ce liquide, à la brosse et au balai, les surfaces à purifier, après les avoir préalablement grattées au moyen d'outils tranchants, et en avoir enlevé toutes les parties grasses, ainsi que les ordures de toute sorte. Le lavage d'écurie sera payé au mètre carré : le mesurage se fera suivant l'étendue effective des surfaces nettoyées et lavées ; excepté qu'on toisera les râteliers comme pleins sur une face pour leur lavage complet.

(Bord., Art. 1115.)
LAVAGES de peinture.
(Bord., Art. 1116.)

Art. 349. *(Pour mémoire.)* LAVAGES de détrempe.

Art. 350. — Pour nettoyer les peintures à l'huile, soit qu'elles aient été salies avec de la boue, avec des couleurs à l'eau, par la fumée, soit qu'elles soient couvertes de poussière, on commencera par les brosser doucement ; et, après les avoir lavées à l'éponge douce, en employant d'abord de l'eau chaude et du savon sec, ensuite de l'eau pure et tiède, on les essuiera avec de vieux linge. Ce travail sera payé au mètre carré comme lavage de peinture : le mesurage se fera suivant l'étendue effective de la surface des menuiseries qui auront été ainsi nettoyées, et sur lesquelles il ne restera plus aucune trace des ordures, des taches ou des teintes que l'on aura eu l'ordre d'enlever. Ce travail doit être fait de manière que les peintures ne soient point dégradées.

(Bord., Art. 1117 et 1118)
MAÇONNERIES.
(Bord., Art. 1119 à 1192.)
Clauses générales
Préparation du sol.

Art. 351 et 352. *(Pour mémoire)* LAVAGES de plancher. — L. de vitre.

Art. 353. — Le sol sur lequel les maçonneries devront être assises, ainsi que les surfaces auxquelles elles devront être adossées, seront toujours préparés aux frais de l'État, de façon que l'Entrepreneur n'ait plus qu'à les balayer proprement, et à les mouiller, immédiatement avant d'y asseoir les maçonneries ; si toutefois les Officiers du Génie jugent ces précautions nécessaires.

Construction par assises.

Toutes les maçonneries de fondation, de mur et d'écorchement, seront construites par assises horizontales de hauteurs égales, menées dans toute l'étendue de chaque pan de mur. Chaque as-ise sera construite l'une après l'autre, en sorte que les pleins de l'assise supérieure correspondent aux joints montants, ou aux vides de l'assise immédiatement inférieure ; et que les pierres ou les briques adjacentes se coupent l'une l'autre du quart au moins de leur étendue, tant dans le sens de la longueur que dans celui de la largeur : on obtient ce résultat en employant alternativement des carreaux et des boutisses.

Les maçonneries de voûte seront également construites par assises réglées et liaisonnées ; mais les assises seront, chacune comprise et arasée entre deux plans normaux à l'intrados de la voûte, et parallèles à sa directrice : ces assises seront plus épaisses à l'extrados qu'à l'intrados. On se servira, pour les régler, de cordeaux et de panneaux coupés suivant l'épure de la voûte.

Chargement des cintres.

Avant de construire une voûte, quand les cintres et les couchis seront en place, sera tenu de les charger, au moyen de pierres ou de moellons, d'un poids à-peu-près égal à celui qu'ils devront supporter, pour qu'ils prennent tout leur affaissement ; et, pendant la construction de la voûte, les assises correspondantes des deux côtés, en partant des naissances et jusqu'à la clef, seront construites simultanément, afin que les cintres ne se déjettent pas, ni ne se déversent d'aucun côté : l'Entrepreneur, s'ils venaient à se déranger et à perdre de leur régularité, sera tenu de démonter l'ouvrage, de reconstruire les cintres ainsi que les couchis, et de refaire la voûte, le tout à ses frais.

Lit de carrière.

Dans toutes les maçonneries quelconques, chaque pierre sera posée de manière que son lit de carrière soit parallèle au plan inférieur de l'assise dont elle fera partie.

Construction par épaulées.

Lorsque les murs auront trop d'étendue pour que l'on puisse poser entièrement toute une assise avant de commencer la suivante, l'Entrepreneur pourra restreindre l'assise qu'il voudra, pour la couvrir de plusieurs autres assises et former une épaulée : dans ce cas, chaque assise sera maçonnée en retraite sur la précédente, de la largeur convenable pour que l'ouvrage soit bien liaisonné ; et, lorsqu'on voudra continuer l'assise inférieure d'une épaulée, ou l'épaulée elle-même après une interruption d'une heure ou plus, on devra d'abord balayer proprement à sec l'assise sur laquelle on voudra poser la nouvelle maçonnerie ; ensuite, après l'avoir arrosée, on la balaiera de nouveau pour convertir en mortier la poussière qui aura pu se former à sa surface pendant la construction des maçonneries supérieures, ou pendant la suspension du travail.

Parties ébranlées.

Toute pierre, toute brique, ou tout moellon, qui, après sa pose, aura été ébranlé et aura cessé d'adhérer au tas, sera démonté et reposé aux frais de l'Entrepreneur, quelle qu'ait été la cause de son ébranlement.

Vides à éviter.

L'Entrepreneur sera expressément tenu de ne laisser aucun vide dans l'intérieur des maçonneries, quelque petit qu'il soit, c'est-à-dire, d'emplir parfaitement de mortier tous les joints qui existeront entre les pierres ou entre les briques : les Officiers chargés des travaux auront droit de faire démolir, et de faire reconstruire, aux frais de l'Entrepreneur, toute maçonnerie qui ne satisfera pas rigoureusement à cette condition.

Maçonneries à couvrir.

Lorsque, par sa faute, l'Entrepreneur n'aura pas terminé une maçonnerie dans l'année où elle aura dû l'être, il sera tenu, pour la garantir des intempéries de l'hiver, d'en faire couvrir le sommet d'une couche de paille de (0m,15) d'épaisseur, couverte elle-même d'une couche de terre de la même hauteur ; et lorsqu'on voudra continuer l'ouvrage, de faire découvrir lesdites maçonneries, d'en faire piquer, nettoyer, laver la surface supérieure : le tout à ses frais, et sans qu'il puisse réclamer aucune indemnité pour ce surcroît d'ouvrage.

Maçonnerie de blocage.

Les maçonneries de blocage seront composées de mortier, de cailloux, de moellons de A, et de briques de C. La façon de ces maçonneries, lorsqu'elles ne devront pas présenter de parement, consistera à remplir les entaissemens, qui devront les contenir, de mortier, de cailloux, de petits moellons et d'éclats de brique, jetés pêle-mêle ; et à tasser le tout par couches, chacune de (0m,15) à (0m,2) d'épaisseur, au moyen de pilons, pour qu'il ne reste aucun vide dans leur intérieur. Mais si le blocage doit présenter quelques paremens, pour former ces derniers, on rangera contre les parois de l'encaissement des cailloux cassés en deux, de manière que leur cassure fasse le parement du blocage, et que lesdits cailloux soient tout près les uns des autres; puis, pour les maintenir en place sur la hauteur de chaque couche, et avant de former cette dernière, on pressera contre eux du mortier et des cales.

Dans les constructions de blocages de remplissage, on aura soin de ne jamais araser le blocage avec les autres maçonneries, afin de liaisonner les masses; dans celles de murs de blocage, il faudra qu'on élève le blocage par parties de $(0^m,5)$ à $(0^m,6)$ de hauteur chacune, au moyen de banches maintenues par des châssis qui rendent leur position invariable; il faudra de plus avoir soin que le bord inférieur de chaque banche déborde et couvre de $(0^m,6)$ à $(0^m,1)$ la partie supérieure des maçonneries déjà construites, sur lesquelles devra reposer le blocage, et de ne jamais aplanir les parties de blocage qui devront se lier entre elles. Les encaissemens de bois nécessaires aux constructions de cette sorte seront aux frais de l'Entrepreneur, conformément aux conditions de l'article 4[illegible], et par exception aux clauses générales du présent article.

Maçonnerie de briques pour les fondations.

Pour fonder avec des briques, on commencera par étendre sur le sol, s'il est de terre, une couche de $(0^m,02)$ d'épaisseur de chaux ordinaire en poudre; ou, s'il est de roc, de bois ou de maçonnerie, une couche de mortier. Sur l'une ou sur l'autre de ces couches, on arrangera un premier lit de briques, posées de plat et frappées du marteau, que l'on fichera avec du mortier fort liquide et à plusieurs reprises, de façon que tous les vides en soient remplis.

Sur cette première couche, ou assise de briques, on en posera une seconde, puis une troisième, et ainsi de suite, en ayant soin de garnir successivement de mortier la place de chaque brique, dans le fond et sur le pourtour, de telle sorte qu'en posant, et qu'en frappant ces dernières du manche de la truelle, le mortier reflue de toutes parts et forme des bavures qu'on enlèvera rez chaque brique. Chaque couche de briques ainsi posée, doit être proprement arasée en dessus et au pourtour.

L'Entrepreneur se conformera, pour l'arrangement des briques entre elles, aux ordres qui seront donnés; et, quand rien ne sera prescrit à ce sujet, toutes les briques des rangées extérieures devront présenter le petit bout au parement : dans ce cas, pour liaisonner ces dernières avec celles de l'intérieur, et pour couper les joints montants, on aura soin, dans chaque rangée, d'en placer alternativement une entière et une cassée carrément à la moitié, ou aux deux tiers de sa longueur.

Lorsque les maçonneries de fondation devront avoir des retraites, on pourra, suivant les commandes, opérer celles-ci successivement sur chaque lit de briques, ou bien de distance en distance; et, lorsqu'on posera, dans ce dernier cas, plus de trois assises sans faire de ressaut, l'Entrepreneur, s'il en est requis, couronnera chaque retraite, d'une assise de briques posées de champ, assez large pour qu'elle soit engagée de $(0^m,5)$, ou environ, sous l'assise immédiatement supérieure. Ces briques de champ seront posées à bain de mortier, ainsi que les autres, et de même liaisonnées, si toutefois la retraite a de largeur plus des trois quarts de la longueur d'une brique.

Ouverture des joints.

Tous les joints des maçonneries de briques devront avoir $(0^m,004)$ à $(0^m,006)$ de largeur, jamais plus ni moins, surtout ceux qui seront visibles au parement.

Avant d'employer les briques, on les frottera toujours l'une contre l'autre pour en enlever les aspérités; puis on les trempera dans de l'eau pour en ôter la poussière, et afin de ralentir la dessiccation du mortier.

Dans les maçonneries de fondations de briques, on arrosera les assises de quatre en quatre avec du mortier très-clair, dit coulis, pour emplir parfaitement tous les vides.

Maçonnerie de briques pour les murs.

Les maçonneries de briques destinées aux murs, dites nettes maçonneries, seront construites de la manière prescrite pour les assises des maçonneries de fondation, de la même nature qu'elles, supérieures à la première couche, et seront soumises aux mêmes conditions. L'Entrepreneur fera construire en briques de champ, toute l'assise supérieure des maçonneries de cette sorte, lorsqu'il en recevra l'ordre, comme on l'a dit pour les retraites de fondation; et remplacera à ses frais toutes les briques faisant parement, qui se dégraderont ou qui *s'exfolieront* par l'effet des gelées, dans le courant de l'année de sa responsabilité.

Maçonnerie de briques pour les voûtes.

Les maçonneries de briques destinées aux voûtes seront construites par assises successives, à partir des naissances, ainsi qu'on l'a déjà dit dans les clauses générales du présent article. Chacune de ces assises sera maçonnée suivant les procédés établis ci-dessus pour les assises de mur, sauf leur position. Pour construire avec régularité, on marquera d'avance sur les couchis la place de chaque lit de briques, ayant soin que le nombre total de ceux-ci soit impair. Les briques de l'intrados, destinées à faire parement, seront posées à nu sur les couchis; ces briques seront choisies parmi celles qui présenteront le plus de régularité, et qui offriront le plus de garantie sous le rapport des qualités. Le dernier lit de briques qui servira de clef pour fermer la voûte, sera chassé avec force, soit à coups de marteau, soit à coups de dame : on y emploiera les briques les plus dures, et l'on s'assurera qu'elles touchent au cintre, et qu'elles affleurent les autres briques voisines.

Briques en coin.

L'Entrepreneur sera tenu, pour la construction des voûtes, d'employer des briques faites en forme de coin, ou de construire suivant tout autre mode quelconque qui lui soit prescrit, sans pouvoir prétendre, pour cette sujétion, à d'autres prix que ceux qui sont fixés pour les briques de la même nature de pâte que celles qu'il emploiera; à moins que le volume de ces dernières briques ne diffère de plus d'un quart de celui des briques décrites au devis.

Les briques rectangulaires pourront néanmoins, avec l'autorisation du Chef du Génie, être employées à la construction des voûtes; mais, dans ce cas, on chassera dans les joints du côté de l'extrados, et surtout près de la clef, des éclats de brique, de tuile ou d'ardoise, pour diminuer l'épaisseur de la couche de mortier dans cet endroit : cette précaution sera surtout de rigueur à l'égard des voûtes qui auront moins de (2^m) de rayon de courbure.

Voûtes de briques, doublées.

Les voûtes qui devront dépasser en épaisseur la longueur d'une brique, seront exécutées par voûtes successives concentriques, c'est-à-dire qu'il faudra construire d'abord une première voûte, sur celle-ci en mettre une seconde, puis une troisième, et ainsi de suite; à moins que le Chef du Génie ne juge à propos de faire suivre un tout autre mode de construction, auquel, dans ce cas, l'Entrepreneur se conformera.

Maçonnerie de briques pour les écorchemens.

Les maçonneries de briques destinées aux écorchemens ne différeront des maçonneries de mur que par les procédés relatifs à leur raccordement avec les vieilles maçonneries, lequel se fera ainsi qu'il suit :

Les vieilles maçonneries ayant été piquées et nettoyées au compte de l'Etat, l'Entrepreneur, à mesure qu'on devra leur en adosser de neuves, fera fouetter contre elles du mortier rendu clair au moyen de lait de chaux. Aussitôt ce mortier fouetté, et avant qu'il ne soit sec, on posera la maçonnerie neuve, de manière que les nouvelles assises correspondent aux anciennes, au moins autant que possible ; et que les nouvelles briques entrent le plus qu'on le pourra, et soient chassées avec force dans les trous que les vieilles maçonneries pourront présenter. Lorsqu'on arrivera à la dernière assise supérieure, on enduira parfaitement de mortier tout l'intérieur du trou à remplir, et l'on enfoncera ensuite les briques dans ce trou, en sorte que le mortier reflue, et que ces dernières briques ne forment avec la vieille maçonnerie que des joints de la largeur voulue précédemment pour les autres maçonneries de leur espèce.

Maçonnerie de libages.

Pour construire des maçonneries de libages sur un sol de terre, de sable ou de gravier, après avoir rangé les libages de plat, le plus près possible les uns des autres, la plus belle face en dessous, et en avoir ainsi formé une couche sur ledit sol, on versera dans tous leurs joints du mortier légèrement liquide, dans lequel on enfoncera du remplage qui le fasse refluer partout ; puis avec une grosse dame, ou avec le mouton-à-bras, suivant les ordres donnés, on battra fortement chaque libage, jusqu'à ce qu'il n'enfonce plus et qu'il soit bien assis ; après cette opération on achèvera de remplir tous les creux de mortier et de moellons, et l'on arasera cette première couche de fondation au niveau des plus gros libages.

Pour construire chacune des couches (ou assises) suivantes, ou bien pour établir une première assise de fondation sur un sol de roc, de bois ou de maçonnerie, on étendra sur le sol ou sur la maçonnerie déjà faite, une couche de mortier de (0ᵐ,08) à (0ᵐ,1) d'épaisseur, sur laquelle on posera les libages, toujours la plus belle face en-dessous, en les frappant du marteau ; on les garnira tout autour, ainsi qu'en dessous, de mortier dans lequel on chassera des éclats de pierre, pour les bien caler ; enfin, lorsque plusieurs libages seront posés, on remplira les vides qui seront entre eux, et l'on arasera chaque assise avec du mortier et de petits moellons, ayant toujours soin de mettre d'abord le mortier, et d'y enfoncer ensuite le remplage : cette dernière condition sera de rigueur, et dans le cas où l'on y manquerait, c'est-à-dire, si l'on mettait d'abord les moellons ou les éclats, et qu'on les recouvrit ensuite de mortier, la maçonnerie serait démolie et refaite aux frais de l'Entrepreneur.

Lorsqu'on devra faire des retraites dans les maçonneries de cette sorte, on couronnera le bord de chacune d'elles de libages assez longs pour qu'ils soient engagés sous l'assise de maçonnerie immédiatement supérieure, à moins que la retraite n'ait plus de (0ᵐ,5) de largeur : dans ce dernier cas, on sera dispensé de cette précaution. Enfin, on fera tailler au marteau, et sur les bords, lesdits libages de couronnement, pour qu'il n'y ait jamais plus de (0ᵐ,05) de distance entre deux libages consécutifs, même dans l'endroit le plus large de leur joint.

Maçonnerie de moellons bruts pour les fondations.

Pour fonder avec des moellons bruts, soit des moellons de A, soit des moellons ordinaires, et du mortier, sur un sol de terre, de sable ou de gravier, le travail sera exécuté absolument de la manière prescrite ci-dessus pour les fondations de libages, en employant dans la première couche les plus gros moellons pour faire les fonctions de ces derniers. Lorsque les maçonneries de cette sorte devront être établies sur un sol de bois, de roc ou de maçonnerie, la première couche ainsi que toutes les autres se poseront comme les couches analogues des maçonneries de libages, aux conditions desquelles elles seront entièrement soumises ; excepté : que l'on ne donnera que (0ᵐ,03) d'épaisseur, ou environ, à la couche de mortier sur laquelle on établira chaque assise ; que l'on dressera au marteau les lits et les joints de tous les moellons, de façon que le bombement qu'ils pourront avoir disparaisse, et qu'ils soient à-peu-près plans sur les deux tiers au moins de leur étendue ; que l'on dressera de même leur pourtour en rompant leurs parties minces, pour qu'il n'y ait pas en les posant de trop grands vides à remplir en dessous ; que l'on ne sera obligé d'engager les moellons qui couronneront les retraites sous l'assise supérieure, qu'autant que lesdites retraites auront moins de (0ᵐ,3) de largeur ; que lesdits moellons de couronnement ne devront pas présenter de joint qui ait, en aucun point, plus de (0ᵐ,02) d'ouverture ; que l'Entrepreneur, quand il en aura l'ordre, fera arroser ou tremper dans de l'eau tous les moellons, pour en enlever la poussière, ou afin d'empêcher que le mortier ne se dessèche trop promptement ; enfin, qu'on placera, dans les maçonneries de (0ᵐ,5) d'épaisseur, ou moins, la cinquième partie au moins des moellons en boutisses faisant parpaing à l'épaisseur du mur, et disposées en échiquier.

Maçonnerie de moellons bruts posés en mortier, pour les murs.

Les maçonneries destinées aux murs, dites nettes maçonneries, soit de moellons de A, soit de moellons ordinaires posés en mortier, seront construites comme les couches supérieures des maçonneries de fondation de leur nature, aux conditions desquelles elles seront soumises ; et, outre cela, suivant les ordres donnés, on posera les moellons de champ dans toute l'étendue, ou dans une partie seulement, de la dernière couche supérieure desdites maçonneries. Pour cet effet, les moellons seront placés successivement par rangées (ou lits verticaux), suivant la largeur de la partie de la maçonnerie à couronner de cette manière, en ayant soin que les joints verticaux d'une rangée correspondent aux pleins des rangées attenantes ; que tous les moellons soient bien calés dans leur partie inférieure ; qu'ils soient en plein mortier ; qu'ils soient tous d'une même hauteur, et d'une même épaisseur à la partie supérieure, dans chaque rangée ; enfin, que l'assise se trouve arasée par l'effet même de la pose des moellons, et sans que l'on ait besoin de mettre aucun éclat dans son parement.

Maçonnerie de moellons bruts posés en mortier, pour les voûtes.

Les voûtes de moellons bruts posés en mortier seront construites avec des pierres plates, plus épaisses à la queue qu'au parement, et sans flache sur les bords. Lorsque la voûte aura plus de (0ᵐ,4) d'épaisseur, ces pierres seront alternativement placées en boutisse et en carreau. Les carreaux auront (0ᵐ,3) à (0ᵐ,4) de longueur de queue. Les boutisses, dont le nombre sera au moins égal à la (troisième) partie du nombre total des pierres, auront de longueur l'épaisseur de la voûte, lorsque celle-ci ne dépassera pas (0ᵐ,55) ; et au moins (0ᵐ,5) de longueur pour les voûtes d'une plus grande épaisseur. Dans les voûtes de (0ᵐ,4) d'épaisseur, ou moins, toutes les pierres devront avoir de longueur l'épaisseur de la voûte. Du reste, lesdites pierres seront toujours posées à nu sur des couchis pleins, par assises arasées et montées dans toute l'épaisseur de la voûte, avant qu'on ne commence la suivante, ainsi qu'on l'a déjà dit ; et, lorsqu'il ne restera plus au sommet que la place des trois dernières assises, on commencera à fermer par une des extrémités, ainsi qu'il suit :

On posera d'abord de part et d'autre une rangée de deux ou de trois pierres, les plus longues qu'il sera possible d'avoir ; ensuite, les ayant enduites de mortier, et ayant choisi des moellons propres à faire la clef, c'est-à-dire, plus forts à la queue qu'aux paremens de leurs douelles, on posera ceux-ci en liaison, de manière que le dernier laisse une retraite sur les contre-clefs pour relier les suivants, et on les fera entrer de force, avec une dame du poids de (18^k) à (20^k), jusqu'à ce qu'ils posent sur le cintre de toute la longueur de leurs douelles.

Lorsqu'on aura posé trois ou quatre pierres de la clef, on les fichera, et on les couvrira presque entièrement de mortier clair. Alors, ce mortier remplissant les joints de toutes parts, on chassera dans ces derniers des éclats de pierre durs et plats, principalement du côté de l'extrados, et dans tous les endroits où il sera possible d'en faire entrer en les frappant du marteau.

Dans les voûtes épaisses, lorsque la première rangée de clefs sera posée, pour achever de bander la voûte, on en disposera une seconde de la même manière, puis une troisième s'il y a lieu, ayant soin qu'il y ait toujours, ainsi que dans la première, des retraites pour lier entre elles les différentes assises.

Les maçonneries de moellons bruts posés en mortier dans les écorchemens, seront soumises à toutes les conditions exigées pour les maçonneries de briques de cette espèce, et à toutes celles qui sont prescrites pour les autres maçonneries de moellons d'une nature pareille à la leur : on aura soin que l'assise supérieure qui formera chaque brèche soit composée de petites pierres, afin de pouvoir plus aisément remplir tous les vides.

Les maçonneries de moellons bruts posés à sec pourront être fondées sur la terre, sur le sable, ou sur le gravier, ainsi qu'il suit. Après avoir taillé, si cela est nécessaire, les lits et le pourtour des pierres, comme on l'a dit pour les fondations de moellons bruts posés en mortier, on placera les plus gros moellons de plat, et on les calera tout de suite avec des éclats de pierre, de sorte qu'ils ne puissent ni vaciller, ni changer de position ; on remplira ensuite les joints de petites pierres, de gravier, et de terre humide ; puis enfin on battra à la dame cette première couche, pour lui donner le plus de stabilité possible, et pour faire entrer la terre dans tous les vides.

Les assises supérieures à cette fondation, ainsi que toutes celles des nettes maçonneries et des maçonneries de voûtes de cette nature, seront construites exactement comme cette première assise ; seulement on n'y mettra ni terre ni gravier, et on ne les *damera* pas. Du reste, ces maçonneries seront entièrement soumises aux conditions exigées pour les maçonneries de moellons bruts posés en mortier ; à cela près qu'elles seront sans mortier, et que l'on mettra, en conséquence, beaucoup plus de soins à bien caler les pierres et à les tailler avec le plus de régularité possible, surtout lorsqu'elles devront faire parement.

Les maçonneries construites avec de la mousse et des moellons bruts ne différeront des nettes maçonneries de moellons posés en mortier, que par l'absence du mortier, et que par la couche de mousse que l'on mettra entre chaque lit de pierres.

Toutes les maçonneries de moellons esmilliés, faisant parement de mur, seront faites par assises horizontales, exactement d'une même épaisseur dans toute l'étendue de chaque couche. Pour placer chaque moellon, on étendra près du parement, sur le lit, et contre le joint montant des pierres auxquelles on devra l'adosser, une couche mince de mortier fin, ayant (0^m,1) de largeur, ou environ ; sur le reste de l'étendue de l'emplacement dudit moellon, on mettra une couche de gros mortier, fort épaisse sur le derrière ; on posera ensuite le moellon dans cette espèce de bain de mortier, en le frappant du marteau, de façon que sa tête affleure exactement le parement, qu'elle lui soit parallèle, et que les joints qu'il formera avec les pierres attenantes aient plus de (0^m,003) et moins de (0^m,006) d'ouverture ; on chassera ensuite doucement des éclats de pierre sous sa queue pour la caler, ayant soin que ces éclats ne la fassent point soulever ; enfin, on remplira de même, sans rien déranger, les joints montans, de gros mortier et d'éclats. Lorsqu'une assise sera ainsi posée, et avant de faire la suivante, on construira dans toute l'étendue du mur, ou au moins sur une largeur de (0^m,4) à partir de la queue des moellons les plus longs, toutes les autres maçonneries qui devront lui être adossées dans sa hauteur, en ayant soin, lorsque deux moellons voisins laisseront beaucoup de vide entre leurs queues, de faire entrer le plus qu'on le pourra dans ledit vide les parties anguleuses ou pointues des pierres de la maçonnerie adossée, afin de la lier autant que possible avec les moellons du parement.

Les maçonneries de moellons esmilliés pour les paremens de voûte, seront faites des moellons décrits à l'article 236 ; et ne différeront pas, quant au mode d'exécution, des voûtes de moellons piqués, faites avec des moellons plus épais au parement qu'à la queue, et dont la description va être incessamment donnée.

Les maçonneries de moellons piqués, destinées aux paremens de mur, seront établies avec toutes les précautions prescrites ci-dessus pour les murs de moellons esmilliés. L'entrepreneur, outre cela, sera tenu de placer dans ces maçonneries des boutisses aux endroits qui seront désignés par le Chef de Génie, et, quand on ne lui aura rien prescrit à cet égard, il mettra alternativement dans chaque assise, quatre carreaux et une boutisse, de façon que le joint du milieu des quatre carreaux d'une rangée corresponde, autant que possible, à la boutisse de l'assise immédiatement inférieure. Enfin, quand on l'ordonnera, il fera tremper dans de l'eau tous les moellons piqués un instant avant de les poser, pour qu'ils soient nets, parfaitement au vif, et que le mortier ne se dessèche pas trop promptement.

Les maçonneries de moellons piqués, faisant parement de voûte, seront construites, ordinairement, avec des moellons moins épais au parement qu'à la queue, taillés suivant le béveau de la voûte, mais qui, d'ailleurs, auront les dimensions ainsi que les formes prescrites par l'article 238. Chaque assise sera composée de moellons d'une épaisseur égale ; toutes seront posées avec une grande régularité sur les couchis, par rangées parallèles aux génératrices de la voûte ; enfin, ces maçonneries seront, outre cela, soumises à

toutes les conditions prescrites précédemment au présent article pour les paremens de mur de moellons esmilliés, et pour les maçonneries de voûte de moellons bruts.

Dans le cas où on tolérerait l'emploi des moellons piqués plus minces à la queue qu'au parement, on
devrait serrer fortement des éclats de pierre entre les queues desdits moellons, pour les bien caler, et afin
que leurs queues ne pussent éprouver aucun rapprochement au décintrement.

Dans les voûtes épaisses, à moins d'ordre contraire, on ne mettra des moellons piqués que pour le
premier rang faisant parement de douelle, et l'on construira le reste de la voûte de moellons bruts. Néanmoins, si on devait construire une voûte de cette sorte entièrement de moellons piqués, ceux de ces
moellons qui feraient parement devraient être taillés carrément à la queue; et ceux de l'intérieur de la
voûte seraient en forme de prisme rectangulaire, taillés seulement à la fine pointe sur toutes les faces, suivant la hauteur de la voûte, et leur distance à l'intrados, de manière que chaque assise (ou rangée) pût
toujours être arasée entre deux plans normaux à la douelle.

Maçonnerie de pierres d'ap-
pareil posées en mortier,
pour les fondations.

Les pierres de taille ou d'appareil quelconques, soit pour les fondations, soit pour toute autre maçonnerie,
devront avoir leurs surfaces de lit et celles de joint taillées comme le prescrit l'article 346; toutes seront, outre
cela, tranchées au vif sur toutes les faces, et parfaitement propres, afin que le mortier puisse y adhérer de tous
côtés.

Pour établir une maçonnerie de pierres d'appareil posées en mortier sur un sol de roc, de bois ou de
maçonnerie, les pierres de la première assise, ainsi que celles de toutes les assises supérieures, seront posées
à la louve ou au coin, au choix de l'Officier surveillant du travail, et suivant les procédés détaillés ci-après
pour l'une et pour l'autre de ces deux manières d'opérer; mais, lorsque le sol sera de terre ou de sable, la
pose de la première assise se fera à nu, et toujours à la louve, pour ne pas labourer le terrain, et ne
pas salir les pierres sur leur pourtour.

Pose à la louve.

Pour poser à la louve, après avoir amené les pierres près de l'endroit où l'on devra les poser, on les
enlèvera, au moyen d'une louve, et on les présentera dans leurs emplacements, en les maintenant toujours
avec cette machine; et en ayant soin de mettre sous leurs lits, à quelques centimètres des bords, des cales
de bois ou de plomb d'une épaisseur égale à celle de la couche de mortier sur laquelle chacune d'elles
devra reposer. Lorsqu'on se sera assuré qu'une pierre est bien taillée, et qu'elle peut être immédiatement
posée, on la relèvera de nouveau, toujours avec la louve; on arrosera son lit inférieur avec de l'eau, ainsi
que le sol qui devra la recevoir, pour enlever de l'un et de l'autre les dernières parties de poussière qui
pourront y adhérer, et les rendre parfaitement nets; on étendra ensuite sur ce dernier une couche de mortier
un peu plus épaisse que les cales qui auront servi à soutenir la pierre en place, en ayant soin de mettre
dans cette couche quelques éclats de pierre ou d'ardoise, si cela est nécessaire pour remplir les plus grands
vides; puis, après avoir ôté les cales, on descendra doucement la pierre, et on l'abandonnera entièrement à son propre poids sur la couche de mortier, lequel devra être assez mou pour refluer de toutes parts.
En opérant de cette manière, si la pierre ne se trouvait pas bien en place, on devrait l'y ramener à coups
de masse frappés sur ses côtés. Enfin, lorsqu'on aura reconnu qu'elle est dans la position voulue, on la
détachera de la louve, et l'on frappera sur son lit supérieur pour la bien asseoir, et pour faire tasser le mortier.

Pose au coin.

Pour poser au coin, on amènera les pierres en place, au moyen d'une chèvre, ou de pinces de fer et
de rouleaux de bois renflés dans le milieu de leur longueur, afin de ne pas faire d'écornure, en ayant soin,
si le sol est de maçonnerie peu solide, ou nouvellement faite, de faire marcher les pierres en prenant les
points d'appui des pinces sur des madriers, ou sur des pièces de bois, et jamais sur la maçonnerie, de
crainte de l'ébranler: vu que l'Entrepreneur est tenu, d'après les clauses générales du présent article, de
relever toute pierre ou toute brique ébranlée.

Chaque pierre, ainsi amenée, sera présentée et maintenue en place au moyen de cales placées sous son
lit, comme on l'a expliqué pour la pose à la louve, afin de s'assurer de sa coupe. Après cette vérification,
on la soulèvera de (0ᵐ,05) ou environ sur le derrière, et de (0ᵐ,1) sur le devant, en se servant de la pince
et de cinq ou six coins de bois sur lesquels on la laissera reposer. On lavera ensuite son lit ainsi que le
sol sur lequel elle devra reposer; puis on étendra sur ce dernier une couche de mortier, comme pour la
pose à la louve; et, après avoir ôté toutes les cales, on fera descendre doucement la pierre, en retirant chaque coin peu à peu et successivement jusqu'à ce que ladite pierre touche le mortier, sur lequel
on devra la laisser librement reposer en retirant entièrement tous les coins, et en l'abandonnant à son
propre poids: on se servira de la masse pour la faire marcher de côté et d'autre, si cela est nécessaire;
enfin ou la frappera pour la bien asseoir.

Pierres de taille à relever.

Lorsqu'on emploiera l'une ou l'autre des deux manières de poser décrites ci-dessus, s'il arrivait qu'une
pierre ne tombât pas bien en place, et qu'après avoir touché le mortier on ne pût pas à coups de masse
l'amener à la position voulue, on devrait la relever entièrement, ôter tout le mortier qui serait sous elle,
et recommencer sa pose comme si rien n'eût encore été fait à ce sujet. Il sera surtout expressément dé-
fendu de se servir de la pince pour soulever les pierres, afin de pouvoir jeter du mortier sous leurs lits;
et bien plus encore d'y chasser des coins ou des cales. Dans le cas où l'on viendrait à manquer à la présente condition, toute pierre qui aurait été ainsi soulevée ou calée serait démontée, quand bien même elle
serait déjà couverte d'autres maçonneries, et serait reposée aux frais de l'Entrepreneur. On reconnaît qu'une
pierre a été ainsi soulevée ou calée, en vidant ses joints et en grattant le mortier tout autour de son lit;
en fermant ensuite sur les côtés un de ses joints verticaux; puis en remplissant d'eau ce dernier: attendu,
si la pierre a été soulevée, que l'eau s'infiltrera sous son lit, et viendra sortir à son pourtour.

Coulement en joints.

Quand toutes les pierres d'appareil d'une même assise seront posées, pour achever de les maçonner, on
fermera au parement, avec du mortier, tous leurs joints montants; on construira ensuite toutes les maçonneries qui devront leur être adossées dans l'épaisseur de cette même assise, ou au moins jusqu'à (0ᵐ,5)
de distance de la queue des plus longues pierres; puis on remplira tous les joints de mortier, qu'on rendra
liquide en le délayant dans le cinquième, ou environ, de son volume de lait de chaux, en se servant,
pour le faire pénétrer partout, d'une lame de fer très-mince et crénelée, appelée fiche. On aura soin de

verser dans lesdits joints, à plusieurs reprises, de ce même mortier clair, nommé coulis, pour remplir les vides qu'il laissera en se desséchant, et pour obtenir à la fin des joints parfaitement pleins.

Lorsqu'on devra couvrir une assise de pierres d'appareil d'une maçonnerie de la même sorte, avant de construire cette dernière, on fera araser ladite assise, c'est-à-dire qu'on retaillera le lit supérieur de toutes les pierres qui en feront partie, de manière que tous ces lits ne laissent plus qu'un seul plan horizontal, bien régulier et sans ressaut dans toute l'étendue de l'assise ; à moins toutefois d'ordres contraires. Cette opération, qu'on appelle arasement du tas, ne se fera jamais qu'après celle du coulement, et seulement quand le coulis sera assez dur pour que les éclats de pierre provenant de l'arasement ne puissent plus s'introduire dans les joints. *(en marge : Arasement du tas.)*

Les maçonneries de pierres d'appareil posées en mortier pour la construction des murs, soit de pierre de B, soit de pierre de taille, soit de pierre réfractaire, seront soumises à toutes les conditions exigées précédemment pour les maçonneries de fondation dont la nature serait la même que la leur, et seront exécutées suivant les mêmes procédés. *(en marge : Maçonnerie de pierres d'appareil posées en mortier, pour les murs.)*

Lorsqu'on devra poser des pierres de taille de couronnement sur des maçonneries de moellons sans faire usage de la louve, on pourra, par exception aux dispositions ci-dessus, mettre lesdites pierres en place sur des cales de (0^m,05) à (0^m,1) de hauteur, et remplir ensuite les vides qui resteront sous leurs lits, de mortier et d'éclats que l'on pressera le plus qu'il sera possible. *(en marge : Pose de certaines pierres de couronnement.)*

Les maçonneries de voûte de pierres d'appareil posées en mortier, seront construites sur des couchis à joints, qui permettent de voir les joints de l'intrados, et qui laissent un espace de (0^m,03) ou environ entre lesdits couchis et la douelle. Toutes les pierres seront posées à sec, au moins dans les parties supérieures des voûtes ; elles seront d'abord maintenues en place par des coins de bois tendre, ensuite rejointoyées, et enfin fichées. *(en marge : Maçonnerie de pierres d'appareil posées en mortier, pour les voûtes.)*

Quand les clefs et les contre-clefs seront posées, avant de rejointoyer et de ficher leurs joints, on les serrera à l'extrados, au moyen de coins de bois de chêne que l'on chassera peu-à-peu et simultanément, pour que les pierres ne se dérangent pas, et jusqu'à ce que lesdits coins ne puissent plus entrer.

Les pierres qui feront partie des têtes de voûte seront posées avec une grande régularité, au simbleau, ou à l'aide de cherches dormantes sur lesquelles seront tracées les coupes déterminées d'après l'épure. Les voussoirs intermédiaires seront alignés au cordeau sur ces pierres.

Toutes les conditions exigées pour les fondations et pour les murs de pierres d'appareil, autres que celles qui sont prévues ci-dessus pour les mêmes maçonneries de voûte, seront également applicables à ces dernières.

Pour toutes les maçonneries d'appareil, l'Entrepreneur fournira chaque pierre de la forme et des dimensions demandées, pourvu toutefois que ces dernières soient comprises dans les limites fixées aux articles 255, 257 et 260 ; et, dans toutes ces maçonneries, l'ouverture des joints, c'est-à-dire, la distance des deux surfaces de lit ou de joint en regard, sera de (0^m,004) à (0^m,006) dans les parties qui avoisineront les paremens, et même dans toute leur étendue lorsque le Chef du Génie l'ordonnera : cette ouverture sera surtout de rigueur dans les parties visibles au parement, principalement pour les baies, les pilastres, les colonnes et les voûtes. *(en marge : Ouverture des joints.)*

Les maçonneries de pierres de taille posées à sec seront exactement construites comme les maçonneries de pierres d'appareil posées en mortier ; excepté que l'on n'y mettra pas de mortier, et que l'on devra, en conséquence, apporter une grande précision dans la taille des pierres qui leur seront destinées : attendu que chaque pierre devra pouvoir se tenir d'elle-même en place, sans qu'il soit nécessaire de la caler pour l'empêcher de vaciller. *(en marge : Maçonnerie de pierres de taille posées à sec.)*

Les maçonneries de pierres de taille posées en mousse seront soumises à toutes les conditions exigées pour les maçonneries de pierres de taille posées à sec, excepté que l'on mettra une couche très-mince de mousse entre les lits. *(en marge : Maçonnerie de pierres de taille posées en mousse.)*

Pour toutes les maçonneries désignées au Bordereau, de l'article 1119 à l'article 1192, on emploiera les mortiers suivants, savoir : *(en marge : Désignation des mortiers à employer dans les maçonneries.)*

1° Pour celles de blocage, du mortier de chaux maigre et de sable de mine.

2° Pour celles de briques en mortier bâtard, du mortier bâtard de sable fin. *(en marge : Mortiers bâtards.)*

3° Pour celles de moellons ordinaires en mortier bâtard, du mortier bâtard ordinaire.

4° Pour celles de briques, de libages, de pierre de taille, en mortier de chaux grasse et de ciment, du mortier de chaux grasse et de ciment. *(en marge : Mortiers de chaux grasse.)*

5° Pour celles de libages en mortier de chaux maigre, de sable et de trass, du mortier de chaux maigre, de sable et de trass commun. *(en marge : Mortiers de chaux maigre.)*

6° Pour celles de briques, de pierre de B ou de pierre de taille en mortier de ciment, du mortier de ciment fin. *(en marge : Mortiers de ciment.)*

7° Pour celles de libages ou de moellons de A en mortier de ciment, du mortier de ciment commun.

8° Pour celles de moellons ordinaires en mortier de ciment, du mortier de chaux grasse et de ciment.

9° Pour celles de moellons esmillés, de moellons piqués, en mortier de ciment, du mortier de ciment fin pour les joints, et du mortier de ciment commun pour remplir autour des queues des moellons.

10° Pour celles de briques ou de pierre réfractaire en mortier de terre, du mortier de terre grasse ordinaire. *(en marge : Mortiers de terre.)*

11° Pour celles de moellons en mortier de terre, du mortier de terre route.

(Pour mémoire.) Mortier fin. — M. ordinaire. — Plâtre.

Toutes les maçonneries, sans exception, seront payées au mètre cube. Pour les maçonneries de blocage, de briques, de libages, de moellons de A et de moellons ordinaires, le mesurage se fera suivant le volume effectif desdites maçonneries, tout vide et tout corps étranger quelconques déduits. Les maçonneries de moellons esmillés ou de moellons piqués, seront mesurées de la même manière, mais en prenant pour l'épaisseur de ces maçonneries la longueur moyenne des moellons dont elles seront composées. Enfin, pour les maçonneries de pierre de B, de pierre de taille ou de pierre réfractaire, on supputera la somme des volumes des plus petits parallélipipèdes rectangles que l'on pourra circonscrire à chaque pierre. *(en marge : Mesurage des maçonneries.)*

Les frais de cintre et de conchis relatifs à la construction des voûtes, par exception à l'article 45, seront toujours payés à l'Entrepreneur en sus du volume des maçonneries, comme charpente, cintre ou plancher d'échafaud, comme maçonnerie, ou comme ouvrage de terre. On paiera de même en sus, lorsqu'il y aura lieu, les arêtes de briques, les aires, les chapes, les crépis, les enduits, les frais d'échafaud, les joints et les *jointoiemens*, ainsi qu'on l'a déjà dit (art. 308, 309, 315, 323, 332, 343, 346 et 347); et, ainsi qu'on l'expliquera au présent chapitre, le montage des moellons et des briques, les paremens et les *rustiquages*. Enfin, on paiera encore en outre les pavés et les trous de louve décrits au chapitre IV. (*Note* XXXIX.)

MASTIC de vitrier.
(*Bord.*, *Art.* 1193.)

Art. 354. — Le mastic de vitrier employé à la réparation des croisées, à fermer les gerçures des charpentes ou des menuiseries, sera payé au kilogramme, au prix de l'article 1193 du Bordereau.

Lorsqu'on emploiera le mastic aux croisées, l'Entrepreneur sera tenu de ratisser, de nettoyer et de mettre au vif le bois des feuillures, ainsi que le verre; d'appliquer dans lesdites feuillures une couche de couleur grise; de raffermir les pointes ébranlées; de fournir celles qui seront nécessaires pour maintenir le verre; enfin, de ne poser le mastic que quand la couleur sera sèche.

MENUISERIES.
(*Bord*, *Art.* 1104 à 1335)
Clauses générales.
Définitions.

Art. 355. — Tout ouvrage de bois ayant moins de (0^m,08) d'épaisseur sera regardé comme étant une menuiserie. On distinguera quatre espèces de menuiseries : les MENUISERIES D'ASSEMBLAGE, qui seront assemblées à tenons et à mortaises, ou en bouement, sans rainure ni languette; les MENUISERIES A PANNEAU, qui seront composées de bâtis assemblés à tenons et à mortaises, ou en bouement, servant à maintenir des panneaux assemblés à rainures et à languettes; les MENUISERIES ORDINAIRES, qui seront sans assemblage, ou qui seront assemblées à rainures et à languettes seulement, ou encore à queues d'aronde, et dont les bois auront, dans tous les cas, plus de (0^m,15) de largeur; enfin, les MENUISERIES REFENDUES, qui seront sans assemblage, ou qui seront assemblées à rainures et à languettes, ou à queues d'aronde, et dont les bois auront (0^m,15) de largeur ou moins. Du reste, les prix fixés pour les menuiseries de 10^m, de 17^m, etc., et de 77^m, seront respectivement alloués pour ceux de ces ouvrages dont les épaisseurs exprimées en millimètres, pris pour unités, seront comprises entre dix et quatre-vingts; et qui seront égales ou immédiatement supérieures aux différents nombres ci-dessus : donc, tout ouvrage de bois de (0^m,01) à (0^m,016) d'épaisseur, sera payé comme menuiserie de 10^m; ceux qui auront (0^m,017) à (0^m,023), comme menuiserie de 17^m; et ainsi de suite.

Qualités des menuiseries.

Les bois employés aux menuiseries devront avoir, suivant l'espèce, toutes les qualités exigées pour les madriers ou pour les planches, par les articles 219 et 262; et tous, du reste, seront parfaitement dressés, rabotés et polis sur les côtés, ainsi que dans les assemblages. Ces derniers devront être faits avec le plus grand soin, de manière que les pièces soient emboîtées les unes dans les autres sans refuite; et que leurs joints soient très-serrés, et absolument sans la moindre ouverture. Les tenons, lorsque les menuiseries en renfermeront, seront droits ou à onglet, suivant les ordres, et traverseront de part en part les pièces dans lesquelles ils seront assemblés. Les languettes auront d'épaisseur le tiers de l'épaisseur du bois, et de largeur la moitié de cette même épaisseur, sauf les ordres contraires. Enfin, toutes les menuiseries devront être exemptes de nœud, de fente, de gerçure, de flache, d'écornure, d'éclat, de flipot ou de tout autre défaut quelconque; et seront, outre cela, collées et chevillées dans les assemblages toutes les fois qu'on en donnera l'ordre. L'Entrepreneur sera tenu de remplacer les menuiseries qui gauchiront pendant l'année de sa responsabilité.

Mesurage des menuiseries.

Toutes les menuiseries seront payées au mètre carré. Le mesurage de chaque *pan*, c'est-à-dire, de chaque ensemble de pièces assemblées ou adhérentes entre elles dans un même plan, se fera toujours séparément, et suivant l'étendue effective de l'une de ses deux grandes faces : ainsi, on déduira les vides et les jours qui pourront se trouver dans l'intérieur des *pans*; et l'on ne tiendra compte, ni des tenons, ni des languettes, ni des queues d'aronde.

Menuiseries mixtes.

Lorsqu'un *pan* de menuiserie sera composé de bois de diverses épaisseurs, de diverses essences, ou de menuiseries de diverses sortes, chacune de ses parties sera payée isolément, suivant le prix qui lui sera relatif, en ayant égard, toutefois, au mode d'assemblage qu'elles présenteront; et en faisant seulement le mesurage des parties visibles, à moins que les bois ne soient mis en double les uns sur les autres, auquel cas on les mesurerait comme s'ils étaient isolés.

Menuiseries du bois de l'Etat.

Pour les menuiseries du bois de l'Etat, on fournira des madriers et des planches de l'épaisseur convenable, c'est-à-dire, d'une épaisseur qui soit, à (0^m,005) près, égale à celle de la menuiserie à laquelle on les destinera. Lorsque les bois fournis ne satisferont pas à cette condition, le sciage nécessaire pour les réduire à l'épaisseur voulue sera payé en sus de la valeur de la menuiserie. (*Voyez* : RABOTAGE, *chapitre III.*) (*Note* XL.)

MISE en chantier de sciage.
(*Bord.*, *Art.* 1336.)

Art. 356. — Lorsqu'on débitera en longueur et à la scie des bois appartenants à l'Etat, la main-d'œuvre nécessaire pour recéper les pièces, pour les mettre en chantier de sciage, et pour les arranger en tas lorsqu'elles seront sciées, sera payée au mètre cube, au prix de l'article 1336 : le mesurage se fera suivant le volume de chaque pièce. (*Voyez* : SCIAGE, *chapitre III.*)

MONTAGE de matériaux de maçonnerie.
(*Bord.*, *Art.* 1337.)

Art. 357. — Lorsqu'on exécutera un ouvrage de maçonnerie de moellons ou de briques, et que ledit ouvrage exigera l'emploi d'un échafaud de (3^m) de hauteur ou plus, au-dessus du sol sur lequel les matériaux pourront être conduits à la brouette ou au tombereau, en sorte que l'on soit obligé de transporter lesdits matériaux sur l'échafaud, en montant au moins de (3^m), soit à la hotte, soit au panier, soit au bourriquet, l'Entrepreneur recevra, en sus du prix du volume de la maçonnerie, mais dans ce cas seulement, et par exception à l'article 45, une indemnité qu'on allouera ainsi qu'il suit :

Pour chaque mètre cube de maçonnerie construite à une hauteur comprise entre (3^m) et (4^m), ainsi qu'on vient de l'expliquer, on allouera le prix fixé pour le montage à un étage (art. 1337); pour chaque mètre cube, entre (4^m) et (5^m), le même prix multiplié par deux; enfin, pour les maçonneries situées entre (5^m) et (6^m), toujours le même prix, mais multiplié par trois, et ainsi de suite.

Afin de simplifier les comptes, au lieu de diviser le toisé des maçonneries par parties correspondantes aux étages, on multipliera le *métrage* total de chaque pan de mur par un nombre moyen d'étages qui puisse produire à-peu-près le même résultat : ce nombre pourra toujours être facilement calculé, surtout lorsque les murs auront du bas en haut une épaisseur uniforme. En faisant ce calcul, on aura soin d'observer que le nombre des étages est nul pour les maçonneries qui n'ont pas (3^m) de hauteur, et l'on ne comptera pas d'autre fraction d'étage que le demi (*art.* 353).

Art. 358. — Les parties visibles des maçonneries entièrement achevées seront seules regardées comme paremens. Quoique les paremens fassent partie des ouvrages, on en paiera néanmoins la façon en sus de la valeur des maçonneries ; mais seulement lorsque lesdits paremens appartiendront à l'une ou à l'autre des espèces qui vont être décrites ci-après, et dont les prix sont fixés au Bordereau, de l'article 1338 à l'article 1395 : tout autre parement restant au compte de l'Entrepreneur (*art.* 45 *du Devis*).

Toute surface engendrée par la révolution d'une courbe plane, ou par une courbe plane qui se mouvra perpendiculairement à une courbe à simple courbure, sera regardée comme parement d'architecture : ces paremens seront toujours parfaitement polis à la laie, et seront classés, relativement au déchet, suivant la méthode prescrite ci-après pour la pierre de taille.

Les paremens courbes seront ceux sur lesquels on pourra appliquer une ligne droite dans un certain sens seulement, et qui pourront être regardés comme étant engendrés par une ligne droite se mouvant régulièrement sur une ou sur deux courbes à simple courbure.

Ceux sur lesquels on pourra appliquer une ligne droite en tous sens, seront payés comme paremens plans.

Enfin, tout parement à double courbure irrégulière, c'est-à-dire, qui ne pourra pas être regardé comme étant engendré par le mouvement régulier d'une courbe plane, ou qui ne fera pas partie des paremens spécifiés ci-dessus, sera réputé parement de sculpture, et payé à l'estimation.

(Pour mémoire.) Parement de blocage.

Les paremens des maçonneries de briques de 4e, de 5e ou de C, dont toutes les faces de brique visibles au parement seront bien planes, régulièrement assemblées entre elles par les bords, parallèles à la surface du mur, et affleurantes à cette dernière, seront seuls payés comme paremens de briques. Généralement, on ne devra construire de cette manière que les paremens destinés à être rejointoyés : ainsi, ceux des fondations, ceux qui seront destinés à recevoir un crépi, n'exigeant pas cette sujétion, pourront être dressés comme l'Entrepreneur le voudra, et, en conséquence, resteront à sa charge.

Les paremens des maçonneries de moellons de A, ou de moellons ordinaires, ne seront payés à part qu'autant que lesdits paremens seront dressés avec des pierres choisies, au moins de (0^m,25) de longueur de tête ; que les têtes de ces pierres seront façonnées au marteau, à-peu-près planes et rectangulaires ; enfin, que lesdites têtes seront placées de manière qu'elles affleurent la surface du mur ; que les bords des moellons voisins soient parallèles entre eux, sinsi qu'au parement ; enfin, que lesdits bords ne laissent entre elles que des joints de (0^m,03) de largeur au plus, dans les maçonneries de moellons ordinaires, et de (0^m,015) dans celles de moellons de A. Ces paremens devront être entièrement exempts de plaquis.

Les paremens des maçonneries de moellons bruts qui n'auront pas besoin de présenter la régularité prescrite ci-dessus, ou pour lesquels l'Entrepreneur n'aura pas reçu d'ordre à cet égard, pourront être faits comme il l'entendra ; et dans ce cas ces paremens resteront à sa charge : tels seront, ordinairement, ceux des fondations, des couronnemens de mur, des extrados de voûte, ou tout autre parement adossé à des terres ou à des maçonneries.

Les paremens des maçonneries de moellons posés à sec, ne différeront des paremens précédens que parce qu'ils seront dépourvus de mortier, et que l'ouverture de leurs joints sera la même pour l'une comme pour l'autre espèce de moellons, et au plus de (0^m,01).

Pour tous les paremens des maçonneries de moellons esmillés il faudra : que chaque moellon couvre le joint des deux moellons immédiatement inférieurs, et le dépasse de chaque côté au moins du tiers de la longueur de sa tête ; que toutes les têtes de moellons affleurent la surface du mur ; que les bords des moellons voisins soient parallèles entre eux, ainsi qu'au parement ; enfin, que lesdits bords ne forment pas de joint dont l'ouverture excède (0^m,01) de largeur en aucun endroit.

Les paremens des maçonneries de moellons piqués ne devront présenter que des joints de (0^m,004) à (0^m,006) de largeur, et seront soumis d'ailleurs à toutes les conditions exigées ci-dessus pour les paremens de moellons esmillés. Enfin, on devra pouvoir appliquer sur les paremens de cette espèce, s'ils sont plans, une règle, et s'ils sont courbes, des panneaux taillés suivant la forme de leurs génératrices, sans qu'il se présente, entre ladite règle ou lesdits panneaux et la surface de la maçonnerie, de jour qui ait plus de (0^m,006) d'ouverture.

Les paremens de pierre de B seront toujours layés, et du reste classés, quant au déchet, suivant la méthode établie ci-après pour les paremens de pierre de taille, aux conditions desquels ils devront d'ailleurs satisfaire.

Les parties des pierres de taille qui devront paraître à l'extérieur des maçonneries, et faire parement, pourront être taillées de trois manières différentes, c'est-à-dire, dégrossies, piquées ou layées, suivant les commandes.

Lorsqu'une pierre de taille devra présenter un parement dégrossi, on tracera d'abord, tout autour des faces destinées à être vues, une ciselure de (0^m,02) de largeur, dont les différentes parties aient ensemble, pour chaque face, la position même qui sera prescrite pour le parement de la maçonnerie, de sorte qu'après la pose de la pierre, ces *ciselures* se confondent avec ce parement. On dégrossira ensuite au marteau ou à la pointe, le reste de la pierre, en saillie sur le milieu de chaque face, de façon que cette saillie soit de (0^m,006) au moins, ou de (0^m,03) au plus : ce sera le parement que la maçonnerie devra présenter.

Les paremens piqués ne différeront des paremens dégrossis que par la partie du milieu de leurs faces en saillie sur la *ciselure*, laquelle partie sera piquée à la fine pointe, avec régularité dans toute son étendue, de manière qu'elle n'ait plus que (0^m,001) à (0^m,006) de saillie.

Enfin, les paremens layés seront parfaitement polis à la laie et à la ripe, exempts de trace de coup de pointe ou de hache, et taillés avec assez de régularité pour qu'après la pose des pierres ils se confondent exactement avec la surface que devra présenter la maçonnerie.

PAREMENS de maçonnerie.
(*Bord., Art* 1338 à 1395.)
Clauses générales.

Parement d'architecture.

Parement courbe.

Parement plan.
Parement de sculpture.

Parement de briques.

Parement de moellons bruts posés en mortier.

Parement de moellons posés à sec.

Parement de moellons esmillés.

Parement de moellons piqués.

Parement de pierre de B.

Parement de pierre de taille.

Parement dégrossi.

Parement piqué.

Parement layé.

*Régularité des paremens
de pierre de taille.*

Les paremens des maçonneries de pierre de taille devront être entièrement exempts de défaut (*art. 257*) : leurs arêtes seront vives et sans écornure; leurs joints, bien droits, bien alignés, et limités par des bords parallèles, placés bien exactement dans le parement prescrit, et distants entre eux de (0^m,004) à (0^m,006). Enfin, lorsqu'on appliquera une règle ou des panneaux générateurs sur lesdits paremens, comme on l'a expliqué précédemment pour les moellons piqués, et aux articles 323 et 332, les jours qui pourront se présenter, entre la règle ou les panneaux et la surface de la maçonnerie, ne devront jamais avoir, pour les paremens dégrossis, plus de (0^m,08) d'ouverture; pour les paremens piqués, plus de (0^m,015); enfin, plus de (0^m,002) pour les paremens layés.

Détermination des déchets.

Comme la taille des pierres d'appareil exige une sujétion, d'abord relative aux trois manières de tailler que l'on vient de décrire, ensuite au déchet plus ou moins grand qui résulte de la forme à donner à chaque pierre, on a établi des prix relatifs aux déchets, lesquels seront déterminés ainsi qu'il suit.

On supposera circonscrit à chaque pierre, après qu'elle sera taillée, le plus petit parallélipipède rectangle possible, ayant ses faces à-peu-près parallèles à celles du bloc que présentait la pierre avant la taille. On cherchera ensuite, sur la face de la pierre destinée à faire parement, le point qui sera le plus éloigné de la face du parallélipipède avec laquelle elle se trouvera en regard, ainsi que le point qui en sera le plus rapproché. De ces deux points on abaissera, par hypothèse, des perpendiculaires sur ladite face du parallélipipède; et la demi-somme des longueurs de ces deux perpendiculaires déterminera le déchet de la manière suivante.

On regardera la face de parement pour laquelle on aura opéré, comme étant à DÉCHET NUL, lorsque la demi-somme des perpendiculaires sera de (0^m,01) ou moins; comme parement à PETIT DÉCHET, lorsqu'elle sera comprise entre (0^m,01) et (0^m,05); comme parement à MOYEN DÉCHET, lorsqu'elle sera de (0^m,05) à (0^m,1); enfin, lorsqu'elle excédera (0^m,1), le parement sera réputé à GRAND DÉCHET.

Lorsque plusieurs des faces du parallélipipède se trouveront en regard avec une même face de la pierre, on abaissera de celle-ci, comme il vient d'être dit, deux perpendiculaires sur chacune des autres; et l'on prendra ensuite celle des demi-sommes qui sera la plus petite pour déterminer le déchet : bien entendu que les faces perpendiculaires entre elles seront regardées comme étant en regard. Lorsque la pierre aura plusieurs faces destinées à faire parement, on déterminera isolément la classe et le déchet qui conviendront à chacune d'elles.

*Parement de pierre
réfractaire.*

Tous les paremens de pierre réfractaire seront layés, et seront soumis aux conditions prescrites pour les paremens de pierre de taille de cette sorte; excepté que l'on n'aura point égard au déchet, et que tous les paremens seront payés à l'un ou à l'autre des deux prix du Bordereau, suivant qu'ils seront plans ou courbes.

Paremens retaillés.

Les paremens retaillés dans de la pierre de B, dans de la pierre de taille, ou dans de la pierre réfractaire, seront payés suivant la nature de la pierre, et sans avoir égard à la forme ni au déchet : toutefois, on ne comptera comme paremens retaillés que ceux des vieilles pierres qu'on retaillera dans la même forme, et sur les faces desquelles il n'y aura à enlever qu'une couche de pierre de (0^m,02) d'épaisseur au plus; dans le cas où l'on devrait en enlever davantage, le travail serait alors regardé comme parement de pierre, ainsi qu'on l'a expliqué précédemment, et payé comme si les pierres n'avaient jamais été taillées.

Mesurage des paremens.

Les paremens décrits ci-dessus seront payés au mètre carré : le mesurage se fera suivant leur étendue effective, en développant toutes les surfaces extérieures. Du reste, les joints visibles, dans lesdits paremens, quelle que soit la nature de la maçonnerie, les maçonneries de pierres posées à sec exceptées, devront être parfaitement remplis de mortier, bien raclés et sans bavure; sauf les ordres contraires qui pourront être donnés.

Pour tous les paremens de douelle intérieure ou d'intrados faits de moellons bruts, on paiera un (cinquième) en sus du parement effectif pour chaque décimètre de l'épaisseur à la clef; et un (dixième) en sus pour les voûtes qui seront de moellons piqués. Le paiement des arêtes de briques ou de moellons se fera également en sus de celui du parement et du volume des maçonneries : le tout par exception à l'article 45 du Devis (*art. 309 et 353*).

Paremens d'aire et de
chape.
(*Bord., Art.* 1396 à 1402.)

Art. 359. — On regardera comme parement d'aire ou de chape, les surfaces extérieures des aires ou des chapes construites suivant les procédés décrits aux articles 308 et 315. Ces paremens seront payés au mètre carré, suivant leur étendue effective, et, par exception à l'article 45, en sus du volume des aires et des chapes.

Le parement des chapes en pavé sera payé comme parement de chape de mortier-Fleuret; et celui des aires de mortier *bâtard*, de plâtras ou de plâtre, restera au compte de l'Entrepreneur.

Paremens de gazonnement.
(*Bord., Art.* 1403.)

Art. 360. — Par exception à l'article 45, les paremens que les gazonnemens présenteront, après l'achèvement de l'ouvrage, seront payés au mètre carré, en sus de la valeur du volume du gazonnement, pourvu qu'ils soient proprement dressés, et qu'ils satisfassent aux conditions de l'article 344. Le mesurage se fera suivant l'étendue effective des paremens, soit que ceux-ci appartiennent à des gazonnemens, ou à des gazonnemens plaqués.

(*Bord., Art.* 1404.)

Par exception à l'article 41, l'Entrepreneur ne répondra de la stabilité des paremens de gazonnement qu'autant que les plans qui les composeront formeront, avec le plan horizontal, un angle de (soixante) degrés ou moins, relativement aux gazonnemens d'assises de (3^m) de hauteur et au-dessous; et un angle de (quarante-cinq) degrés au plus, à l'égard des gazonnemens plaqués et de ceux d'assises qui auront plus de (3^m) de hauteur.

Art. 361. — (*Pour mémoire*) PAREMENT de pisé.

Paremens de roc.
(*Bord., Art.* 1405 à 1408.)

Art. 362. — Pour exécuter un parement piqué sur le roc, on taillera ce dernier à la pointe; et pour exécuter un parement *ciselé*, après l'avoir taillé à la pointe, on le dressera au ciseau ou à la laie, en sorte qu'il soit sans bosse ni creux, qu'il ait la forme prescrite, et que les paremens *ciselés* soient unis et sans aspérité : il faudra que la régularité de ces paremens soit telle, que l'on puisse y appliquer une règle ou des panneaux générateurs (*art. 358*), sans qu'il se présente de jour ayant, pour les paremens piqués, plus de (0^m,03) de largeur, et plus de (0^m,005) pour ceux qui seront *ciselés*.

Le travail nécessaire pour la façon de ces sortes de paremens sera payé au mètre carré, en sus de la valeur du déblai, par exception à l'article 45 : le mesurage se fera suivant l'étendue effective des paremens ainsi façonnés. Enfin, on paiera, toujours par exception à l'article précité, et conformément à l'article 310, les arêtes *rentrantes* en sus du parement et du déblai; mais les arêtes saillantes resteront à la charge de l'Entrepreneur, c'est-à-dire que leur façon sera regardée comme étant comprise dans le prix du parement.

Art. 363. — Le *piquage* des enduits se fera lorsqu'on voudra renouveler un enduit ou un crépi. Ce travail consistera à brosser fortement le vieil enduit, ou à balayer le vieux crépi, et à piquer ensuite légèrement l'un ou l'autre avec le marteau à pointe fine, de façon que leur surface soit couverte de petites brèches de (0^m,01) de longueur, distantes entre elles de (0^m,02) à (0^m,03). Ce travail sera payé au mètre carré, suivant l'étendue effective des crépis ou des enduits nettoyés et piqués.

PIQUAGE d'enduit. (*Bord.*, *Art.* 1409.)

Art. 364. — Le *piquage* des vieux murs sera exécuté comme le prescrit l'article 323; et sera payé au mètre carré, seulement dans les cas prévus par ledit article : le mesurage se fera suivant l'étendue effective des paremens de mur sur lesquels ce travail aura été fait.

PIQUAGE de mur. (*Bord.*, *Art.* 1410.)

Art. 365. — Lorsqu'on jugera nécessaire de consolider un gazonnement, à mesure de sa construction et avant le *damage*, on enfoncera trois chevilles dans chaque gazon (*art.* 160) : deux de ces chevilles seront placées vers la queue du gazon, dans le gazonnement d'assises, ou vers le côté le plus élevé, dans les gazonnemens de plat; la troisième sera mise en son milieu.

Cet ouvrage sera payé au mètre cube comme *piquetage*, en sus du volume et du parement (*art.* 344) : le mesurage se fera suivant le volume effectif du gazonnement auquel il aura été ajouté.

PIQUETAGE. (*Bord.*, *Art.* 1411.)

Art. 366. — Pour élever un mur de pisé, à l'aide de banches, et parfois de *têtes* de banche, maintenues par des châssis et des étrésillons posés en travers d'une fondation ou de toute autre base, on revêtira l'emplacement d'une partie du massif de pisé à construire, de manière que les parois intérieures desdites banches déterminent la surface que devra présenter le pisé, et que le tout fasse une sorte de moule. On formera ensuite cette partie du massif par banchées, c'est-à-dire, par couches successives de (0^m,1) d'épaisseur, avec de la terre à pisé que les piseurs plomberont d'abord au moyen d'un piétinage; et qu'ils battront ensuite au pison, en commençant contre les banches pour finir au milieu du massif : on aura soin, chaque fois que l'on voudra mettre de la nouvelle terre, que la banchée précédente ait été bien battue, ce que l'on reconnaît quand les coups de pison marquent à peine. Pour continuer le mur, on suivra le même procédé, en transportant successivement le moule d'une place à l'autre; et en terminant le bout de chaque partie, du côté où le massif devra se prolonger, par un talus dont la base soit moitié de la hauteur, afin de faciliter la liaison des parties contiguës.

Quand tout le massif sera ainsi construit, on bouchera les trous de boulins avec de la maçonnerie de moellons bruts et de mortier de sable ordinaire; puis on ragréera tout le parement du pisé, pour qu'il soit sans creux ni bosse quelconque, qu'il ait la forme prescrite, et que l'on puisse appliquer une règle sur ses parties planes, sans qu'il se présente de jour qui ait plus de (0^m,01) de largeur.

Le pisé avec lequel on voudrait emplir l'intérieur des maçonneries, serait exécuté comme celui qu'on vient de décrire; excepté que l'on ne revêtirait que les parties qui devraient présenter des paremens.

La saison la plus favorable à la construction des pisés, est du commencement de mars à la fin d'octobre. La terre que l'on emploiera aux ouvrages de ce genre sera préparée à mesure qu'on la mettra en œuvre; ce qui consistera : à l'ameublir par petites quantités; à en extraire toute matière végétale quelconque, ainsi que les mottes et les cailloux de (0^m,03) de grosseur ou plus; et à l'humecter si cela est nécessaire, en sorte qu'elle ait à-peu-près le degré d'humidité de la terre qui se trouve à (1^m) en contre-bas de la surface du sol.

Chaque fois qu'on établira le moule, on aura soin de façonner proprement les tranchées qui devront recevoir les traverses des châssis; de couvrir lesdites traverses de bouts de planche, afin qu'on puisse les retirer facilement; de nettoyer proprement le fond du moule, d'en boucher toutes les ouvertures avec du plâtre, et de l'asperger légèrement.

L'entrepreneur sera tenu de garantir de la pluie, et à ses frais, le sommet des massifs de pisé, jusqu'à ce que l'ouvrage soit tout-à-fait sec.

PISÉ. (*Bord.*, *Art.* 1412 et 1413.)

Les ouvrages de pisé seront payés au mètre cube suivant leur volume effectif, c'est-à-dire, tout vide et tout corps étranger déduits. Les paremens qu'ils présenteront, après leur achèvement, seront encore, outre cela, payés au mètre carré, par exception à l'article 45 (*art.* 361).

Mesurage du pisé.

Lorsqu'on trouvera de la terre propre à faire le pisé, à portée de l'atelier, on l'emploiera de préférence à la terre à pisé (*art.* 288). Dans ce cas, l'extraction, le chargement, le transport de ladite terre jusqu'à pied d'œuvre, seront payés en sus de la valeur du pisé; et ce dernier alors ne sera point compté que comme pisé de la terre de l'État (*art.* 1413 *du Bordereau*).

Pisé de la terre de l'État.

Art. 367. — Pour mettre en herbe un talus roide battu, on arrangera du chiendent entre chaque couche de terre du talus, de façon que toutes ses racines soient renfermées dans l'intérieur des terres; que ses tiges, proprement coupées à (0^m,05) ou à (0^m,06) du collet des racines, dépassent le parement du talus de (0^m,03) ou environ; enfin, que les pieds dudit chiendent soient disposés l'un à côté de l'autre, et assez rapprochés pour présenter une ligne continue, sans néanmoins se toucher. Pour qu'un travail de ce genre soit bien fait, il faut qu'on emploie un sac de chiendent par A^m carrés de surface de talus. Le *plant* de chiendent sera payé au mètre carré, suivant l'étendue effective des talus plantés comme on vient de le dire, et en sus de la façon de ces derniers.

PLANT de chiendent. (*Bord.*, *Art.* 1414.)

Art. 368. — Le plomb employé à sceller du fer dans de la pierre ou dans du roc, sera payé au poids, y compris la façon et toutes les fournitures, excepté le fer.

PLOMB en scellement. (*Bord.*, *Art.* 1415 et 1416.)

Art. 369. — Tous les ouvrages de plomb, indépendants des scellemens, seront payés aux prix des articles 1417 à 1420 du Bordereau. Les ouvrages coulés, ou de plomb en table non soudé, seront regardés comme PLOMB ORDINAIRE; ceux qui seront de plomb laminé travaillé avec de la soudure, comme PLOMB DE SUJÉTION.

PLOMB travaillé. (*Bord.*, *Art.* 1417 à 1420.)

Les ouvrages de plomb seront, suivant les commandes, proprement façonnés; limés ou polis sur les faces et sur les arêtes; soudés ou non soudés; et entièrement exempts de trou, de crevasse, de brisure, ou de tout autre défaut quelconque.

Pour les ouvrages de plomb du métal de l'État, le plomb seul sera fourni à l'Entrepreneur, n'importe sous quelle forme, et on ne lui passera aucun déchet.

POLISSURE.
(Bord., Art. 1431.)

Art. 370. — Le travail nécessaire pour polir les ouvrages de fonte, soit au tour, soit à la lime, sera payé au décimètre carré, comme polissure, suivant l'étendue effective des surfaces dressées, blanchies et polies de façon qu'on ne puisse plus y distinguer aucune trace de ciselet, ni de carrelette, ni d'outil de tourneur.

Toutefois, si la couche de fonte enlevée avait ($0^m,003$) d'épaisseur ou plus, outre le prix de la polissure, on paierait encore le volume de ladite couche comme *évidement* (art. 336).

RABOTAGE.
(Bord., Art. 1422 à 1429.)

Art. 371. — L'Entrepreneur fera raboter les charpentes et les menuiseries toutes les fois qu'il en recevra l'ordre, et suivra à cet égard tout ce qui sera prescrit. Les paremens desdits ouvrages pourront être plans ou courbes dans un sens; ou bien chargés de moulures quelconques, pourvu que ces dernières puissent être poussées suivant toute la longueur des pièces de bois : les moulures qui ne pourraient pas être faites de cette manière, seraient regardées comme ouvrage de sculpture et payées à l'estimation.

Les faces de charpente et de menuiserie, rabotées, seront exemptes de bosse, de trou, d'éclat; et seront assez unies pour qu'on puisse y appliquer une règle en long, ainsi qu'en travers lorsqu'elles seront planes, sans qu'il se présente, entre ladite règle et le parement de l'ouvrage, de jour dont l'ouverture ait, pour la menuiserie, plus de ($0^m,001$) de largeur, et plus de ($0^m,003$) pour la charpente. Lorsque les moulures de différentes pièces devront se raccorder, les raccordemens présenteront une telle régularité, que les parties homologues des moulures se correspondent sans ressaut, et qu'elles aient l'air de se continuer en passant d'une pièce à l'autre. Les faces planes devront également satisfaire à la même condition; et cette régularité sera surtout de rigueur pour les ouvrages de menuiserie, qui, généralement, seront rabotés avec une grande propreté, et dont l'abouement sera parfait.

Mesurage du rabotage des charpentes

Le *rabotage* sera payé au mètre carré. Pour les charpentes, le mesurage se fera suivant l'étendue effective des surfaces rabotées, en appliquant le prix du RABOTAGE UNI à toutes les parties planes qui pourront être regardées, pour chaque face d'ouvrage, comme étant dans un même plan *tangent* à ladite face; celui du RABOTAGE A MOULURES, aux parties courbes, ainsi qu'aux parties plans qui se trouveront hors dudit plan.

Mesurage du rabotage des menuiseries

Pour les menuiseries, le mesurage se fera suivant l'étendue effective de chaque *pan*, pris isolément, et sans développement de moulure, c'est-à-dire que le mesurage du *rabotage* sera toujours égal à celui de la menuiserie (art. 355); excepté, toutefois, que l'on paiera double ou simple *rabotage*, suivant que l'ouvrage sera raboté sur ses deux faces ou sur l'une de ses faces seulement. Du reste, on regardera comme RABOTAGE UNI, celui des faces de *pans* de menuiserie qui seront sans moulure, ou qui n'auront, en fait de moulures, que des chanfreins ou des quarts de rond en sorte de démaigrissement sur le bord des pièces; comme RABOTAGE A MOULURES, celui des faces qui porteront quelques moulures autres que celles dont on vient de parler, quel qu'en soit le nombre.

Dans l'application des prix, le chêne, l'orme, le noyer, seront regardés comme BOIS DURS; tous les autres bois, comme BOIS TENDRES.

RAVALEMENT.
(Bord. Art. 1430 à 1433.)

Art. 372. — On entendra par ravalement à la pointe, les opérations de taille nécessaires pour transformer un parement dégrossi de pierre de taille, en parement piqué; par ravalement à la laie, la transformation des paremens piqués en paremens layés. Enfin, lorsqu'on transformera un parement dégrossi en parement layé, on paiera ce travail comme ravalement à la pointe, et, outre cela, comme ravalement à la laie.

Les ragrémens que l'Entrepreneur devra faire, lorsqu'on aura posé des pierres de travers, ou que l'on aura été obligé de placer en saillie, sur le parement de l'ouvrage, quelques pierres défectueuses, afin de pouvoir, en les ragréant, en faire disparaître les défauts, ne seront point regardés comme ravalement.

Les ravalemens seront payés au mètre carré : le mesurage se fera suivant l'étendue effective des paremens retaillés.

Aucun ravalement ne sera exécuté sans un ordre formel du Chef du Génie; dans le cas où il en serait autrement, l'Entrepreneur ferait démolir et reposer à ses frais toute pierre qui aurait été ébranlée par l'effet de cette opération (art. 353 et 358).

(Bord., Art. 1434 et 1435.)
Art. 373. — (Pour mémoire.) RECEPAGE.

REGALEMENT.
(Bord., Art. 1436.)

Art. 374. — Le régalement consistera à exécuter un remblai par couches réglées, chacune de ($0^m,5$) d'épaisseur au plus, de manière que les premiers déblais étant versés à la naissance du remblai, le transport des matériaux arrivant se fasse sur ceux qui seront déjà remblayés. Lorsque le remblai sera composé de terre et de pierres, ces dernières seront arrangées en couche de ($0^m,3$) à ($0^m,4$) d'épaisseur, couverte d'une couche de terre de la même hauteur, afin qu'il ne reste pas de vide, au moins autant qu'il est possible.

Pour les remblais conduits de cette manière, et pour ceux-là seulement, on allouera le prix du régalement; lequel sera appliqué au mètre cube : le mesurage se fera sur le volume primitif du déblai, ainsi que le prescrivent les articles 325 et 326. Le régalement sera payé en sus du *damage* lorsqu'on exécutera ce dernier.

REJOINTOIEMENS.
(Bord., Art. 1437 à 1416.)

Art. 375. — Les rejointoiemens seront exécutés comme les *jointoiemens* faits après l'achèvement des ouvrages (art. 347). On aura soin, surtout, d'enlever parfaitement toutes les mousses, toutes les racines, toutes les parties terreuses ou peu adhérentes qui se trouveront dans les joints; de laver ensuite ceux-ci en jetant de l'eau à seaux ou à la pompe; de faire, après ce lavage, la recherche des parties décollées; enfin, de bien faire entrer le mastic ou le mortier dans les ouvertures, en se servant de la truellette ou d'une lame de fer, pour que les joints soient pleins.

Les rejointoiemens seront payés au mètre courant ou au mètre carré, suivant l'espèce : les mesurages se feront comme pour les jointoiemens.

Le prix de *rejointoiement* de mastic sera alloué lorsqu'on rejointoiera des pierres d'appareil avec du mastic de limaille; ceux des rejointoiemens de mortier de ciment, ou de mortier ordinaire, lorsqu'on rejointoiera des briques de 4° avec du mortier de chaux grasse et de ciment, ou des moellons bruts avec du mortier de chaux maigre ordinaire.

Dans l'exécution des rejointoiemens de mortier, on mettra des éclats de brique ou de pierre de taille dans les joints qui auront plus de ($0^m,02$) d'ouverture; et, lorsque le volume de vide des joints à remplir excédera, par mètre carré de parement de briques, ($0^m,005$) cubes, ou ($0^m,01$) cube par mètre de parement de moellons, le surplus de ces volumes sera alors payé comme renformis, et en sus de la valeur du *rejointoiement* : dans ce cas, on ne tiendra jamais compte du *piquage* à l'Entrepreneur. (*Note* XLII.)

Art. 376. — Le remaniement de charpente comprendra le travail nécessaire pour assembler, monter et mettre en place une charpente appartenante à l'État, lorsqu'elle sera telle qu'il n'y ait qu'à rafraîchir ses assemblages sans rien changer à leurs formes, et à les cheviller. Toute pièce dont il faudrait changer la coupe devrait être comptée comme charpente du bois de l'État. Le transport à pied d'œuvre des charpentes à remanier se fera aux frais de l'État.

Les remaniemens de charpente seront payés au mètre cube : le mesurage se fera comme le prescrit l'article 317.

REMANIEMENS de charpente.
(*Bord.*, *Art.* 1440 et 1441.)

Art. 377. — Par remaniement de ferrure, on comprendra le travail nécessaire pour prendre des ferrures au point de la Place où elles se trouveront, par exception à l'article 35 ; pour les redresser ou les ressouder à la forge ; pour les dérouiller, les relimer, les repasser au taraud, ou les repolir ; pour les noircir à la poix, si on l'ordonne ; enfin, pour les poser aux endroits prescrits : autrement dit, le remaniement de ferrure comprendra le travail nécessaire pour remettre en œuvre de vieilles ferrures, sans rien changer à leurs formes. Les définitions de ferrures de 1ᵏ ou moins, de 1 à 10ᵏ, et de 10ᵏ ou plus, ainsi que celles de ferrures de sujétion, en barres, limées, ordinaires ou polies, seront les mêmes qu'à l'article 340, auquel on se conformera également pour le mesurage.

Le fer que l'on ajoutera pour la réparation des vieilles ferrures sera payé à part, suivant la classe à laquelle il appartiendra, et sans avoir égard à celle de la ferrure dont il fera partie.

REMANIEMENS de ferrure.
(*Bord.*, *Art.* 1442 à 1464.)

Art. 378. — ? *Pour mémoire*) REMANIEMENS de vître.

(*Bord.*, *Art.* 1465 et 1466.)
RENFORMIS.
(*Bord.*, *Art.* 1467 à 1470.)

Art. 379. — Les renformis seront toujours exécutés après le *piquage*, et de la manière prescrite par l'article 323. Ces ouvrages faisant partie des crépis et des *rejointoiemens* ne seront payés, comme renformis, que dans les cas prévus par les articles 323 et 375, et seulement lorsque leur épaisseur moyenne n'excédera pas (0ᵐ,1) : attendu que l'on devra, au-dessus de cette épaisseur, les regarder comme maçonnerie d'écornement, et les payer comme tels (*art.* 353).

Les renformis seront payés au mètre cube, suivant leur volume effectif. Ces ouvrages n'étant ordinairement composés que de petites parties dont le toisé serait trop minutieux, on pourra faire le mesurage en prenant l'étendue de chaque partie de parement de maçonnerie sur laquelle ils auront été faits, et en la multipliant par l'épaisseur moyenne de la couche de renformis exécutée, en ayant soin d'observer que sur les parties saillantes de mur qui resteront à découvert cette épaisseur est nulle, et de faire entrer cette valeur dans le calcul de l'épaisseur moyenne.

Les prix du Bordereau seront applicables à des renformis faits de mortier de ciment commun ; ou de mortier, soit de sable commun, soit de sable fin, suivant l'ouverture des joints à renformir.

RUSTIQUAGES.
(*Bord.*, *Art.* 1471 et 1472.)

Art. 380. — Le *rustiquage* au balai, dit CRÉPI MOUCHETÉ, se fera en délayant du mortier de sable fin dans du lait de chaux, pour le réduire en bouillie épaisse ; et en fouettant cette bouillie, au moyen d'un balai, après le parement du crépi à rustiquer, de manière que ce dernier devienne entièrement d'un beau blanc.

Le *rustiquage* à la truelle sera toujours appliqué sur des crépis nouvellement faits et encore frais. Pour l'exécuter, on prendra du mortier de sable fin ou de sable ordinaire ; on le rendra légèrement liquide, à l'aide d'un peu d'eau ; puis on le fouettera sur le crépi, ayant soin de l'unir du plat de la truelle, ou de le racler avec son tranchant, suivant les ordres, en sorte qu'il ne reste sur le crépi qu'une couche de mortier bien dressée, et le plus mince possible, c'est-à-dire, de (0ᵐ,001) à (0ᵐ,003) d'épaisseur.

Les *rustiquages* seront payés au mètre carré, en sus de la valeur des crépis : le mesurage se fera suivant l'étendue effective des paremens rustiqués.

(*Bord.*, *Art.* 1473 à 1476.)
SCIAGE.
(*Bord.*, *Art.* 1477 à 1480.)

Art. 381. — (*Pour mémoire.*) SAUCISSONNAGES.

Art. 382. — Le sciage des pierres appartenantes à l'État sera toujours payé à l'Entrepreneur en sus du prix des maçonneries ; celui des bois appartenants à l'État, lorsqu'on l'exécutera dans le sens de la longueur des pièces, lui sera également payé en sus de la valeur des charpentes et des menuiseries, comme les articles 317 et 355 le prescrivent : dans tout autre cas, le sciage sera à son compte.

Le sciage se fera avec précaution, de sorte que les parties sciées soient bien planes ; l'Entrepreneur répondra des dégradations qui pourront survenir aux pierres et aux bois pendant cette opération, ainsi que des erreurs qui seront commises, soit dans le nombre, soit dans la position des traits de scie, et sera tenu de remplacer les pièces dégradées ou mal sciées.

Le sciage sera payé au mètre carré : le mesurage se fera suivant l'étendue effective des traits de scie, c'est-à-dire qu'en appliquant l'un des prix du Bordereau à l'une des deux paremens résultant du passage de la scie, dans une pièce ou dans un bloc, on aura alloué une somme qui comprendra le paiement des deux paremens en regard. Enfin, pour le sciage des bois, il faudra encore, outre cela, la *mise en chantier*, conformément à l'article 356. On regardera le chêne, l'orme, le noyer, comme BOIS DURS ; et tous les autres bois comme BOIS TENDRES. (*Note* XLIII.)

SEMAILLES.
(*Bord.*, *Art.* 1481 et 1482.)
(lames générales.

Art. 383. — Lorsqu'on voudra mettre en herbe un talus quelconque, la semaille sera faite avec de la graine de foin ou avec du raygrass, à mesure de la construction du talus, et suivant l'un ou l'autre des procédés détaillés ci-après ; le talus semé sera arrosé au moyen d'un arrosoir à pomme, immédiatement après que le travail sera terminé. Les TALUS DOUX seront ceux dont l'angle d'inclinaison sur le plan horizontal sera de trente degrés ou moins. Les TALUS ROIDES, ceux pour lesquels cet angle sera plus grand.

La semaille des talus doux ne se fera qu'après que les talus seront terminés, c'est-à-dire, dressés et plombés. Pour l'exécuter, on couvrira d'abord ces derniers d'une légère couche de terre fine, de (0ᵐ,02) à (0ᵐ,03) d'épaisseur, sur laquelle on répandra uniformément de la semence, à raison d'un sac de graine de foin, ou de Kᵏ de raygrass, par Mᵐ carrés de talus ; on retournera ensuite cette couche de terre au râteau, pour enterrer la graine ; puis enfin on la plombera.

Semaille de talus doux.

Pour semer un talus roide, on répandra la semence d'une manière uniforme sur chaque couche (ou *levée*) de terre, avant de la plomber (*Voyez* : TALUS, *chap. III*), tant sur son parement que sur son assise, et

Semaille de talus roide.

Mesurage des semailles.

jusqu'à ($0^m,1$) de distance dudit parement : on emploiera au moins un sac de graine de foin, ou A^k de raygrass, par N^m carrés de talus.

Les semailles de graine de foin seront payées au mètre carré, suivant les prix du Bordereau et l'étendue effective des talus semés ; les semailles de raygrass seront payées (le double) de celles de graine de foin.

La responsabilité de l'Entrepreneur, relativement aux semailles, consistera à défaire et à reconstruire, si cela est nécessaire, ou seulement à ressemer, le tout à ses frais, les parties de talus qui ne seront pas parfaitement herbues à l'expiration des trois mois qui suivront leur semaille.

(*Bord.*, *Art.* 1483.)
TALUS.
(*Bord.*, *Art.* 1484 à 1494.)
Talus battu.

Art. 384. — *(Pour mémoire.)* SOUDURE posée en réparations.

Art. 385. — Les talus à faire dans les travaux de déblai et de remblai seront distingués : 1° en talus doux ou roides ; 2° en talus battus, dressés ou taillés, suivant les procédés employés dans leur exécution.

Les talus roides battus seront construits par couches (ou *levées*) successives, chacune de ($0^m,25$) de hauteur : ces couches seront fortement plombées à la dame, suivant leur assise sur une longueur de ($0^m,5$) au moins; et battues dans leur parement, à l'aide d'une dame applatie sur le côté, jusqu'à ce que ledit parement coïncide exactement avec la surface voulue pour le talus, et que les différentes couches soient très-serrées, très-comprimées, et en masse compacte qui ne puisse presque plus fléchir au coup de dame.

Talus doux dressé.

Pour exécuter les talus doux dressés, on régalera et on plombera seulement les terres dans toute la surface des talus, jusqu'à ce que les coups de dame ne marquent presque plus.

Talus roide dressé.

Les talus roides dressés seront élevés par couches, de même que les talus battus : ces couches, comme pour ces derniers, seront fortement plombées suivant leurs assises; mais on ne les battra que légèrement à la pelle, parallèlement au parement du talus, qu'elles devront déborder de ($0^m,05$) au environ. Une fois de talus étant ainsi élevée jusqu'au sommet, on coupera et on enlèvera au louchet toute la partie des terres qui se trouvera en dehors du parement fixé.

Talus taillé.

Mesurage des talus.

Enfin, les talus taillés seront ceux que l'on ménagera dans les déblais, et que l'on retaillera et dressera au louchet, avec soin, propreté et régularité, suivant les plans ou les surfaces prescrites.

Tous les talus seront payés au mètre carré, et le mesurage se fera suivant leur étendue effective. Par TALUS DOUX on entendra, comme à l'article 383, ceux dont l'angle d'inclinaison à l'horizon sera de (trente) degrés ou moins; par TALUS ROIDES, ceux pour lesquels cet angle sera plus ouvert que ce dernier. Enfin, on distinguera les talus en trois classes, suivant la nature de la terre dont ils seront faits, c'est-à-dire, les talus de terre pierreuse, forte ou douce.

Les TERRES PIERREUSES comprendront celles qui seront mêlées de blocaille ou de cailloux, en assez grande quantité pour que ces matières forment la (dixième) partie ou plus, du volume total de la terre qui les renfermera.

Les TERRES FORTES, celles dans lesquelles ces matières se trouveront en quantité moindre qu'elle n'est fixée par la proportion ci-dessus; ainsi que les terres à trois portées ou plus (*art.* 326).

Les TERRES DOUCES, celles qui seront à-peu-près exemptes de pierres, et dont la nature correspondra à moins de trois portées.

On obtiendra le prix des talus taillés, en multipliant le prix du Bordereau par le nombre d'hommes à la fouille, relatif à l'espèce de terre dans laquelle chacun d'eux sera fait.

Recharges ou placages.

Si les ouvriers, soit en coupant les talus, soit en les battant, venaient à former des creux, c'est-à-dire, à les enfoncer en dessous du parement prescrit, les parties ainsi enfoncées seraient piochées jusqu'à ($0^m,3$) de profondeur au environ, et dressées de nouveau. Jamais il ne sera permis de plaquer de la terre pour masquer les défauts de ce genre.

Triage des pierres.

L'Entrepreneur sera tenu de séparer les pierres et les cailloux de ($0^m,0001$) cube de volume ou plus, des terres qui les renfermeront; et de les placer dans l'intérieur des remblais, à plus de ($0^m,5$) de distance du parement des talus.

Responsabilité des talus.

Par exception à l'article 41, l'Entrepreneur ne répondra de la stabilité des talus qu'autant qu'ils ne seront pas faits de sable; et que l'angle qu'ils feront avec le plan horizontal aura moins de (soixante-quinze) degrés pour les talus de ($1^m,5$) de hauteur ou moins; et moins de (cinquante) degrés pour ceux qui seront plus élevés.

Les prix du *damage* et du régalement seront alloués en sus de ceux des talus, mais seulement lorsque le *damage* ou le régalement aura été effectué sur toute la masse du remblai : attendu que les prix de talus comprennent le *damage* et le régalement nécessaires pour la construction des talus. On ne déduira rien du toisé du régalement, ni de celui du *damage*, pour les talus faits; et leurs prix seront toujours alloués suivant le volume des remblais (*art.* 325 et 374).

(*Bord.*, *Art.* 1495 à 1500.)
TRANSPORTS de matériaux et de gazon.
(*Bord.*, *Art.* 1501 à 15-8.)
Mesurage des transports.

Art. 386 et 387. — *(Pour mémoire.)* TENTURES de papier. — T. de toile.

Art. 388. — Lorsque des matériaux ou des gazons appartenants à l'État, chargés sur des machines de transport, auront été transportés et déchargés au lieu prescrit, on paiera ce travail au mètre cube et au relai, suivant le mode de transport, et en sus du prix du chargement, ainsi qu'il suit.

Le mesurage du volume se fera comme pour le chargement (*art.* 316); quant à la détermination des relais, on se conformera aux dispositions suivantes :

On entendra généralement par RELAI, une distance de (30^m) parcourue horizontalement ou en descendant; ou bien une distance de (20^m) parcourue en montant sur une rampe inclinée au douzième, ce qui comporte une hauteur de ($1^m,6$), et correspond à ce même espace parcouru verticalement. Ainsi, pour mesurer le nombre des relais, on prendra la somme des différentes hauteurs que les gazons ou les matériaux auront parcourues en montant; on divisera cette somme par ($1^m,6$); on multipliera le quotient obtenu par (20^m); et l'on retranchera le produit de cette multiplication de la longueur de la projection horizontale de la route parcourue. Si cette soustraction produit un résultat nul ou négatif, le quotient de la somme des hauteurs divisée par ($1^m,6$) donnera alors le nombre des relais qu'on devra allouer; mais si cette soustraction laisse un reste positif, on divisera de nouveau ce reste par (30^m), et le nouveau quotient que l'on trouvera sera ajouté au premier pour avoir le nombre total des relais à allouer, nombre par lequel on multipliera le prix du Bordereau : bien entendu que l'on prendra ordinairement pour points de départ et d'arrivée, les centres de gravité du déblai et du remblai. On ne comptera, en fait de fraction de relai, que le demi ou les quarts.

Les MATÉRIAUX LÉGERS comprendront ceux dont l'hectolitre pèsera (80^k) ou moins; les MATÉRIAUX LOURDS, ceux qui seront d'une plus grande pesanteur.   *Matér. aux légers et lourds.*

Les transports par eau ne seront regardés comme étant faits amont qu'autant qu'on les exécutera dans un courant (*), et que pour les faire on devra remonter ledit courant d'une quantité plus grande que la largeur totale du cours d'eau : tout autre transport par eau sera payé comme étant fait aval.   *Transports amont et aval.*

Lorsque le terrain sur lequel devront se faire des transports à la brouette ne pourra pas supporter le poids des roues de ces dernières sans s'enfoncer, l'Entrepreneur devra le couvrir d'un cours de madriers posés bout à bout, et composé d'un à trois madriers de largeur, afin de faciliter le roulage. Dans ce cas, pour la longueur seulement des chemins ainsi couverts, on lui allouera les prix fixés pour les transports sur madriers; et il en sera de même pour les longueurs de chemin parcourues sur des chaussées, des rampes ou des ponts de bois établis à ses frais.   *Transports sur madriers.*

Lorsque les transports se feront à la hotte ou au panier, on allouera les prix de transports sur chemin, sur échelle ou sur escalier, suivant que les ouvriers qui les exécuteront, marcheront pendant le temps du transport, 1° sur des chemins sans ressaut, 2° sur des échelles, 3° sur des escaliers ou sur des chemins à ressauts; et l'on comptera également comme transports sur échelle, ceux qui seront faits au moyen de paniers que l'on élèvera de mains en mains. Les paniers et les hottes qu'on emploiera aux travaux de ce genre, seront d'osier assez serré pour qu'il ne laisse pas tamiser les matériaux, quels qu'ils soient (art. 326). La capacité de chaque panier sera de (0^m,01) cube; celle de chaque hotte, de (0^m,03) cubes.   *Transports sur échelle et sur escalier.*

Lorsque le Chef du Génie jugera à propos, pour une plus prompte exécution des transports, de faire construire des ponts, des chaussées ou des rampes provisoires, hors de l'intérieur des déblais ou des remblais (art. 326), ces ouvrages, lorsqu'ils seront de bois, et qu'ils n'auront pas plus de (5^m) de longueur chacun, et plus de (1^m) de largeur, seront toujours construits aux frais de l'Entrepreneur, sans qu'il puisse prétendre à aucune indemnité pour leur établissement, conformément à l'article 26; mais, au – delà de ces dimensions, ils seront faits au compte de l'État, par exception à l'article précité, et seront alors payés comme charpente ou comme plancher d'échafaud. Enfin, lorsque ces routes seront de terre, on paiera toujours à part le travail que demandera leur construction ou leur démolition; et il en sera de même pour toutes celles qui seront d'une nature autre que le bois ou la terre. Dans tous les cas, l'entretien ainsi que la réparation de ces routes seront toujours au compte de l'Entrepreneur, qui, néanmoins, ne sera tenu de les entretenir en bon état qu'autant qu'il le jugera nécessaire pour son service : mais aussi, en conséquence, dans le cas où lesdites routes deviendraient impraticables pour les transports, ainsi que dans celui où l'Entrepreneur se refuserait à les construire, le calcul des relais n'en serait pas moins établi comme si les transports avaient été faits par la route prescrite.   *Ponts et rampes.*

Les terres répandues pendant les transports seront enlevées aux frais de l'Entrepreneur, ou à ceux des ouvriers si ces derniers les ont dispersées à dessein ou par négligence.   *Terres répandues.*

L'Entrepreneur devra se servir, pour tous les transports de matériaux et de gazon, des machines désignées, lesquelles devront être telles que le chapitre I du Devis les décrit. Dans le cas où il emploierait un mode de transport plus dispendieux que celui qui aurait été ordonné, il ne serait payé de son travail qu'au prix du mode de transport prescrit : cette disposition, par exception à l'article 33, et relativement à l'emploi des machines qui exigent plus d'un homme ou plus d'une bête de somme pour leur manœuvre, ne sera toutefois applicable qu'à des transports assez considérables pour permettre une organisation régulière de travail pendant (cinq) jours au moins.   *Transports non ordonnés.*

Art. 389. — Lorsque le Chef du Génie jugera à propos de faire passer à la claie du sable appartenant à l'État, ou des terres destinées à la construction des ouvrages, ce travail sera exécuté avec des claies dont les ouvertures devront avoir, pour le sable, (0^m,02) de largeur, et (0^m,03) pour les terres. On fera ce travail de façon que les parties les plus ténues soient séparées des parties les plus grosses, que les premières ne renferment pas de caillou qui ait plus de (0^m,02) d'épaisseur, et qu'il ne se trouve pas dans les secondes plus du (dixième) de leur masse totale de parties qui aient moins de (0^m,00001) cube de volume.   *TRIAGE à la claie. (Bord., Art. 1579.)*

Les travaux de cette sorte seront payés au mètre cube, suivant le prix du triage à la claie : le mesurage se fera comme le prescrit l'article 326, c'est-à-dire, autant qu'il sera possible, sur le volume du déblai.

Art. 390. — (Pour mémoire.) TRIAGE à la main, de moellons, de tuiles, d'ardoises.   *(Bord., Art. 1580.)*

Art. 391.—L'Entrepreneur fera vider les fosses des bâtimens militaires et des fortifications lorsqu'on l'ordonnera, et fera transporter les vidanges au lieu désigné, soit dans l'intérieur, soit à l'extérieur de la Place; enfin, il exécutera ce travail aux heures du jour ou de la nuit qui lui seront fixées.   *VIDANGE. (Bord., Art. 1581.)*

On enlèvera les vidanges au moyen de tinettes fermées, de manière qu'elles ne puissent pas s'ouvrir en route, et même on en scellera les couvercles en plâtre lorsqu'on l'ordonnera.

Les ouvriers prendront les précautions nécessaires pour ne pas répandre les matières dans l'intérieur des bâtimens; pour ne pas salir les portes ou les escaliers. Jamais ils ne puiseront de l'eau dans les puits, ni dans les citernes, avec des seaux qui aient servi à la vidange. Ils laveront l'extérieur des tinettes aussitôt qu'elles seront remplies et fermées. Chaque jour, en quittant le travail, ils laveront à grande eau les cours et les autres emplacemens des bâtimens où ils auront travaillé, ainsi que le terrain qu'ils auront occupé sur la voie publique. Enfin, dans le cas où ils contreviendraient aux conditions ci-dessus, le nettoiement des lieux salis ou des eaux infectées serait au compte de l'Entrepreneur.

La vidange sera payée au mètre cube, et le mesurage se fera suivant le volume effectif du vide que les matières auront occupé dans les fosses.   *Paiement de la vidange.*

Lorsque les abords des fosses ne permettront pas d'en approcher les tinettes à moins de (5^m) de distance,

---

(*) On suppose qu'il s'agit d'un courant sensible. S'il y avait dans une même Place plusieurs cours d'eau dont les vitesses fussent très-différentes, il faudrait avoir plusieurs prix de transports amont.

on allouera, en sus du toisé fait comme on vient de le dire, une indemnité (d'un) pour cent sur ledit toisé, pour chaque mètre au-delà de (3ᵐ), de la distance qui existera entre l'ouverture de la fosse et l'endroit où les tinettes pourront être remplies : cette augmentation sera faite sur le volume. Jamais l'Entrepreneur n'aura droit à ladite indemnité lorsque les passages qui conduiront aux ouvertures auront (1ᵐ,2) de largeur ou plus.

Matières étrangères aux vidanges.

Lorsqu'il se fera des écroulemens dans les murs, dans les voûtes, dans les charpentes des fosses, et que par l'effet de ces écroulemens il sera tombé, dans lesdites fosses, plus de (0ᵐ,5) cubes de décombres ou de bois, ces matériaux seront enlevés à forfait ; mais l'Entrepreneur ne pourra jamais exiger que l'on paie autrement que comme vidange le déblai des objets étrangers aux matières fécales, qui se trouveront dans les vidanges, à moins qu'ils n'y aient été introduits par un des cas d'écroulement prévus ci – dessus ; jamais il ne pourra non plus prétendre qu'on lui paie comme vidange un déblai quelconque, à moins qu'il ne renferme plus de (cinquième) de son volume de matières fécales : ainsi, tout déblai qui n'en renfermera qu'une quantité moindre que celle qui est désignée ci-dessus, sera regardé comme déblai de matériaux (art. 326).

Objets trouvés dans les vidanges.

Lorsqu'on aura déclaré à l'Entrepreneur, ou à ses préposés, avant l'ouverture d'une fosse, que des effets quelconques y sont tombés, ces effets seront recherchés avec soin et remis au propriétaire : toute infidélité des ouvriers à ce sujet, sera poursuivie comme vol.

VITRES.
(*Bord.*, Art. 1582 à 1587.)

Art. 392. — Les carreaux placés aux fenêtres seront du verre de la qualité prescrite par l'article 301.

Chaque carreau de croisée à croisillons sera maintenu dans sa feuillure par des pointes et par du mastic. Le mastic sera bien serré contre le verre et contre le bois ; il remplira entièrement la feuillure, et sera lissé à sa surface. Les grands carreaux seront ceux qui auront plus de (0ᵐ,3) de hauteur ou de largeur ; les petits carreaux, ceux qui auront des dimensions moindres.

Pour les vitres en plomb, les carreaux seront égaux, et de dimensions telles que leurs longueurs ou leurs largeurs réunies fussent exactement, avec l'intercalation des plombs, la hauteur ou la largeur de chaque vantail de croisée. Les carreaux qui toucheront au bois y seront fixés par des pointes et par du mastic ; les autres seront maintenus entre eux par des *baguettes* de plomb, qui seront proprement soudées entre elles à chacun de leurs points de rencontre : les ailerons de ces plombs seront parfaitement appliqués sur le verre. Enfin, ces plombs seront maintenus contre les *verges* de fer du châssis, par des attaches de plomb soudées de (0ᵐ,2) en (0ᵐ,2) de distance au plus.

Lorsque le verre et le bois des croisées ne joindront pas parfaitement ensemble du côté intérieur au bâtiment, on emplira soigneusement de mastic les petites ouvertures qui pourront se trouver entre l'un et l'autre, afin que les eaux ne puissent pas s'infiltrer dans les feuillures.

Les vitres seront payées au mètre carré, suivant la grandeur effective des carreaux mesurés isolément : les *perges* de fer des vitres en plomb seront payées à part.

CHAPITRE IV.

OUVRAGES PARTICULIERS. (*Note* XLIV.)

Clauses générales.
(*Bord.*, Chap. IV.)

Art. 393. — Les ouvrages décrits au présent chapitre devront satisfaire à toutes les conditions exigées au chapitre III pour les ouvrages généraux, lorsqu'ils seront de même nature que ces derniers, relativement à la façon ou aux substances dont ils seront composés. Ainsi, par exemple, les ouvrages de bois satisferont aux conditions des charpentes ou des menuiseries, suivant l'espèce ; ceux de fer, aux conditions des ferrures ; ceux de peinture, à celles des couches appliquées, et ainsi des autres : sauf les exceptions mentionnées aux divers articles du présent chapitre.

Les *broches*, les clous, les *pointes*, les vis, employés auxdits ouvrages, devront également satisfaire, sous le rapport du posage, aux conditions prescrites au présent chapitre pour ces divers objets mis en place.

Enfin, les prix fixés au Bordereau (chap. IV) pour les objets fournis en remplacement ou en recherches, comprendront toujours, outre la fourniture, le travail nécessaire pour démonter l'objet usé, et pour le transporter dans le magasin ou à tout autre dépôt de matériaux désigné par le Chef du Génie.

Du reste, l'Entrepreneur sera responsable des ouvrages auxquels il changera ou ajoutera quelque objet, et sera tenu au remplacement de ceux desdits ouvrages qui seront détériorés par la faute de ses ouvriers : tels seraient des bois que l'on ferait fendre en posant quelque ferrure, ou des ferrures que l'on briserait en les démontant ou en les désassemblant.

ABRIS d'épines.
(*Bord.*, Art. 1588.)

Art. 394. — Pour établir les *abris* d'épines autour des jeunes arbres que l'on voudra armer, on enfoncera en terre, sur (0ᵐ,15) de profondeur ou environ, et à (0ᵐ,25) du pied de l'arbre, huit à dix forts brins d'épine, ayant au moins (1ᵐ) de hauteur, que l'on garnira vers le sommet d'autres brins plus courts, le tout disposé régulièrement autour de l'arbre et de son tuteur, s'il en a un ; puis on liera ces épines de deux harts moyennes, qui devront les serrer contre l'arbre le plus possible. La circonférence de chaque *abri*, mesurée sur les harts, sera de (1ᵐ) ; sa hauteur, de (1ᵐ,5).

(*Bord.*, Art. 1589 à 1611.)

Art. 395 à 406. — (*Pour mémoire.*) AGRAFES *de fer pour les pierres d'échiès.* — AIGUISEMENS. — AILES — AJOUTOIRS *de pompes à incendie.* — AMES. — ANNEAUX *de clef et de falot*, *en remplacement.* — A. de *mangeoire.* — A. de *panage* — A. de *sauterelle.* — ANSES *d'auge, de cadenas, de mesure, de poutrelles d'écluse et de seau, en remplacement.* — APPLIQUES. — APPUIS.

ARBRES.
(*Bord.*, Art. 1612 à 1615.)

Art. 407. — Les prix d'arbre applicables aux jeunes arbres que l'on plantera sur les terrains militaires.

Pour planter un arbre, le trou étant fait et le plant ayant les qualités prescrites par l'article 264, on visitera ses racines, et si elles sont jugées desséchées, par l'Officier chargé du travail, on les mettra préalablement tremper dans un cuveau rempli d'eau de fumier, obtenue en faisant macérer du crottin de cheval avec de la colombine, dans trois à quatre fois leur volume d'eau, et on les y laissera pendant vingt-quatre heures ou plus, suivant leur état de dessiccation ; puis on habillera lesdites racines, que l'on saupoudrera de terre très-meuble immédiatement avant de planter. Habiller des racines, c'est les remettre à leur place naturelle; et rafraîchir seulement leurs extrémités en coupant les bouts en sifflet, de manière que cette coupe pose sur la terre, et que l'ensemble desdites racines ait une forme régulière. Lorsque le ch velu sera encore bien frais, on aura soin de le respecter et de le rafraîchir seulement; lorsqu'il sera sec, ou le coupera entièrement jusqu'au vif, ainsi que les autres racines desséchées ou fendues.

Après avoir habillé les racines de l'arbre, on accourcira ses branches latérales, et quelquefois sa tige, en sorte que sa grosseur et sa hauteur soient proportionnées aux racines.

Lorsque les arbres devront être pourvus de tuteurs, ceux-ci seront préalablement plantés.

Tout étant préparé comme on vient de le dire, pour procéder à la plantation, on piochera d'abord le fond du trou, et l'on y jettera la terre provenante de la superficie du terrain, ou de la terre végétale, jusqu'à ce qu'il n'y reste plus à remplir qu'une hauteur de ($0^m,15$) à ($0^m,3$) ou environ, suivant la disposition des racines et l'épaisseur de leur masse. On placera ensuite l'arbre au milieu du trou, aussi droit qu'il sera possible, en observant de diriger, s'il y a lieu, les plus belles racines vers la meilleure veine de terre, et d'appuyer son tronc le long de la partie du tuteur qui regardera l'ouest; après quoi on jettera peu-à-peu de la bonne terre meuble sur les racines, en prenant en même temps le soin de les bien étendre et de les garnir de terre avec la main, de façon qu'elles en soient entièrement environnées; puis on continuera de remplir le trou avec les terres des couches intermédiaires : lorsqu'il sera au niveau du terrain, on piétinera doucement la terre sur l'espace libre des racines, c'est-à-dire, entre leurs extrémités et les parois du trou. Enfin, on arrosera l'arbre de ($0^m,01$) cube d'eau ou environ, à l'aide d'un arrosoir à pomme; on remplira les endroits enfoncés, et l'on achèvera de combler le trou avec la terre la moins bonne, en observant de former au pied de l'arbre une espèce de cavité destinée à retenir les eaux pluviales ou les arrosemens, et à entretenir une légère humidité.

Quand on plantera un arbre, il faudra avoir soin d'opérer de manière qu'il se trouve, après l'affaissement de la terre, à même profondeur qu'il était dans la pépinière; et de ne jamais soulever la tige, en la remuant, pour faire couler la terre entre les racines; mais de déranger celles-ci à la main, comme on l'a dit ci-dessus.

Tous les arbres seront, autant qu'on le pourra, plantés en automne ou en hiver, c'est-à-dire, du 15 novembre au 15 mars, en évitant les temps de gelée et de fortes pluies. Les arbres plantés seront payés à la pièce; mais la façon du trou, le tuteur, l'abri, et la terre végétale étrangère à l'excavation du trou, seront payés à part, en sus du prix de chaque arbre.

L'Entrepreneur sera responsable de la reprise des arbres plantés en bonne saison, et sera tenu de remplacer ceux qui viendront à périr dans le courant des trois années qui suivront l'établissement des plantations : dans ce cas, l'excavation du trou, la fourniture du tuteur, ainsi que celle de l'abri, resteront à sa charge. Cette responsabilité cesserait à l'égard des arbres qui ne seraient pas commandés assez à temps pour que leur déplantation pût être exécutée du 1er novembre au 15 mars.

Les prix relatifs aux arbres dont les plants seront fournis par l'État, ne comprendront ni l'arrachement ni le transport à pied d'œuvre desdits plants.

Art. 408. — (Pour mémoire.) ARDOISES

(Bord., Art. 1616 à 1619.)

Art. 409. — Lorsqu'on exécutera des couvertures, soit d'ardoises de F, soit d'ardoises ordinaires, et que ces couvertures présenteront des noues à border de tranchis, des arêtiers ou des faîtages que l'on voudra couvrir en lignolet, ou coupera obliquement les ardoises qui avoisineront lesdites arêtes, pour les aligner dans le milieu des noues, sur les arêtiers ou sur le faîtage; et, outre cela, on les arrangera sur ces derniers, de façon que les ardoises d'un pan soient appliquées exactement, sans laisser aucun jour, sur le bord des ardoises du pan voisin, et que les premières débordent les secondes de ($0^m,03$) à ($0^m,04$), afin que les eaux ne puissent pas s'introduire par les jonctions. Les rangées d'ardoises de raccordement des divers pans, exécutées de cette manière, seront payées au mètre courant, suivant leur longueur effective, comme arêtes de couverture, et en sus du prix des couvertures, pour indemniser l'Entrepreneur de la sujétion qu'elles demandent.

Art. 410 à 426. — (Pour mémoire.) ARRÊTS — ARROSOIRS de jardinier. — ATTACHES, AUBERONS ou coqs et serrure, en remplacement. — AUBERONNIÈRES de deux grandeurs. — AUGES pour conduire l'eau des pompes. — A. d'abreuvoir. — A. à barboter. — A. de maçon. — BALAIS. — BALUSTRES en remplacement. — BANCS. — BANDES de fer-blanc pour couvrir les rentous de lisse. — B. de tôle pour les planches de lit. — BANDEAUX à cymoise et bandeaux unis — BAQUETS. — BARDS. — BARDEAUX.

(Bord., Art. 1624 à 1638.)

Art. 427. — Les barres et les traverses, ainsi que les écharpes de porte, de volet et de contre-vent, seront de bois de chêne de ($0^m,024$) ou de ($0^m,051$) d'épaisseur, suivant les ordres donnés et l'indication des titres du Bordereau : toutes seront proprement rabotées de tous côtés.

BARRES de porte.
(Bord., Art. 1659 à 1666.)

Les barres et les traverses, suivant les commandes, seront simplement posées sur les vantaux, ou engagées à queue-d'aronde dans leur menuiserie. Les écharpes seront posées sur ladite menuiserie; mais toujours assemblées à embrèvement dans les barres, ainsi que dans les traverses, et vers leurs bouts.

Les barres, les traverses, les écharpes, lorsqu'elles ne seront pas à queue-d'aronde, seront fixées aux vantaux, savoir : celles de 24^c par des clous de 51^m par des clous de charpentier de 11^c, lesquels clous seront espacés à raison d'un clou par ($0^m,015$) carrés de surface de barre ou d'écharpe. Lorsque les barres ou les traverses seront assemblées à queue-d'aronde, au lieu des clous ci-dessus, on emploiera des pointes de 54^m, n° 18, et de 81^m, n° 20.

Les barres, les traverses et les écharpes seront toutes payées comme barres, au mètre carré : le mesurage se fera comme pour la menuiserie. (Note XLV.)

Art. 428 à 431. — (Pour mémoire.) BARRES d'écurie. — B. de grille de fourneau. — B. de table, en remplacement. — BARRIÈRES de chemin couvert.

(Bord., Art. 1667 à 1675.)

Art. 432. — Chaque battant de loquet, mis en remplacement, sera pareil à celui dont il prendra la place; et sera payé à la pièce suivant l'espèce. (Voyez : LOQUETS, chap. IV.)

BATTANS de loquet.
(Bord., Art. 1676 à 1679.)

Art. 433. — (Pour mémoire.) BILLOTS.

(Bord., Art. 1680.)

Art. 434. — Les binages à donner aux haies ainsi qu'aux arbres nouvellement plantés, seront, autant qu'on le pourra, exécutés dans les temps humides ou disposés à la pluie. Le travail consistera à retourner la terre sur ($0^m,05$) de profondeur, tout autour du pied de l'arbre, jusqu'à une distance de ($1^m,3$) à ($1^m,5$), et autour de chaque pied de haie, jusqu'à ($0^m,5$) seulement. Les binages seront exécutés à la sarclette ou au hoyau, en ayant

BINAGES.
(Bord., Art. 1681 et 1682.)

soin de ne pas écorcher et de ne pas couper les racines des arbres ni des haies ; d'ôter les racines de chiendent et des autres herbes qui effritent la terre ; et, s'il est possible, de donner au terrain retourné une forme concave ou convexe, suivant que la plantation se trouvera dans un terrain sec ou humide.

Les binages d'arbre seront payés à la pièce, d'après le nombre des arbres autour desquels ils auront été effectués ; les binages de haie le seront au mètre courant, suivant la longueur de ces dernières.

(Bord., Art. 1683 et 1684.)
BORDURES de gazon.
(Bord., Art. 1685 à 1687.)

Art. 435 et 436. — *(Pour mémoire.)* BOITES en remplacement. — BORDURES de buyaux de pompe.

Art. 437. — Les bordures de gazon seront faites avec toutes les précautions prescrites pour les gazonnemens plaqués (art. 344). Elles seront toujours proprement dressées et coupées de chaque côté, en sorte qu'elles aient (0^m,3) de largeur, et qu'un de leurs bords se confonde avec l'arête supérieure du talus que chacune d'elles couronnera. Les gazons qui les formeront auront au moins (0^m,4) de longueur ; et seront maintenus, chacun, par deux chevilles.

Les bordures seront payées au mètre courant, suivant la longueur des crêtes de talus qu'elles formeront.

(Bord., Art. 1688 à 1723.)

Art. 438 à 454. — *(Pour mémoire.)* BORDURES de seaux à incendie. — BORNES. — BOUCLES en remplacement. — BOULOIRS. — BOULONS de 5 et de 15 centimètres de longueur. — B. de brouette. — B. de fléaux de barrière, et B. pour fixer les râteliers aux cloisons — BOURRIQUETS sans corde ni caisse — BOUSSILLAGE. — BOUTEROLLES en remplacement. — BOUTISSES pour les écrochemens — BOUTONS ou poignées de porte, à platine découpée. — B. de verrou et d'espagnolette, en remplacement. — BOYAUX de 5 et de 8 centimètres de diamètre, pour les pompes à incendie. — BRANCARDS à malades. — BRANLOIRES. — BRAS en remplacement

BRAYAGE.
(Bord., Art. 1724 et 1725.)

Art. 455. — Chaque couche de brai appliquée sur un joint calfaté, sera payée comme *brayage :* pour que le liquide pénètre mieux dans la mousse ou dans les étoupes, ces couches seront posées à chaud par un temps sec ; et devront non-seulement couvrir parfaitement les coutures, mais encore s'étendre sur les parties de boisage, attenantes à ces dernières, jusqu'à (0^m,03) de distance des bords de chaque côté. Avant d'appliquer la première couche, on aura soin de racler les coutures avec un fer tranchant, pour enlever toutes les bavures.

Le *brayage* sera payé au mètre courant ; le mesurage se fera suivant la longueur effective des coutures qu'il couvrira.

(Bord., Art. 1726 à 1734.)

Art. 456 à 458. — *(Pour mémoire.)* BRIDES pour joindre les tuyaux de plomb des pompes et des conduites d'eau — BRIDES de foliot, en remplacement. — B. de râtelier et de planches à pain.

BRIQUES en recherche.
(Bord., Art. 1735 et 1736.)

Art. 459. — Les briques employées en remplacement à la réparation des murs et des pavés, seront posées de la manière suivante.

On videra d'abord, au moyen du marteau à pointe fine, et du ciseau, l'espace occupé par les briques rompues ou détériorées qu'il s'agira de remplacer, en ayant soin de ne pas ébranler les briques voisines. On lavera ensuite proprement l'intérieur de la brèche, et on en extraira, avec un crochet, tous les décombres ainsi que toutes les parties de mortier peu adhérentes. Après cela, ayant enduit de mortier toutes les parois, ainsi que le fond de ladite brèche, on y enfoncera les briques avec force, de manière que le mortier reflue de toutes parts, et qu'une des faces de chaque brique arrive exactement dans le plan du parement du mur ou du pavé. Enfin, on achèvera de remplir les joints de mortier, puis on les ébarbera et on les lissera proprement.

L'Entrepreneur emploiera aux réparations de cette sorte des matériaux pareils, au moins autant qu'il sera possible, à ceux qui auront servi à la construction des maçonneries ou des pavés à réparer ; il donnera exactement aux nouvelles briques la position qu'avaient primitivement celles dont elles prendront la place ; il aura soin, surtout en faisant les brèches, que les briques ou les pierres qui les avoisineront ne soient point ébranlées ; enfin il ne videra que la place justement nécessaire pour recevoir les briques neuves, afin qu'elles forment entre elles, et avec les vieilles briques ou les pierres environnantes, des joints de (0^m,004) à (0^m,006) d'ouverture, qu'il fera remplir et arranger comme les autres joints du parement, non encore dégradés.

Les briques employées comme on vient de le dire, seront payées à la pièce, toutes les fois qu'elles se trouveront au nombre de dix ou moins se touchant entre elles successivement : lorsqu'elles seront en plus grand nombre, le travail sera regardé comme maçonnerie ou comme pavé, et payé conséquemment. On regardera comme briques posées en réparations de maçonnerie, celles qui seront enfoncées de bout ou de champ dans les brèches ; comme briques en recherche de pavé, celles que l'on y mettra de plat.

(Bord., Art. 1737 à 1754.)

Art. 460 à 469. — *(Pour mémoire.)* BROCS de bois. — B. de fer-blanc — BROCHES mises en place. — BROCHES de fiche et de serrure, en remplacement. — BROSSES pour nettoyer les plafonds. — B. de badigeonneur. — BROUETTES. — CACHE-ENTRÉE. — CADENAS. — CAISSES.

CALFATAGE.
(Bord., Art. 1755 à 1762.)

Art. 470. — Les calfatages seront de deux sortes : avec des *nailles*, ou sans *naille.*

Pour calfater sans *naille*, après avoir dilardé les joints de chaque côté jusqu'à (0^m,03) de profondeur, on les remplira d'étoupes goudronnées ou de mousse, tournées en corde de (0^m,018) de diamètre au plus, que l'on chassera avec force dans les joints, à l'aide du calfat et du maillet, de façon que lesdits joints soient pleins ; que les étoupes ou la mousse affleurent la surface des bois ; et qu'il ne paraisse aucun bout de corde à l'extérieur de la couture. Le nombre des cordes à superposer ainsi les unes sur les autres dépendra de la profondeur des joints, et n'entrera nullement en considération pour le paiement du calfatage.

Pour calfater avec des *nailles*, on appliquera sur chaque couture de calfatage de mousse ou d'étoupes, une baguette de coudrier, que l'on maintiendra au moyen de *nailles* dont les *ailes* seront enfoncées dans le bois des joints, et qui se couvriront successivement l'une l'autre du quart de leur longueur.

Les calfatages seront payés au mètre courant, suivant la longueur des joints remplis et fermés. Pour les calfatages à *nailles*, on ajoutera le prix dudit calfatage à celui du calfatage de mousse ou d'étoupes ; enfin, à ces prix on ajoutera encore celui du *brayage*, lorsque ce dernier aura été exécuté.

Les joints calfatés qui laisseront infiltrer l'eau seront rouverts, et calfatés de nouveau aux frais de l'Entrepreneur.

(Bord., Art. 1763 à 1774.)

Art. 471 à 475. — *(Pour mémoire.)* CAMIONS. — CANONS en remplacement. — CARACTÈRES, lettres ou chiffres, en recherches. — C. de 25 centimètres ou moins, de 40 à 50 centimètres de hauteur, et de 1 à 1m,20 de largeur — CARREAUX de poterie, en recherches. — C. de 25 centimètres ou moins, de 40 à 50 centimètres de hauteur, et de 1m à 1m,20 de largeur.

CARREAUX figurés.
(Bord., Art. 1775 à 1777.)

Art. 476. — Toute peinture appliquée sur une couche colorée pour imiter des pierres d'appareil, sera payée comme *carreaux figurés.* Ces peintures se composeront de lignes colorées, de (0^m,015) de largeur, disposées de la manière prescrite ; formées chacune de deux teintes différentes accolées l'une à l'autre, et nuancées de façon qu'à une certaine distance il y ait illusion, et que l'on croie voir des joints.

Ces sortes de peintures seront payées au mètre courant, suivant la longueur des joints imités, et la nature des liquides employés ; mais sans égard à la couleur des teintes, qui, néanmoins, devront être analogues au fond.

Art. 477. — *(Pour mémoire.)* CERCEAUX de baquet, en remplacement.

Art. 478. — Tous les chaînons auront des dimensions égales dans le courant d'une même chaîne, à l'exception des chaînons extrêmes, qui pourront différer conformément aux commandes; tous seront parfaitement fermés, soudés et pris successivement l'un dans l'autre.

(Pour mémoire.) CHAÎNE à chaînons carrés, pour les ponts-levis.

Les chaînes torses seront de fer rond de F^m de diamètre, et tordus de manière que leurs extrémités, qui seront en forme de boucle, soient dans des plans différents, formant entre eux un angle droit, et se coupant suivant le grand axe de chaque chaînon. Le développement d'un chaînon, suivant la ligne centrale du fer, sera de G^m; son poids, de L^k.

Pour les chaînes à grands chaînons, chaque chaînon sera de fer rond de A^m de diamètre; pèsera B^k; et aura la forme d'une ellipse plane, dont les diamètres, hors d'œuvre, seront de C^m et de D^m.

(Pour mémoire.) CHAÎNE à petits chaînons, pour mentionner les ponts-levis. — C. de barres décorée. — C. de réverbère.

Pour les chaînes du métal de l'État, le fer fourni devra avoir, en grosseur, les dimensions convenables.

Art. 479 à 484. *(Pour mémoire.)* CHAÎNONS. — CHAISES — CHAMBRANLES à moulures plaquées. — CHANDELIERS de corps-de-garde. — C. de manège. — C. de mine.

Art. 485. — Les prix de chargement seront alloués pour les objets appartenants à l'État que l'Entrepreneur fera charger sur une machine de transport, et qu'il fera ensuite décharger.

Les objets auxquels on appliquera ces prix sont les suivants :

1° Une borne de dimensions quelconques, ou bien un *chasse-roues*.
2° Une bascule de pont-levis, y compris les bois et les fers.
3° Une guérite.
4° Un poêle, y compris sa pierre ou sa plaque, et ses tuyaux.
5° Un tablier de pont-levis avec toutes ses ferrures.
6° Le nombre de tuiles creuses ou plates nécessaires pour faire un mètre carré de couverture.

Tous les chargemens seront payés à la pièce, excepté ceux de tuiles, dont le prix sera appliqué suivant le nombre de mètres carrés des couvertures faites avec les tuiles transportées; ou bien, lorsque celles-ci ne seront pas employées, suivant le quotient dudit nombre de tuiles divisé par A.

Art. 486 à 507. *(Pour mémoire.)* CHARNIÈRES. — CHARPENTE. — CHASSE-ROUES de pierre de B. — CHASSIS de fenêtre, pour les grillages. — CHATS. — CHÉNEAUX de bois — C. de fer-blanc. — C. de pierre de taille. — CHEVAL-DE-FRISE. — CHEVALETS de corps-de-garde. — CHEVILLES, pommettes ou noses de bois, en remplacement. — CHEVRONS de couverture. — CISEAUX. — CINTRES décorée. — CLAIES à passer la terre. — C. de revêtement. — CLAMEAUX de fer, pour les échafauds. — CLEFS de tuyaux de poêle. — C. de serrure. — CLANCHES. — CLIQUETS. — CLOISONS de serrure, en remplacement.

Art. 508. — Les cloisons pourront être assujetties au moyen de légères rainures que l'on pratiquera dans les plafonds, dans les planchers, ou dans les murs; ou bien, lorsqu'on le pourra, on devra de préférence fixer auxdits plafonds, planchers ou murs, des tringles contre lesquelles on clouera les cloisons. *(Voyez : TRINGLES, chap. IV.)* Pour les cloisons posées au moyen de rainures, on assujettira chaque bout de planche au plancher et au plafond, par trois *pointes* de 61^m, n° 19; et chaque bout de madrier par trois *pointes* de 81^m, n° 20. Dans les cloisons où l'on emploiera des tringles, lesdits bouts seront fixés, dans le premier cas, par deux clous de plancher renforcés, dans le second par deux clous de charpentier de 11^c.

Lorsque les cloisons seront traversées par des baies de porte ou de fenêtre, les linteaux et les appuis de celles-ci seront du même bois que celui de la cloison, et seront assemblés à tenons et à mortaises dans les planches ou dans les madriers qui serviront de montans. Le bord supérieur des linteaux et l'inférieur des appuis seront en feuillure, dans laquelle chaque bout de planche ou de madrier sera assemblé à mi-bois, et fixé par deux *pointes* de 33^m, n° 13, ou de 54^m, n° 18.

Les cloisons doubles seront de planches de sapin de 27^m, posées les unes sur les autres, plein sur joint, en se doublant de (0^m,03) à (0^m,05) par les bords.

Les cloisons goujonnées seront de madriers de sapin de 54^m, écartés les uns des autres de (0^m,06) à (0^m,07); et assujettis entre eux par des goujons de bois de chêne, de (0^m,03) de diamètre, placés dans les intervalles, de (0^m,6) en (0^m,6), et enfoncés à chaque bout de (0^m,04) dans les madriers.

Les cloisons pleines seront de madriers de sapin de 54^m, embouffetés suivant l'art de la menuiserie.

Enfin les cloisons simples seront de planches de 27^m, embouffetées, soit de chêne, soit de sapin.

Toutes les cloisons seront payées au mètre carré; et le mesurage se fera suivant l'étendue effective de chaque pan, déduction faite des portes et des fenêtres : c'est-à-dire que pour les cloisons doubles, les simples, et les pleines, on ne développera pas les planches, ni les madriers; et que pour les cloisons goujonnées, on ne déduira pas les intervalles de madriers. On paiera toujours, en sus des cloisons, les tringles ainsi que les traverses et les potelets de charpente qui serviront à les maintenir.

Art. 509. — Les prix de clou du chapitre IV du Bordereau seront applicables aux clous décrits à l'article 166, lorsque lesdits clous seront employés à des ouvrages qui ne comprendront pas cette sorte de fourniture.

Tous les clous seront enfoncés avec soin, de manière qu'ils ne cassent pas, qu'ils ne ploient pas, que leurs têtes soient à demi-noyées dans le bois, enfin, que ce dernier ne se fende point : ce qui exige que l'on fasse pour chaque clou un trou égal aux deux tiers de sa grosseur et de sa longueur.

Les pointes de clou qui paraîtront à l'extérieur des ouvrages seront proprement rivées, de façon que l'extrémité de chaque pointe rentre de nouveau dans le bois et y soit cachée. On aura soin surtout de ne pas casser lesdites pointes en les recourbant pour les river.

Les clous qui casseront ou qui ploieront lorsqu'on les enfoncera, seront arrachés et remplacés.

L'Entrepreneur sera responsable de l'effet des bois qui viendront à se fendre par l'effet de l'enfoncement des clous, et sera tenu à leur remplacement.

Les clauses du présent article seront applicables non-seulement aux clous payables à la pièce, mais encore à ceux qui feront partie des ouvrages dont les prix comprendront cette sorte de fourniture.

Art. 510 à 516. — *(Pour mémoire.)* COFFRAGES abandonnés, c'est-à-dire que l'on n'aura pu démonter. — COFFRES. — CONDUITES d'eau. — CONSOLES de bois, ou douissets. — C. de fer, pour les planches à bagage. — CONTRE-RIVURES en remplacement. — CORDONS de revêtement. — CORNICHES de menuiserie. — C. de plafond. — CORPS de pompe. — COUDES de tuyaux de poêle. —

(Bord., Art. 1778 à 1780.)
CHAÎNES.
(Bord., Art. 1781 à 1792.)

Chaîne à chaînons tors.

Chaîne à grands chaînons.

Chaînes du fer de l'État.
(Bord., Art. 1793 à 1800.)

CHARGEMENS.
(Bord., Art. 1801 à 1806.)

(Bord., Art. 1807 à 1859.)

CLOISONS de bois
(Bord., Art. 1860 à 1869.)
Clauses générales.

Cloison double.

Cloison goujonnée.

Cloison pleine.
Cloison simple.
Mesurage des cloisons.

CLOUS.
(Bord., Art. 1870 à 1893.)

Clause commune à beaucoup d'articles du chapitre IV.
(Bord., Art. 1894 à 1936.)

COULISSES en remplacement. — COUPLETS. — COURROIES *pour le service des pompes à incendie.* — COUSSINETS *d'aiguilles de pont et de balanciers de pompe* — COUTURES *de boyaux et de seaux à incendie, pour les réparations* — COUVERCLES *de baquets de prison.*

COUVERTURES.
(*Bord, Art. 1913 à 1925*)
Clauses générales.

Art. 527. — La principale qualité d'une couverture sera de s'opposer parfaitement à l'infiltration des eaux, et l'on ne devra recevoir en fait de couvertures que celles qui rempliront complètement cette condition : c'est-à-dire que l'Entrepreneur devra réparer à ses frais et tenir en bon état les couvertures nouvellement faites, jusqu'à ce qu'elles aient été, pendant une année entière, parfaitement exemptes de toute infiltration ; et que leur entretien ne tombera à la charge de l'État qu'après cette année seulement. Du reste, on pourra recevoir les couvertures par pans, mais jamais en portion moindre. Le registre des commandes de la Place, sur lequel on aura soin de relater les défauts de chaque couverture à mesure qu'ils se présenteront, servira à constater l'époque à laquelle elles cesseront d'être à la charge de l'Entrepreneur, et, par conséquent, la fin de sa responsabilité.

Couverture d'ardoises de 8 c. et de 12 c.

Avant de construire les couvertures d'ardoises de 8ᶜ ou de 12ᶜ, on commencera par tailler et par échantillonner lesdites ardoises, de telle sorte que leur moitié inférieure soit terminée par trois côtés droits et perpendiculaires entre eux ; que leur partie supérieure ne soit pas plus large que l'inférieure ; enfin que les ardoises de 8ᶜ aient, après la taille, chacune ($0^m,23$) à ($0^m,27$) de longueur, sur ($0^m,13$) à ($0^m,17$) de largeur dans leur moitié inférieure ; et celles de 12ᶜ, ($0^m,33$) à ($0^m,45$) de hauteur, sur ($0^m,18$) à ($0^m,22$) de largeur mesurée de la même manière.

Les ardoises étant ainsi échantillonnées et taillées, pour construire une couverture, on les placera en partant du larmier, par lignes horizontales, sur un lattis plein, auquel chacune d'elles sera fixée par deux clous à ardoise courts, en ayant soin que toutes celles d'une même rangée soient du même échantillon ; qu'elles soient toutes jointives, proprement alignées au cordeau par le bas, et que chaque rangée couvre celle qui la précédera des deux tiers de la longueur moyenne des ardoises qui la composeront, en sorte que le pureau soit, pour les couvertures d'ardoises de 8ᶜ, de ($0^m,07$) à ($0^m,09$), et de ($0^m,11$) à ($0^m,13$) pour celles d'ardoises de 12ᶜ. Enfin, chaque ardoise sera posée de telle façon que son milieu corresponde au joint des deux ardoises immédiatement inférieures ; et que les clous de ces dernières ne soient pas sous les bords de l'ardoise supérieure, afin que l'eau ne puisse part trouver par jour pour traverser la couverture. Du reste, on emploiera de préférence les ardoises du plus grand échantillon pour les rangées inférieures, dont la dernière débordera le lattis de ($0^m,08$) à ($0^m,1$).

Tous les raccordemens de pignon, de lucarne, de souche de cheminée, de noue, de faîtage, et d'arêtier, destinés à être vus, seront proprement faits ; les ardoises qui les borderont seront nettement coupées suivant la direction convenable, et formeront des lignes droites bien dessinées, conformément à l'article 409. Pour les raccordemens couverts de tuiles ou de métaux, il suffira que les ardoises affleurent les arêtes, et qu'elles ne laissent aucun passage à l'eau.

Couverture d'ardoises de F.

Pour construire les couvertures d'ardoises de F, on posera celles-ci sur le lattis qui sera plein, par rangées inclinées à (vingt-cinq) degrés sur l'horizontale de chaque pan. Chaque ardoise sera maintenue par trois clous à ardoise longs, dont deux seront mis sur le grand côté supérieur, et un sur le petit. Chacune desdites ardoises couvrira de sa moitié celle qui la précédera dans sa rangée, et chaque rangée couvrira la rangée inférieure du tiers de la hauteur des ardoises de cette dernière : en sorte que le tiers de la surface de chaque ardoise soit seulement en vue après la pose.

Le sommet de l'angle formé par le côté courbe et l'inférieur de chaque ardoise d'une rangée, sera toujours appliqué vers le milieu du côté latéral des ardoises de la rangée qu'il couvrira, afin que l'eau, qui arrive toujours à l'arroudissement, puisse tomber sur le milieu d'une ardoise. Enfin, ces couvertures devront satisfaire d'ailleurs, tant pour les larmiers que pour les raccordemens, à tout ce qui est prescrit ci-dessus pour les couvertures d'ardoises ordinaires.

Couverture d'ardoises de G.

Les couvertures d'ardoises de G seront construites comme celles d'ardoises ordinaires, et seront soumises aux mêmes conditions que celles de ces dernières ; excepté : que chaque ardoise sera fixée par trois clous ; que l'on posera sous chaque ardoise une couche de mortier de sable fin, de ($0^m,007$) à ($0^m,008$) d'épaisseur, qui s'étendra sous toute sa moitié inférieure ; et que tout le pourtour de cette dernière partie sera proprement rejointoyé, sans lacune ni bavure.

(*Pour mémoire*) COUVERTURE de lardoux — C. d'échandoles.

Couverture de chaume.

Les couvertures de chaume seront faites de glui (art. 248), mis en œuvre par poignées serrées de cent à cent trente brins dans chacune. Chaque poignée sera appliquée sur un lattis de gaulettes, auquel on la fixera par sa partie supérieure, au moyen d'un lien d'osier bien assujetti.

Ces poignées seront serrées tout près les unes des autres, bien alignées par le pied, et formeront ainsi des rangées qui se couvriront de façon que l'on ne voie la partie inférieure de chacune d'elles que sur une largeur d'environ ($0^m,15$) ; et que l'épaisseur totale et moyenne de la couche de paille, formant la couverture, soit au moins de ($0^m,25$).

Les bordures seront faites de couches de chaume, dont les brins seront bien alignés par le haut, et maintenus au moyen de deux cours de gaulettes qui seront fortement liées au lattis par des harts espacées de ($0^m,5$) en ($0^m,5$). Ces harts seront ensuite couvertes de grosses poignées de glui, que l'on fixera aux gaulettes avec des liens d'osier, et qui serviront à la conservation desdites harts, et à masquer les ouvertures que l'on aura été obligé de faire dans la couverture pour les placer.

Avant de terminer, l'ouvrier visitera la couverture pour introduire, s'il est nécessaire, du nouveau chaume dans les endroits peu garnis, en se servant pour cela d'une *palette* ; puis il finira en coupant la paille suivant la pente de la couverture, pour que tous les ressauts d'une rangée à l'autre disparaissent, et en polissant l'ouvrage avec un râteau de bois à dents très-serrées, nommé *peigne.*

(*Pour mémoire*) COUVERTURE de cuivre. — C. de laves.

Couverture de plomb.

Les couvertures de plomb seront principalement composées de tables rectangulaires de plomb laminé de ($0^m,002$) d'épaisseur. Chaque table aura A^m de largeur, et A^m à (A^m 1/2) de longueur, suivant les commandes. Le bord supérieur de ces tables sera courbé en dessous, à angle droit sur une largeur de ($0^m,03$) ; et ses bords latéraux seront en repli de cette même largeur, mais tantôt en dessus et tantôt en dessous, de telle sorte que l'on puisse, en posant les tables les unes à côté des autres, faire entrer le bord du repli de l'une dans l'intérieur du repli de l'autre.

Ces tables, ainsi façonnées, seront posées sur des lattis pleins, de manière que leurs bords supérieurs pénètrent dans les joints du lattis; et qu'ils soient appliqués contre le bord des planches, auquel chaque table sera fixée par deux clous de plombier placés vers le milieu de son bord courbé.

Les tables seront posées par rangées horizontales, autant qu'il sera possible, et bien alignées par le bas. Ces rangées se couvriront successivement l'une l'autre de ($0^m,05$); et le bas des replis des tables supérieures sera engagé dans le haut des replis des tables immédiatement inférieures auxquelles elles correspondront, de telle façon que les ourlets aillent en ligne droite du haut en bas de chaque pan de couverture.

Les tables servant de larmier déborderont le lattis de D^m; celles qui borderont les noues, les arétiers, les pignons, les lucarnes, les cheminées, ou tout autre obstacle exigeant des raccordemens, seront coupées régulièrement suivant les directions prescrites.

Les arétiers et le faîtage seront couverts de tables longues de $2A^m$ à $3A^m$, mais qui n'auront que B^m de largeur, suivant l'inclinaison des pans. Ces tables se couvriront entre elles de ($0^m,08$) par les bouts, et seront fixées sur les charpentes par des clous de plombier, espacés de C^m en C^m, et posés sur les côtés attenans à la courbure. On aura soin d'agrandir les trous desdits clous dans le sens de la longueur des tables, afin que la dilatation du métal ne fasse pas gauchir le faîtage. Pour empêcher que les eaux ne pénètrent par ces trous, on soudera au-dessus de chacun d'eux une *tassette* de plomb. Dans les noues, on mettra également des tables semblables, mais on se bornera à les fixer par deux clous placés près de leurs angles supérieurs.

(Pour mémoire.) COUVERTURE de tuile.

Couverture de tuiles creuses.

Pour construire les couvertures de tuiles creuses, on placera d'abord, suivant la direction de la ligne de plus grande pente du toit, deux rangées de tuiles emboîtées les unes dans les autres du tiers de leur longueur, et ayant leur concavité en dessus : ces deux rangées seront éloignées de bord à bord de ($0^m,04$) à l'endroit de la plus grande largeur des tuiles. On couvrira ensuite l'intervalle de ces deux rangées avec d'autres tuiles, emboîtées comme les premières, et ayant leur convexité en dessus; puis on continuera ainsi file par file et de proche en proche dans toute l'étendue de chaque pan, en ayant soin que les tuiles du larmier soient bien alignées au cordeau par leurs bords inférieurs, et qu'elles dépassent le lattis ou le mur de ($0^m,1$).

Les couvertures de tuiles creuses en mortier ne différeront des couvertures ci-dessus de tuiles posées à sec, que parce qu'on les posera à bain de mortier de sable fin, et qu'on les rejointoiera parfaitement dans tout leur pourtour.

(Pour mémoire.) COUVERTURE de tuiles plates — C. de tuiles vernissées. — C. de zinc.

Mesurage des couvertures.

Les couvertures seront toutes payées au mètre carré suivant l'étendue du pureau, soit réel, soit fictice, des matériaux dont elles seront composées : c'est-à-dire que pour les rangées intermédiaires on mesurera le pureau effectif; que pour les rangées mises en doublement, soit pour le battellement, soit pour tout autre objet, et dont le pureau sera par conséquent nul ou plus court que celui des rangées intermédiaires, on comptera un pureau égal à celui de ces dernières; et que l'on n'en comptera également qu'un de cette espèce pour les rangées qui seront entièrement à découvert, ou qui présenteront un pureau plus grand que le pureau ordinaire. Lorsqu'un pan renfermera des couvertures de différentes natures, on devra, pour en faire le toisé, avoir particulièrement égard aux dispositions ci-dessus.

Les emplacemens de cheminée, de lucarne, ou de tout autre jour, seront déduits, sans que l'Entrepreneur puisse rien réclamer pour la sujétion ou les déchets que leurs raccordemens avec la couverture pourront demander; et il en sera de même de tout autre raccordement : seulement, par exception à cette clause, ainsi qu'à l'article 45, on paiera les arêtes de couvertures d'ardoises en sus du prix de la couverture, dans les cas prévus à l'article 409; pour les couvertures de métal, on paiera les *tassettes*. *(Note XLVI.)*

Art. 528 à 541. *(Pour mémoire.)* CRAMPONS — CRAMPONNETS. — CRAPAUDINES *de fer pour les pivots de barrière.* — CRÊTES *de mortier ordinaire.* — CRIBLAS *pour le ciment* — CROCS. — CROCHETS *à giberne.* — C. *à soufflet.* — C. *à viande.* — C. *de râteliers d'équipement* — C. *de consoles de planch s à bagage.* — C. *de couvrenets* — C. *d'armoire.* — C. *ronds, de croisée.*

(Bord., Art. 1976 à 2002.)

CROISÉES.
(Bord., Art. 2003 à 2008.)
Classes générales.

Art. 542. — Les croisées pourront avoir des formes différentes, suivant la grandeur des baies : les commandes en spécifieront le système, tant pour le nombre des vantaux de chaque croisée, que pour leur grandeur, pour celle des carreaux, enfin pour la forme des moulures qu'elles devront présenter.

Les prix du Bordereau se rapportent à deux espèces de croisées, distinguées par les nombres 30^m et 51^m, suivant que leurs croisillons auront, dans le sens perpendiculaire au plan de la croisée, ($0^m,03$) ou ($0^m,051$) d'épaisseur; et suivant qu'elles seront fournies avec leurs dormans, ou par vantaux isolés.

Les croisées pourront avoir des impostes, et des meneaux dans leurs milieux; ce sera dépourvues des uns et des autres. Les vantaux porteront toujours à la base un larmier façonné en talon renversé, ayant en dessous un canal de ($0^m,008$) de profondeur.

Les croisées seront rabotées de toutes parts, parfaitement assemblées à bouement; et devront fermer hermétiquement, c'est-à-dire, de telle façon que l'air ne puisse pénétrer au travers de leurs joints ni de leurs assemblages, même après l'année de la responsabilité de l'Entrepreneur.

Immédiatement avant d'assembler les croisées, on enduira parfaitement toutes les surfaces qui feront partie des assemblages, d'une dissolution de résine dans de l'huile grasse, à raison de ($0^k,5$) de résine par litre d'huile : cette dissolution doit être préparée à chaud, et appliquée lorsqu'elle est le plus bouillante. *(Note XLVII.)*

Croisé de 3 mètres.

Pour les croisées de 30^m, les montans, ainsi que les traverses d'encadrement du châssis-dormant, auront ($0^m,06$) de largeur sur ($0^m,038$) d'épaisseur; et l'on donnera ($0^m,06$) sur ($0^m,07$) d'équarrissage au meneau, ainsi qu'à la traverse de l'imposte. Quant aux montans, aux battans et aux traverses des vantaux, on leur donnera ($0^m,07$) sur ($0^m,034$) d'équarrissage; le larmier aura ($0^m,07$) sur ($0^m,07$); enfin les croisillons auront ($0^m,025$) de largeur sur ($0^m,03$) d'épaisseur.

Dans le cas où les vantaux s'assembleraient à gueule-de-loup, le battant à meneau aurait ($0^m,05$) sur ($0^m,09$) d'équarrissage; la traverse inférieure du dormant, ainsi que la supérieure, auraient, chacune, ($0^m,08$) de largeur : enfin les montans extérieurs seraient en noix.

(Pour mémoire.) Croisées de 51 m.

Mesurage des croisées.

Les croisées seront payées au mètre carré : le mesurage se fera suivant le plus petit parallélogramme rectangle circonscrit à chaque dormant, pour celles qui seront pourvues de dormants ; et circonscrit à chaque vantail, pour celles qui en seront dépourvues.

(Bord., Art. 2009 à 2219.)

Art. 543 à 550. *(Pour mémoire.)* CROISILLONS. — CROISSANS de cheminée. — C. à tailler les haies. — CRUCHES. — CUILLÈRES de pierre de taille — CUIRS. — CUVETTES de chéneau — DAMES.

DÉFONCEMENT de forme de salle.
(Bord., Art. 2020.)

Art. 551. — Lorsqu'on démolira un pavé posé on sable, soit pour le relever, soit pour le remplacer, et que sa forme sera jugée bonne et susceptible d'un nouvel emploi, on regardera comme défoncement de forme, et l'on paiera au mètre carré le travail nécessaire pour enlever les galets, ou les débris de pierre et de mortier, ainsi que les parties terreuses provenant du vieux pavé ; pour transporter le tout au lieu désigné ; pour piocher ensuite la forme et la rendre meuble sur une profondeur de (0m,2) ; enfin pour la régaler au râteau, de manière que sa surface soit parallèle à celle du pavé à faire : le mesurage se fera après la construction du pavé auquel ladite forme servira, et suivant l'étendue effective de ce dernier.

(Bord., Art. 2121.)
DÉMOLITIONS
(Bord., Art. 2022 à 2063.)
Clauses générales.

Art. 552. *(Pour mémoire.)* DEMOISELLES, ou mes de paveur.

Art. 553. — Le Chapitre IV du Bordereau renferme les prix de certaines démolitions qui pourront être exécutées au toisé, par exception à l'article 34. Ces prix, sauf quelques restrictions qui seront spécifiées ci-après, comprendront toujours le travail nécessaire pour démonter les objets, pour les enlever de leurs emplacements, et pour les transporter aux lieux désignés à (50m) ou moins de distance de leurs places primitives : le tout avec soin, et conformément aux conditions de responsabilité de l'article précité.

Les objets que l'on pourra démolir de cette manière sont les suivans :

Démolition de bascule.

1° Les bascules de pont-levis, que l'on paiera à la pièce, et pour lesquelles on démêlera les fers d'avec les bois.

(Pour mémoire.) 2° DÉMOLITION de borne. — 3° D. de chéneau — 4° D de chevron. — 5° D. de conduite. — 6° D. de tuyaux de pompe.

Démolition de couverture.

7° Les couvertures d'ardoises, de laves, ou de tuiles. Pour les démolitions de cette sorte, l'Entrepreneur ne sera tenu de transporter les matériaux que jusqu'au plancher ou au sol immédiatement inférieur ; mais il devra faire nettoyer parfaitement ceux de ces matériaux qui seront susceptibles d'un nouvel emploi, c'est-à-dire, en faire ôter la mousse, la poussière, le vieux mortier ; enfin il devra les séparer d'avec les décombres.

Ces démolitions seront payées au mètre carré : le mesurage se fera suivant l'étendue des couvertures reconstruites avec les matériaux démolis (art. 527) ; la démolition des parties hors de service, ainsi que le triage ci-dessus, étant compris dans cette manière d'appliquer les prix.

Comme il peut arriver que tous les bons matériaux ne soient pas remis en œuvre, dans ce cas, on comptera ceux qui resteront sans emploi ; et en divisant leur nombre par celui des objets de la même espèce nécessaires pour un mètre carré de couverture, on aura le nombre des mètres de démolition à allouer.

(Pour mémoire.) 8° DÉMOLITION de faîtières.

Démolition de ferrures.

9° Les ferrures d'un vantail de porte ou de croisée quelconque. Cette démolition sera payée à la pièce, suivant le nombre des vantaux déferrés, quel que soit le nombre de leurs ferrures. Les prix comprendront le transport desdites ferrures jusqu'à la forge, ou jusqu'au magasin désigné.

On regardera comme croisées de sujétion, celles dont les vantaux auront (2m,1) de hauteur ou plus ; comme croisées ordinaires, celles dont les dimensions seront moindres. Les portes de sujétion seront celles de (2m,1) de hauteur ou plus, ainsi que celles dont les vantaux auront (0m,05) d'épaisseur ou plus dans les parties les plus minces, quelles que soient d'ailleurs leurs hauteurs jusqu'à (2m,1) ; au-delà de cette hauteur, on comptera, pour chaque vantail de porte épaisse, le prix de démolition double, ou triple, suivant que ledit vantail aura moins de (3m,0) de hauteur, ou qu'il excédera cette limite : les portes cochères à bâti seront regardées comme portes épaisses.

(Pour mémoire.) 10° DÉMOLITION de lattis.

Démolition de palissades.

11° Les palissademens, dont la démolition sera payée au mètre courant suivant la longueur de leurs liteaux, et pour lesquels le prix comprendra l'emplacement des palissades.

Démolition de pavé.

12° Les pavés. Le prix de ces démolitions comprendra le triage des matériaux susceptibles d'un autre emploi, et l'enlèvement de tous les décombres, ainsi que leur transport au lieu désigné. Ces prix seront alloués au mètre carré suivant l'étendue effective des pavés démolis. Les pavés de pierres, ou de briques posées de champ ou debout, seront regardés comme PAVÉS ÉPAIS ; ceux de briques ou de carreaux posés de plat, comme PAVÉS MINCES.

(Pour mémoire.) 13° DÉMOLITION de plancher.

Démolition de poêle.

14° Les poêles de fonte, ainsi que les cheminées de tôle qui seront payées au même prix que les poêles. Le prix comprendra l'enlèvement de ces objets hors du bâtiment, et le travail nécessaire pour les nettoyer complètement, ainsi que leurs tuyaux.

(Pour mémoire.) 15° DÉMOLITION de descente.

Art. 554 à 560. *(Pour mémoire.)* DENTS. — DESCENTES pour conduire les eaux des toits. — DESSUS en remplacement. — DRAGUES. — ÉCHARPES. — ÉCHELLES — ÉCHELONS en remplacement.

(Bord., Art. 2069 à 2084.)
ÉCHENILLAGES
(Bord., Art. 2085 et 2086.)

Art. 561. — L'échenillage consistera à enlever les nids de chenille, en coupant les petites branches sur lesquelles ils se trouveront, le plus près possible desdits nids.

Lorsqu'un arbre sera désigné pour être échenillé, l'Entrepreneur en deviendra responsable, et ne sera payé de son échenillage qu'autant que ledit arbre aura été exempt de chenilles durant toute la saison où paraissent ces insectes ; que l'échenillage aura été fait sans que l'arbre ait été dégradé ; que l'on n'aura ni écorché ni fendu les branches qu'il aura fallu couper pour enlever les chenilles ; enfin surtout, que l'on n'en aura pas coupé de branche ayant plus de (0m,03) de circonférence.

On paiera comme échenillage de sujétion, celui de tout arbre dont le tronc aura (0m,2) à (0m,4) de circonférence, prise dans le milieu de sa hauteur ; comme échenillages ordinaires, ceux des arbres qui auront des dimensions moindres. Les échenillages seront payés à la pièce, suivant le nombre des arbres échenillés.

(Bord., Art. 2087 à 2089.)

Art. 562 et 563. — *(Pour mémoire.)* ÉCROUS en remplacement. — EMBODINURES d'organeau, dansettes de câble, ou de chapes de moufle.

ENCADREMENS.
(Bord., Art. 2090 et 2091.)

Art. 564. — Les pierres de taille pour revêtir les portes ou les fenêtres entourées ou dépourvues de bandeau, seront payées au mètre courant, suivant le prix d'encadrement de baie, et la longueur effective de chaque pierre, toutes les fois que ces dernières auront ($o^m,25$) à ($o^m,3$) d'épaisseur, sur ($o^m,3$) à ($o^m,4$) de largeur, et que le parement vu en sera layé.

Les pierres d'*encadrement* seront le plus longues qu'il sera possible ; celles qui serviront de seuils, d'appuis ou de plates-bandes de baie, seront d'une seule pièce, toutes les fois que les portes ou les fenêtres n'auront que ($o^m,9$) de largeur, ou moins ; et il en sera de même de celles qui seront destinées aux pieds-droits (ou jambages) dont la hauteur n'excédera pas ($1^m,3$). Au-delà de ces dimensions, chaque pied-droit sera composé de trois pierres, dont celle du milieu, que l'on posera sur son lit de carrière, servira de lancis, afin de lier l'*encadrement* avec le reste du mur ; et chaque plate-bande sera également formée de deux claveaux, et d'une clef dont le lit de carrière sera dans le sens de la verticale. Les pierres de jambage, autres que les lancis, pourront avoir également leurs lits de carrière placés verticalement.

Lorsque les pierres d'*encadrement* présenteront de la taille courbe, celle-ci sera payée en sus du prix de l'*encadrement*.

Au-dessus des plates-bandes de baie, on construira les maçonneries en forme d'arceau, pour ne pas charger lesdites pierres ; et les seuils ainsi que les appuis, servant de semelles aux pieds-droits, ne devront porter sur les maçonneries que par leurs extrémités, en sorte qu'il reste sous leurs milieux de petits vides que l'on ne remplira qu'après l'achèvement total des murs.

Art. 565 à 588 — *(Pour mémoire)* ENCRIERS. — ENFONÇURES de sous, ENTRÉES, ENTRETOISES, ÉPARTS, *en remplacement.* — EPIS, *non compris le gravier.* — ÉPISSURES. — ÉQUERRES *de croisée et de coffre.* — ESCALIERS. — ESPAGNOLETTES *de bois.* — É. de fer, *ornées de moulures, et à main evidée ; ou tout unies, et à main pleine : de trois longueurs.* — ESSEAUX *posés en recherches entre les tuiles plates des couvertures* — ÉTIQUETTES *pour les noms des chevaux.* — ÉTOQUEAUX *en remplacement.* — ÉVIER *de pierre de taille.* — FAITAGES *de bâtiment et enfaîtements de guérite.* — FAITIÈRES *de tuiles.* — FALOTS *d'écurie.* — FAUTEUILS *à bascule.* — F. *de paille.* — FAUX. — FERREMENS *en remplacement.* — FEUILLES *de fer-blanc.* — FICELURES *de boyaux de pompe à incendie.* — FICHES *et paumelles.* — FILETS, *espèce de petits solins de mastic, qui servent à maintenir le verre des croisées.* — FOLIOTS *de serrure.* — FONCETS *de deux grandeurs, en remplacement.*

(*Bord.*, Art. 2092 à 2158.)

FORMES de sable.
(*Bord.*, Art. 2159.)

Art. 589. — Pour établir une forme de sable, après avoir dressé le terrain de manière que sa surface soit régulière et parallèle à celle du pavé ou de l'aire à construire, on y déposera une couche de sable commun dont l'épaisseur soit uniforme, et réglée en conséquence de la construction à laquelle ladite forme sera destinée, ou suivant les ordres donnés. Les formes seront payées au mètre carré, et au prix du Bordereau (*art.* 2159), multiplié par l'épaisseur moyenne de chacune d'elles, exprimée en centimètres pris pour unités.

Lorsque les formes ne devront pas être couvertes, le mesurage se fera suivant l'étendue effective de leur superficie ; mais, lorsqu'elles seront couvertes d'aires ou de pavés, le mesurage se fera suivant l'étendue de ces derniers, et seulement après que la construction en sera terminée. Les frais nécessaires pour dresser le terrain sur lequel on voudra poser une forme, seront payés en sus de celle dernière.

Art. 590 à 604. — *(Pour mémoire.)* FRETTES de brouette, GÂCHES *de serrure et d'espagnolette, en remplacement.* — G. de tuyaux de descente. — GÂCHETTES *en remplacement.* — GALANDAGES. — GARGOUILLES. — GARNITURES de clous. — G. de tôle. — GÎTES de 27 et de 54 millimètres d'épaisseur. — GONDS *en remplacement.* — GOUDRONNAGES. — GRAISSAGE de boyaux de pompe à incendie. — GRANITAGES. — GRILLAGES *pour les treillis.* — G. de fondation. — GRILLES *de fonte.*

(*Bord.*, Art. 216 à 2205.)

GUÉRITES.
(*Bord.*, Art. 2206.)

Art. 605. — Chaque guérite aura (1^m) de largeur hors d'œuvre, (2^m) de hauteur sous la porte, et sera soutenue par un bâti de bois de chêne équarri. Le plancher et la devanture en seront de planches de chêne de 33^m ; le toit, de planches de chêne de 27^m ; le reste du *revêtement*, de planches de sapin de 27^m, qui devront avoir ($o^m,11$) à ($o^m,13$) de largeur.

Le bâti sera composé de *patin*, de six montants, de six traverses, de quatre écharpes, et d'un faîte.

Le *patin* sera fait de quatre pièces de bois de ($o^m,16$) d'équarrissage, qui déborderont de chaque côté le *revêtement* de la guérite de ($o^m,3$), et qui seront assemblées entre elles par des entailles à mi-bois ; les bouts de ces pièces seront en quart de rond. Les montants auront ($o^m,1$) d'équarrissage, et ($2^m,1$) de hauteur chacun, y compris les tenons. Les traverses auront le même équarrissage que les montants ; celles qui seront situées dans le haut des côtés latéraux de la guérite serviront de chapeaux aux montants, et seront en saillie de ($o^m,1$) à l'extérieur du corps de la guérite : ces traverses seront, outre cela, chanfreinées sur les angles extérieurs, afin que l'on puisse y clouer le toit. La traverse supérieure du fond sera placée à ($o^m,15$) au-dessous du sommet des montants, et les trois autres traverses seront à mi-hauteur des premières. Deux écharpes seront posées sur les côtés, pour lier le *patin* avec les montants du devant ; les deux autres seront placées dans le fond, pour lier les autres montants avec la partie de derrière du *patin* : ces quatre écharpes auront ($o^m,08$) d'équarrissage, les deux principales auront, chacune, ($1^m,2$) de longueur, et les autres ($1^m,1$, tenons y compris. Enfin le faîte reposera par des emboîtemens en rainure, d'une part sur le *revêtement* du fond, de l'autre sur la devanture ; il aura ($o^m,1$) d'équarrissage, et débordera le *revêtement* de ($o^m,1$) de chaque côté. Tout ce bâti sera assemblé à tenons et à mortaises, et sera solidement chevillé.

Le plancher sera composé de cinq planches fixées sur le *patin* par vingt clous de plancher doubles.

La devanture sera de trois pièces : la supérieure sera taillée en demi-cercle et montera jusqu'au toit ; les latérales auront ($o^m,2$) de largeur et ($1^m,75$) de hauteur au-dessus du plancher. Ces trois pièces seront assemblées à mi-bois à la naissance du cintre ; et seront fixées au bâti par vingt clous de plancher doubles. Celles qui couvriront les montants seront assemblées de toute leur épaisseur dans la pièce de devant du *patin*, au moyen d'une feuillure. La porte de la guérite aura ($o^m,6$) d'ouverture.

Le *revêtement* des trois autres côtés sera assemblé par le bas dans le *patin*, au moyen d'une feuillure de ($o^m,03$) de hauteur, pratiquée dans ce dernier, qui sera égale à l'épaisseur des planches ; celles-ci seront fixées au bâti par deux clous de plancher renforcés, placés à chaque point de rencontre de chacune d'elles avec les bois de ce dernier : toutes monteront jusqu'au toit, et leur ensemble clora parfaitement la guérite de trois côtés.

Le toit sera composé de dix bouts de planche, formant deux plans inclinés à (45°), la longueur des planches étant dans le sens de la pente. Ce toit sera fixé sur la devanture, le fond, le faîte, les traverses latérales, c'est-à-dire, sur le *faîtage*, par cinquante-deux clous de plancher renforcés ; et débordera le corps de la guérite de ($o^m,1$) sur tout son pourtour.

Les planches du plancher, du *revêtement* et du toit seront embouvetées.

Dans le milieu du fond, on placera une cheville carrée de (o^m,o4) de côté, chanfreinée sur les angles, à bout arrondi et recourbé; dont le pied percera la traverse supérieure, dans laquelle elle sera serrée et arrêtée par une épite.

Dans chacun des côtés latéraux du *revêtement*, et vers le haut, on pratiquera une petite ouverture de (o^m,12) de hauteur sur (o^m,o4) de largeur : on aura soin que chaque ouverture soit vers le milieu d'une planche.

Les joints du toit, ainsi que les côtés latéraux de son faîte, après avoir reçu deux couches de peinture sur une largeur de (o^m,o8), seront couverts de dix tringles de chêne de (o^m,o5) de largeur et de (o^m,o2) d'épaisseur. Celles qui couvriront les joints seront assemblées à queues-d'aronde dans les tringles du sommet; chacune d'elles sera fixée sur le toit par six *pointes* de 41^m, n° 15.

Les deux tringles du faîte seront ensuite entièrement couvertes d'un enfaîtement de fer-blanc, composé de bandes soudées bout à bout et fixées auxdites tringles par vingt clous à ardoise.

Les guérites seront proprement rabotées de toutes parts; et couvertes, à l'extérieur seulement, de trois couches de couleur olivâtre.

Enfin, au-dessus de la porte de chaque guérite, on peindra, dans un *écusson* blanc bordé de noir, le nombre qui sera prescrit.

(Bord., Art. 2207 à 2252.)

Art. 606 à 615. — *(Pour mémoire.)* HACHES, HACHETTES. — HAIES. — HEURTOIRS. — HOLLANDAISES. — HOTTES de bois. — Id. d'osier. — HOYAUX. — HUISSERIE *et poulets pour les cloisons, ou pour le bousillage.* — JANTES *en remplacement.* — JONCTIONS *ou ENTURES de boyaux de pompe.*

LABOURS.
(Bord., Art. 2223.)

Art. 616. — Les labours consisteront à remuer le terrain autour du pied de chaque arbre, dans un rayon de (1^m,5), et sur une profondeur de (o^m,2) à (o^m,25), au moyen de la bêche ou du trident, en ayant soin de ne pas couper et de ne pas écorcher les racines des arbres; d'enlever les racines de chiendent; de retourner la terre pour que toutes les herbes soient enterrées; enfin de donner à la nouvelle surface du terrain une forme concave ou convexe, suivant que les arbres seront plantés dans un sol sec ou humide.

Autour des jeunes arbres, les labours se feront entièrement au trident; mais, alors, on ne les étendra que jusqu'à (1^m) du pied desdits arbres, afin d'indemniser l'Entrepreneur de la difficulté du travail, et des soins qu'il sera tenu de prendre pour éviter de nuire à leurs racines.

Les labours seront payés à la pièce, suivant le nombre des arbres autour desquels ils auront été exécutés.

(Bord., Art. 2224 à 2248.)

Art. 617 à 624. — *(Pour mémoire.)* LACETS *en remplacement* — LAMBRIS de bois. — L. peints. — LAMES de scie. — LAMPES. — LANGUETTES. — LANTERNES de mine. — LARMIERS *en remplacement.*

LATTIS à claire-voie.
(Bord., Art. 2249 à 2257.)

Art. 625. — Les lattis à claire-voie seront faits de lattes de sciage, de chêne ou de sapin, placées parallèlement aux horizontales des pans de couverture, par lignes droites espacées, et distantes de (o^m,10), de (o^m,15) ou de (o^m,25), de milieu en milieu, : quantités qui correspondent aux nombres distinctifs des espaces, spécifiés dans les titres du Bordereau. Les lattes seront fixées à tous leurs points de rencontre avec les chevrons par un clou de plancher double, et l'on en mettra deux à chaque bout de latte.

Les lattis à claire-voie seront payés au mètre carré, tant plein que vide, en déduisant toutefois les emplacemens occupés par les cheminées, les lucarnes, ou tout autre jour; c'est-à-dire qu'on fera le mesurage suivant l'étendue réelle du lattis, en observant que chaque latte compte non-seulement pour sa largeur, mais encore pour la moitié des deux espaces qui existent entre elle et les deux lattes voisines : on comptera donc un demi-espace au-delà des lattes extrêmes du haut et du bas de la couverture; et un espace entier pour les lattes isolées, ainsi que pour celles qui en doubleront d'autres.

LATTIS à jours.
(Bord., Art. 2258 et 2259.)

Art. 626. — Les lattis à jours pour les plafonds seront faits de dosses faibles de sapin, refendues à la hache en morceaux de (o^m,o4) de largeur au plus, que l'on espacera de façon que leurs joints n'aient que (o^m,o05) à (o^m,o1) d'ouverture.

Les clous qui fixeront, soit après les solives, soit après les poteaux d'huisserie, tous les morceaux provenant d'une même dosse, seront de l'espèce des clous de plancher doubles, et au nombre de vingt au moins.

Ces lattis seront payés au mètre carré : le mesurage se fera suivant l'étendue effective des plafonds, des crépis ou des enduits dont ils seront couverts.

LATTIS de gaulettes.
(Bord., Art. 2260 et 2261.)

Art. 627. — Les lattis de gaulettes pour les couvertures de chaume, seront exécutés avec de longues gaulettes, que l'on posera par lignes horizontales distantes les unes des autres de (o^m,2); et que l'on fixera aux perches, ou aux chevrons de la couverture, à l'aide de petites harts.

Ces lattis seront payés au mètre carré; le mesurage se fera comme pour les lattis à claire-voie.

LATTIS de lattes de fente.
(Bord., Art. 2262 et 2263.)

Art. 628. — Les lattis de lattes de fente propres à garantir les murs de la pluie, seront de lattes de fente posées en *recouvrement* les unes sur les autres du quart de leur largeur. Chacune desdites lattes sera fixée par huit clous à ardoise longs aux poteaux d'huisserie ou aux tringles qu'elles devront couvrir.

Ces lattis seront payés au mètre carré; le mesurage se fera suivant l'étendue effective des paremens qu'ils couvriront.

LATTIS de lattons.
(Bord., Art. 2264 et 2265.)

Art. 629. — Les lattis de lattons destinés aux plafonds, seront de *lattons* de chêne fixés, chacun par cinq *pointes* de 27^m, n° 12, aux cloisons ou aux lattis qu'ils devront couvrir. Ces *lattons* seront espacés, éloignés de (o^m,o07) à (o^m,o15) de bord à bord, et posés bout à bout.

Ces lattis seront payés au mètre carré; le mesurage se fera comme pour les lattis à jours.

LATTIS pleins.
(Bord., Art. 2266 et 2267.)

Art. 630. — Les lattis pleins pour les couvertures, ou pour servir de cloisons, seront de planches de chêne de 27^m, chanfreinées ou rabotées carrément sur les bords dans toute leur épaisseur, et assemblées à plat point. On placera deux clous de plancher renforcés à tous les points de rencontre des chevrons, ou des poteaux d'huisserie, avec chacune desdites planches; et l'on en mettra trois à chacun de leurs bouts.

Les lattis pleins seront payés au mètre carré : le mesurage se fera suivant leur étendue effective, tout vide déduit.

(Bord., Art. 2268 et 2269.)

Art. 631 et 632. — *(Pour mémoire.)* LAVES. — LEVIERS.

LIENS d'osier.
(Bord., Art. 2270.)

Art. 633. — Les liens d'osier mis aux jeunes arbres pour les maintenir contre leurs tuteurs, seront composés, chacun, de deux brins d'osier fortement serrés autour de l'arbre et de son tuteur, et proprement tordus ensemble : on aura soin d'en faire rentrer les petits bouts dans l'intérieur du lien, afin que ce dernier ne puisse se détordre.

Art. 634 à 685. — (Pour mémoire.) LIMONS d'échelle et de râtelier, en remplacement. — L. d'escalier, d'une épaisseur fixe — LITS. — LITEAUX en remplacement aux polissoidemens. — LONGES à mangeoires. — LOQUETS à olives. — L. à ressort. — L. ordinaires — LOQUETEAUX. — MAÇONNERIES. — MAILLETS — MAINS de puits. — M. de serrure et d'espagnolette, en remplacement. — MANCHES de brosses de blanchisseur. — M. d'outil, en remplacement. — MANGEOIRES sans racineaux. — MANIVELLES. — MANTONNETS en remplacement. — MARBRURES peintes. — MARCHES de pierre. — M. de bois — MARTEAUX. — MASSES de bois — M. de fer — MESURES à avoine. — MITRES pour garantir de la fumée. — MOELLONS. — MONTANS en remplacement. — MONTURES de faux. — M. de scie. — MORAILLONS de deux grandeurs — MOUCHETTES de corps-de-garde. — MOULURES de bois. — M. de plâtre — MOUTONS-A-BRAS. — MOUVEMENS. — MURS d'une épaisseur déterminée. — NETTOIEMENS au balai. — NIVEAUX. — NOQUETS. — OISEAUX de maçon. — OLIVES de serrure, en remplacement. — OREILLES, pour passer les anneaux des planches à consigne, les mises de scell, en remplacement. — ORGANEAUX de quai. — PAILLASSONS. — PALISSADEMENS sans rigole ni liteau — PALPLANCHES — PANNETONS en remplacement. — PANIERS pour les barrages de rivière. — P. pour les transports — PATES décrites à l'article 251, mises en place. — P. de serrure, ou éluguereux extérieurs, en remplacement.

(Bord., Art. 2271 à 2394.)

Art. 686. — Les pavés sont des espèces de maçonneries que l'on fait pour consolider et pour régulariser un sol, ou pour empêcher l'infiltration des eaux et faciliter leur écoulement. Ces ouvrages diffèrent des chapes, en ce que leur surface présente des corps durs étrangers au mortier; tandis que les corps durs que les chapes renferment, sont toujours cachés.

PAVÉS.
(Bord, Art. 2395 à 2446.)
Clauses générales.
Définitions.

Les pavés variant de valeur suivant leur nature, on a fixé au Bordereau plusieurs prix qui s'y rapportent: les titres qui correspondent à ces prix, indiquent sommairement les matériaux qui doivent entrer dans la composition de chaque pavé.

Forme des pavés.

Le sol, soit de bois, soit de maçonnerie, soit de sable, soit de terre, soit de décombres, destiné à recevoir un pavé, sera toujours établi aux frais de l'Etat; et dressé de manière que sa surface soit régulière, parallèle à celle du pavé, et en contre-bas de cette dernière de l'une des quantités suivantes relatives à chaque sorte de pavés; savoir : (0^m,06) pour les pavés de briques de 4e posées de plat; (0^m,13) pour ceux qui seront faits des mêmes briques posées de champ, et (0^m,24) lorsque ces dernières devront être posées debout ; (0^m,26) pour les pavés de briques de 5e posées debout; (0^m,04) pour ceux de briques de C, de carreaux de 16^c, de carreaux de faïence et de carreaux hexagones; (0^m,05) pour ceux de carreaux de 22e posés en mortier, et (0^m,03) pour les mêmes pavés posés en mastic; (0^m,15) pour les pavés de cailloux; (0^m,16) pour ceux de dalles de D; (0^m,18) pour ceux de pierre de taille et de dalles réfractaires; (0^m,25) pour ceux de pierres brutes, de pierres épincées, de pierres piquées et de pierres de roche; enfin (0^m,3) pour les pavés de pierres de F.

Si le Chef du Génie décidait qu'on ne doit pas régulariser la surface du sol avant de poser le pavé, on pourrait se dispenser de ce travail : dans ce cas, les conditions ci-dessus ne serviraient plus qu'à établir le toisé; c'est-à-dire que l'on paierait à l'Entrepreneur, en sus du pavé, comme forme de sable, comme maçonnerie, ou comme remblai, suivant la nature du fonds, tout le surplus des épaisseurs précédemment fixées.

Surface des pavés.

Les pavés présenteront toujours des surfaces régulières, exemptes de bosse, de flache, et dressées suivant les niveaux, les pentes, les bombemens, et les alignemens déterminés. Il faudra de plus, qu'en appliquant sur ces surfaces des règles, ou les courbes génératrices, il ne se présente pas, entre les unes et les autres, de jour dont l'ouverture excède : (0^m,006) pour les pavés de briques, ou de carreaux de 16^c ou de 22e; (0^m,002) pour ceux de carreaux hexagones ou de faïence, ainsi que pour ceux de dalles ou de pierre de taille; (0^m,005) pour ceux de pierres piquées; (0^m,015) pour ceux de pierres de roche, de pierres épincées ou de pierres de F; enfin (0^m,03) pour ceux de pierres brutes. A l'égard des pavés de cailloux, lesdits cailloux devront tous toucher les règles ou les courbes.

Les pavés de dalles, de pierres de taille, de carreaux, ou de briques posées de plat, ne présenteront ordinairement que des surfaces planes ; lorsqu'ils devront en présenter de courbes, on les paiera à l'estimation.

Joints des pavés.

Les joints de tous les pavés auront une ouverture uniforme qui sera : Pour les pavés de briques, de carreaux, de dalles, de pierres de taille, de pierres piquées, posées en sable ou en mortier, de (0^m,004) à (0,006) pour ceux de dalles ou de carreaux posés en mastic, de (0^m,01) à (0^m,015); pour ceux de pierres de roche, de pierres épincées ou de pierres de F, de (0^m,006) à (0^m,008); enfin pour ceux de pierres brutes, de (0^m,01) à (0^m,02). Dans les pavés de cailloux, ceux-ci devront se toucher les uns les autres le plus possible.

Appareil des pavés.

Relativement à l'appareil des pavés, les briques, les carreaux, les dalles ou les pierres seront toujours posés par rangées, chacune d'une largeur uniforme, et dirigées perpendiculairement à la ligne de marche, ou dans le sens désigné. Pour les pavés de pierres brutes, de pierres de taille, de pierres épincées ou piquées, ainsi que pour ceux de cailloux, on pourra, lorsqu'il s'agira de tournans ou d'accotemens, exiger que les rangées soient circulaires, ou qu'elles aillent en s'évasant suivant les rayons de courbure, sans que l'Entrepreneur puisse réclamer d'indemnité pour ce surcroît de sujétion. A l'égard des pavés de briques, de carreaux, ou de pierres de taille, le Chef du Génie aura droit d'ordonner que les joints soient disposés comme il le prescrira. Enfin, pour les pavés de dalles, de pierres de roche, de pierres épincées ou piquées, les pierres seront simplement liaisonnées : dans le cas où l'on voudrait que les joints fussent régulièrement coupés, les pavés seraient payés à l'estimation.

Pavé posé en mastic.

Les pavés de dalles ou de carreaux posés en mastic, seront toujours construits sur des chapes de mastic minéral, parfaitement sèches et nettes.

Pour les construire, on choisira des carreaux bien plans, bien secs, et bien nets ; on les enduira à la surface inférieure, ainsi qu'au pourtour, de goudron minéral, rendu légèrement liquide au moyen d'une addition de bitume ; puis on les posera et on les arrangera sur la chape, les uns à côté des autres, en ayant soin de couvrir immédiatement les joints avec des bouts de latte, afin que la poussière ne puisse pénétrer dans leur intérieur, non plus que l'humidité. Lorsque le pavé sera en partie posé de cette manière, on commencera d'enlever les lattes, et de remplir parfaitement les joints, ainsi que tous les vides, au fur et à mesure, de mastic minéral fondu et bouillant, que l'on lissera proprement au fer chaud : dans le cas où la pente serait trop forte pour que le mastic restât dans les joints, on boucherait ceux-ci avec des étoupes, que l'on enlèverait ensuite aussitôt que le mastic serait figé, en remplissant de nouveau mastic les vides qu'elles laisseraient.

Les pavés de dalles seront exécutés comme les précédents ; excepté qu'au lieu d'enduire les dalles de goudron, on les posera, chacune sur une couche de mortier de sable fin et d'éclats de pierre, en ayant soin que cette couche ne dépasse pas les bords de l'assiette de la dalle, et que les couches appartenantes à différentes dalles ne se joignent pas entre elles, afin que le mastic des joints puisse se bien lier avec la chape ; et l'on devra, par la même raison, mettre beaucoup d'attention à ne pas salir la surface de cette dernière dans les parties correspondantes aux joints. Le coulement du mastic se fera comme pour les pavés de carreaux, mais seulement quand le mortier placé sous les dalles sera tout-à-fait sec. Dans le cas où l'on craindrait la pluie, on couvrirait l'ouvrage d'appentis, en sorte qu'il fût bien abrité.

Pavé posé en mortier. — Plusieurs sortes de matériaux pourront être employés à la construction des pavés posés en mortier, savoir : des briques de 4e et de 5e que l'on posera de plat, de champ ou debout, c'est-à-dire, de manière que leur épaisseur, leur largeur ou leur longueur, soit dans le sens de la verticale ; des carreaux, des briques de C et des dalles que l'on posera toujours de plat ; des cailloux qu'il faudra poser debout toutes les fois que leur longueur n'excédera pas (0m,15), et de champ lorsqu'elle sera plus grande ; des pierres de taille que l'on devra toujours mettre sur le lit de carrière, auxquelles on donnera (0',12) à (0m.15) d'épaisseur, dont on laissera le parement, et qui devront avoir des joints tels que les conditions de l'article 346 les demandent ; enfin, des pierres brutes, *épincées* ou *piquées*, des pierres de F et de roche, que l'on posera toujours la tête en haut.

Pour les pavés de dalles réfractaires, on emploiera du mortier de terre grasse ordinaire ; pour ceux que l'on voudra poser en plâtre, du mortier de plâtre gris ; enfin, pour ceux qu'il faudra poser en mortier de ciment ou de sable, on se servira de mortier de ciment commun ou de mortier de sable ordinaire pour les couches inférieures, et de mortier de ciment fin ou de sable fin pour le remplissage des joints, pour le coulement et pour le *jointoiement*.

Quels que soient les matériaux employés à la construction des pavés posés en mortier, celle-ci se fera de la manière suivante.

Après avoir posé sur le sol une couche de gros mortier, d'environ (0m,02) pour les pavés de briques, et de (0m,05) pour ceux de dalles, de pierres ou de cailloux, après avoir garni de mortier fin les parties des maçonneries environnantes qui devront adhérer au pavé, c'est-à-dire, à la brique, à la dalle, à la pierre ou au caillou que l'on voudra poser, on enfoncera ce dernier dans le bain de mortier, préparé comme on vient de le dire, en le frappant du marteau ou de la truelle, de façon que le mortier reflue de toutes parts, et que ledit pavé prenne la position dans laquelle il devra rester ; puis on remplira et l'on raclera proprement les joints sur tout son pourtour, avant d'en poser un second : lorsque tous auront été ainsi posés, on finira l'ouvrage en versant du coulis dans tous les joints, et en polissant ces derniers, d'abord à la truelle, ensuite au fer rond.

Jointoiement des pavés. — Lorsqu'on voudra jointoyer des pavés avec du mortier autre que ceux qui serviront à leur pose, on les construira d'abord comme il est dit ci-dessus ; excepté que l'on aura soin de ne remplir les joints que dans leur moitié inférieure avec le mortier employé à la construction du pavé, et l'on achèvera ensuite d'emplir le reste du vide avec le mortier voulu pour le *jointoiement*. Pour indemniser l'Entrepreneur de ce surcroît de sujétion, on paiera les *jointoiemens* de cette sorte en sus du prix du pavé, en se conformant aux conditions de l'article 347.

Madriers de passage. — Lorsqu'on devra marcher sur un pavé posé en mortier avant qu'il n'ait eu le temps de durcir, l'Entrepreneur le couvrira à ses frais de madriers que l'on posera immédiatement à mesure de la construction dans tous les points de passage : ces madriers resteront en place jusqu'à ce que l'Officier du Génie ordonne de les enlever.

Pavé posé en sable. — Les pavés posés en sable pourront être de cailloux ; de pierres brutes ; de pierres de E, de roche, et de pierres *épincées*.

Les pavés en sable seront toujours construits sur des formes de sable ou de terre, dans lesquelles on enfoncera chaque pavé, soit pierre, soit caillou, en garnissant parfaitement son pourtour de sable fin, en le frappant du marteau pour assurer sa position, et en ayant soin qu'il soit placé environ (0m,03) plus haut qu'il ne le faudra, afin qu'après le hiement il se trouve exactement en place.

Hiement des pavés. — Ce hiement ne sera exécuté qu'après la pose générale du pavé, ou au moins sur de grandes parties. On le fera bien également, avec soin, et à plusieurs reprises, trois au moins, à l'aide d'une hie (ou demoiselle) du poids de (25k) à (30k). Il consistera à hier à petits coups les pierres ou les cailloux les uns après les autres et par rangées. Après les deux premières reprises, on arrosera le pavé, et on le laissera reposer ainsi toute une nuit. Enfin, pour achever le travail on hiera une troisième fois, jusqu'à ce que la hie soit au refus, c'est-à-dire, jusqu'à ce qu'elle ne puisse plus faire enfoncer le pavé, et que ce dernier soit parfaitement dans la position voulue.

Rigoles et bordures. — Lorsqu'un pavé devra présenter des rigoles, celles-ci seront formées de contre-jumelles et de caniveaux posés alternativement. Lorsqu'il aura des bordures, on fera ces dernières des pierres les plus belles, et dont les dimensions seront les plus fortes en longueur et en hauteur, afin que d'une part elles puissent consolider et retenir les masses, en s'enracinant plus profondément dans la forme ; et que de l'autre elles forment alternativement et intérieurement liaison avec elles. Enfin, pour que le hiement ne dérange point la pente des rigoles, laquelle doit être uniforme et sans ressaut, on aura soin de donner de prime-abord aux pierres qui les formeront leur véritable assiette, en les affermissant fortement en place à coups de marteau au moment de la pose, et en se gardant de les refrapper lors du hiement du pavé.

Vérification des pavés. — Lorsqu'un pavé sera terminé, on le balaiera proprement, et l'on présentera à l'Officier chargé de sa réception, pour qu'il puisse en faire la vérification, les règles et les cherches qui auront servi à sa construction. Les parties qui lui paraîtront mauvaises, seront tout de suite démolies et reconstruites aux frais de l'Entrepreneur.

Mesurage des pavés. — Tous les pavés seront payés au mètre carré suivant l'étendue effective de leur surface supérieure, et sans égard aux paremens latéraux qu'ils pourront présenter ; à moins que ces derniers ne soient taillés à la fine pointe ou à la laie : dans ce cas seulement, lesdits paremens seront payés en sus du prix du pavé, suivant les prix fixés pour les paremens de pierre de taille.

Pour tous les pavés à construire avec des matériaux de l'État, ceux-ci devront être fournis des dimensions voulues pour leur espèce par les articles du Devis qui les concernent ; en cas contraire, l'emploi de ces matériaux se fera à l'économie. (*Note XLVIII.*) — *Pavé des matériaux de l'État.*

Art. 687 à 690. (*Pour mémoire.*) PEINTURE de divers objets. — PELLES à feu. — P. de terrassier. — PÊNES, PENTURES, en remplacement. — (*Devis., Art. 2447 à 2463.*)

Art. 691. — Tout percement fait pour placer une porte ou une fenêtre sera payé au mètre courant, lorsqu'il aura (2^m.0) à (2^m,5) de hauteur, sur (1^m.0) à (1^m,6) de largeur : le mesurage se fera suivant l'épaisseur du mur démoli. On regardera comme percemens faits au pic, ceux pour lesquels on n'emploiera ni le coin ni la masse ; comme percemens au pétard, ceux que l'on exécutera au moyen de la poudre. — *PERCEMENS. (Devis, Art. 2464 à 2466.)*

Lorsqu'un percement aura plus de (4^m) carrés d'étendue suivant le parement du mur, le surplus de cette étendue sera payé au mètre cube comme déblai (*art.* 326) ; lorsqu'il devra avoir moins de (2^m) carrés, on l'exécutera à l'économie.

Art. 692 à 711. (*Pour mémoire.*) PERFORATION de mur pour faire passer les fils de sonnette. — PERSIENNES et jalousies. — PICS. — PICOLETS, PIEDS, en remplacement. — PIERRES en recherches de pavé. — PIERRÉES à dimensions fixes. — PIGNONS de verrou, en remplacement. — PILIERS. — PILOTIS de fondation, d'une grosseur déterminée. — PINCES de fer. — PINCEAUX de peinture. — PINCETTES. — PIOCHES. — PISTONS de pompe. — PITONS en remplacement. — PIVOTS de fer. — PLANCHES à bogage. — P. à consigne. — P. à pain. — P. d'enluminures de lit. — (*Devis, Art. 2467 à 2513.*)

Art. 712. — Les planches ainsi que les madriers destinés à la construction des planchers pourront être bruts, ou rabotés sur une face, et assemblés sur les côtés, soit à plat point, soit à rainures et à languettes : dans ce dernier cas, les languettes auront une épaisseur égale au tiers de l'épaisseur du bois, et une largeur qui sera la moitié de cette dernière épaisseur. — *PLANCHERS. (Devis, Art. 2514 à 2575.) Clauses générales. Assemblage et rabotage.*

Les ais des planchers devront tous parfaitement reposer sur des *gîtes* ou sur des solives dont l'établissement sera payé à part. Chacun d'eux sera fixé après lesdites *gîtes* ou lesdites solives, et à chaque point de rencontre avec ces dernières, par deux clous, par deux *pointes*, ou par deux chevilles, lorsque le bois aura (0^m,18) de largeur ou moins ; et par trois clous, trois *pointes*, ou trois chevilles, lorsque sa largeur excédera cette limite. — *Nombre des clous.*

Les bois qui avoisineront les murs seront coupés suivant la direction de ces derniers, et y joindront le mieux possible. Ceux qui seront assemblés entre eux sur les *gîtes*, soit bout à bout, soit côté à côté, seront coupés carrément, ou en biais à quarante-cinq degrés lorsqu'il s'agira de planchers à brin de fougère, de telle façon qu'ils ne laissent pas entre eux de joint dont l'ouverture ait, pour les planchers bruts, plus de (0^m,003) de largeur ; et plus de (0^m,001) pour ceux qui seront rabotés. — *Joints de raccordement.*

Pour tous les planchers, ceux qui sont à brin de fougère ou à *bâtons rompus* exceptés, les ais seront posés perpendiculairement aux cours de *gîtes* ou de solives sur lesquelles ils reposeront.

Les bois destinés à la construction des planchers seront, autant qu'on le pourra, corroyés trois à quatre mois avant d'être mis en œuvre ; et seront, ainsi travaillés, conservés à couvert dans un lieu sec, jusqu'au moment où l'on voudra les employer : époque à laquelle l'Officier du Génie pourra les visiter, et décidera seulement s'ils peuvent être admis. — *Préparation des bois.*

Dans tous les planchers assemblés à plat point, ou à rainures et à languettes, les ais seront parfaitement dressés sur les bords, et serrés fortement en joints, au moyen de sergens et de coins de bois, de manière que lesdits joints, relativement aux planchers dont les ais auront (0^m,18) de largeur ou plus, n'aient pas au-delà de (0^m,001) d'ouverture, et plus de (0^m,0005) pour ceux dont les ais auront des largeurs moindres. — *Régularité des joints et des surfaces.*

Dans les planchers rabotés d'un côté, les ais seront bien plans, proprement corroyés, et auront tous la même épaisseur. Après la construction de ces planchers, on devra pouvoir appliquer une règle, en tous sens, sur leur surface, sans qu'il se présente, entre l'une et l'autre, de jour dont l'ouverture excède (0^m,003), lorsqu'il s'agira de planchers dont les ais auront (0^m,18) de largeur ou plus ; et (0^m,001) pour ceux d'ais dont les dimensions seront moindres.

Les planchers non rabotés pourront être moins plans que ceux qui viennent d'être spécifiés : néanmoins, les jours compris dans leur surface et les règles que l'on pourra poser dessus, ne devront pas avoir plus de (0^m,01) d'ouverture.

Lorsqu'un plancher ne satisfera pas aux conditions ci-dessus, l'Entrepreneur devra le faire raboter jusqu'à ce que les bosses ou les creux en aient disparu ; ou bien le démolir et le reconstruire, si on ne peut, en le rabotant, lui donner l'aplanissement voulu. — *Planchers à reconstruire.*

Tout plancher dont les joints viendront à s'ouvrir plus qu'il n'est dit précédemment, ou dont les bois se courberont en tuile, par l'effet de leur desséchement, pendant l'année de la responsabilité de l'Entrepreneur, sera également démoli et refait aux frais de ce dernier.

Pour les planchers à *bâtons rompus*, les gîtes seront distantes de (0^m,4) à (0^m,5) de milieu en milieu, suivant les commandes. Les planches que l'on y emploiera auront (0^m,027) d'épaisseur ; et toutes, la même largeur dans l'étendue d'un même appartement : cette largeur n'excédera pas (0^m,1). Chaque ais ne portera que sur deux *gîtes* ; et y sera posé en biais à quarante-cinq degrés, de façon que les bouts (ou petits côtés) en soient assemblés avec les longs côtés des ais des deux rangées voisines. Les ais des planchers de cette sorte seront assemblés entre eux par des joints à plat point ; tous seront rabotés d'un côté, fixés par des *pointes* de 61^m, n° 19, et, du reste, de chêne ou de sapin suivant les commandes. — *Plancher à bâtons rompus.*

(*Pour mémoire.*) *Plancher à brin de fougère, ou à point de Hongrie.*

Pour les planchers à plat point, les ais seront rabotés d'un côté, et assemblés par des joints à plat point, c'est-à-dire, sans rainure ni languette. Ces ais pourront être de planches de 27^m, ou bien de madriers de 54^m, et pourront avoir (0^m,18) à (0^m,27) de largeur : néanmoins, les ais d'une même file, et placés bout à bout, auront toujours une largeur égale. — *Plancher à plat point.*

Les planchers à plat point reposeront sur des *gîtes* éloignées de (0^m,6) à (0^m,8) de milieu en milieu, et y seront fixés, savoir : ceux de 27^m, par des *pointes* de 61^m, n° 19 ; et ceux de 54^m, par des clous de charpentier de 11^c, dont les têtes seront enfoncées dans le bois.

Plancher à recouvremens. Les planchers à *recouvremens* seront de planches de sapin de 27ᵐ, sciées à la longueur convenable pour que leurs bouts correspondent aux milieux des *gîtes* ou des solives, lesquelles pourront être écartées de (0ᵐ,7) à (0ᵐ,9) de milieu en milieu.

Pour construire ces planchers, on posera d'abord une première suite de files de planches, distantes de (0ᵐ,10) à (0ᵐ,12) de bord à bord. Sur cette première suite de files on en placera une seconde, de manière que les planches de celles-ci masquent les intervalles des premières, et que chaque planche des files supérieures couvre de ses bords les planches correspondantes des deux files inférieures, chacune de (0ᵐ,04) à (0ᵐ,05). Toutes les planches, tant supérieures qu'inférieures, seront fixées par des clous de plancher simples.

Plancher brut. Les planchers bruts seront faits de planches de chêne de 27ᵐ, assemblées à plat joint, et fixées par des clous de plancher simples.

(Pour mémoire.) Plancher de magasin à poudre, chevillé.

Plancher de pont-dormant. Les planchers de pont-dormant seront de bois de chêne équarri. Les pièces qui les composeront auront (0ᵐ,15) d'épaisseur, seront simplement dressées à la scie sur toutes les faces, et placées jointives sur les poutres, sans laisser entre elles de jour qui ait plus de (0ᵐ,01) d'ouverture.

Plancher de pont-levis. Les planchers de pont-levis seront de madriers de chêne de 54ᵐ, assemblés à plat joint, et fixés sur les poutrelles par des clous de batelier de 12ᶜ. Pour cette sorte de planchers, chaque cours de madrier sera d'une seule pièce.

Plancher ordinaire. Les planchers ordinaires ne différeront des planchers à plat joint que parce qu'ils seront assemblés à rainures et à languettes.

Plancher parqueté. Les planchers parquetés seront composés de *pans* de menuiserie à panneaux rabotés d'un côté. Chacun de ces *pans* (ou parquets) sera carré, à seize ou à vingt petits carreaux, et aura (0ᵐ,8) à (1ᵐ,20) de côté; les bois de la carcasse seront de madrier de chêne de 41ᵐ, et auront (0ᵐ,08) à (0ᵐ,12) de largeur; les carreaux seront de planche de chêne de 27ᵐ : le tout suivant les commandes.

Chaque parquet reposera sur les *gîtes* par deux de ses côtés, y sera fixé par six ou huit *pointes* de 81ᵐ, nᵒ 20, et sera assemblé à plat joint avec les parquets voisins, ou avec des plates-bandes. Ceux qui joindront aux murs seront triangulaires ou échancrés, et moins grands que les autres.

Les planchers parquetés seront faits avec plus de soins que les autres; ils seront surtout bien assemblés, et parfaitement unis à la surface. Les têtes des *pointes* qui serviront à les fixer, seront enfoncées dans le bois de (0ᵐ,01) au moins, et couvertes, chacune d'un tampon collé et recoupé au rabot.

Plancher refendu. Les planchers *refendus* devront satisfaire à toutes les conditions exigées pour les planchers ordinaires : et ne seront composés que d'ais de (0ᵐ,1) à (0ᵐ,12) de largeur, posés à joints coupés : c'est-à-dire que ceux de leurs extrémités, au lieu d'être tous sur le même cours de *gîtes*, s'y trouveront alternativement placés, sans qu'il y en ait jamais deux de suite. Le Chef du Génie pourra même exiger que l'on ait sur le même cours de *gîtes* alternativement un plein et un joint, ce qui demande que tous les ais soient d'une même longueur dans l'étendue de chaque *travée*.

Mesurage des planchers. Tous les planchers seront payés au mètre carré, et le mesurage se fera suivant l'étendue effective du sol qu'ils formeront. Pour les planchers du bois de l'État, on fournira des planches ou des madriers des épaisseurs convenables.

(Bord., Art. 2576 à 2671.) Art. 713 à 753. — *(Pour mémoire.)* PLATINES en remplacement. — PLINTHES. — PLOMBS. — POIGNÉES mobiles pour les portes. — P. plates pour les portes. — P. rondes pour les portes — P. pour enlever les marmites de cuisine. — P. de seau, en remplacement. — POINTES décrites à l'article 269, mises en place. — POMMELLES. — POMPES. — PORTES à champ évidé. — P. cochères. — P. à emboîtures. — P. de ville — PORTE-CANONS. — PORTE-CROSSES. — PORTES de poële, en remplacement — PORTE-MANTEAUX — PORTE-SELLES — POULIES de moufle. — P. de mouton. — P. d'écurie — P. de puits. — P. de réverbère — RABOTS à mortier. — RACINEAUX, pour supporter les auges d'abreuvoir, et les mangeoires. — RACLOIRS. — RAMONAGES. — RATEAUX à dents de bois ou râteaux — R. à dents de fer. — R. de serrure, en remplacement. — RATELIERS d'armes pour la position horizontale — R. d'armes pour la position verticale. — R. d'écurie. — R. d'effets ou de harnais. — RAYONS. — RÉFLECTEURS. — RÈGLES. — REMANIEMENS de bande. — R. de bascule. — R. ou pose d'une borne.

REMANIEMENS de chéneau. (Bord., Art. 2672 et 2673.) Art. 754. — Les remaniemens de chéneau comprendront le travail nécessaire pour démonter de vieux chéneaux, soit de bois, soit de fer-blanc, et pour les remettre en place après les avoir réparés. Ce travail sera payé au mètre courant, suivant la longueur effective des cours de chéneau remis en place, c'est-à-dire que l'on n'aura pas égard aux déchets.

(Bord., Art. 2674 à 2677.) Art. 755 et 756. — *(Pour mémoire.)* REMANIEMENS de chevron, de conduite, ou posage desdits objets. — R. de tuyaux de descente, démolition et posage y compris.

REMANIEMENS de couverture et de faîtière. (Bord., Art. 2678 à 2689.) Art. 757. — Les prix de remaniemens de couverture et de faîtière ne seront applicables qu'autant qu'on démolira les couvertures sans descendre les matériaux sur le sol inférieur, et qu'on les remploiera sur les pans de couverture qu'ils couvraient avant la démolition, ou sur des pans attenans. Ces prix comprendront les frais de la démolition; ceux qui seront nécessaires pour nettoyer, pour retailler, s'il le faut, les ardoises, les laves ou les tuiles; enfin le posage de ces objets, conformément aux conditions des articles 527 ou 578.

Les remaniemens de couverture seront payés au mètre carré; ceux de faîtière, au mètre courant : les mesurages se feront après l'achèvement de l'ouvrage, et conformément aux articles précités. La démolition des matériaux hors de service restera au compte de l'Entrepreneur.

(Bord., Art. 2690 à 2701.) Art. 758 à 762. — *(Pour mémoire.)* REMANIEMENT ou démolition et posage des ferrures d'une barre. — R. ou réparation et posage des ferrures d'un ventail. — R. ou démolition et posage des ferrures d'une sauterelle. — R. ou démolition et posage d'un lattis. — R. de liteau.

REMANIEMENS de palissadement. (Bord., Art. 2702 et 2703.) Art. 763. — Les remaniemens de palissadement se feront lorsqu'après avoir démoli des palissades, on voudra les remettre en place. Ainsi, le travail consistera à recreuser la rigole; à rafraîchir la pointe et le pied de chaque palissade; enfin à planter celles-ci suivant les conditions de l'article 679, auquel on se conformera également pour le mesurage.

(Bord., Art. 2704.) Art. 764. — *(Pour mémoire.)* REMANIEMENT d'une pierre de pavé, y compris l'arrachement.

REMANIEMENS de plancher. (Bord., Art. 2705 à 2730.) Art. 765. — Les remaniemens de plancher consisteront à construire un plancher, de l'une ou de l'autre des espèces décrites à l'article 712, avec des bois de l'État, provenant de la démolition d'un plancher de même sorte que celui à faire. Ainsi, le travail nécessaire pour recouper les planches et rafraîchir les joints, le posage, et la fourniture des clous, des *pointes* ou des chevilles, seront au compte de l'Entrepreneur : le transport des bois à pied-d'œuvre sera seul aux frais de l'État.

Ce travail sera payé au mètre carré suivant les conditions de l'article précité.

Art. 766. — *(Pour mémoire.)* REMANIEMENT ou pasage d'un poêle.

Art. 767. — Le travail à faire pour démonter une serrure, pour la nettoyer, la huiler, et pour la remettre en place, soit au même endroit, soit à tout autre, sera payé comme remaniement de serrure.

Art. 768 *(Pour mémoire.)* REMPAILLAGES.

Art. 769. — On paiera comme réparation de cadenas, de loquet, de serrure ou de verrou, la main-d'œuvre nécessaire pour prendre un des objets désignés ci-dessus au lieu de la Place où il se trouvera ; pour le transporter à la forge; pour le desassembler complètement; pour en redresser ou en reforger toutes les pièces, lorsqu'elles auront besoin de l'être ; pour les assembler de nouveau et les huiler ; enfin pour poser ledit objet à l'endroit prescrit.

Art. 770 à 781. *(Pour mémoire.)* RESERVOIRS à huile, en remplacement. — RESSORTS pour servir de fermetures. — R. de serrure, en remplacement — R. de sonnette — R. de verrou — REVERBERES. — REVERSEAUX de porte. — REVETEMENS de gaulettes.— R. de fascines. — R. de gabions. — R. de digue. — R. de sauci-sons.

Art. 782. — Les prix de rigole comprendront les frais nécessaires pour creuser des rigoles dans le terrain, soit pour une plantation de palissades, soit pour découvrir des conduites d'eau, et pour remblayer lesdites rigoles lorsqu'on l'ordonnera.

Les rigoles de palissadement auront (0m,5) de largeur sur (1m) de profondeur ; celles des conduites d'eau , (0m,8) de largeur au moins , sur une profondeur telle que les conduites soient entièrement à découvert sur trois faces : toutefois, si cette profondeur excédait (1m,5), le travail alors serait payé comme déblai.

Les rigoles seront payées au mètre courant, suivant la longueur de leur ligne médiane développée.

Art. 783 à 797. *(Pour mémoire.)* RIVETS de tuyaux de poêle, RIVURES. en remplacement. — RONDELLES de conduite. — R. d'écrou. — RONETTES de porte, ROUES, ROUETS, ROULONS , en remplacement. — SABOTS de pilots. — SACS de portier — S. à terre. — SAUCISSONS pour barrer les cours d'eau — SAUTERELLES, ou BASCULES de barres d'écurie, en remplacement. — SCELLEMENS. — SCIES — SEAUX à incendie. — S de bois — S d'osier et de toile goudronnée. — SERPES.

Art. 798. — Les différentes pièces qui entreront dans la composition des serrures varieront suivant le genre de chacune de ces dernières ; néanmoins, lesdites pièces ne seront pas autres que les suivantes , tant sous le rapport de l'espèce, que sous celui de la forme et de la façon.

1° La bouterolle ainsi que les rouets seront des lames de tôle courbées en cercle, posées perpendiculairement sur le foncet, ou sur le palastre , dans lesquels ils seront rivés. Ces pièces seront limées , et de telles grosseurs qu'elles remplissent les entailles du panneton pendant le mouvement de la clef.

2° La bride du foliot sera faite d'une lame de tôle courbée en forme de Z. Cette pièce sera limée de toutes parts. L'un de ses bouts présentera un trou dans lequel le foliot sera exactement emboîté , et l'autre sera fixé au palastre par deux vis.

3° La broche sera cylindrique , rivée dans le foncet, et remplira exactement l'intérieur de la clef, lorsque cette dernière sera forée. Cette pièce sera toujours de fer poli.

4° Le canon sera cylindrique à l'extérieur , et creusé pour recevoir exactement la tige de la clef. Cette pièce présentera à l'un des bouts un rebord en saillie qui sera appliqué sur le foncet, et fixé par un plaque de tôle à oreilles. Cette plaque, à travers laquelle passera le canon, serrera le rebord de ce dernier contre le foncet , dans lequel elle sera rivée , de manière néanmoins que ledit canon puisse tourner facilement sur son axe. L'autre bout du canon traversera et débordera légèrement le palastre , dans lequel il tournera sans ballottement. Le canon sera poli.

5° La clef sera composée d'un anneau , d'une tige , et d'un panneton. Elle sera toujours proprement polie de toutes parts , faite d'un seul morceau de fer étiré convenablement , et absolument exempte de soudure.

La tige de la clef sera ronde ; façonnée au tour ; à bout , ou forée ; et renforcée près de l'anneau, où elle portera quelques moulures.

Le panneton sera droit ou courbe , aura des entailles, des côtes , des crans , ou en sera dépourvu. L'anneau sera orné ou dépourvu de moulures, et de forme elliptique.

L'Entrepreneur d'ailleurs donnera aux clefs les formes que l'on prescrira ; et placera dans les serrures, de quelque espèce qu'elles soient , et quand bien même les descriptions n'en feraient pas mention, les broches , les canons , les bouterolles , les râteaux et les rouets nécessaires pour que tous les vides pratiqués dans le panneton , ou dans la tige de la clef , soient exactement remplis pendant le mouvement de ces dernières dans l'intérieur des serrures.

La longueur de chaque clef sera telle que celle-ci étant enfoncée dans la serrure , soit encore en saillie de (0m,10) sur le palastre ou sur l'entrée.

6° La cloison sera de tôle , polie à l'extérieur , et limée à l'intérieur. Cette pièce sera courbée en trois à angles droits , et sera assemblée avec le palastre de façon qu'elle ferme les trois côtés latéraux de la boîte que ce dernier laisse ouverts ; et que l'assemblage de ces deux pièces entre elles soit exactement ajusté que l'on puisse à peine en distinguer les joints.

7° La coulisse du pêne sera de fer , et sera composée d'une platine , et d'un bouton dont la queue traversera ladite platine , ainsi que le palastre , pour s'engager dans la tige du pêne à ressort , auquel elle sera fixée par une goupille. La platine de la coulisse sera parfaitement appliquée sur le palastre , sans qu'elle puisse s'en écarter , même pendant son mouvement de va-et-vient. Le bouton en sera fait au tour. Toutes ces pièces seront polies ; la platine aura des arêtes arrondies , et le bouton les moulures prescrites.

8° La coulisse du verrou sera placée extérieurement au-dessous de la serrure. Cette pièce , destinée à donner un mouvement de va-et-vient au verrou, auquel elle est liée par une goupille, ne différera de la coulisse du pêne que par sa grandeur et par sa position.

9° L'entrée sera de tôle polie d'un côté ; d'une forme ovale ou rectangulaire, suivant les ordres ; et présentera un trou justement suffisant pour donner passage à la clef, afin que cette dernière ne puisse éprouver aucun ballottement en tournant.

10° Les étoqueraux seront de petits morceaux de fer carrés et limés , ayant une longueur égale à la largeur de la cloison , et portant une branche latérale. Leur usage est de lier ensemble le palastre et la cloison , dans lesquels ils sont rivés.

(Bord., Art. 2721.)
REMANIEMENS de serrure.
(Bord., Art. 2722.)

REPARATIONS.
(Bord., Art. 2724 à 2727.)

RIGOLES.
(Bord., Art. 2778 et 2779.)

(Bord., Art. 2780 à 2819.)

SERRURES.
(Bord., Art. 2820 à 2826)
Clauses générales.

Bouterolle et rouets.

Bride de foliot.

Broche.

Canon.

Clef.

Cloison.

Coulisse de pêne.

Coulisse de verrou.

Entrée.

Etoqueraux.

Foliot. 11° Le foliot sera de fer, traversera la serrure, et servira à communiquer un mouvement de demi-tour au pêne à ressort. Chaque foliot sera composé d'une première partie cylindrique, percée suivant sa longueur en forme de trou carré; et d'une seconde partie carrée et pleine, placée en croix sur la première, à laquelle elle sera réunie par son milieu. L'une des extrémités de la partie cylindrique traversera et affleurera le palastre à l'extérieur; l'autre sera maintenue par une bride.

Le foliot, en tournant dans ses encastremens, doit s'appuyer contre le bout du ressort, et lui imprimer un mouvement de *va-et-vient*, que ce dernier communique au pêne dans lequel il est engagé.

Foncet. 12° Le foncet sera de tôle limée de toutes parts. Cette pièce sera composée d'une partie parallèle au palastre, et de deux branches qui lui seront perpendiculaires, et qui seront fixées audit palastre par deux rivures, ou par deux petites oreilles et des vis. La partie parallèle au palastre aura ordinairement la forme d'un ovale, qui devra presque affleurer le plan des bords de la cloison, et dont la longueur sera égale à la largeur intérieure de la boîte. Le foncet pourra être percé pour donner passage à la clef, ou pour la maintenir.

Gâche. 13° Les gâches seront de quatre sortes : les gâches à pattes, celles à pointes, celles à scellemens, et les cloisonnées.

Chaque gâche à pattes sera faite d'une lame de fer uniforme dans toute son étendue; courbée d'équerre vers les bouts; et ensuite recourbée en dehors aux extrémités, qui seront percées de trous destinés à recevoir des vis pour fixer la gâche.

Les gâches à pointes différeront des gâches précédentes par leurs branches courbées, qui seront étirées en pointe droite à partir de la courbure de la tête, afin qu'on puisse fixer la gâche en enfonçant lesdites pointes dans le bois.

Les gâches à scellemens ressembleront aux gâches à pointes; sauf que les extrémités de leurs branches seront torses et fourchues, afin qu'elles ne puissent échapper des *scellemens*.

Chaque gâche cloisonnée sera composée d'une première lame de fer courbée en deux à angle droit, et qui formera la tête et le devant de la gâche; d'une seconde lame de tôle courbée aux deux bouts, et assemblée par les bords avec la première, à la manière des boîtes de serrure : ces deux lames seront liées entre elles par trois étoqueraux, et formeront une espèce de boîte rectangulaire fermée de cinq côtés. La partie de la première lame qui fera le devant de la gâche, débordera de (0^m,015) la seconde lame, et sera pourvue des trous nécessaires pour recevoir les pênes et le verrou, lorsque ces objets se trouveront dans la serrure; le trou du pêne à ressort sera, outre cela, renforcé d'un massif en talon, destiné à recevoir le choc dudit pêne, et à faire rentrer ce dernier dans la serrure lorsqu'on fermera la porte. Chaque gâche cloisonnée sera maintenue par deux vis; et la partie du devant pénétrera, de toute sa saillie, dans une entaille que l'on pratiquera dans le bois du chambranle.

Les gâches à pattes et les cloisonnées seront polies à l'extérieur, les autres seront seulement limées sur la tête.

Dans chaque gâche, la tête sera assez longue pour recevoir les pênes et le verrou; les branches ou la cloison seront assez hautes pour que la tête affleure le palastre quand la porte sera fermée.

On recouvrera sur le côté les branches des gâches à pointes ou à scellemens, toutes les fois qu'il faudra les fixer latéralement : dans tous les cas, lesdites branches devront entrer de (0^m,04) au moins, soit dans la pierre, soit dans le bois des baies.

Olives. 14° Les olives seront de fer, ou de cuivre, et termineront un axe qui servira à donner au foliot le mouvement de rotation du demi-tour. Chaque *olive* sera oblongue, montée transversalement sur un pied. L'une des deux *olives* de chaque serrure fera corps avec l'axe; l'autre sera creusée, assemblée et liée avec ledit axe au moyen d'une goupille. Les *olives* seront polies de toutes parts, les tiges en seront faites au tour et présenteront les moulures prescrites.

Palastre. 15° Le palastre formera le fond ainsi que la tête de la boîte, et quelquefois la boîte tout entière. Dans le premier cas, le palastre sera fait d'une plaque de tôle rectangulaire, courbée d'équerre, polie à l'extérieur, et limée à l'intérieur. La partie qui constituera le fond de la serrure sera percée, afin de donner passage à la clef; l'autre partie, qui servira de tête, sera percée des trous des pênes, du verrou, et débordera de plan des bords de la cloison de plan (0^m,015). Les palastres qui formeront les boîtes complètes seront de cuivre limé à l'extérieur, et d'une seule pièce. Leur forme sera celle d'un tronc de pyramide quadrangulaire, rectangulaire, compris entre deux plans parallèles. Le sommet du tronc sera fermé; la base en sera ouverte, et entourée d'un rebord plan qui la débordera également de tous côtés, et qui servira à fixer la serrure.

Pêne à ressort. 16° Le pêne à ressort, susceptible d'un mouvement de *va-et-vient* au moyen d'une poignée et d'un ressort, sera composé d'une tige demi-plate, et d'une tête taillée en biseau qui traversera la tête de la boîte pour entrer dans la gâche, et qui portera sur le côté un filet propre à empêcher le ballottement. Entre la tête et la tige de cette pièce se trouveront deux saillies qui l'empêcheront de sortir de la boîte; et l'extrémité de la tige opposée à la tête, présentera un trou carré dans lequel entrera le bout d'un ressort. Les pênes à ressort seront de fer, et seront polis de toutes parts.

Pêne dormant. 17° Le pêne dormant se composera d'une tête carrée chanfreinée sur les angles; d'une saillie qui empêchera ledit pêne de sortir de la boîte; enfin, d'une tige qui sera demi-plate, rectangulaire, et qui portera deux ou trois barbes taillées en biseau, et autant d'encoches. Le pêne sera toujours de fer poli et à vive arête.

Picolet. 18° Les picolets seront de fer, et serviront à diriger les pênes ou le verrou, en enveloppant exactement leurs tiges sur deux ou trois faces et vers l'extrémité opposée à la tête. Les picolets seront fixés au palastre, ou à la cloison, au moyen de deux pates à vis, ou de deux rivures : tous seront polis intérieurement et limés à l'extérieur; les arêtes en seront abattues.

Râteau. 19° Le râteau sera rivé dans le palastre ainsi que dans le foncet; et présentera des dents qui devront s'emboîter exactement dans les crans du museau du panneton de la clef, lorsque cette dernière, en tournant, les rencontrera.

20° Les ressorts seront d'étoffe, c'est-à-dire, faits de deux lames, l'une de fer et l'autre d'acier, forgées ensemble, et qui devront décroître uniformément d'épaisseur en allant d'un bout à l'autre. Tous les ressorts seront parfaitement polis, et trempés au degré nécessaire pour qu'ils aient le plus d'élasticité possible. Enfin, tous seront assez forts pour empêcher que les pênes n'aient aucun ballottement. La forme en variera suivant les fonctions qu'ils auront à remplir, et ainsi qu'il suit.

Chaque ressort de pêne dormant sera formé d'une lame ployée suivant un angle de huit à dix degrés : la première branche de cette lame s'appuiera contre la cloison ; et la seconde branche, dont l'extrémité sera recourbée en forme d'ovale, portera la gachette qui, en s'emboîtant dans les encoches du pêne, fixera ce dernier, soit que la serrure se trouve ouverte, soit qu'elle se trouve fermée. Le ressort sera fixé au palastre au moyen d'une vis qui traversera l'extrémité de sa première branche suivant sa largeur, et près de l'angle. Enfin, sa position sera telle que la clef en tournant puisse en presser la branche courbe, de manière que la gachette se dégage des encoches du pêne.

Le ressort du pêne à ressort sera roulé en spirale autour d'une broche de fer carrée, destinée à fixer ledit ressort au palastre. Un des bouts de ce ressort sera lié à la broche par deux rivures ; l'autre, après avoir été légèrement recourbé en dehors, entrera dans l'extrémité de la tige du pêne, et tendra constamment à le faire sortir de la boîte.

21° Le verrou sera une sorte de petit pêne dormant, sans barbe ni encoche, maintenu contre le côté inférieur de la cloison et intérieurement à la boîte. Cette pièce sera parfaitement polie, et liée à la platine par une goupille.

(Pour mémoire.) SERRURE à bosse.

Chaque serrure à deux tours sera composée :

1° D'un palastre de fer de (0^m,003) d'épaisseur, dont le fond aura (0^m,2) de longueur, sur (0^m,11) de largeur ; et la tête (0^m,04) de hauteur.

2° D'une cloison de (0^m,004) d'épaisseur, et de (0^m,025) de largeur.

3° De quatre étoqueraux de (0^m,006) d'équarrissage.

4° D'un pêne dormant dont la tête devra avoir (0^m,05) de longueur, et (0^m,025) sur (0^m,015) d'équarrissage ; la tige, (0^m,14) de longueur, et (0^m,015) sur (0^m,006) d'équarrissage : ce pêne portera trois barbes de (0^m,005) de saillie, et trois encoches de (0^m,004) de profondeur.

5° D'un picolet de (0^m,005) d'épaisseur et de (0^m,02) de largeur, qui sera fixé au palastre par deux vis de (0^m,005) de diamètre.

6° D'un ressort de pêne de (0^m,4) de longueur développée, de (0^m,02) de largeur moyenne, de (0^m,005) d'épaisseur au gros bout, et de (0^m,002) au petit bout : ce ressort sera fixé par une vis de (0^m,008) de diamètre, et de (0^m,02) de longueur.

7° D'un foncet de (0^m,002) d'épaisseur, dont la partie supérieure aura (0^m,08) de largeur sur (0^m,1) de longueur ; et qui sera maintenu par deux vis de (0^m,004) de diamètre.

8° D'une entrée ovale, de (0^m,002) d'épaisseur, qui sera fixée par deux clous broquettes.

9° D'une gâche à pointes, ou à scellemens, dont la tête aura (0^m,04) de longueur hors d'œuvre, (0^m,02) de largeur, et (0^m,004) d'épaisseur.

10° D'une clef pleine, qui ouvrira la serrure en entrant des deux côtés, ou par un côté seulement : c'est-à-dire que la serrure sera bénarde ou treffilière, suivant les ordres.

11° De trois boulons de 8^c, qui serviront à maintenir la serrure en place, et dont on recoupera les bouts de façon qu'ils affleurent, chacun leur écrou.

Chaque serrure à deux tours, composée de toutes les pièces ci-dessus, pèsera (2^k) ou environ.

(Pour mémoire.) SERRURE à loquette. — S. à rosset. — S. à un tour. — S. d'armoir. — S. plate.

Art. 799 à 827. — *(Pour mémoire.)* SOLINS — SOUDURES de barres de fer — SOUPAPES de tuyaux de pompe. — S. de corps de pompe. — STORES. — SUPPORTS de chéneau. — S. de lit de camp. — S. de planche à pain. — S. de râteliers d'écurie. — S. de store et d'espagnolette, en remplacement — TABLES de soldat. — T. de sous-officier — TABLETTES de pierre de 5 et de 7 décimètres de largeur. — T. de croisée. — TAILLE de divers objets de pierre. — TARGETTES de deux grandeurs. — TASSETTES, petites lames de plomb, employés dans les couvertures de métal, pour couvrir des têtes de clou. — TÊTES de brouette, en remplacement.— T. de manège. — T. de râteau, et TIGES d'espagnolette, en remplacement. — TIRE-FOND. — TIROIRS de cheminée. — T. de poêle.— T. de table, en remplacement. — TISONNIERS ou tisonnoirs de poêle. — TOILES en remplacement. — TONNEAUX, ou eau au tonneau. — TORCHIS. — TOURNIQUETS de contre-vent.

(Bord, Art 2527 à 2883.)

TRANSPORTS.
(Bord., Art 2884 à 2891.)

Art. 828. — Les prix de transports de bascule, de borne ou de *chasse-roues*, de guérite, de poële, de tablier de pont, de tuiles creuses, seront toujours alloués en sus du prix du chargement *(art.* 483*)*, et appliqués comme ce dernier ; le mesurage des relais se fera conformément aux conditions de l'article 388 du Devis.

(Bord., Art 2892 à 2898.)

Art. 829 à 834. — *(Pour mémoire.)* TRAVERSES en remplacement. — TRÉTEAUX de bois pour les lits de soldat. — T. en couchette. — TRINGLES pour fixer les cloisons et les tentures — T. de rideau. — TROUS pour les plantations.

TROUS de louve.
(Bord., Art. 2899 et 2900.)

Art. 835. — Toutes les fois que l'on posera des pierres à la louve *(art.* 353*)*, on paiera, en sus de la maçonnerie et par exception à l'article 45 suivant les prix du Bordereau, qui sont relatifs à chaque espèce de pierre, la façon des trous que l'emploi de cette machine demandera.

(Bord., Art. 2901 à 2922.)

Art. 836 à 851. — *(Pour mémoire.)* TRUELLES. — TUILES. — TUYAGES. — TUTEURS d'arbre — TUYAUX de poële. — T. pour le passage des fils de sonnette. — TUYÈRES. — VANS. — VASES en remplacement — VENTOUSES pour placer au pied des murs. — V. de croisée. — V. de platines. — V. de serrure, et de targette, en remplacement. — V. de porte. — VERTEVELLES en remplacement. — VIROLES de manches d'outil.

VIS à bois.
(Bord., Art. 2923 à 2976.)

Art. 852. — Les prix de vis à bois fixés au chapitre IV, seront applicables aux vis décrites à l'article 305, que l'on aura employées aux ouvrages dont les prix ne comprennent pas cette sorte de fourniture. Ces vis, ainsi que toutes celles qui formeront partie d'un ouvrage quelconque, seront enfoncées de manière que les bois ne se fendent pas ; que lesdites vis ne soient pas elles-mêmes endommagées ; enfin, que les têtes en soient serrées contre le parement de l'ouvrage, ou encastrées dans son intérieur, suivant les ordres donnés.

(Bord., Art. 2977 à 2984.)

Art. 853 à 858. — *(Pour mémoire.)* VIS de cuivre et de fer pour lier les conduites d'eau. — V. de serrure et d'espagnolette, en remplacement. — VOLUMES. — VOÛTES d'entrevous de pierres et de mortier. — V. tout de plâtre. — V. faites avec des briques de terre cuite, minces, posées de plat en plâtre.

VOYAGES.
(Bord., Art. 2985 à 3000.)

Art. 859. — Les prix de voyages de tombereau et de voiture, comprendront toujours la main-d'œuvre nécessaire pour charger les objets à transporter, le transport desdits objets au lieu désigné, et enfin leur décharge.

Un objet quelconque sera regardé comme petit, si le poids n'en atteint pas (40^l); comme moyen, s'il pèse (40^k) à (150); comme gros, si le poids en est plus considérable. A l'égard de la désignation des voitures, et du poids des chargemens, on se conformera aux conditions des articles 116, 124 et 125.

Tout voyage fait pour des objets dont le poids total sera moindre que celui qui est déterminé pour le chargement, par les articles que l'on vient de citer, sera payé comme si le chargement avait été complet.

Les chargemens, les transports et la décharge seront toujours faits avec précaution, en sorte que les objets pour lesquels ils seront effectués, et dont l'Entrepreneur répondra pendant le temps dudit travail, ne soient pas dégradés.

Enfin, dans tous les cas, et par exception à l'article 22 du Devis, les Officiers chargés de la surveillance des travaux, auront droit de ne faire usage des prix de voyage qu'autant qu'ils le jugeront convenable; et d'appliquer aux transports les prix du chapitre III de préférence à ceux du chapitre IV. Les prix relatifs à l'article 828, seront également préférés à ceux des voyages.

DIRECTION de A........

ANALYSE (*) *des prix des ouvrages à exécuter dans la Place de*
A........, à partir de 1832. (Note XLIX.)

CHAPITRE 1er.

	f	c
1. La journée d'Ane..	1	44
DÉTAIL.		
1ʲ, oo ‼ d'âne...	1	oo
oʲ, 5o ‼ de goujat, pour conduire (*art.* 61), à oᶠ 82ᶜ...................	o	41
oʲ, o1 ‼ de commis, pour commander et surveiller, à 2ᶠ 50ᶜ................	o	o3
TOTAL..................	1	44
2. La journée de Badigeonneur..	2	35
DÉTAIL.		
1ʲ, oo ‼ de badigeonneur..	2	oo
oʲ, o1 ‼ de commis, pour commander, à 2ᶠ 50ᶜ...............................	o	o3
oʲ, o1 ‼ de maître, pour surveiller, à 3ᶠ ooᶜ..............................	o	o3
Frais d'outil, 1/7 ! de la journée de l'ouvrier..............................	o	29
TOTAL..................	2	35
3. La journée de Barque..	2	oo
DÉTAIL pour 15 journées.		
15ʲ, oo ‼ de barque, à 1ᶠ 90ᶜ ‼..	28	5o
oʲ, 3o ‼ de commis, pour surveiller, à 2ᶠ 50ᶜ...............................	o	75
oʲ, 5o ! de batelier, pour conduire au lieu désigné (*art.* 6), à 1ᶠ 53ᶜ..........	o	77
TOTAL pour 15ʲ..........	3o	o2

TRANSPORT PAR TERRE.

	f	c
oʲ, 25 ‼ de batelier à sortir la barque de l'eau.		
oʲ, 10 ‼ ———— à la charger et à la décharger.		
oʲ, 15 ‼ ———— à la remettre à l'eau.		
oʲ, 5o de batelier (*art.* 6), à 1ᶠ 53ᶜ		
oʲ, 5o ‼ de manœuvre à sortir la barque de l'eau.	o	77
oʲ, 10 ‼ ———— à la charger et à la décharger.		
oʲ, 3o ‼ ———— à la remettre à l'eau.		
1ʲ, oo de manœuvre (*art.* 100), à 1ᶠ 42ᶜ...................................		
oʲ, o5 ‼ de voiture au chargement et à la décharge.	1	42
oʲ, 20 ! ———— au transport.		
oʲ, 25 de voiture (*art.* 147), à 10ᶠ 85ᶜ......................................	2	71
Retour semblable	4	9o
TOTAL. — Environ 3ʲ de barque..............	9	8o

	f	c
6. La journée de Batelier..	1	53

DÉTAIL.

1ʲ, 00 ‼ de batelier..	1	50
0ʲ, 01 ‼ de commis, pour commander et surveiller, à 2ᶠ 5o°...................	0	03
Total..................	1	53

15. La journée de Carrier..	2	29

DÉTAIL.

1ʲ, 00 ‼ de carrier...	2	00
Frais d'outil, 1/10 ! de la journée...............................	0	20
0ʲ, 02 ‼ de maître, pour surveiller, à 3ᶠ.............................	0	06
0ʲ, 01 ‼ de commis, pour commander, à 2ᶠ 5o°......................	0	03
Total..................	2	29

16. La journée de Chapelet incliné à bras.................................	22	44

DÉTAIL.

1ʲ, 00 ‼ de chapelet..	5	00 !
0ʲ, 05 ‼ de commis, pour surveiller, à 2ᶠ 5o°...............................	0	13
12ʲ, 00 ‼ de manœuvre, pour mouvoir la machine (art. 100), à 1ᶠ 42°...........	17	04
0ᵏ, 25 ‼ de savon pour le graissage (art. 621), à 1ᶠ 06°................	0	27
Total..................	22	44

POSAGE.

0ʲ, 10 ‼ de charpentier au chargement.		
0ʲ, 05 ‼ ———————— à la décharge.		
0ʲ, 50 ‼ ———————— au posage.		
0ʲ, 65 de charpentier (art. 30), à 2ᶠ 44°...............................	1	59
0ʲ, 20 ‼ de manœuvre au chargement.		
0ʲ, 10 ‼ ———————— à la décharge.		
1ʲ, 00 ‼ ———————— au posage.		
1ʲ, 30 de manœuvre (art. 100), à 1ᶠ 42°.............................	1	85
0ʲ, 05 ‼ de voiture au chargement et à la décharge.		
0ʲ, 15 ! ———————— au transport.		
0ʲ, 20 de voiture (art. 147), à 10ᶠ 85°.............................	2	17
Retour semblable...	5	61
Total. — 1/2 journée de chapelet.......	11	22

CHANGEMENT DE PLACE.

0ʲ, 80 ‼ de charpentier (art. 30), à 2ᶠ 44°...............................	1	95
1ʲ, 60 ‼ de manœuvre (art. 100), à 1ᶠ 42°...............................	2	27
Total. — Environ 1/5 de la journée de chapelet.........	4	22

	f	c
20. Le mètre cube de charpente d'échafaud de sujétion de 10 mètres....................	19	94

DÉTAIL.

	f	c
1^m, 150 !! de bois de sapin (*art.* 190), à 40^f 96^c............................	47	10
0^j, 25 !! de charpentier, pour tracer.		
0^j, 25 !! —————, pour débiter à la scie.		
0^j, 75 !! —————, pour faire les assemblages.		
0^j, 25 !! —————, pour assembler et pour désassembler.		
1^j, 50 de charpentier (*art.* 30), à 2^f 44^c..............................	3	66
	50	76
0^m, 150 !! de copeaux que l'on peut vendre immédiatement à 10^f................	1	50
	49	26
Intérêt de la valeur ci-dessus pendant un an, 1/10 !! du tout............	4	92
0^j, 05 !! de charpentier au chargement.		
0^j, 03 !! ————— à la décharge.		
0^j, 08 de charpentier (*art.* 30), à 2^f 44^c..............................	0	20
0^j, 06 !! de manœuvre au chargement.		
0^j, 04 !! ————— à la décharge.		
0^j, 10 de manœuvre (*art.* 100), à 1^f 44^c..............................	0	14
0^j, 04 !! de voiture au chargement et à la décharge.		
0^j, 10 ! ————— au transport.		
0^j, 14 de voiture (*art.* 147), à 10^f 85^c..............................	1	52
Retour semblable..............................	1	86
0^j, 10 !! de charpentier, pour emmagasiner (*art.* 30), à 2^f 44^c........	0	24
0^j, 20 !! de manœuvre, pour emmagasiner (*art.* 100), à 1^f 42^c........	0	28
	58	42
Au bout de ce temps il restera 1^m,000 !! de bois qui aura perdu 1/20 !! de sa valeur primitive, donc il vaudra..............................	38	48
T<small>OTAL</small>..................	19	94

INTÉRÊT ANNUEL.

	f	c
La charpente, lors de sa confection, valait..........................	49	26
L'Entrepreneur aura touché la première année..........................	19	94
	29	32
La charpente étant supposée usée au bout de 20 !! ans, la perte annuelle sera de.	1	47
L'intérêt de sa valeur totale, évaluée 1/20 !! de 29^f 32^c................	1	47
T<small>OTAL</small>. — Environ 1/7 de la valeur de la charpente..	2	94

	f	c
30. La journée de Charpentier..	2	44

DÉTAIL.

	f	c
1^j, 00 !! de charpentier..............................	2	26
Frais d'outil, 1/40 ! de la journée..............................	0	06
0^j, 03 !! de maître, pour tracer et surveiller (*art.* 80), à 3^f 03^c................	0	09
0^j, 01 !! de commis, pour commander, à 2^f 50^c..............................	0	03
T<small>OTAL</small>..................	2	44

		f	c
51. La journée de Charretier..		1	53
DÉTAIL.			
1^j, 00 !! de charretier..		1	50
0^j, 01 !! de commis, pour commander, à 2^f 50^c....................		0	03
TOTAL..................		1	53
55. La journée de Cheval...		2	08
DÉTAIL.			
1^j, 00 !! de cheval..		2	00
0^j, 03 !! de commis, pour surveiller, 2^f 50^c....................		0	08
TOTAL.....		2	08
51. La journée de Ferblantier..		2	40
DÉTAIL.			
1^j, 00 !! de ferblantier..		2	25
Frais d'outil, 1/60 ! de la journée................................		0	04
Frais d'atelier, 1/50 !! de la journée.............................		0	05
0^j, 01 !! de maître, pour surveiller, à 3^f....................		0	03
0^j, 01 !! de commis, pour commander, à 2^f 50^c....................		0	03
TOTAL..................		2	40
61. La journée de Goujat..		0	82
DÉTAIL.			
1^j, 00 !! de goujat..		0	75
Frais d'outil, 1/40 ! de la journée.............................		0	02
0^j, 02 !! de commis, pour commander et surveiller, à 2^f 50^c....................		0	05
TOTAL..................		0	82
62. La journée de Jardinier...		1	99
DÉTAIL.			
1^j, 00 !! de jardinier..		1	90
Frais d'outil, 1/50 ! de la journée.............................		0	04
0^j, 02 !! de commis, pour commander et surveiller, à 2^f 50^c....................		0	05
TOTAL..................		1	99
65. Le Levage d'un mètre cube de charpente d'échafauds de sujétion, de 10 mètres.		4	61
DÉTAIL.			
1^j, 00 !! de charpentier au levage. (*Note* L.)			
0^j, 60 !! ——————— à la démolition.			
1^j, 60 de charpentier (*art.* 30), à 2^f 44^c....................		3	90
0^j, 50 !! de manœuvre au levage et à la démolition (*art.* 100), à 1^f 42^c..........		0	71
TOTAL..................		4	61

	f	c
73. La journée de Lumière..	o	4o

DÉTAIL.

oᵏ, 20 !! d'huile (art. 384), à 1ᶠ 6tᶜ......	o	32
Frais de mèche et de lampe, estimés............................	o	o1 !
oʲ, o5 !! de manœuvre, pour surveiller (art. 100), à 1ᶠ 42ᶜ..	o	o7
TOTAL....................	o	4o

80. La journée de Maître-Charpentier................................	3	o3

DÉTAIL.

1ʲ, oo !! de maître-charpentier...........................	3	oo
oʲ, o1 !! de commis, pour commander, à 2ᶠ 5oᶜ.............................	o	o3
TOTAL..................	3	o3

100. La journée de Manœuvre de sujétion.............................	1	42

DÉTAIL.

1ʲ, oo !! de manœuvre.....................................	1	3o
Frais d'outil, 1/20 ! de la journée. (Note LI.).....................	o	o7
oʲ, o2 !! de commis, pour commander et surveiller, à 2ᶠ 5oᶜ.............	o	o5
TOTAL..................	1	42

102. La journée de Menuisier...................................	2	18

DÉTAIL.

1ʲ, oo !! de menuisier.................................	2	oo
Frais d'outil, 1/2o ! de la journée.........................	o	o4
Frais d'atelier, 1/4o !! de la journée.....................	o	o5
oʲ, o2 !! de maître, pour surveiller, à 3ᶠ ooᶜ........................	o	o6
oʲ, o1 !! de commis, pour commander, à 2ᶠ 5oᶜ........................	o	o3
TOTAL..................	2	18

109. La journée de Peintre de 1ʳᵉ classe...........................	2	36

DÉTAIL.

1ʲ, oo !! de peintre..............................	2	oo
Frais d'outil, 1/10 ! de la journée.......................	o	20
Frais d'atelier, 1/3o !! de la journée.....................	o	o7
oʲ, o2 !! de maître, pour surveiller, à 3ᶠ ooᶜ........................	o	o6
oʲ, o1 !! de commis, pour commander, à 2ᶠ 5oᶜ........................	o	o3
TOTAL..................	2	36

115. La journée de Poële...............................	o	11

DÉTAIL pour 100 jours.

1ooʲ, oo !! de poële, à oᶠ 1oᶜ !.................... ...	1o	oo
oʲ, o2 !! de commis, pour commander et surveiller, à 2ᶠ 5oᶜ.................. ...	o	o5
oʲ, 1o !! de ferblantier au posage (art. 51), à 2ᶠ 4oᶜ................	o	24
oʲ, 4o ! de manœuvre au transport (art. 100), à 1ᶠ 42ᶜ................	o	57
TOTAL pour 1oo jours.....	1o	86

		f	c
433. La journée de Terrassier...		2	54

DÉTAIL,

1ʲ, oo !! de terrassier...		2	oo
Frais d'outil, 1/3o ! de la journée..........................		o	o7
4ᵐ,oo !! de lattes pour profiler (*art.* 3g5), à oᶠ o7ᶜ................		o	28
oᵏ, o5 !! de clous pour ———— (*art.* 273), à 1ᶠ 29ᶜ............		o	o7
oʲ, o3 !! de maltre, pour profiler, à 3ᶠ oo........................		o	o9
oʲ, o1 !! de commis, pour commander, à 2ᶠ 5oᶜ...................		o	o3

Total...................		2	54

447. La journée de Voiture de sujétion...............................		10	85

DÉTAIL.

1ʲ, oo !! de voiture...		o	96 !
oʲ, o15 !! de commis, pour surveiller, à 2ᶠ 5oᶜ....................		o	o4
4ʲ, oo !! de cheval, pour conduire (*art.* 33), à 2ᶠ o8ᶜ...........		8	32
1ʲ, oo !! de charretier, pour ———— (*art.* 31), à 1ᶠ 53ᶜ............		1	53

Total...................		10	85

CHAPITRE II.

458. Le Cent d'ardoises ordinaires de 8ᶜ.................................		2	89

DÉTAIL pour 1,000 ardoises.

1000	!! ardoises à la carrière.................................	10	oo
	Transport par terre de la carrière à B.....................	5	oo
	Droits de douane.......................................	o	5o
	Frais d'entrepôt.......................................	o	5o !
	Cassement pendant ce transport, 1/5o ! du tout...........	o	32
	Transport par eau de B à A.............................	5	oo
	Droits d'octroi...	o	5o
	Frais d'entrepôt.......................................	o	5o !
	Cassement pendant ce transport, 1/100 !! du tout........	o	22
oʲ, 10 !!	de commis, pour l'achat et le mesurage, à 2ᶠ 5oᶜ.......	o	25
oʲ, 15 !!	de manœuvre au chargement.		
oʲ, 15 !!	———————— à la décharge.		
oʲ, 3o	de manœuvre (*art.* 100), à 1ᶠ 42ᶜ.......................	o	43
oʲ, 10 !!	de voiture au chargement et à la décharge.		
oʲ, 4o !	———————— au transport.		
oʲ, 5o	de voiture (*art.* 147), à 10ᶠ 85ᶜ......................	5	43
	Cassement pendant ce transport, 1/100 !! du tout..........	o	29

Total pour 1,000 ardoises......		28	94

	f	c
173. Le mètre cube de bois de chêne brut de 6 mètres..........................	44	91

DÉTAIL.

$1^m,$ooo !! de bois en grume.
o^m,o5o !! ———— pour les rebuts.
o^m,25o !! ———— pour le déchet de l'équarrissage.

$1^m,$3o de bois (*art.* 181), à 34^f 6o^c............................	44	98
1^j, 2o !! de charpentier, pour équarrir (*art.* 3o), à 2^f 44^c......................	2	93

	47	91
o^m,3oo !! de copeaux provenant des déchets, à 1o^f..........................	3	oo

TOTAL..................	44	91

181. Le mètre de bois de chêne en grume, de 6 mètres..........................	34	6o

DÉTAIL.

$1^m,$ooo !! de bois à la forêt..........................	2o	5o
o^j, o5 !! de commis, pour l'achat et le mesurage, à 2^f 5o^c......................	o	13
o^j, 6o !! de manœuvre au chargement.		
o^j, 2o !! ———— à la décharge, à emmagasiner.		
o^j, 8o de manœuvre (*art.* 1oo), à 1^f 42^c..........................	1	14
o^j, 2o !! de voiture au chargement et à la décharge.		
o^j, 8o ! ———— au transport.		
1^j, oo de voiture (*art.* 147), à 1o^f 85^c..........................	1o	85
Droits d'octroi..........................	1	98

TOTAL..................	34	6o

190. Le mètre cube de bois de sapin brut de 1o mètres..........................	4o	96

DÉTAIL.

$1^m,$ooo!! de bois au dépôt de la forêt..........................	2o	oo
Transport par eau de la forêt à B..........................	4	oo
Frais d'entrepôt..........................	o	9o
Transport par terre de B à A..........................	1o	oo
Droits d'octroi..........................	1	oo
o^j, 2o !! de manœuvre, pour emmagasiner (*art.* 1oo), à 1^f 42^c..........................	o	28
Intérêt, pour le temps de la dessiccation, 2 1/2 !! p. 1oo.	o	9o
Frais d'entrepôt..........................	1	o1
o^j, o5 !! de commis, pour l'achat et le mesurage, à 2^f 5o^c....................,	o	13
o^j, 3o !! de manœuvre au chargement.		
o^j, 1o !! ———— à la décharge, à emmagasiner.		
o^j, 4o de manœuvre (*art.* 1oo), à 1^f 42^c	o	57
o^j, 1o !! de voiture au chargement et à la décharge.		
o^j, 1o ! ———— au transport à pied d'œuvre.		
o^j, 2o de voiture (*art.* 147), à 1o^f 85^c..........................	2	17

TOTAL..................	4o	96

215. Le cent de briques de 4^c..........................	2	1o

f   c

DÉTAIL pour 10,000 briques.

		f	c
	Valeur du terrain où se prend la terre.................................	0	5o !
2ʲ, oo !	de manœuvre à découvrir la terre à briques.		
1ʲ, oo !!	—————— à l'extraire.		
2ʲ, oo !	—————— à la transporter à l'atelier de fabrication.		
3ʲ, oo !	—————— à la trier.		
3ʲ, oo !!	—————— à la pétrir.		
6ʲ, oo !!	—————— à mouler les briques.		
17ʲ, oo	de manœuvre (art. 100), à 1ᶠ 42ᶜ................................	24	14
	Frais de hangar pour sécher les briques....................	5	oo !
	Déchet pendant la dessiccation, 1/20 ! du tout...............	1	48
2ʲ, oo !!	de manœuvre à enfourner les briques.		
4ʲ, oo !	—————— à charger le four.		
1ʲ, oo !!	—————— à défourner.		
1ʲ, oo !	—————— à mettre les briques en magasin.		
8ʲ, oo	de manœuvre (art. 100), à 1ᶠ 42ᶜ................................	11	36
1o !	stères de bois pour la cuisson, à 1oᶠ...........................	100	oo
	Frais de four, estimés..........................	10	oo !
	Cassement pendant la cuisson, 1/20 ! du tout.................	7	62
	Bénéfice de fabrication, 1/5 !! du tout.....................	32	o2
1ʲ, oo !!	de manœuvre au chargement.		
1ʲ, oo !!	—————— à la décharge.		
2ʲ, oo !	de manœuvre (art. 100), à 1ᶠ 42ᶜ.................................	2	84
oʲ, 1o !!	de voiture au chargement et à la décharge.		
oʲ, 2o !	—————— au transport à pied d'œuvre.		
oʲ, 3o	de voiture (art. 147), à 1oᶠ 85ᶜ................................	3	26
	Droits d'octroi...	10	oo
	Cassement pendant ce transport, 1/100 !! du tout...............	2	o8
	TOTAL pour 10,000 briques......	210	3o

243. Le mètre cube de chaux ordinaire en pierres.................................. 13   20

DÉTAIL pour 10 mètres.

		f	c
	Valeur du terrain où l'on extrait la pierre......................	0	5o !
4ʲ, oo !	de carrier, pour pétarder.		
1ʲ, oo !	—————— , pour concasser et pour ébousiner.		
5ʲ, oo	de carrier (art. 15), à 2ᶠ 29ᶜ...............................	11	45
6ᵏ, oo !	de poudre pour l'exploitation, à 2ᶠ.........................	10	oo
2ʲ, oo !	de manœuvre à découvrir la carrière.		
oʲ, 5o !!	—————— au chargement et à la décharge.		
2ʲ, 5o !!	—————— à mettre la pierre au four.		
3ʲ, oo !	—————— à la cuisson.		
2ʲ, oo !!	—————— à vider le four.		
1oʲ, oo	de manœuvre (art. 100), à 1ᶠ 42ᶜ................................	14	2o
oʲ, 25 !!	de voiture au chargement et à la décharge.		
oʲ, 25 !	—————— au transport de la carrière au four.		
oʲ, 5o	de voiture (art. 147), à 1oᶠ 85ᶜ............................	5	43
4 !	stères de bois pour la cuisson, à 1oᶠ...........................	4o	oo
	Frais de barraque et de four..............................	5	oo !
	Bénéfice d'exploitation, 1/5 !! du tout.....................	17	32
oʲ, 75 !!	de voiture, pour charger au four.		
1ʲ, oo !	—————— au transport, du four à pied d'œuvre.		
oʲ, 25 !!	—————— à la décharge.		
2ʲ, oo	de voiture (art. 147), à 1oᶠ 85ᶜ................................	21	7o
	A reporter...........	125	6o

Report............ 125   60

o^j, 25 !! de manœuvre, à la décharge.
o^j, 75 !! —————, pour mesurer et pour emmagasiner.

1^j, oo   de manœuvre (*art.* 100), à 1^f 42^c.................................... 1   42
        Droits d'octroi... 5   oo

                T$_{OTAL}$ pour 10^m.................. 132   02

248. Le mètre cube de chaux ordinaire en pâte...................................... 16   07

DÉTAIL.

o^m, 630 ! de chaux en pierres (*art.* 243), à 13^f 20^c........................... 8   32
1^m, 200 ! d'eau pour éteindre (*art.* 302), à 1^f 95^c............................ 2   34
        Frais de bassin pour éteindre et pour emmagasiner.................... o   3o !
1^j, oo ! de manœuvre, pour éteindre.
o^j, 20 !! —————, au chargement.
o^j, 10 !! —————, à la décharge à pied d'œuvre.

1^j, 3o   de manœuvre (*art.* 100), à 1^f 42^c.............................. 1   85
o^j, 15 !! de voiture au chargement et à la décharge.
o^j, 15 ! ————— au transport à pied d'œuvre.

o^j, 3o   de voiture (*art.* 147), à 10^f 85^c.............................. 3   26

               T$_{OTAL}$.................... 16   07

254. Le mètre cube de ciment commun.. 22   18

DÉTAIL.

1^m, 800 !! de tuileaux, sur place, à o^f 50^c............................. o   92
o^j, o5 !! de commis pour l'achat et pour le mesurage, à 2^f 50^c................. o   13
o^j, 5o !! de manœuvre à démêler et à nettoyer les tuileaux.
o^j, o7 !! ————— au chargement.
o^j, o3 !! ————— à la décharge.
o^j, 10 ! ————— à transporter les tuileaux dans l'atelier.

o^j, 70   de manœuvre (*art.* 100), à 1^f 42^c............................ o   99
o^j, o7 !! de voiture au chargement.
o^j, 20 ! ————— au transport à l'atelier.
o^j, o3 !! ————— à la décharge.

o^j, 3o   de voiture (*art.* 147), à 10^f 85^c.............................. 3   26
10^j, oo !! de manœuvre, pour pulvériser et passer au sas.
o^j, 15 !! —————, à mettre le ciment en sac.
o^j, 15 ! —————, au transport hors de l'atelier, et au chargement.

10^j, 3o   de manœuvre (*art.* 100), à 1^f 42^c........................... 14   63
o^j, 10 !! de voiture au chargement et à la décharge.
o^j, 10 ! ————— au transport à pied d'œuvre.

o^j, 20   de voiture (*art.* 147), à 10^f 85^c.............................. 2   17
        Frais de sac.. o   10 !

               T$_{OTAL}$.................... 22   18

                                               f   c

273. Le kilogramme de clous ordinaires..   1   29

DÉTAIL pour 10^k.

	f	c
10^k, 00 !! de clous, chez le marchand, à 1^f 25^c...............................	12	50
0^k, 05 !! de commis, pour l'achat et le mesurage, à 2^f 50^c......................	0	13
0^k, 20 ! de manœuvre au transport à pied d'œuvre (art. 100), à 1^f 42^c........	0	28

                         TOTAL pour 10^k...............   12   91

302. Le mètre cube d'eau douce..   1   95

DÉTAIL.

0^j, 05 !! de voiture au chargement.
0^j, 10 ! ———— au transport.
0^j, 03 !! ———— à la décharge.

0^j, 18   de voiture (art. 147), à 10^f 85^c..................................   1   95

                     TOTAL................   1   95

384. Le kilogramme d'huile de lampe...   1   61

DÉTAIL pour 2^k.

	f	c
2^k, 00 !! d'huile, chez le marchand, à 1^f 50^c................................	3	00
0^k, 05 !! de commis, pour l'achat, à 2^f 50^c................................	0	13
0^k, 10 ! de goujat au transport à pied d'œuvre (art. 61), à 0^f 82^c..........	0	08

                   TOTAL pour 2^k............   3   21

395. Le mètre courant de latte de sciage, de sapin...............................   0   07

DÉTAIL pour 1428^m. (100 *planches*).

	f	c
100 planches de lattes, chez le marchand....................	100	00
0^j, 10 !! de commis pour l'achat et le mesurage, à 2^f 50^c..................	0	25
0^j, 40 !! de manœuvre au chargement et à la décharge (art. 100), à 1^f 42^c......	0	57
0^j, 10 !! de voiture au chargement et à la décharge.		
0^j, 40 ! ———— au transport à pied d'œuvre.		

0^j, 50   de voiture (art. 147), à 10^f 85^c..................................   5   43

                   TOTAL pour 1428^m............   106   25

428. Le mètre cube de moellons ordinaires..   9   04

DÉTAIL pour 10^m.

	f	c
Valeur du terrain où l'on extrait les moellons..........................	0	50 !
2^j, 00 ! de manœuvre à découvrir la carrière.		
0^j, 70 ! ———— à déblayer la blocaille.		
0^j, 70 !! ———— à transporter les moellons.		
0^j, 60 ! ———— pour entoiser sur la carrière.		
4^j, 00 de manœuvre (art. 100), à 1^f 42^c.............................	5	68
5^j, 00 ! de carrier à l'extraction de la pierre (art. 15), à 2^f 29^c..............	11	45
Bénéfice d'exploitation, 1/5 !! du tout.....................................	3	53
Conservation pendant un an, 1/10 !! du tout................................	2	12

                             à reporter............   23   28

		f	c
Report............		23	28

oʲ, 5o !! de manœuvre au chargement.
oʲ, 25 !! ————— à la décharge.
1ʲ, oo ! ————— pour ébousiner.
oʲ, 25 !! ————— pour entoiser à pied d'œuvre.

		f	c
2ʲ, oo	de manœuvre (*art.* 100), à 1ᶠ 42ᶜ..........	2	84
5ʲ, oo !	de voiture au transport (*art.* 147), à 1oᶠ 85ᶜ..........	54	25
	Droits d'octroi..........	10	oo

		f	c
	Total pour 10ᵐ............	90	37

453. Le mètre cube de mortier de ciment commun............ | | 29 | 72 |

DÉTAIL pour 2ᵐ,200.

		f	c
2ᵐ, ooo !	de ciment commun (*art.* 254), à 22ᶠ 18ᶜ..........	44	36
1ᵐ, ooo !	de chaux (*art.* 245), à 16ᶠ o7ᶜ..........	16	o7
oᵐ, 35o !	d'eau (*art.* 3o2), à 1ᶠ 95ᶜ..........	o	68
oʲ, 25 !!	de manœuvre pour le mesurage.		
2ʲ, 75 !!	————— pour broyer.		

		f	c
3ʲ, oo	de manœuvre (*art.* 100), à 1ᶠ 42ᶜ..........	4	26

		f	c
	Total pour 2ᵐ,200............	65	37

464. Le mètre cube de mortier de sable ordinaire............ | | 11 | 10 |

DÉTAIL pour 3ᵐ.

		f	c
3ᵐ, ooo !	de sable (*art.* 6o3), à 3ᶠ 94ᶜ..........	11	82
1ᵐ, ooo !	de chaux (*art.* 245), à 16ᶠ o7ᶜ..........	16	o7
oᵐ, 3oo !	d'eau (*art.* 3o2), à 1ᶠ 95ᶜ..........	o	59
oʲ, 4o !!	de manœuvre, pour mesurer.		
3ʲ, oo !	————— , pour broyer.		

		f	c
3ʲ, 4o	de manœuvre (*art.* 100), à 1ᶠ 42ᶜ..........	4	83

		f	c
	Total pour 3ᵐ............	33	31

475. Le sac de mousse............ | | o | 26 |

DÉTAIL pour 5 sacs.

		f	c
oʲ, 5o !!	de goujat à ramasser la mousse (*art.* 61), à oᶠ 82ᶜ..........	o	41
oʲ, 5o !	d'âne au transport (*art.* 1), à 1ᶠ 44ᶜ..........	o	72
	Frais de sac..........	o	17 !

		f	c
	Total pour 5 sacs............	1	3o

484. La botte d'osier............ | | o | 14 |

DÉTAIL pour 10 bottes.

		f	c
	Valeur du bois sur pied..........	o	5o !
oʲ, 10 !!	de jardinier, pour couper et lier.		
oʲ, 15 !	————— , pour transporter en magasin.		

		f	c
oʲ, 25	de jardinier (*art.* 62), à 1ᶠ 99ᶜ..........	o	5o
oʲ, 5o !	de goujat au transport, du magasin à pied d'œuvre (*art.* 61), à oᶠ 82ᶜ...	o	41

		f	c
	Total pour 10 bottes..........	1	41

	f	c

503. Le mètre cube de pierre de taille... 26   14

DÉTAIL pour 10^m.

Valeur du terrain où se prend la pierre.............................   1   00 !
2^j, 00 ! de manœuvre à découvrir la carrière.
3^j, 00 ! ————— à enlever la blocaille.

5^j, 00   de manœuvre (*art.* 100), à 1^f 42^c.................................   7   10
45^j, 00 ! de carrier à l'extraction (*art.* 15), à 2^f 29^c......................... 103   05
Bénéfice d'exploitation, 1/5 !! du tout..... 22   23
2^j, 00 !! de manœuvre au chargement.
0^j, 50 !! ————— à la décharge.

2^j, 50   de manœuvre (*art.* 100), à 1^f 42^c.........................   3   55
5^j, 00 ! de voiture au transport, de la carrière à B (*art.* 147), à 10^f 85^c........ 54   25
Frais d'entrepôt..................................   1   00 !
4^j, 00 !! de manœuvre au chargement et au déchargement (*art.* 100), à 1^f 42^c.....   5   68
1^j, 00 !! de barque au chargement et au déchargement.
2^j, 00 ! ————— au transport, de B à A.

3^j, 00   de barque (*art.* 3), à 2^f...............................   6   00
6^j, 00 ! de batelier au chargement, au déchargement et au transport (*art.* 6), à 1^f 53^c..   9   18
Droits d'octroi.................................... 10   00
Frais d'entrepôt..................................   1   00 !
2^j, 50 ! de manœuvre au chargement et à la décharge (*art.* 100), à 1^f 42^c.....   3   55
0^j, 60 !! de voiture au chargement et à la décharge.
2^j, 40 ! au transport à pied d'œuvre.

3^j, 00   de voiture (*art.* 147), à 10^f 85^c................................. 32   55
0^j, 50 !! de commis, pour le mesurage, à 2^f 50^c........................   1   25

Total pour 10^m............ 261   39

530. Chaque plant d'arbre commun....................................   0   46

DÉTAIL pour 100 plants.

100   !! plants d'arbre sur pied, à 0^f 25^c............................. 25   00
0^j, 10 !! de commis, pour l'achat, à 2^f 50^c.............................   0   25
2^j, 50 !! de jardinier à la déplantation.
0^j, 50 !! ————— à l'emballage.

3^f 00   de jardinier (*art.* 62), à 1^f 99^c.................................   5   97
2   !! sacs de mousse pour l'emballage (*art.* 475), à 0^f 26^c.................   0   52
2   !! bottes d'osier pour l'emballage (*art.* 484), à 0^f 14^c.................   0   28
Toile et fil pour *id.*, estimés..........................   1   00 !
0^j, 50 ! de manœuvre au chargement.
0^j, 10 !! ————— à la décharge.
0^j, 20 !! ————— à déposer les arbres en jauge.
0^j, 50 ! ————— au transport, du dépôt à pied d'œuvre.

1^j, 30   de manœuvre (*art.* 100), à 1^f 42^c.........................   1   85
1^j, 00 ! de voiture au transport, de la pépinière au lieu de dépôt (*art.* 147), à 10^f 85^c.. 10   85

Total pour 100 plants........ 45   72

603. Le mètre cube de sable commun....................................   3   94

DÉTAIL pour 3^m.

Valeur du terrain où se prend le sable.............................   0   60 !

A reporter..........   0   60

	f	c
Report............	oo	6o

o^j, 15 !! de manœuvre à rassembler le sable.
o^j, 3o !! —————— à le passer à la claie.
o^j, 2o !! —————— à charger les brouettes.
o^j, 2o ! —————— à transporter le sable au bateau.
o^j, 2o ! —————— à le conduire du bateau à terre.
o^j, 10 !! —————— à le charger dans des voitures.
o^j, o2 !! —————— à le décharger à pied d'œuvre.

1^j, 17 de manœuvre (*art.* 100), à 1^f 42^c............................	1	66

o^j, 2o !! de barque au chargement.
o^j, 6o ! —————— au transport.
o^j, 2o !! —————— au déchargement.

1^j, oo de barque (*art.* 3), à 2^f..........................,	2	oo

o^j, 4o !! de batelier au chargement et au déchargement.
1^j, 2o ! —————— au transport.

1^j, 6o de batelier (*art.* 6), à 1^f 53^c............................	2	45

o^j, 10 !! de voiture au chargement.
o^j, 35 ! —————— au transport, du bateau à pied d'œuvre.
o^j, o2 !! —————— à la décharge.

o^j, 47 de voiture (*art.* 147), à 1o^f 85^c.........................	5	1o

Total pour 3^m............	11	81

621. Le kilogramme de savon gras.....................................	1	o6

DÉTAIL pour 2^k.

2^k, !! de savon chez le marchand, à o^f 95^c.................................	1	9o
o^j, o5 !! de commis pour l'achat, à 2^f 5o^c.....................................	o	13
o^j, 10 ! de goujat au transport (*art.* 61), à o^f 82^c.............................	o	o8

Total pour 2^k............	2	11

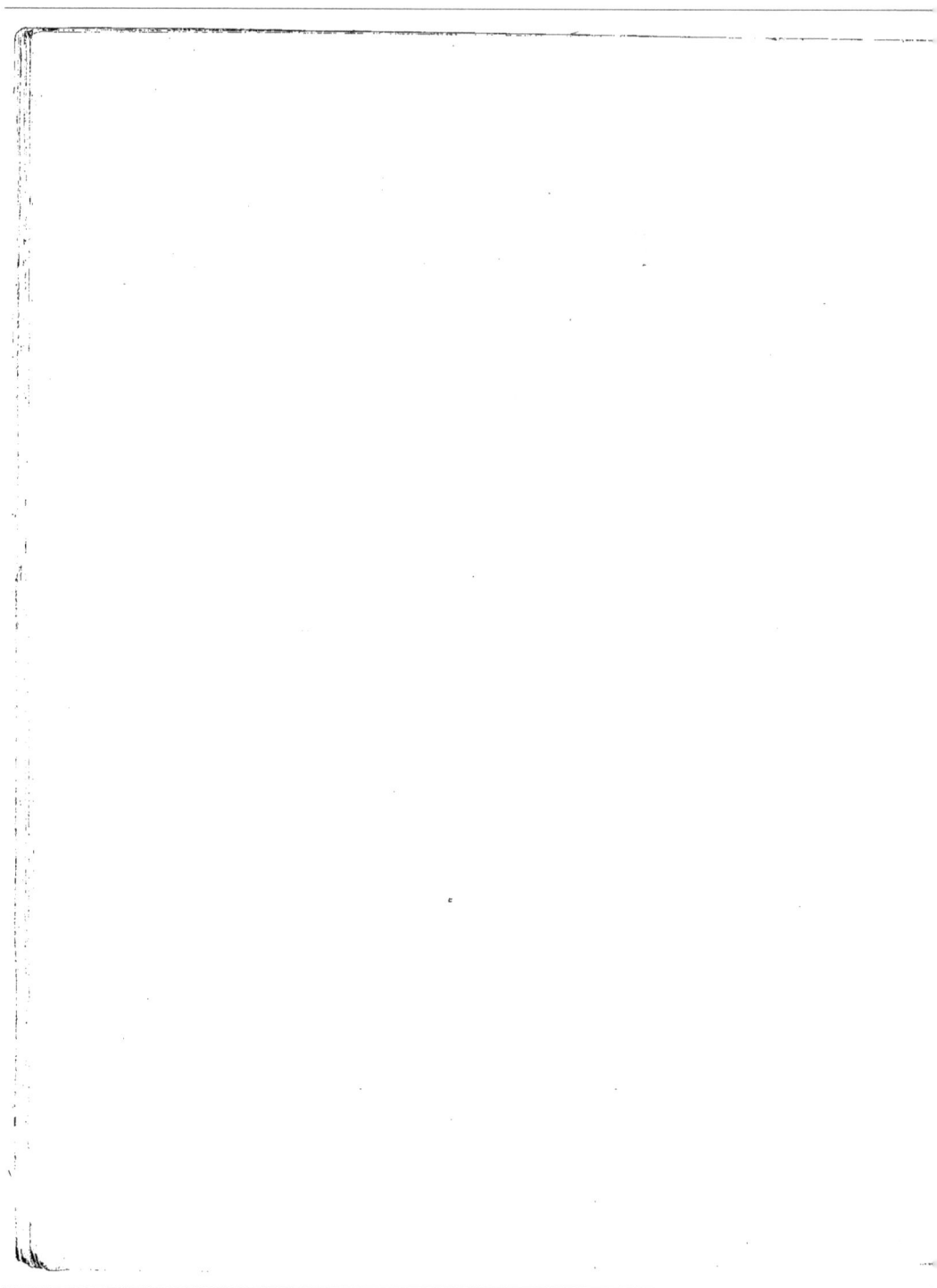

NOTES.

I.

La clause de serrurerie que l'on a citée, et qui existe dans la plupart des Devis, ne décrivant les objets que d'une manière imparfaite, et les modèles n'étant pas reconnus contradictoirement entre les parties intéressées, cette clause à elle seule ne peut suffire pour empêcher qu'on ne change lesdits modèles, et que l'Entrepreneur ne soit à la merci des Officiers du Génie, ce qui la rendrait inefficace en justice.

Imperfections de certaines clauses.
(Page 1.)

En général, dans la rédaction des Marchés, on doit éviter avec soin : 1° d'établir des clauses incomplètes, et qui demeurent sans force contre l'Entrepreneur ; 2° de laisser dans le Bordereau, des articles dont le Devis ne fasse aucune mention, puisque la qualité des fournitures se trouve alors abandonnée à la discrétion de l'Entrepreneur ; 3° enfin, de mettre dans le Bordereau des titres inintelligibles, c'est-à-dire, énoncés de telle façon que l'on ne puisse comprendre à quelle sorte d'ouvrages ils se rapportent, à cause des applications de prix, fausses et onéreuses, qui peuvent en résulter.

Ce dernier défaut est le pire de tous, et cependant il n'existe guère de Marché qui ne le renferme. Le Marché-modèle même, au sujet des articles 155, 157, 158, 159 et 160 de son Analyse, n'est peut-être pas exempt de ce reproche.

II.

Classement par ordre de matières.
(Page 3.)

Le classement par ordre de matières ayant été le seul en usage jusqu'à ce jour, comme on pourrait être désapprouvé de ne pas l'avoir adopté dans cet ouvrage, on croit devoir donner la raison qui l'a fait rejeter.

Cette raison, c'est que ce classement est incertain, ou, autrement dit, que ce n'est point un classement ; et pour s'en convaincre, il suffit de l'examiner en détail.

Qu'est-ce que le classement par ordre de matières ? Les uns prétendent que c'est classer les ouvrages suivant l'ordre de la construction ; d'autres, que c'est réunir en groupe les objets de la même nature, ou relatifs à chaque art : or voyons s'il existe réellement un classement de cette sorte ; et prenons d'abord pour exemple le Marché-modèle qui, probablement, a dû être classé avec plus de soin qu'aucun autre.

Quoique l'Analyse de ce Marché n'en soit encore qu'aux épuisemens, et son Devis aux couvertures, on peut déjà reconnaître que le classement n'en est fondé sur aucune des bases dont on vient de parler. On n'y suit pas la première : car la plâtrerie s'y trouve avant les couvertures, les peintures avant la vitrerie, et bien certainement on n'exécute pas ces ouvrages suivant cet ordre.

Maintenant, y suit-on les deux autres, c'est-à-dire, le classement est-il fait par groupes d'ouvrages d'une même nature, ou par arts ? non : car, en regardant au Devis le chapitre des couvertures, on y trouve tout le détail des lattis, ce qui prouve que l'on mettra ces ouvrages ensemble, et certes ils ne sont pas de la même nature ; outre cela, l'un est fait par le Couvreur, l'autre par le Charpentier, par conséquent ils appartiennent à deux arts différens.

Comme on ne trouve pas de Marché qui ne présente quelques anomalies du genre de celles que l'on vient de citer, on doit en conclure que des définitions ci-dessus sont tout-à-fait fausses ; et, puisqu'on n'en donne pas d'autre, que l'ordre de matières ne peut être défini : en effet, ce classement consiste à réunir en groupe différens ouvrages, que celui qui classe regarde comme offrant quelque apparence de rapprochement, et à arranger ensuite les différens groupes entre eux à-peu-près au hasard, c'est-à-dire qu'il est arbitraire ; aussi, comme chacun a sa manière de voir, il en résulte qu'on ne trouve pas deux Bordereaux qui soient dans le même ordre. A la vérité, quand le Marché-modèle sera terminé, s'il prévoit tout, en s'y conformant on obtiendra de l'uniformité ; mais atteindra-t-il à cette universalité ? Cela est fort douteux, ou, pour mieux dire, impossible.

Du reste, si l'on examine de près les objets que l'on prétend classer par ordre de matières, on voit qu'il y a une foule de choses que l'on ne peut pas plus rapprocher d'un ouvrage, ou d'un art, que d'un autre ; et, par conséquent, que ce classement est absolument idéal. Par exemple, le mortier sert au Maçon, au Paveur, au Couvreur ; le plâtre, au Plâtrier, au Maçon, au Serrurier ; le bois, au Charpentier, au Menuisier, au Tourneur, au Pompier ; les crampons, les clous, etc., servent à tous les Ouvriers ; enfin, si on passe en revue tous les élémens, principalement les matériaux, on trouve que presque tous sont employés pour divers ouvrages : dès-lors pourquoi les attribuer à l'un plutôt qu'à l'autre ?

III.

Classement du Bordereau.
(Page 3.)

La division des ouvrages en quatre chapitres, telle qu'on la propose, semble trop nouvelle, et s'écarte trop de la pratique ordinaire, pour qu'on puisse la saisir complètement sans quelques développemens.

En examinant d'abord les chapitres III et IV, qui, d'après le mode de classement adopté, ne devraient renfermer, le troisième, que des ouvrages à dimensions indéterminées, et le quatrième, que des ouvrages à dimensions fixes, on sera peut-être étonné de voir dans le chapitre III des ouvrages limités, et dans le chapitre IV, au contraire, des objets pour lesquels on n'a pas fixé, en apparence, aucune limite ; mais, si l'on veut réfléchir sur la nature de ces ouvrages, on reconnaît que chacun d'eux est réellement à sa place. En effet, les menuiseries, par exemple, qui sont au chapitre III (art. 1194 à 1335 du Bordereau), ont des dimensions limitées ; mais une limite n'étant pas une quantité fixe, on voit qu'elles font bien partie de ce chapitre ; d'autant mieux, que l'ensemble de leurs prix peut être regardé comme étant un prix général, puisqu'il comprend tous les ouvrages, depuis 0m,01 jusqu'à 0m,08 d'épaisseur, c'est-à-dire, toute la menuiserie ; tandis qu'il n'en est pas de même des charpentes de blockhaus, des planchers, des cloisons

16

ou des lattis pour lesquels l'épaisseur des bois se trouve fixée au Devis ; et qui, par cette raison et par quelques autres, doivent entrer dans le chapitre IV.

Les maçonneries de cailloux et de briques (*art.* 2286), étant payables au mètre cube, peuvent paraître appartenir au chapitre III ; mais, lorsqu'on observera que ces maçonneries sont censées composées alternativement de cailloux et de briques, disposés en couches uniformes, dont les épaisseurs sont fixées au Devis, et que le prix n'en a été établi qu'afin qu'on pût simplifier les toisés en mesurant au mètre cube sans distinction de la nature des couches, on comprendra pourquoi ces maçonneries se trouvent au chapitre IV.

On voit ensuite dans le même chapitre, une foule d'autres objets pour lesquels le Devis ne fixe aucune dimension (*Devis, art.* 432) ; mais, comme ces objets sont tous supposés employés en remplacement, et tout-à-fait semblables à ceux qu'ils remplacent, les dimensions, quoique inconnues, n'en sont pas moins déterminées : ainsi la place en est encore au chapitre IV.

Enfin, certains ouvrages, en très-petit nombre, tels que les moulures, les marbrures, les *granitages*, n'ayant que des dimensions limitées, devraient peut-être se trouver dans le chapitre III ; mais on a préféré de les mettre dans le chapitre IV, afin de les distinguer des autres ouvrages généraux d'une nature pareille à la leur, et pour ne pas être obligé de répéter à l'égard de chacun d'eux, la clause générale de l'art. 22, qui prescrit d'employer les prix du chapitre IV préférablement à ceux du chapitre III : clause nécessaire si l'on veut ôter toute incertitude dans le choix du prix que l'on doit appliquer. C'est principalement dans la vue de pouvoir mettre cette clause, que l'on a divisé les ouvrages achevés en deux chapitres ; car, sans cela, rien n'empêchait de les réunir en un seul, et d'éviter, par conséquent, toute espèce de doutes sur la place de chaque article : doutes qui forceront quelquefois à chercher un ouvrage d'abord dans le quatrième chapitre, et ensuite, si on ne l'y trouve pas, dans le troisième. Au surplus, on fera observer, à l'égard de cette double recherche, que généralement les Bordereaux sont dans le même cas ; et qu'en réunissant tout en un chapitre, on n'en serait pas moins obligé, lorsqu'on voudrait, par exemple, payer une ferrure, et avant d'y appliquer un prix au poids, de s'assurer si le prix n'en est pas fixé à la pièce.

Quoi qu'il en soit, un examen réfléchi du Bordereau ci-joint, fera bientôt cesser l'incertitude sur la disposition des matières, et l'on s'apercevra qu'un article quelconque s'y trouve bien plus facilement que dans tout autre.

On pourra encore objecter à ce classement, que l'on est obligé pour faire l'analyse de certains ouvrages des deux premiers chapitres, de renvoyer à des articles postérieurs ; mais on ne pense pas que ce soit un défaut, d'autant moins que le même cas se trouve dans toutes les analyses. Du reste, on l'éviterait tout-à-fait si on voulait diviser les deux premiers chapitres, chacun en deux autres, de manière que le premier des quatre nouveaux chapitres qui en résulteraient, renfermât les ouvriers ; le second, les machines ; le troisième, les matériaux simples ; le quatrième, les matériaux composés : mais cette nouvelle division rendrait les recherches incertaines entre les deux chapitres de matériaux, et cet inconvénient a semblé plus grand que l'autre.

IV.

Lacunes laissées au Bordereau.
(*Page* 5.)

Pour diminuer ce volume, on n'a inséré dans le Bordereau que quelques articles relatifs aux ouvrages qui peuvent être exécutés avec des matériaux appartenant à l'Etat, et seulement comme exemple de rédaction et de classement. On croit devoir rappeler que la plupart des ouvrages sont susceptibles de ce mode d'exécution ; et qu'il est utile dans le Bordereau d'une grande Place, où il y a des magasins bien approvisionnés, et où l'on peut faire des démolitions de toute espèce, de mettre deux prix pour chaque ouvrage : l'un en supposant que toutes les fournitures seront faites par l'Entrepreneur ; l'autre, qu'on y emploiera des matériaux de l'Etat. On fera même observer que quelques-uns de ces derniers pouvant être livrés à l'Entrepreneur sous différentes formes, il doit nécessairement en résulter plus de deux prix. (*Voyez* : CLAYONAGE, *chap.* II ; GAZONNEMENT, *chap.* III ; *et* PALISSADEMENT, *chap.* IV.)

On s'est également contenté, lorsqu'il s'agissait de plusieurs séries analogues d'ouvrages de la même nature, de présenter complètement l'une d'elles, et d'indiquer seulement le premier article de chacune des autres : ainsi, à l'égard des transports (*chap.* III), on a mis tous les articles relatifs aux matériaux légers, et rien que le premier de ceux qui concernent les transports de gazons, et de matériaux lourds, afin de rappeler qu'il faudrait, dans un Bordereau réel, établir à la suite de chacun de ces deux derniers, des articles analogues à ceux de la série des transports de matériaux légers.

Enfin, dans d'autres cas, par exemple, au sujet des maîtres-ouvriers (*chap.* I), et des fils de fer (*chap.* II), on a indiqué des articles extrêmes, qui marquent la place de ceux que les circonstances locales réclameront. Au reste, on a omis des numéro dans le Bordereau aux endroits où l'on suppose qu'il peut y avoir des articles à intercaler.

On fera observer d'ailleurs, que les titres du Bordereau sont censés appartenir à un Bordereau destiné à l'usage journalier ; que ceux du Bordereau fait pour servir à l'Adjudication, et recevoir les signatures, doivent être semblables à ceux de l'Analyse ; et de plus être suivis des prix écrits en toutes lettres.

V.

Remarque sur les marchés existants.
(*Page* 33.)

Le Devis est, comme on l'a déjà dit, la partie la plus essentielle d'un Marché ; et, si l'on veut parcourir les premières pages du sixième livre de la Science des Ingénieurs, on verra l'importance que Bélidor y attachait ; importance bien souvent oubliée dans les temps modernes, au moins à en juger par les Devis existants : car la plupart de ceux-ci sont rédigés avec si peu d'ordre, qu'ils semblent quelquefois n'avoir aucun rapport avec le Bordereau : presque tous renferment des descriptions incomplètes, ou en omettent, ce qui laisse certaines fournitures à la discrétion des Entrepreneurs ; et presque tous, d'un autre côté, donnent une foule de détails de forme et de construction plus nuisibles qu'utiles. Enfin, les conditions générales des Devis n'étant pas toujours parfaitement en harmonie avec les lois, les Officiers n'ont aucune force pour sévir contre les Entrepreneurs lorsqu'il devient nécessaire de le faire.

NOTES. (V)

Du reste, les Bordereaux n'ont guère mieux été traités que les Devis; les prix en sont, presque généralement, établis d'une manière vicieuse, c'est-à-dire qu'ils n'apprécient pas les différents degrés de sujétion que les ouvrages peuvent présenter : cependant depuis quelques années, et principalement depuis que l'on a commencé de publier l'Analyse-modèle, les Marchés, sous ce rapport, ont reçu quelques améliorations.

La seule partie, pour ainsi dire, dont on se soit occupé, partie la moins importante des trois, c'est l'Analyse : aussi le mot ANALYSE est-il prononcé avec emphase lorsqu'on parle de Marché, comme si d'elle seule dépendaient les qualités de ce dernier; et l'on ne s'aperçoit pas qu'en faisant consister en cela toute l'importance d'un Marché, on imite les gens qui sont ménagers de bouts de chandelle.

A la vérité, quelques personnes, en s'occupant d'analyse, ont recueilli des résultats précieux : mais, ordinairement, que se passe-t-il dans les Places où l'on rédige des Marchés? Fait-on des expériences pour connaître les valeurs élémentaires; ou bien, profite-t-on des recherches déjà faites? On ne fait ni l'un ni l'autre; on s'informe des prix courants du pays aussi bien qu'on peut le faire, ce qui à la rigueur pourrait suffire; puis, faute de pouvoir faire autrement, on copie l'analyse la plus détaillée que l'on a pu se procurer, en changeant au hasard quelques-uns de ses élémens, en sorte que les résultats cadrent avec les prix courants du pays : en un mot, pour satisfaire aux ordres qui prescrivent de faire une analyse, on fait un immense travail qui n'offre que très-peu d'intérêt, et dont on pourrait presque entièrement se dispenser.

Il faut toutefois bien se garder de croire qu'une analyse soit une chose inutile : un travail de ce genre applicable en tous lieux, serait au contraire extrêmement précieux; mais, pour l'obtenir, il faudrait prendre des mesures autres que celles qui sont présentement en usage. (*Voyez les Réflexions générales, à la page 2, ainsi que les notes XLIV et XLIX.*)

VI.

Permanence de la caution.
(Page 34.)

Pour que le service soit assuré, il faut qu'en cas d'impuissance de l'Entrepreneur, on puisse faire agir la caution; or, si cette dernière venait à manquer avant l'Entrepreneur, et qu'elle ne fût pas remplacée, il pourrait arriver que le service en souffrît.

L'article 2020 du Code civil prévoit bien cette circonstance, mais on a pensé qu'il n'était pas inutile de la rappeler dans le Marché.

VII.

Réserve de pouvoir résilier le marché.
(Page 34.)

Les articles 8 et 9 du Devis de cet ouvrage, sont rédigés dans le sens des articles 10 et 11 du Devis-modèle, à quelques modifications près.

1° Ce dernier suppose que la caution fera exécuter les travaux : cette disposition n'est point conforme à l'esprit du Code civil; une caution est tenue de payer, non d'agir; le répondant qui agit n'est plus une caution, mais bien un second Entrepreneur. L'article 10 de ce Devis renferme donc une espèce de contradiction, ce que l'on doit toujours tâcher d'éviter dans les actes.

2° D'après ce même Devis, la caution continue le service des travaux en cas d'impuissance de l'Entrepreneur. Or, comme il pourrait arriver que ladite caution se ruinât pendant la durée du Marché, l'Entrepreneur venant à manquer, on n'aurait plus alors qu'un fort mauvais répondant, ce qui serait infailliblement nuisible au bien du service. Afin d'éviter cet inconvénient, on a, dans l'article 8, réservé au Ministre le droit de résilier le Marché sans indemnité; mais la même faculté n'a point été donnée à la caution : attendu, si elle l'avait, que l'Entrepreneur, en s'entendant avec elle, pourrait rompre le Marché à volonté.

3° L'article 11 du Devis-modèle, dit qu'en cas de mort de l'Entrepreneur, le Ministre ainsi que les héritiers pourront résilier; cette clause est insignifiante : car, d'après l'article 1795 du Code civil, le Marché, dans ce cas, cesse de plein droit. Si on voulait que la caution répondît du service après le décès de l'Entrepreneur, comme il est nécessaire que cela soit, jusqu'à ce qu'on ait eu le temps de procéder à une autre Adjudication, cette disposition dérogeant aux lois, il fallait l'établir clairement : c'est ce que l'on a essayé de faire dans l'article 9 du Devis ci-joint.

4° Enfin, si on veut que la caution reprenne le service après la mort de l'Entrepreneur, on doit encore l'expliquer. Dans tous les cas, une continuation de cette sorte ne peut dépendre d'un ancien Marché, et doit être entièrement étrangère aux héritiers.

VIII.

Insuffisance des ordres donnés sur les feuilles volantes.
(Page 34.)

Tous les Devis prescrivent de donner les ordres par écrit à l'Entrepreneur, mais aucun d'eux ne dit de quelle manière on doit les lui remettre : or, d'après de telles conditions, tout ordre dont l'Entrepreneur n'aura pas donné un reçu détaillé, ou qui ne sera pas légalement notifié, sera de nulle valeur; et s'il faut chaque jour employer les voies judiciaires pour assurer les détails du service, quel embarras! Ces formes sont d'ailleurs dispendieuses, et en pure perte; on veut les éviter, on tombe dans le relâchement.

Telles sont les considérations qui ont engagé un nouveau mode, qui abrègera les voies judiciaires dans les cas ordinaires, c'est-à-dire, dans le service courant.

La clause de l'article 10 est peut-être un peu sévère pour les petites Places, puisqu'elle oblige, en quelque manière, l'Entrepreneur à venir chaque jour au bureau; mais on sait que les clauses de ce genre sont susceptibles d'une exécution plus ou moins rigoureuse, suivant les besoins du service.

IX.

Limites des dépendances.
(Page 34.)

Il est important de fixer l'étendue du terrain sur lequel l'Entrepreneur est tenu de faire travailler, afin d'éviter toute réclamation de sa part pour les travaux extérieurs éloignés.

X.

Défense d'entreprendre des travaux étrangers. (Page 35.)

Les Entrepreneurs embrassant souvent plus de travaux que leurs moyens ne le permettent, et négligeant alors ceux du Gouvernement, on regarde comme nécessaire dans une grande Place d'obvier à cet inconvénient le plus qu'il est possible : on ne dit pas, obvier entièrement, parce que l'article 12 ne peut le faire. éviter ; et qu'un Entrepreneur exécutera toujours des travaux sous le nom d'un Commis tant qu'il le voudra. Cet article, dans tous les cas, l'empêchera, probablement, de s'engager personnellement, et c'est déjà beaucoup. Du reste, cette clause n'est que pour stimuler l'Entrepreneur : attendu que les Chefs du Génie donneront toujours volontiers des permissions, ou fermeront les yeux à ce sujet, pourvu que le service n'en souffre pas.

XI.

Obligation de faire acte de présence. (Page 35.)

Comme il est quelquefois nécessaire que le Chef du Génie puisse s'entendre verbalement avec l'Entrepreneur, on a stipulé une clause pénale pour obliger ce dernier à se présenter : seule voie légalement praticable.

XII.

Cas litigieux. (Page 35.)

Le Devis-modèle ordonne seulement que l'Entrepreneur se soumette à la décision du Directeur ; mais, comme il pourrait arriver de là que le service fût arrêté à chaque instant, et même dans quelques cas où le moindre retard fût préjudiciable, on assujétit cette soumission à la décision du Chef du Génie, qui, étant toujours présent, peut faire connaître sa volonté à l'instant même : au reste, peu importe à qui l'Entrepreneur obéisse, puisqu'il a toujours son recours.

XIII.

Droit de faire travailler à l'économie. (Page 36.)

Il est important de bien établir le droit de faire exécuter toute espèce d'ouvrage à l'économie : attendu qu'il peut arriver que ce mode de travail soit préférable dans certains cas ; et que l'Entrepreneur qui apercevrait quelque moyen de s'y opposer, ne manquerait pas de le faire dès qu'il y trouverait de l'avantage.

XIV.

Conventions faites avec les ouvriers. (Page 37.)

Ordinairement les Marchés autorisent à traiter pour les ouvrages à forfait, soit avec les ouvriers, soit avec les Entrepreneurs ; mais comme cette tolérance a souvent excité des plaintes de la part de ces derniers, plaintes réellement fondées, on l'a supprimée : en effet, traiter avec les ouvriers, c'est, en quelque façon, prendre plusieurs Entrepreneurs, ce qui est contraire à l'esprit de l'article 6 du Devis ; de plus, comme l'Entrepreneur n'a que le petit bénéfice alloué pour les dépenses sèches lorsqu'on traite avec les ouvriers, et que les travaux à l'économie lui rapportent davantage, c'est lui faire tort, que de ne pas traiter avec lui.

XV.

Emploi des ouvriers militaires. (Page 38.)

Le Devis-modèle dit que les ouvriers militaires de toutes les armes pourront être employés au compte de l'Entrepreneur, et que ce dernier versera dans les caisses de l'Etat, l'excédant des prix du Bordereau sur ceux qui seront accordés à ces ouvriers ; mais cette clause est tellement injuste, qu'il est impossible qu'on l'ait jamais mise à exécution. En effet, en l'admettant, il pourrait arriver que l'Entrepreneur fût contraint d'employer à son compte des ouvriers auxquels il donnât, par exemple, of.75 par jour ; pour lesquels il payât à l'Etat une somme à-peu-près égale, et qui ne travaillassent pas pour la valeur du quart de leur salaire.

La clause de l'article 27 est déjà bien assez sévère, puisque, dans le second cas, l'Entrepreneur doit fournir aux prix du Bordereau tous les outils nécessaires, à des ouvriers qui n'ont aucun intérêt à les ménager.

Le Devis-modèle parle aussi de l'emploi des ouvriers de réquisition, mais on a également supprimé les conditions qui leur sont relatives : attendu qu'on n'emploie les ouvriers de ce genre que quand l'Entrepreneur est en défaut, cas prévu par l'article 38.

XVI.

Ordres donnés à l'arrivée de l'état des ouvrages. (Page 38.)

En général, les Devis disent que le Chef du Génie, à l'arrivée de l'état des ouvrages approuvés, donnera par écrit des ordres détaillés à l'Entrepreneur, afin que ce dernier puisse se mettre en mesure ; mais, quelques Entrepreneurs ayant prétendu ne manquer de matériaux, que faute d'avoir reçu des commandes assez détaillées, au lieu de cette disposition, on propose de communiquer l'état même des projets : il fournira tous les renseignemens nécessaires pour faire les approvisionnemens ; et, par ce moyen, les Entrepreneurs auront un prétexte de moins pour être en retard.

XVII.

Emploi des matériaux de l'Etat. (Page 39.)

On a distingué les matériaux qui proviennent des démolitions de ceux qui sortent des magasins : vu que l'Entrepreneur peut prévoir d'avance le remploi des premiers, et faire ses approvisionnemens en conséquence ; tandis que l'emploi des seconds est tout-à-fait à la volonté du Chef du Génie, et qu'ils peuvent d'ailleurs provenir de toute autre source que des démolitions.

XVIII.

L'article 38 dit que le Chef du Génie a droit de fixer le délai dans lequel chaque ouvrage doit être achevé. Il est bien certain que les Officiers n'exigeront jamais à ce sujet que des choses raisonnables ; néanmoins, en cas de contestation, comme cet article met, en quelque sorte, l'Entrepreneur à la merci du Chef du Génie, il pourrait arriver que cette clause devint inefficace. Pour qu'elle pût toujours avoir son effet, il faudrait fixer des limites aux délais, à raison de l'importance des constructions ; ce qui est impossible.

Au surplus, la clause spécifiée sera toujours bonne, lorsqu'on aura soin de faire accepter les délais par l'Entrepreneur, ou d'ordonner les travaux en détail et peu à peu.

Limites fixées pour l'achèvement des travaux.
(Page 39.)

XIX.

Tous les Marchés accordent des indemnités aux ouvriers employés à l'économie, pendant la nuit, ou dans l'eau ; quelques-uns renferment encore les prix de certains ouvrages faits dans l'eau ; mais aucun d'eux ne prévoit le cas où tous les travaux seraient exécutés dans ces circonstances. Comme il résulte de cette lacune, que l'on est souvent forcé de faire travailler à l'économie ou à l'estimation, modes d'exécution toujours dispendieux, on a rédigé l'article 46 de manière qu'il obviât à cet inconvénient.

Travaux de nuit, ou dans l'eau.
(Page 41.)

XX.

Le réglement sur le service des Places, ordonne aux Officiers de faire la rédaction de la minute du compte général ; mais, nonobstant cet ordre, on propose de mettre ce travail à la charge de l'Entrepreneur, à cause des considérations suivantes.

Voyons d'abord s'il y a quelque inconvénient à laisser la rédaction des comptes à l'Entrepreneur.

On pourra prétendre qu'il en existe un, c'est la crainte qu'on n'altère les toisés : crainte qui a sans doute fait prescrire aux Officiers de les rédiger eux-mêmes. Présentement les Officiers les rédigent-ils ? Quelques-uns le font peut-être, mais cela ne doit arriver qu'autant qu'il leur est impossible de les faire rédiger ; et même on doit croire qu'aucun ordre ne pourra les contraindre à ce travail, tant qu'ils trouveront des Secrétaires : c'est-à-dire, à-peu-près, qu'ils ne le feront jamais. Ces comptes devant donc être dressés par des Ecrivains, que l'Entrepreneur peut tout aussi bien gagner, lorsqu'ils sont à la solde de l'Etat, que quand ils sont à la sienne, on voit qu'il est, au moins sous ce rapport, indifférent pour l'Etat, quels en soient les rédacteurs. D'un autre côté, la crainte dont il est question n'est nullement fondée : car, le compte devant cadrer avec le registre de comptabilité que les Officiers ont vérifié, et qui est arrêté en toutes lettres, il devient impossible d'altérer la moindre dimension, à moins qu'on n'altère également le registre. Dans ce cas, le Chef du Génie, qui tient par-devers lui le résumé des dépenses, s'en apercevrait tout de suite ; et les carnets, qui ne sont pas à la disposition de l'Entrepreneur, serviraient à faire retrouver l'altération, et à prouver la fraude ; enfin, on propose de faire faire le dépouillement au bureau du Chef du Génie, par conséquent sous ses yeux, ainsi c'est encore une garantie de plus.

Peut-être aussi pourra-t-on supposer que le Marché, en mettant cette rédaction au compte de l'Entrepreneur, en deviendra plus onéreux : on se trompera également, et en voici la raison.

C'est, si la minute est au compte de ce dernier, qu'il en chargera un Ecrivain, la fera compter parmi les expéditions à fournir, et qu'il ne dépensera, par conséquent, que ce que tous les Marchés exigent. A la vérité, si le Chef du Génie doit la faire, il y emploiera un Secrétaire, et la fera prendre par l'Entrepreneur, ce qui reviendra absolument au même ; mais si les Officiers la rédigent, l'Entrepreneur ne la paiera pas, d'ailleurs elle ne sera probablement pas assez proprement écrite pour qu'on puisse l'utiliser, ainsi ce sera un énorme volume d'écritures qui ne sera bon qu'à être jeté au feu aussitôt qu'on l'aura copié.

Voyons maintenant s'il n'y aurait pas quelques inconvéniens à faire faire cette rédaction par les Officiers, ou même par les Secrétaires du Chef du Génie.

Premièrement, cette rédaction, tant qu'elle sera faite par les soins du Chef du Génie, ou par les Officiers, occasionnera toujours des frais à l'Etat. Par exemple, si les Gardes, ou si des Ecrivains la font, dans les grandes Places, elle peut coûter les appointemens d'un Employé : le Chef du Génie pourra bien la faire prendre par l'Entrepreneur, ainsi qu'on l'a dit précédemment ; mais ce dernier ne la paiera que comme s'il l'avait fait faire à la page, et les Ecrivains qui sont payés de cette manière travaillent bien plus que ceux qui le sont à l'année : par conséquent le Gouvernement, dans ce cas, doit y perdre. Dans les petites Places, elle entraînera toujours quelques frais d'écriture, soit directement, soit indirectement ; et retiendra dans les bureaux, des Gardes dont la présence est bien plus utile ailleurs. Enfin, si on la fait faire aux Officiers, elle coûtera peut-être plus : car ces derniers, pour s'en occuper, seront quelquefois obligés de négliger l'essentiel de leur service, la surveillance des travaux, qui malheureusement ne se ressent déjà que trop de la multitude d'écritures et de dessins que l'on exige sans que l'urgence en soit bien visible.

Secondement, les comptes pouvant être ajournés s'ils ne sont pas présentés dans les six mois qui suivent l'année où les travaux ont été ordonnés (Décret du 13 juin 1806), il pourrait arriver, si, par exemple, on prescrivait aux Officiers d'en faire la minute, que ceux-ci, qui n'ont aucun intérêt à ce que lesdits comptes soient acquittés, missent un tel temps à les rédiger qu'on ne pût les adresser au Ministre en temps utile : l'Entrepreneur étant chargé de cette rédaction, soigne lui-même ses intérêts, et n'a droit de s'en prendre à personne s'il vient à éprouver quelque perte.

Troisièmement enfin, comme l'Entrepreneur ne doit fournir qu'un certain nombre de copies du compte, si les rédacteurs de la minute venaient à faire des fautes de calcul, et que les copies fournies fussent renvoyées, lesdits rédacteurs, Officiers, Gardes ou Ecrivains, pourraient être obligés à en produire de nouvelles à leurs frais, ce qui deviendrait quelquefois fort embarrassant : en rendant l'Entrepreneur responsable, on évite toute difficulté à ce sujet.

On pense donc que l'on peut conclure de ce qui précède, qu'il n'y a pas d'inconvénient à laisser la

Rédaction des comptes.
(Page 42.)

rédaction des comptes à l'Entrepreneur ; et qu'au contraire il y eu a plusieurs à en charger les Officiers : c'est en conséquence de cette observation que l'on a rédigé l'article 51.

XXI.

Choix des exemples présentés dans ce travail. *(Page 42.)*

Les matériaux , le mode de construction des divers ouvrages , et les usages relatifs à l'établissement des prix , variant suivant les localités , il était impossible , dans un simple mémoire , tel que celui-ci , à moins de lui donner un développement immense , de présenter tous les cas. Il a donc fallu se borner à supposer qu'il s'agissait d'une Place dans laquelle il se trouvait plusieurs sortes de matériaux analogues , plusieurs sortes de briques , de chaux , de pierres ; à supposer à ces matériaux , ainsi qu'aux divers ouvrages , des dimensions et des qualités quelconques ; et à présenter quelques combinaisons , prises au hasard , de ces matériaux entre eux.

Au reste , on a choisi les exemples , de façon que l'on pût saisir la marche qu'on aurait à tenir dans chaque Place pour suppléer ce qui manque , dans le cas où l'on voudrait faire usage des principes proposés dans ce travail , tant pour le classement des matières , que pour la manière de rédiger les articles du Bordereau , de l'Analyse et du Devis ; et si l'auteur a un regret , c'est d'avoir été forcé , par la crainte de rendre ce Mémoire trop volumineux , de supprimer les détails d'une foule d'articles , qui n'y sont qu'indiqués , et sur lesquels il était parvenu à rassembler quelques renseignemens utiles et difficiles à se procurer.

XXII.

Journées de machines. *(Page 42.)*

On a distingué les journées de machine en deux classes , dans l'intention de simplifier les toisés , d'éviter des discussions ou des pertes de temps , enfin d'accélérer les travaux.

D'abord , en comprenant dans le prix de la location des machines le paiement des ouvriers nécessaires à leur manœuvre , on réduit les écritures des comptes ; et l'on évite toute discussion sur la force des ouvriers , chose qui se présente souvent dans les travaux de cette sorte. Ensuite , les ouvriers étant payés par l'État , s'il arrive un dérangement dans les machines et qu'il y ait un petit chômage , on néglige de remettre les ouvriers à l'Entrepreneur , et alors il y a du temps perdu ; tandis que ce dernier , les ayant à son compte , trouve toujours le moyen de les employer immédiatement à un autre travail : dans tous les cas , s'ils chôment , l'État n'y perd rien. Enfin , l'Entrepreneur ayant les ouvriers à sa charge , a intérêt à ce que ses machines marchent toujours et soient en bon état : de sorte que ce mode de prix doit nécessairement tendre à accélérer les travaux.

Au reste , ce que l'on propose ici ne peut guère être appliqué qu'aux machines à épuiser , ou aux sonnettes ; c'est une idée que l'on émet , et que l'on pourra indifféremment adopter ou rejeter , chacun selon son gré : toutefois , on fera observer que les journées de voiture ont toujours été établies de cette manière.

XXIII.

Établissement des prix de charpenter d'échafaud. *(Page 44.)*

Les prix de charpentes et de planchers d'échafaud manquent dans presque tous les Marchés ; et cependant ces prix sont des plus utiles , puisque l'on a souvent besoin d'établir des ponts ou des rampes de communication , de construire des batardeaux , de poser des étais , des étançons ou des étrésillons , enfin de faire beaucoup d'autres échafauds : aussi résulte-t-il de leur absence , que l'on est rançonné par les Entrepreneurs lorsqu'on loue leurs échafaudages ; ou que l'on est obligé d'employer à des ouvrages tout-à-fait secondaires , de bons bois que l'on tire des magasins de l'État , ou que l'on achète exprès. De plus , on fait ces travaux à l'économie , ce qui coûte beaucoup. Enfin , le peu d'intérêt que les ouvriers mettent à ces ouvrages , cause quelquefois des avaries qui retombent à la charge de l'État. En établissant des prix pour ces charpentes , on évite tous ces inconvéniens.

XXIV.

Mesurage des matières ténues. *(Page 49.)*

Il est important pour le mesurage des matières ténues de fixer la grandeur de la mesure : attendu que le poids seul des matières suffit pour qu'elles tassent bien plus dans une grande mesure que dans une petite , et que les mesurages faits à l'hectolitre ou au décalitre peuvent différer de plus d'un dixième.

XXV.

Établissement du prix des gazons. *(Page 52.)*

La méthode prescrite pour le mesurage des gazons pouvant paraître singulière , on croit devoir en donner l'explication.

Le transport des gazons devant être payé à part , et en sus de la valeur de ces derniers , il était nécessaire , pour que l'on évitât de compliquer les toisés , et de multiplier le nombre des prix , que l'on eût un prix de transport qui fût également applicable aux gazons , ainsi qu'aux gazonnemens. Or , comme un volume déterminé de gazon ne produit pas un volume de gazonnement égal au sien , il fallait , pour que l'on pût tout aussi bien additionner le prix du transport avec celui du gazon , qu'avec celui du gazonnement , que la valeur dudit transport jointe à celle d'une des deux autres fournitures , fussent divisées ou multipliées par le rapport du volume du gazon à celui du gazonnement : rapport que l'on a supposé , pour plus de simplicité , égal à un demi ; et que l'expérience seule doit déterminer. (*Voyez* : TRANSPORT , CHARGEMENT *et* GAZONNEMENT , *Chap. III.*)

XXVI.

Approvisionnemens obligés par le marché. *(Page 53.)*

A l'égard des madriers , et de certains matériaux qu'il est nécessaire d'approvisionner d'avance , on doit non-seulement prescrire à l'Entrepreneur d'avoir des approvisionnemens , mais encore se réserver un droit de vérification : sans cette précaution, l'Entrepreneur ne remplit jamais les conditions de cette sorte. Du reste, lorsqu'on exige des approvisionnemens, on doit en tenir compte dans l'analyse. (*Voyez* : MOELLONS, *Chap. II.*)

Les approvisionnemens exigés par le Marché ne doivent être destinés qu'aux petits travaux courants : pour les ouvrages un peu considérables, on doit commander les approvisionnemens tout au moins un an d'avance; et lorsqu'on ne le fera pas, on peut être sûr qu'il en résultera quelque inconvénient. Voici ce qui est arrivé à ce sujet il y a quelques années.

Dans une petite Place, on accorda environ 25000ᶠ pour un plancher de magasin qui était en projet depuis long-temps, mais que néanmoins on ne s'attendait pas à faire. Le pays n'ayant pu fournir assez de bois sec pour cet ouvrage, on y employa des planches qui n'étaient sciées que depuis quelque temps; au bout de six mois on fut obligé de remanier le plancher : mais pour arracher les clous, on fit des trous, on fendit des bois ; de sorte qu'après le second posage, l'ouvrage fut tel que l'on eût dit d'un vieux plancher. L'Entrepreneur supporta la dépense du remaniement ; mais combien de pertes de ce genre sont entièrement tombées à la charge de l'État ! Le nombre en est incalculable : ainsi, lorsqu'on fait des maçonneries ou des pavés sans s'approvisionner d'avance de pierres, celles-ci se *délitent*, des brèches se forment; au bout de peu de temps, il faut réparer, et quelquefois même reconstruire. Lorsqu'il s'agit de charpentes, si l'on ne s'approvisionne pas de bois, ceux-ci se gercent; après quelques années, il faut les mastiquer, les repeindre ; enfin, au bout de vingt ans, il faut les remplacer, tandis qu'ils devraient en durer trente. A l'égard des menuiseries, c'est encore pis : les portes, les fenêtres, gonflent, se déjettent, ne ferment plus, et demandent des réparations continuelles ; les planchers voilent, s'ouvrent, et sont en peu de temps hors de service. Un autre inconvénient qui résulte encore du manque de commande, c'est de ne pouvoir commencer les travaux que fort tard ; et d'être obligé, à cause de la clôture des comptes, de les prolonger jusqu'à la mauvaise saison : les mortiers n'ayant plus alors le temps d'acquérir la cohésion nécessaire pour résister aux gelées, sont attaqués et détruits en partie par ces dernières jusqu'à quelques centimètres de distance des paremens, ainsi qu'on le voit chaque année dans beaucoup de Places. Il est vrai que l'année suivante on recommence les crépis et les jointoiemens, mais ceux que l'on refait ainsi ne tiennent jamais parfaitement, à cause du mortier décomposé qui reste dans les joints, et ne valent pas ce qu'auraient valu ceux que l'on avait primitivement faits s'ils eussent été exécutés dans une saison convenable; ensuite c'est un surcroît de dépense pour les Entrepreneurs, et quelquefois pour l'État. Enfin, il n'y a pas d'ouvrage auquel une commande trop tardive ne soit extrêmement nuisible ; et si on pouvait calculer les pertes que le défaut de prévoyance en ce genre a occasionnées, on en serait étonné.

A la vérité, le Gouvernement n'est pas d'avance certain d'avoir l'argent nécessaire pour exécuter les projets qu'il faudrait arrêter; et quand même les fonds lui seraient assurés, il pourrait arriver des cas qui l'obligeassent de les employer à tout autre objet qu'à ceux auxquels il les eût destinés : mais tout cela ne doit pas empêcher de commander les approvisionnemens.

D'abord, on connaît toujours bien à-peu-près le montant des fonds que l'on aura pour les travaux, et les dépenses urgentes et imprévues sont ensuite très-rares ; ainsi, en temps ordinaire, si on commandait les approvisionnemens, il n'en résulterait, pour ainsi dire, aucun inconvénient : car on en serait probablement quitte pour payer chaque année de très-légers intérêts, la quantité de matériaux que l'on aurait commandée et que l'on n'aurait pu employer, ne pouvant être que fort minime.

Maintenant, supposons que l'on ait commandé d'avance tous les approvisionnemens ; et que l'on soit obligé tout-à-coup de réduire à moitié le budget des travaux, ce qui n'arrivera peut-être jamais. Il faudrait nécessairement payer cinq pour cent d'intérêt pour les approvisionnemens ordonnés ! Mais est-ce un grave inconvénient ? On ne le pense pas : car tout au plus le tiers de la dépense des travaux militaires est fait pour de grands ouvrages, les approvisionnemens ne valent pas la moitié du montant du prix de ceux-ci ; ainsi, le Gouvernement, en commandant tout d'avance, ne perdrait, dans le cas d'une grande réduction de budget, et dans toutes les hypothèses les plus défavorables, qu'environ la deux cent cinquantième partie de la dépense ordinaire. Or, cette perte, quoique forte, doit paraître modique en comparaison de celles dont on a parlé ci-dessus, lorsqu'on observe qu'elle ne peut survenir qu'en cas d'événemens extraordinaires, qu'elle ne peut se présenter deux années de suite, et que les pertes qui résultent du défaut d'approvisionnement se renouvellent chaque année. Enfin, on devra observer que les Entrepreneurs voyant que tous les travaux militaires sont ordonnés et exécutés à l'improviste, et jugeant de là qu'ils auront à faire des approvisionnemens précipités toujours très-dispendieux, appréhendent de prendre de trop mauvais Marchés, et ne font leurs rabais qu'avec une grande réserve : si on était dans l'habitude de commander les principaux travaux d'avance, bien certainement les enchères y gagneraient; et on en retirerait un bénéfice qui couvrirait peut-être, et au-delà, les dépenses qui résulteraient des intérêts que l'on devrait payer pour le petit nombre des approvisionnemens commandés que l'on ne pourrait employer chaque année.

On ne peut faire de de vagues hypothèses sur le sujet que l'on vient de traiter, les documens nécessaires, pour en faire de plus exactes, n'étant pas à la disposition de tout le monde ; mais si jamais on s'en occupe, tout porte à croire que le résultat en sera encore plus avantageux que les observations ci-dessus ne semblent l'indiquer : d'ailleurs, il n'est pas indispensable que l'on commande tout-à-coup tous les approvisionnemens ; on peut commencer par quelques-uns, aller peu à peu, et de cette manière on est bien sûr de n'en retirer que des avantages.

XXVII.

La manière, récemment imaginée, de préparer à sec le mortier, semble, d'après un bon nombre d'expériences, être la meilleure de celles dont on puisse faire usage lorsqu'on emploie de la chaux *hydraulique*.

Le principal avantage qu'elle présente, c'est de produire des mortiers bien homogènes, auxquels on peut facilement donner la ductilité convenable, et que l'on peut conserver extrêmement long-temps sans avoir à craindre qu'ils perdent de leur qualité. Le mode d'extinction que l'on y emploie pour la chaux est aussi, selon toutes les probabilités, celui qui produit les mortiers les plus résistants.

Préparation des mortiers hydrauliques.
(Page 56.)

XXVIII.

Etablissement du prix des aires et des chapes. *(Page 62.)*

La valeur d'une aire dépend de son volume et de l'étendue de sa surface : elle dépend de son volume, parce que celui-ci est proportionnel à la quantité de matières qui entre dans la composition de l'aire ; elle dépend de sa surface, à cause des soins que cette dernière demande, soins tout-à-fait indépendants de l'épaisseur de l'aire. Il est donc indispensable, si l'on veut avoir un mode d'évaluation général et juste, c'est-à-dire, applicable aux aires de toute épaisseur, d'établir deux prix de différentes natures : ceux qui comprendraient tout ne pouvant convenir qu'à des épaisseurs déterminées, on serait obligé, pour en adopter de cette sorte, d'en établir un pour chaque épaisseur, ce qui les multiplierait beaucoup, et ne donnerait pas encore tout-à-fait les intermédiaires.

On aurait bien pu faire usage de prix au mètre carré, au moyen de deux articles ainsi conçus,
1° Le mètre carré de parement d'aire,
2° Le mètre carré d'aire d'un centimètre d'épaisseur,
le prix du dernier article devant être, dans chaque cas, multiplié par l'épaisseur de l'aire ; mais on a préféré d'établir le second au mètre cube, parce que ce mode de paiement a plus d'analogie avec celui des maçonneries, et parce qu'il rappelle mieux la raison qui force à évaluer les aires de cette manière.

Tout ce qu'on vient de dire pour les aires, est, à plus forte raison, applicable aux chapes, vu la grande main-d'œuvre qu'en demande la surface.

On fera encore observer que le prix au mètre cube peut servir à payer une couche qui serait enfermée dans l'intérieur d'une maçonnerie, ou que l'on couvrirait de sable ou de terre, et que ce prix manque généralement dans les Marchés.

XXIX.

Etablissement du prix des paremens de roc. *(Page 62.)*

Les prix de paremens de roc étant les mêmes pour les *rentrans* et pour les *saillans*, il faut nécessairement indemniser l'Entrepreneur de la sujétion que présentent les fouilles dans les angles rentrants : cette indemnité peut être établie au mètre courant, le roc ne présentant jamais que des intersections de surface assez éloignées les unes des autres ; et la sujétion étant la même pour tous les *rentrans*.

XXX.

Durcissement des chapes sous le sable. *(Page 63.)*

Le procédé décrit pour faire durcir les chapes sous une couche de sable, n'a encore été essayé que dans un petit nombre de cas ; mais tout porte à croire qu'il peut être employé dans toutes les circonstances, et qu'il aura sur tous les autres deux grands avantages : le premier, d'être bien plus économique qu'aucun d'eux ; le second, de produire des chapes absolument exemptes de fissure, chose extrêmement difficile à obtenir par les procédés connus. Sous ce dernier rapport, il est même tellement efficace, qu'on peut, par son moyen, faire prendre, sans gerçure, des couches de pâte de chaux pure, pourvu que la chaux soit *hydraulique*.

Dans la construction des chapes de mortier de ciment, on prescrit d'en huiler la surface ; mais c'est uniquement pour se conformer à ce que les auteurs indiquent : car plusieurs expériences récentes semblent prouver que l'huile y est plus nuisible qu'utile.

XXXI.

Etablissement des prix de chargement et de transport. *(Page 63.)*

Dans le transport des déblais, il existe deux espèces de valeurs : le temps nécessaire pour faire le chargement et la décharge, et le temps du transport proprement dit.

L'Analyse-modèle, au chapitre des *Terrassemens*, distingue ces deux valeurs pour les transports en voiture, au bourriquet, au camion, et à la hotte en montant des échelles ou des escaliers, en présentant deux prix, l'un pour le premier relais, et l'autre pour les relais suivants ; mais on ne voit pas qu'aucun Bordereau ait fait cette différence pour les autres machines.

Comme il est pourtant certain que les chargemens, même en brouettes, occasionnent toujours une perte de temps, et que de la manière dont les prix sont établis, il résulte chaque jour sur les travaux des inconvéniens, qui consistent en ce que des ouvriers d'une même force et qui travaillent également, mais qui transportent des déblais à différentes distances, gagnent des salaires différents, on a jugé qu'il est indispensable de distinguer deux valeurs pour toutes les machines.

On aurait bien pu établir ces prix suivant l'usage, c'est-à-dire, faire les uns pour le premier relais, et les autres pour les relais suivants ; mais, comme on a adopté pour principe de diviser les prix de manière qu'ils pussent rappeler les raisons qui obligent à les établir, on a préféré de présenter ces valeurs sous les titres de chargement et de transport, ce qui revient absolument au même.

Du reste, on fera remarquer que les prix de chargement, tels qu'on les conçoit, peuvent se composer de la valeur :

1° Du temps nécessaire pour approcher et pour disposer les machines, de façon qu'on puisse les remplir. (*Bourriquets, brouettes, chevaux, camions, civières, hottes, voitures.*)

2° De la différence de la durée de leur chargement à celle d'un déblai ordinaire. (*Camions, hottes, voitures.*)

3° De la main-d'œuvre nécessaire pour l'arrangement des matériaux dans l'intérieur des machines. (*Bateaux.*)

4° Du temps nécessaire pour mettre les machines en mouvement. (*Toutes les machines.*)

5° De la différence du temps nécessaire pour le transport des machines à la fin de leurs courses, où ce transport se fait sur des remblais, au temps de la marche en chemin ordinaire. (*Brouettes, camions, voitures.*)

6° De la durée de la décharge. (*Toutes les machines, excepté les bateaux pour lesquels on ne doit tenir compte que de la plus value qu'ils demandent sur un déblai ordinaire.*)

7° De la main - d'œuvre quelquefois nécessaire pour nettoyer l'intérieur des machines. (*Bourriquets*, *brouettes*, *camions*, *hottes*, *paniers*.)

8° Du temps nécessaire pour remettre les machines en marche lors de leur retour. (*Toutes les machines*.)

9° Des frais de machine, qui sont plus forts pendant le chargement et la décharge que pendant le transport : à cause du choc des objets lourds que l'on y jette, des secousses que les machines éprouvent au moment du renversement, des coups que l'on donne quelquefois pour les nettoyer. (*Bourriquets*, *brouettes*, *hottes*, *paniers*, *tombereaux*.)

10° Enfin, de quelques frais d'outil particuliers à certaines machines, ou à certains chargemens. (*Bateaux*, *hottes*.)

Quant à la valeur du transport, comme on peut la déduire des détails ci-dessus, on s'abstiendra d'en parler.

XXXII.

C'est en vain que l'on a recherché le moyen d'améliorer l'établissement du prix des charpentes; et la méthode généralement en usage, toute défectueuse qu'elle est, semble encore la meilleure. Au reste, toutes les réflexions faites à ce sujet n'ont jamais conduit qu'à une conclusion, c'est qu'il existe dans les ouvrages de cette sorte deux valeurs que l'on ne peut réunir : 1° celle du bois, et celle du levage, toutes deux proportionnelles au volume, ou à-peu-près; 2° celle de la façon des assemblages. Pour avoir un prix qui fût juste, il faudrait donc payer d'abord au mètre cube, le bois et le levage; ensuite les assemblages, soit à la pièce, soit autrement. — Etablissement du prix des charpentes. (*Page* 64.)

L'évaluation de la première partie est toute simple, mais celle de la seconde ne peut guère se faire : car il serait d'abord nécessaire de prévoir tous les assemblages, pour établir des prix qui y fussent relatifs, ce qui alongerait beaucoup le Bordereau; ensuite il faudrait les classer entre eux, surtout les désigner de manière qu'il ne pût y avoir aucune matière à discussion, et c'est principalement faute d'avoir pu trouver ce classement que l'on a admis l'ancienne méthode, bien qu'elle n'offrit que des cotes mal taillées.

Il serait peut-être possible d'évaluer la coupe des bois de même que la taille des pierres, c'est-à-dire, en payant séparément l'abatis des déchets au mètre cube, et le *rabotage* des assemblages au mètre carré; mais cette innovation ayant paru trop forte, et le résultat en étant encore inconnu, on n'a pas osé la présenter.

Du reste, les perfectionnemens renfermés dans le présent travail n'ayant été trouvés que peu à peu, il est probable qu'avec le temps on en imaginera encore de meilleurs, si toutefois cela n'est pas déjà fait.

XXXIII.

Les prix de peinture que l'on établit dans la plupart des Bordereaux pour une, pour deux ou pour trois couches, sont extrêmement défectueux. — Etablissement du prix des peintures. (*Page* 64.)

S'il s'agissait constamment de poser des peintures à une, à deux ou à trois couches, sur des bois neufs, ces prix seraient bons; mais il se présente bien d'autres cas dans les travaux. Par exemple, on peut peindre à quatre couches, et si alors on paie à un prix double de celui de deux couches, ou au prix de trois couches augmenté de celui d'une couche, on paie beaucoup trop cher; vu que la première est évaluée plus que les autres, et qu'alors on en paie deux de cette sorte. Si on en doit faire poser une ou deux sur un bois déjà peint, la première, dans ce cas, n'équivaut plus qu'à une seconde, et en conséquence les prix sont encore trop élevés. Enfin, il arrive souvent que l'on donne d'abord deux couches à un bois neuf, et que l'on n'applique la troisième que l'année suivante, quand le toisé des deux premières est arrêté, ce qui oblige alors à payer la troisième comme peinture à une couche, c'est-à-dire, toujours trop cher.

Telles sont les observations qui ont principalement porté à distinguer les peintures en deux classes, savoir : les couches de fond, c'est-à-dire, qui sont posées les premières sur des bois neufs; et les couches ordinaires, c'est-à-dire, qui sont posées sur des surfaces non susceptibles d'une grande absorption de matière.

Du reste, cette méthode ne complique pas les toisés, puisqu'il ne s'agit que d'une simple addition pour avoir le prix d'une peinture quelconque.

XXXIV.

Autrefois on établissait le prix des déblais suivant la nature des terres, c'est-à-dire que l'on avait des prix applicables aux terres légères, aux fortes, etc.; mais les terres sont si variables, et il est si difficile de les décrire, que cette méthode était une source inépuisable de contestations, dans lesquelles l'État avait presque toujours le dessous. — Etablissement du prix des déblais. (*Page* 70.)

Le numéro 3 du Mémorial de l'Officier du Génie, ayant donné le moyen d'apprécier la relation qui existe entre le travail de la pioche et celui de la pelle (*), dès-lors on n'a plus fait usage dans les Marchés que d'un seul prix de déblai, qui se rapporte aux terres à un homme, et toutes les discussions ont cessé; mais on s'est bientôt aperçu que cette classification n'est pas suffisante : car à chaque instant on voyait sur les travaux certains ouvriers gagner des journées très-différentes, bien qu'ils travaillassent constamment de la même manière.

La principale cause qui rend la théorie du Mémorial incomplète, vient de ce que cette théorie regarde le travail de la pelle comme étant constant, tandis qu'il est bien loin de l'être. En effet, si on fait déblayer

(*) Vauban est le premier qui ait imaginé d'évaluer les déblais par le nombre des hommes employés à la fouille. (*Voyez* BELIDOR, *Science des Ingénieurs*, livre III, chapitre VIII.)

17

à la pelle ce que l'on entend par de la terre à un homme, c'est-à-dire, de la terre que l'on puisse immédiatement enlever sans le secours de la pioche, et que l'on fasse travailler le même ouvrier successivement dans plusieurs terres différentes, on reconnaît tout de suite qu'il existe certaines sortes de terres dont on ne peut déblayer que 7 à 8 mètres cubes par jour; tandis qu'il en est d'autres dont on peut déblayer jusqu'à 20 mètres et plus : ce qui prouve évidemment qu'il est nécessaire d'établir plusieurs prix pour les terres à un homme.

Après avoir recherché longtemps comment on pourrait classer les terres, on a pensé que l'on pouvait regarder le roulage comme étant un travail constant, c'est-à-dire, supposer que des ouvriers de la même force devaient transporter en plaine, chacun dans des temps égaux, des poids égaux à des distances égales; et l'on a, d'après cela, essayé d'établir entre le déblai à la pelle et le roulage, une comparaison, qui mit ces deux valeurs en relation au moyen d'une expérience analogue à celle du Mémorial, afin d'éviter toute discussion entre les Officiers et les Entrepreneurs, chose très-importante.

On n'a pas toutefois la prétention de regarder la méthode proposée à l'article 326, comme étant parfaitement exacte, et il est même évident qu'elle ne l'est pas, puisque la forme du terrain, ainsi que le poids des objets, influent sur le roulage; mais on croit seulement qu'elle est beaucoup plus complète que celle qui est en usage, et c'est sous ce rapport qu'on la présente.

Du reste, on pense avoir fait encore, à la théorie des déblais, une seconde amélioration, qui consiste dans l'appréciation du foisonnement. En effet, supposons une terre très-dure, par exemple, un tuf : si l'on fait d'abord déblayer cette terre, et qu'on en fasse le toisé suivant le vide du déblai; si l'on fait ensuite reprendre cette même terre une seconde fois, et que, faute d'avoir des renseignemens sur le déblai primitif, on fasse le toisé sur le volume du premier remblai, on trouvera bien certainement deux volumes très-inégaux; ce qui fera allouer deux sommes différentes pour un même travail : résultat tout-à-fait inexact, et même injuste à l'égard des ouvriers. Il était donc nécessaire que l'on évitât cet inconvénient; ce que l'on a tâché de faire en se basant sur les observations suivantes.

On a d'abord remarqué que le foisonnement est d'autant plus fort, que les terres sont plus compactes et plus dures; on a ensuite observé qu'il n'excède guère 1/10, que les terres les plus dures n'exigent pas ordinairement au-delà de deux pioches pour une pelle, c'est-à-dire, plus de deux hommes à la fouille; et on en a conclu qu'en divisant le foisonnement maximum par ce nombre, ce qui donne 1/20, on obtiendrait une fraction qui, étant accordée pour chaque homme à la fouille, produirait un foisonnement très-approchant du foisonnement réel, au moins dans les cas ordinaires : car, pour les déblais au pic et au pétard, on a fixé le foisonnement à la moitié en sus, à cause de plusieurs observations qui ont fait présumer que l'on peut, dans ces cas, le porter à ce taux. Au reste, ces fractions ne sont qu'un aperçu, et demandent à être déterminées par l'expérience. On avait aussi pensé qu'il serait peut-être nécessaire de payer les déblais à la drague d'autant plus cher qu'ils sont extraits à une plus grande profondeur, par exemple, 1/20 en sus par décimètre de la hauteur de l'eau; mais, faute d'expérience, on n'en a pas fait mention.

L'Analyse-modèle, au chapitre intitulé TERRASSEMENS, évalue le travail pour jeter les terres à 4^m de distance, ou à 1^m,6 de hauteur, à 1/5 en sus de celui du jet des terres à 2^m de distance, ou à 1^m de hauteur : cette évaluation paraît très-exacte, mais seulement pour le premier ouvrier. Par exemple, si les terres sont jetées d'étage en étage, et que le premier ouvrier, n'ayant à jeter qu'à 1^m de hauteur, puisse déblayer 15^m cubes par jour, on peut être sûr que tous les autres ouvriers des gradins le suivront, quand bien même ils seraient obligés de jeter les terres à plus de 1^m,6 de hauteur; tandis que d'après l'Analyse-modèle il devrait rester 1/5 des déblais sur les banquettes.

Au reste, on peut facilement se rendre compte de cette différence, en observant que le premier ouvrier est obligé de rassembler les terres, de les jeter de différents points de départ, et de les prendre sur un sol raboteux; tandis que les autres ouvriers prennent constamment les terres à la même place, et ordinairement sur un sol planchéié, ce qui facilite considérablement le travail : aussi a-t-on regardé que chaque atelier sera suffisamment salarié, si on indemnise les ouvriers à la fouille, en leur accordant, dans ce cas, 1/4 d'homme en sus de ceux qui seront réellement employés.

On fera de plus remarquer que cette théorie peut être appliquée non-seulement aux déblais de terre, mais encore à ceux de toute autre matière, telles que vase, pierres, fumier, etc.; ce qui lui donne une généralité que les autres méthodes n'ont pas; et c'est en considération de cela que l'on a adopté pour titre : Déblai de matériaux. Toutefois, on n'a employé le mot matériaux, que faute d'en avoir trouvé un autre plus exact sous le rapport de l'acception.

La théorie des remuemens de terre étant nouvelle, et se composant de la réunion des articles 316, 326 et 388, on pense qu'il ne sera pas inutile, pour en mieux faire comprendre l'ensemble, d'en présenter un résumé.

La valeur d'un déblai dépend de quatre élémens : le premier est la nature des matériaux qui le composent, laquelle peut être appréciée au moyen des portées. Le second est le travail de la fouille, qui se décompose lui-même en deux parties, le travail de la pioche, et celui de la pelle : on peut le représenter par un certain nombre d'hommes. Le troisième est le transport au moyen des machines : élément dans lequel on doit distinguer deux opérations, le chargement, et le transport proprement dit. Enfin le quatrième est le foisonnement, que l'on peut presque regarder comme étant en proportion avec la cohésion.

Le paiement d'un déblai devant résulter de la combinaison de ces divers élémens, pour que l'on comprenne la méthode, il suffira d'indiquer les opérations à faire pour établir le toisé d'un déblai dans le cas le plus général. Supposons donc qu'il s'agisse de payer un déblai de terre.

1° On évaluera d'abord le nombre de portées relatif au déblai, ce que l'on fera facilement au simple coup-d'œil, pour peu que l'on ait déjà vu l'expérience qui est détaillée à l'article 326; et on multipliera le prix du Bordereau par ledit nombre : au reste, autant de fois que 20^m se trouveront compris dans la longueur de la course qu'un ouvrier pourra faire en conduisant une brouette pleine, pendant qu'un autre ouvrier en emplira une seconde semblable à la première, autant on comptera de portées.

2° On évaluera ensuite le nombre d'hommes, qui peut être composé, comme on l'a dit ci-dessus, du nombre des hommes qui travailleront à la pioche, et du nombre de ceux qui déblaieront à la pelle. Le premier de ces nombres, que l'on a appelé nombre des hommes à la fouille, peut être évalué à vue, de même que celui des *portées* : il est égal au nombre des ouvriers *piocheurs* nécessaires pour entretenir de terre meuble un ouvrier *pelleur*. Le second, appelé nombre des hommes en relais, est donné par les localités : on l'obtient en divisant par 4ᵐ la distance horizontale parcourue par les terres, en les jetant d'homme à homme, ou en divisant par 1ᵐ,60 la hauteur verticale qu'elles auront parcourue étant jetées de banquette en *banquette* ; et en augmentant l'un ou l'autre de ces nombres d'un quart d'homme (1ᵐ de longueur, ou 0ᵐ,40 de hauteur), afin d'indemniser le premier ouvrier de la peine qu'il éprouve à rassembler les terres, ou à les prendre sur un sol raboteux : ainsi on suppose que cette difficulté l'empêche de jeter les terres aussi loin que les autres ouvriers, et, pour que le prix de la journée soit le même pour tous, on lui accorde 1 ¼ d'homme d'indemnité.

Ces trois valeurs, le nombre des hommes à la fouille, celui des hommes en relais, et le quart d'homme d'indemnité, étant ajoutées entre elles, on a le nombre d'hommes par lequel on doit multiplier le prix du Bordereau, déjà multiplié par le nombre de *portées*.

3° Si les terres ont été transportées dans des machines, au prix obtenu, comme on vient de le dire, on ajoutera encore le prix du chargement, plus celui du transport, après avoir toutefois multiplié ce dernier par le nombre des relais parcourus ; et l'on obtiendra, au dernier résultat, le prix définitif auquel il faudra payer le déblai : conformément à l'usage, le relais relatif au transport est de 30ᵐ en plaine, de 20ᵐ en rampe, et de 1ᵐ,60 en hauteur.

4° Enfin, lorsqu'il s'agira d'un déblai de terre dure, on devra, pour tenir compte du foisonnement, augmenter le *métrage* dudit déblai d'un vingtième par homme à la fouille ; et on l'augmentera de la moitié en sus pour les déblais de roc et de maçonnerie : cette augmentation peut se faire, soit par une addition au *métrage* trouvé pour le déblai, soit en augmentant l'une des trois dimensions du toisé.

Outre les manières de déblayer dont l'article 326 fait mention, il en existe encore une autre, nouvellement inventée, et fort avantageuse, dont on n'a pas parlé, faute d'expériences suffisantes : c'est le DÉBLAI à la charrue.

Lorsque le terrain à déblayer est d'une certaine étendue, et que le déblai doit être transporté au tombereau, ou au camion, au lieu de piocher la terre pour qu'on puisse entièrement l'enlever à la pelle, il est bien plus avantageux de la retourner à la charrue : car alors elle se trouve réduite en grosses mottes, ce qui permet d'en charger la plus grande partie à la main, mode de déblai beaucoup plus prompt que celui que l'on fait à la pelle ; au reste, la plus forte économie provient du travail de la charrue.

On n'a encore pu recueillir que deux résultats d'expériences comparatives à ce sujet : l'un sur de la terre glaise et compacte, l'autre sur de la terre franche. Dans le premier cas, le mètre cube de déblai fait à la pioche et à la pelle coûtait 0ᶠ,38ᶜ, tandis que, fait à la charrue, à la main et à la pelle, il ne revenait qu'à 0ᶠ,16ᶜ ; dans le second cas, fait à la pioche il coûtait 0ᶠ,13ᶜ, et fait à la charrue, seulement 0ᶠ,10ᶜ.

XXXV.

Établissement du prix des ouvrages de fer-blanc.
(Page 72.)

Il y a deux manières également justes d'évaluer les ouvrages de fer-blanc : au mètre carré, et à la feuille. En évaluant au mètre carré, on est obligé de supposer un déchet, et s'il ne se trouve dans un ouvrage que des feuilles entières, le prix devient alors trop élevé.

En évaluant à la feuille, et en n'admettant pas de fraction autre que la demie ou les quarts, si l'ouvrage renferme beaucoup de morceaux, on compte alors plus de fer-blanc qu'il n'en comporte réellement ; et le prix dans ce cas est encore trop élevé.

Cet inconvénient étant à-peu-près égal de part et d'autre, on a préféré l'évaluation au mètre carré, comme se rapprochant plus de la division adoptée pour les autres prix généraux ; et de crainte que celle à la feuille n'occasionnât des discussions : toutefois, on fera remarquer que cette dernière méthode d'évaluation est plus commode que l'autre pour les toisés.

Du reste, comme on établit ordinairement des prix particuliers pour les ouvrages de fer-blanc qui se présentent le plus fréquemment, on n'aura que bien rarement l'occasion de faire usage des prix généraux.

XXXVI.

Établissement du prix des ferrures.
(Page 73.)

Généralement, les Devis classent fort mal les ferrures : presque tous les rangent d'abord suivant l'emploi ; et distinguent ensuite, pour certaines espèces seulement, les petites ferrures des grosses.

Le classement relatif à l'emploi est extrêmement vicieux : par exemple, deux pentures du même poids peuvent exiger plus ou moins de main-d'œuvre, suivant que l'une est étirée, et que l'autre ne l'est pas ; et il en est de même de presque toutes les ferrures. Pour faire sentir les défauts d'un semblable classement, il suffira de rapporter un des innombrables inconvéniens qui en sont résultés.

Dans une Place, le Devis disait qu'on paierait au prix de 1ᶠ,47ᶜ les *consoles* de planches à effets. Ce prix, eu égard au modèle de *console* en usage à l'époque de la rédaction du Marché, était très-juste ; mais un autre modèle ayant été plus tard adopté, il est arrivé que, pendant l'espace de trois ans, on a payé, à raison de 1ᶠ,47ᶜ le kil., pour environ 2000ᶠ de *consoles* qui valaient au plus 1ᶠ,25ᶜ le kil. : c'est-à-dire que la méthode de classement citée ci-dessus, a fait perdre à l'État 300ᶠ sur un seul article. Du reste, cette observation rentre dans celle que l'on a déjà faite au commencement de ce Mémoire ; savoir, qu'il faut bien se garder de spécifier l'emploi ou la forme des ouvrages généraux ; mais on ne saurait trop le répéter, vu que c'est une faute grave dans laquelle tombent beaucoup de rédacteurs de Devis.

La distinction des petites ferrures d'avec les grosses, relativement à certaines classes, est insuffisante : attendu qu'il se présente dans le service des petites ferrures de tout genre, dont les prix doivent être plus élevés que celui des grosses , à cause non-seulement du surcroît de travail qu'elles demandent , mais encore de l'espèce du fer employé.

Enfin , les conditions de Devis relatives au classement des ferrures , sont ordinairement si mal entendues , qu'elles laissent à chaque instant dans le doute ; et qu'elles entraînent la plupart du temps des discussions presque toujours désavantageuses à l'État.

Le mode de classement adopté à l'article 340 , fait éviter tous ces inconvéniens : car il permet que l'on établisse des prix à raison du travail , et de la valeur du fer , pour tous les cas qui peuvent se présenter , et ne laisse aucune incertitude sur l'application des prix.

XXXVII.

Etablissement du prix des gazonnemens
(Page 74.)

Le parement des gazonnemens exigeant une main-d'œuvre à-peu-près constante , et indépendante de l'épaisseur du gazonnement , il est nécessaire que l'on paie séparément ces deux élémens. (*Voyez* : PAREMENT , *chap.* III.)

On n'a établi qu'un prix de parement de gazonnement , parce qu'on a supposé , pour plus de simplicité , que la sujétion était la même et pour les gazonnemens d'assises et pour les plaqués ; mais il n'y a pas apparence que cette hypothèse soit juste , et probablement il conviendrait d'établir deux prix : au reste , l'expérience peut seule décider la question.

XXXVIII.

Etablissement du prix de grattage.
(Page 75.)

Tous les Marchés joignent au prix du blanchiment , et des peintures , les frais nécessaires pour gratter les murs et les boiseries : or , comme ce travail n'est que rarement obligé , il en résulte qu'on le paie toujours , bien qu'on ne le fasse pas ; et l'habitude que les Entrepreneurs ont de ne pas le faire ordinairement , est telle , qu'ils ne l'exécutent pas , même lorsqu'il est indispensable , et quoiqu'ils en soient constamment payés. En le séparant des autres ouvrages , on évite entièrement ces deux inconvéniens sans compliquer les toisés , puisqu'on peut le joindre à volonté aux couches appliquées , par une simple addition.

XXXIX.

Etablissement du prix des maçonneries.
(Page 82.)

La méthode adoptée pour l'établissement du prix des maçonneries , est à-peu-près la même que celle du Marché-modèle ; néanmoins , comme la publication de cet ouvrage n'est pas encore assez avancée pour que l'on puisse juger si les deux méthodes sont tout-à-fait semblables , on va exposer celle-ci , et donner les motifs qui l'ont dictée.

Il existe dans les maçonneries plusieurs valeurs indépendantes les unes des autres , et qui varient selon les circonstances : le volume des matériaux , la pose , le transport desdits matériaux , la façon des joints , celle des paremens , les frais d'échafaud , les crépis , les enduits , les *jointoiemens* , les chapes , les aires et les pavés. Examinons isolément toutes ces valeurs.

Volume et pose.

1° Le volume des matériaux , lorsqu'il s'agit de briques ou de moellons , est proportionnel à celui de la maçonnerie , la valeur de la pose en est dans le même cas ; ainsi , un seul prix peut comprendre ces deux valeurs. A l'égard de la pierre de taille , le volume en est proportionnel à celui du parallélipipède circonscrit (*art.* 353) ; la pose , d'une part , l'est au volume effectif , et , de l'autre , dépend de l'emploi : donc il faudrait avoir , pour cette dernière maçonnerie , un prix qui fût relatif au volume ; et divers prix qui dépendissent de la pose , quelques pierres , telles que les corniches ou les voussoirs , exigeant , lorsqu'on les met en place , bien plus de main-d'œuvre que les carreaux. Mais , puisque la pose est proportionnelle au volume effectif pour certaines classes de pierres , que le parallélipipède circonscrit excède presque toujours ce dernier , à cause des déchets , et que les pierres qui éprouvent de grands déchets sont généralement celles dont la pose demande le plus de soins , il en résulte qu'en payant celle-ci proportionnellement au volume primitif de la pierre , on paie réellement , à volume effectif égal , plus pour les pierres de sujétion que pour les pierres ordinaires , ce qui établit une sorte de compensation ; et l'on a pensé qu'il était inutile de pousser plus loin l'exactitude à ce sujet : en conséquence , le prix du volume des maçonneries de pierre de taille , devra renfermer les frais de pose , calculés d'après ceux des pierres qui sont presque exemptes de déchet.

Transport.

2° Le transport des matériaux varie selon chaque ouvrage : quelquefois les voitures peuvent venir jusqu'à pied d'œuvre , d'autres fois on est obligé de reprendre les matériaux à la brouette , souvent de les monter ou de les descendre à la main ; enfin , il peut se présenter tant de cas , qu'il est impossible de les apprécier d'avance exactement. La seule chose certaine , et d'après laquelle on doit établir les prix , c'est qu'il ne se fait jamais de maçonnerie sans de petits frais de transports ; et que plusieurs ouvrages en exigent de considérables. On a conséquemment supposé d'abord que les prix destinés à payer le volume des maçonneries , comprendraient quelques frais de transport , par exemple , ceux qui seraient nécessaires pour conduire les matériaux à la brouette à un relais , et les faire passer de mains en mains à 2 ou à 3 portées , frais relatifs ordinairement aux maçonneries de fondation , et à celles qui sont exécutées avec de petits échafauds ; ensuite , ayant remarqué que les plus grands transports se font principalement lorsque les maçonneries sont élevées , on a établi (*art.* 1337) un prix pour le montage des matériaux sur les grands échafauds.

Toutefois on n'a pas voulu en établir de cette sorte à l'égard des maçonneries de pierre de taille , parce qu'on a pensé que ces pierres se posant au moyen de machines , il n'était guère plus difficile , une fois accrochées aux moufles , de les élever , par exemple , à dix mètres , qu'à trois mètres : dans tous les cas , ceux qui ne sont pas de cet avis , pourront remplir cette lacune.

Le prix du montage, étant proportionnel au volume de la maçonnerie, peut être additionné avec celui de ce dernier.

3° La façon des joints est nulle dans les maçonneries de briques et de moellons bruts, tant qu'il ne s'agit que de fondations ou de murs sans parement ; elle commence à devenir sensible dans les voûtes de moellons bruts ; elle est assez forte pour les constructions de moellons piqués ou esmillés ; enfin, elle est très-forte relativement à la pierre de taille.

Les maçonneries de murs de briques, ou de moellons bruts, ne demandent donc aucun prix pour la façon des joints. Celles des voûtes de moellons bruts, ainsi que les maçonneries de moellons piqués ou esmillés, en exigent ; mais, comme cette façon ne varie qu'en raison de l'épaisseur de la maçonnerie, et qu'elle est proportionnelle au parement. on l'a réunie à ce dernier. (*Voyez :* PAREMENS, *chap. III.*)

Relativement à la pierre de taille, pour tous les joints montants qui n'ont qu'un seul côté visible au parement, la façon est à-peu-près la même, et se réduit à tailler la pierre près du parement, sur une largeur de 0ᵐ,1 à 0ᵐ,15, et à ébaucher grossièrement le reste : d'où on peut conclure qu'en payant tous les joints de cette sorte au mètre courant et au même prix, quelle qu'en soit la profondeur, on en évaluera assez exactement la valeur.

Lorsque ces mêmes joints ont deux côtés visibles, alors l'angle compris entre ces côtés demande qu'on le taille avec régularité dans une assez grande étendue ; mais, en payant au mètre courant, la façon du joint se trouve payée d'autant plus cher que l'on approche du sommet de l'angle, où elle est payée double : ainsi, dans ce cas, il y a une sorte de compensation, que l'on regarde comme étant assez exacte.

Si le joint doit être à ressaut, la surface en exige alors dans une de ses moitiés, et jusqu'au-delà du ressaut, beaucoup plus de sujétion et de régularité que s'il était plan ; il faut donc avoir pour les joints de cette espèce, un prix particulier plus élevé que pour les autres : ce sont ces joints que l'on nomme joints de sujétion (*art.* 3₁6).

A l'égard des lits, si c'est un lit inférieur, et qu'il n'ait qu'un côté visible au parement, comme il faudra en-tailler presque toute l'étendue, cette façon dépendra de sa longueur, et forcera, par conséquent, à établir plusieurs prix ; mais, comme la régularité de ces lits est mal déterminée, on a pensé que deux prix suffiraient, et on les a assimilés à ceux des joints montants : néanmoins il n'est pas certain que la valeur en soit égale à celle de ces derniers, et il serait peut-être nécessaire d'avoir différents prix pour payer les uns et les autres, bien qu'il y ait généralement plus de pierre à abattre pour les joints que pour les lits, et que le remplissage des joints oblige à un travail dont les lits sont exempts. Au reste, on ne les a réunis que faute d'avoir des expériences suffisantes ; et parce que cette réunion, si elle est possible, simplifierait beaucoup les toisés.

Enfin, suivant que les lits présentent plusieurs côtés au parement, ou qu'ils sont à ressaut, la façon en varie ; mais la variation en est analogue à celle des joints : donc les prix des uns et des autres peuvent être calculés d'après les mêmes principes, et sur la même base.

Quant aux lits supérieurs, bien qu'ils demandent moins de sujétion que les inférieurs, on pense devoir les payer au même prix que ceux-ci, à cause du travail occasionné par l'arasement du tas.

Il existe encore quelquefois dans ces lits une sujétion étrangère aux causes ordinaires, c'est la façon des trous de louve ; à la vérité, elle n'est pas grande : néanmoins, on propose de la payer à part (*Voyez :* TROUS DE LOUVE, *chap. IV*) ; et l'on croit même qu'il convient de la payer beaucoup au-delà de sa valeur, afin d'engager l'Entrepreneur à poser de cette manière, qui est la meilleure de toutes, et celle que les ouvriers ont ordinairement le plus de répugnance à employer, soit parce qu'elle exige peut-être plus de précautions que les autres, soit à cause des ragrémens qu'elle entraîne.

Du reste, la façon des joints et des lits renferme un travail dont on n'a pas encore parlé, c'est l'abatis des déchets : travail si variable qu'il faudrait entrer, pour en tenir compte, et en suivant la méthode ci-dessus, dans des combinaisons de prix extrêmement compliquées ; aussi proposera-t-on de ne l'évaluer qu'approximativement, en le comprenant dans le prix des joints, à raison de sa valeur moyenne. On doit toutefois faire attention, qu'à volume égal de déchet, ce travail est bien moindre pour les lits, ou les joints, que pour les paremens ; ces derniers demandant non-seulement plus de précautions, mais encore présentant, outre cela, des angles rentrants dont les autres sont presque toujours exempts. Enfin, les lits et les joints causent, généralement, beaucoup moins de déchet que les paremens ; ce qui autorise bien plus encore le mode d'évaluation que l'on vient de proposer.

Les prix de joint, étant au mètre courant, peuvent être, dans les toisés, additionnés avec ceux de *jointoiement.*

Le Devis-modèle prescrit de payer les lits et les joints au mètre carré. S'il entend qu'on ne paie que les parties réellement taillées, et s'il compte en même temps pour l'abatis des déchets, la méthode en sera parfaitement exacte ; mais on craint qu'elle n'amène deux inconvéniens graves : d'abord de multiplier beaucoup les toisés, par conséquent les écritures des comptes ; ensuite d'occasionner de fréquentes discussions, attendu que les joints n'étant en grande partie qu'ébauchés, il sera souvent difficile de tomber d'accord avec l'Entrepreneur sur la détermination de l'étendue de ladite taille. S'il prétend payer les joints dans toute leur étendue, le prix deviendra dès-lors très-inexact.

4° La façon des paremens est constante pour certains ouvrages, variable pour d'autres : examinons d'abord les premiers.

Dans les maçonneries de briques, la façon du parement se réduit à fort peu de chose, puisqu'elle ne consiste que dans un arrangement plus régulier, et dans le peu de mortier qui tombe quelquefois ; néanmoins, on croit devoir établir deux prix pour ces paremens, attendu que ceux qui sont plans peuvent être dressés au cordeau, tandis que les paremens courbes obligent à employer des cherches de bois, qu'il faut construire tout exprès, et dont il est juste de tenir compte à l'Entrepreneur. Les maçonneries de briques peuvent aussi présenter des arêtes, mais on pense qu'il ne faut en tenir compte qu'autant qu'elles entraînent une grande sujétion (*art.* 3o9).

À l'égard des maçonneries de moellons, la façon du parement dépend de l'espèce du moellon ; et peut de même être distinguée en deux classes, suivant que les paremens sont plans ou courbes : on devra seulement faire attention, en calculant le prix de ces paremens, d'y comprendre, pour les moellons bruts, la taille et le déchet de ceux qui formeront le parement, ce qui produira une valeur d'autant plus grande que l'on exigera des joints plus serrés ; et pour les moellons smillés et les piqués, d'y joindre la taille des lits et des joints, qui est à-peu-près proportionnelle au parement, tous ces moellons étant presque égaux.

Enfin, dans les maçonneries de pierre de taille, la façon du parement est si variable qu'on ne la voit nulle part appréciée d'une manière exacte. La méthode que l'on propose n'est peut-être pas encore tout-à-fait rigoureuse ; mais elle paraît meilleure que les autres, et c'est pour cela qu'on l'a adoptée. Du reste, on va donner, pour et contre, les raisons qui la concernent, après avoir essayé d'examiner quelques-uns des moyens en usage.

On connaît les dénominations de taille ordinaire, de taille de sujétion, de taille en talus, de taille de première, de seconde, de troisième classe, qui se voient dans beaucoup de Bordereaux ; mais on sait que sur deux pierres, il s'en trouve une qui, avec de telles désignations, donne matière à des discussions, quelques détails que l'on mette au Devis, et que ces discussions, toujours désagréables pour les Officiers, tournent bien souvent au détriment de l'État.

On trouve aussi dans quelques Marchés des prix fixés pour certains ouvrages, pour les murs unis, les angles de mur, les voûtes de divers rayons, les tablettes, les baies, etc. : les prix de ce genre sont très-exacts, et ne produisent aucune discussion lorsqu'il s'agit des ouvrages désignés ; mais il se présente dans les travaux une foule de cas que l'on ne peut prévoir, et alors on retombe toujours dans le même embarras.

Enfin, le Devis-modèle propose, à ce qu'il paraît, de payer séparément le parement et l'abatis de déchets. Cette méthode semble assez bonne au premier coup-d'œil, la taille dépendant en effet de la quantité de pierre à abattue, et de la dernière façon du parement ; mais il y a deux objections à y faire. D'abord, s'il faut dans les toisés payer au mètre cube chaque partie de pierre abattue, comme on en abat sur la plupart des faces de chaque bloc, il en résultera une multitude de toisés qui alongeront les comptes ; ensuite cette méthode n'est pas réellement exacte, attendu que le travail nécessaire pour enlever ou abattre une certaine quantité de pierre, dépend non-seulement du volume de la pierre abattue, mais encore de la profondeur et de l'ouverture de l'angle que forment les plans entre lesquels on l'enlève, ce dont elle ne tient pas compte : par exemple, elle paîrait au même prix la façon d'un évier de $0^m,06$ de profondeur, et celle d'une pierre à eau dont l'intérieur serait cubique, ce qui bien certainement ne serait pas juste ; et ce qui le deviendrait d'autant moins que les vides seraient plus petits et plus profonds.

Telles sont les considérations qui ont porté à rechercher un autre mode d'évaluation, basé sur le même principe que celui du Devis-modèle, mais qui semble devoir lui être préféré, d'abord parce qu'il est un peu plus exact, ensuite parce qu'il est beaucoup plus simple, et qu'il se rapproche de l'usage : voici en quoi il consiste. (*Voyez* : PAREMENT, *chap. III.*)

On a d'abord divisé les paremens, relativement au fini de l'ouvrage, en trois classes que l'on a désignées, paremens dégrossis, paremens piqués, et paremens layés. Après quoi, on a distingué dans chaque classe, sous le rapport de la forme, les paremens plans, les courbes, et ceux d'architecture. Enfin, pour évaluer l'abatis des déchets, au lieu de payer ces derniers au mètre cube, on a divisé ceux qui peuvent se présenter en quatre espèces, suivant leurs volumes ; et comme ces volumes, à l'égard de chaque espèce, sont proportionnels aux paremens, il a suffi de classer ceux-ci d'après l'épaisseur moyenne des couches de pierre enlevées : en conséquence, on appelle parement à déchet nul, celui des faces sur lesquelles il ne faut enlever que la pierre justement nécessaire pour les dresser, et pour en faire disparaître les bosses et les creux ; et, parement à petit déchet, à moyen déchet ou à grand déchet, ceux pour lesquels il faut enlever $0^m,01$ à $0^m,05$, $0^m,05$ à $0^m,1$, ou, enfin, $0^m,1$ d'épaisseur de pierre, ou plus, en sus de la couche relative au parement à déchet nul.

Il suit d'un tel établissement de prix, que dans les angles rentrans on paie double une partie du déchet lorsque l'angle est à deux plans, triple lorsqu'il est à trois plans, enfin quadruple lorsqu'il s'agit de petits vides compris entre quatre plans rapprochés ; et comme ces parties des déchets entraînent d'autant plus de sujétion que les angles sont plus profonds, ou plus aigus, on voit que dans ce cas il y a une sorte de compensation. Du reste, cette méthode, ainsi que celle du Devis-modèle qui est la moins rigoureuse des deux, ne seront inexactes que dans fort peu de cas, et seulement pour quelques pierres de formes bizarres ; mais, quand même celle du Devis-modèle la vaudrait relativement à l'exactitude, on n'en préférerait pas moins celle-ci, à cause de sa simplicité : pour reconnaître l'avantage qu'elle peut avoir sur l'autre, sous ce rapport, il suffira de la comparer au sujet d'une même pierre.

Supposons qu'il s'agisse de payer un voussoir à crossette faisant partie de la tête d'une voûte dans un mur incliné. Suivant le Devis-modèle, il faudrait faire un toisé à trois dimensions pour payer d'abord le volume de la pierre, 5 autres toisés à 3 dimensions pour le volume des déchets abattus sur 5 des faces dudit voussoir, 3 toisés à 2 dimensions pour les 2 faces du parement, enfin 7 toisés à 2 dimensions pour les 6 plans de joint, en tout 16 toisés ; tandis que suivant l'autre méthode, il ne faudrait que le toisé à 3 dimensions relatif au volume de la pierre, les 3 toisés à 2 dimensions relatifs au parement, enfin un toisé à une dimension pour les joints, en tout 5 toisés au lieu de 16 : encore le quatrième toisé de cette dernière méthode peut-il n'être pas additionné avec le *jointoiement* ; ce qu'il n'est pas possible de faire en suivant la théorie du Devis-modèle, qui force à dresser un toisé particulier pour ce dernier.

Frais d'échafaud. 5° Les frais d'échafaud ont été quelquefois réunis avec le prix du volume de la maçonnerie : méthode la plus vicieuse de toutes, puisque ces frais sont proportionnels au parement et non au volume. D'autres fois on les a compris dans les crépis, ou dans les *jointoiemens*, ce qui obligeait à payer toujours ces derniers, même lorsqu'on ne les exécutait pas ; et ce qui faisait allouer un prix constant pour les échafauds, quoique ceux-ci fussent très-variables.

On a conséquemment pensé qu'il était préférable d'établir à cet égard un prix isolé, afin de pouvoir le faire varier selon les circonstances, et de pouvoir l'ajouter à toute sorte d'ouvrage (*art.* 343).

6° Quant aux crépis, aux enduits, aux *jointoiemens*, aux chapes, etc., en les séparant des maçonneries, on n'a fait que suivre l'usage qui commence de s'établir depuis quelque temps ; seulement, on a mis certains *jointoiemens* au mètre courant, parce que ce mode de toisé a paru plus exact que celui qui les évalue au mètre carré ; et que cette manière de les payer permet de les additionner avec les joints, ou avec les paremens.

On doit voir, par la présente Note, que le paiement des maçonneries, bien que celles-ci soient composées d'élémens nombreux, est néanmoins assez simple, puisque cette opération se réduit : 1° à cuber l'ouvrage, et à multiplier le résultat par le prix du volume, augmenté du prix du montage, s'il y a lieu ; 2° à carrer le parement, pour y appliquer le prix qui s'y rapporte, et auquel on ajoutera, suivant le cas, celui du crépi, de l'enduit ou du *rustiquage*, et des frais d'échafaud ; 3° à mesurer, au mètre courant, les joints visibles des pierres d'appareil, dont le prix sera augmenté de celui du *jointoiement*, si ce dernier doit être payé ; 4° enfin, à payer isolément les arêtes des maçonneries de briques ou de moellons lorsqu'elles seront proprement façonnées ; les cintres qui auront servi à la construction des voûtes ; les aires, les chapes, les pavés, et généralement tout accessoire.

Le roc étant le seul fond sur lequel il soit convenable d'établir des maçonneries à cru, on a pensé que l'article 353 ne devait pas prévoir d'autre cas de ce mode de construction.

XL.

On n'a établi que quatre classes de menuiseries, parce que généralement il ne s'en présente pas d'autre dans les travaux militaires ; et l'on a mis à part le *rabotage*, vu qu'il aurait fallu, pour le joindre aux menuiseries, sextupler le nombre des prix de ces dernières ; puisqu'elles peuvent être brutes des deux côtés, rabotées d'un côté seulement ou des deux côtés, enfin qu'elles peuvent être rabotées à moulures ou sans moulure. Du reste, d'après cette méthode, le prix de toute menuiserie est donné par une simple addition.

XLI.

On a séparé la valeur du *piquage* de celle des crépis et des renformis, parce que ce travail n'est pas toujours nécessaire ; que les Entrepreneurs, lorsqu'on le joint aux crépis à raison de sa valeur moyenne, qui est peu de chose, l'exécutent fort mal ; et qu'ils prétendent toujours que la grande sujétion dont il est susceptible, lorsqu'il faut réellement l'exécuter, n'est pas comprise dans le prix des crépis. Enfin, on l'a séparé, afin qu'on pût le faire à l'économie : seule manière, peut-être, d'arriver à un bon résultat.

XLII.

On a distingué les *rejointoiemens* des *jointoiemens*, parce qu'ils exigent beaucoup plus de mortier ou de mastic que ces derniers, et que l'on a supposé que les prix en comprendraient celui du *piquage*. Au surplus, il serait préférable que l'on séparât ce dernier ; et que l'on établît à ce sujet des articles que l'on pourrait intituler *piquage*, *évidement* ou *refouillement* de joint ; et dont on appliquerait les prix au mètre carré, ou au mètre courant, suivant le mode de mesurage du *rejointoiement* correspondant.

XLIII.

Les Marchés ne distinguant pas ordinairement le travail de la *mise* en chantier de celui du sciage proprement dit, et réunissant ces deux élémens en un seul prix au mètre carré, il en résulte que les ouvriers gagnent trop peu lorsqu'ils n'ont qu'un ou deux traits de scie à donner dans une pièce ; ce qui occasionne souvent des plaintes de leur part : à la vérité, quand ils débitent du bois en planche, si l'Entrepreneur les paie au mètre carré, toute main-d'œuvre y comprise, ils reçoivent de fortes journées ; mais, comme on ne fait ordinairement débiter que de petites quantités de bois, il n'arrive presque jamais que les mêmes ouvriers aient à scier en même temps de l'une et de l'autre manière.

On objectera sans doute à la méthode proposée qu'elle compliquera les toisés ; et que, l'Entrepreneur exécutant tout le sciage, il importe peu à l'État que le prix en soit juste dans chaque circonstance, ou que ce soit un prix moyen : mais on est en droit de répondre, pour le cas dont il s'agit, et pour tous ceux qui lui sont analogues, d'abord, que l'on n'a pas toujours à faire exécuter des travaux de toutes les sortes, et que, par conséquent, le système des compensations peut se trouver en défaut ; ensuite, que les Entrepreneurs, cherchant à attraper les ouvriers, autant que le Gouvernement, profitent de leur ignorance pour faire avec eux des conventions suivant l'usage du pays, ou les conditions du Marché, à raison des avantages plus ou moins grands que l'une ou l'autre de ces deux manières leur présente ; enfin, que les ouvriers, se trouvant de cette façon presque toujours lésés, se plaignent et ne travaillent qu'en conséquence : inconvéniens qui retombent, au dernier résultat, et sur les Officiers et sur l'État. D'où l'on doit conclure que les méthodes qui apprécient le plus exactement les différens degrés de sujétion que les ouvrages exigent, doivent être préférées.

XLIV.

Le chapitre IV, ainsi qu'on l'a dit dans les réflexions préliminaires, renferme les objets payables à la pièce. Ceux-ci variant suivant les localités, on a pensé qu'il était inutile de les décrire complétement ; et l'on s'est borné, en conséquence, à quelques descriptions, afin d'indiquer la marche à suivre à leur égard. Néanmoins, on croit qu'il serait nécessaire que tous fussent détaillés dans un ouvrage tel que le Devismodéle ; mais , pour cela , il faudrait que l'on choisit , parmi les modéles existants , ceux qui sont les meilleurs , tant sous le rapport de la convenance , que sous celui de l'économie : ce qu'on ne pourrait faire , qu'après les avoir examinés dans les principales Places de France , qu'après avoir pris sur leur usage et leur durée le plus de renseignemens qu'il est possible , enfin , qu'après les avoir comparés entre eux. Les avantages que l'on pourrait retirer d'un tel travail , seraient d'établir de l'uniformité dans le casernement ; d'empêcher que les Officiers ne tombassent dans un luxe inutile ; de leur ôter toute incertitude lorsqu'ils ont des objets de ce genre à faire confectionner ; de leur en faire connaître la valeur approximative ; enfin d'empêcher qu'ils ne fissent des écoles , ce qui arrive quelquefois. Comme on ne se figure peut-être pas au juste les inconvéniens qui peuvent résulter du manque de modéle , on va en donner un exemple.

Il y a quelques années que dans trois Places assez voisines on eut à fournir des poêles pour le chauffage des casernes. Dans la première , on en acheta dont le dessus était trop mince , et trop rapproché du foyer ; au bout de deux ans le feu avait brûlé , fendu tous les dessus de poêle , et ceux-ci furent mis hors de service. Dans la seconde , on les acheta tellement grands que les rations de la troupe pouvaient à peine suffire pour les alimenter ; ce qui , depuis qu'on s'en sert , a toujours occasioné des plaintes ; et ce qui forcera probablement à en fournir d'autres : outre cela , les tuyaux en étaient de tôle si mince qu'au bout d'un an il fallut déjà pour la plupart les remplacer. Enfin , dans la troisième , on acheta des poêles d'une assez bonne forme ; mais on les prit à une forge où la fonte était mauvaise , de sorte qu'en peu de temps plusieurs d'entre eux furent cassés. L'État perdit donc , en grande partie , les dépenses faites pour lesdits poêles : si l'on avait envoyé un modéle convenable à une bonne forge , et que l'on eût prescrit à toutes les Places des directions voisines de cette forge d'en tirer les poêles dont elles avaient besoin , on aurait évité cette perte. On ne citera que cet exemple ; mais on pourrait en rapporter une multitude d'autres : car il s'en présente chaque jour dans les Places , faute de modéle.

A la vérité , on a quelquefois essayé de donner des modéles , afin d'éviter les inconvéniens du genre de ceux que l'on vient de citer ; mais les résultats ont rarement répondu à l'attente : et naguère encore , on a envoyé le modéle d'un meuble assez cher , destiné aux casernes de cavalerie , pour la fourniture duquel on a probablement dépensé de grosses sommes , modéle si mal conçu , qu'en s'y conformant , les meubles qui en résultaient étaient quelquefois hors de service en vingt-quatre heures ; et que l'on n'en a pas vu peut-être un seul durer huit jours en bon état.

On répéte donc qu'une chose extrêmement utile , et même urgente , serait de donner des modéles. Toutefois , pour les avoir bons , il faudrait non - seulement les faire choisir avec les précautions indiquées au commencement de cette Note , mais encore en charger des Officiers qui eussent longtemps servi dans les Places , qui eussent une grande expérience ; et faire mettre ensuite et de nouveau ces modéles à l'essai avant de les adopter.

XLV.

Établissement du prix des barres de porte.
(Page 91.)

Dans tous les Marchés , les prix de porte , de volet et de contre-vent , comprennent la valeur des barres ; ce mode d'établissement de prix est sujet à trois inconvéniens : d'abord il oblige à établir une grande quantité d'articles , puisqu'il faut en mettre autant qu'il y a de sortes de bois combinées deux à deux , et que les vantaux peuvent avoir des écharpes ou en être dépourvus ; ensuite , le Bordereau manque de prix lorsqu'il faut payer des barres fournies isolément en remplacement ; enfin , la largeur et l'écartement des barres variant à raison de la grandeur des baies , il en résulte que les prix ne sont jamais bien justes.

En établissant des prix de barre , on a , au contraire , l'avantage de posséder , au moyen d'un petit nombre d'articles , toutes les combinaisons possibles ; et d'avoir des prix très-justes : le champ des vantaux , dans ce cas , doit être payé comme de la menuiserie.

XLVI.

Établissement du prix des couvertures.
(Page 95.)

Dans les Bordereaux , on réunit ordinairement le toisé de la couverture avec celui du lattis : cette méthode est mauvaise , en ce que le toisé du lattis doit être parfois plus grand que l'étendue réelle de ce dernier ; tandis que celui des couvertures doit toujours être plus petit que ces dernières.

Les circonstances où les erreurs sont les plus sensibles , se présentent dans le toisé des pans qui n'ont que peu de hauteur. Par exemple , s'il s'agit d'une couverture de tuiles creuses qui n'ait que deux cours de lattes , ou fait tort à l'Entrepreneur de $1/12$ de la valeur réelle du lattis ; si c'est d'une seule rangée de tuiles , soit pour un sommet de mur , soit pour un faîtage , on lui paie de trop les $15/46$ de la valeur de l'ouvrage : à la vérité , ces circonstances se présentent rarement ; mais elles se rencontrent , surtout dans les réparations. Enfin , il y a erreur toutes les fois que l'on toise des tuiles attenantes à un faîtage quelconque , puisqu'alors on alloue de trop à l'Entrepreneur , par 7 mètres courants de faîtage , $1^m,05$ carrés de couverture ; tandis qu'on lui fait tort de $0^m,7$ carrés de lattis : si le lattis vaut $0^f,40$, et la couverture 2^f , l'État perd $1^f,82^c$ par 7^m ; or les couvertures de tuiles sont celles sur lesquelles cette méthode lui fait perdre le moins.

Du reste , la méthode proposée ne complique pas les comptes , puisque l'on n'a presque jamais l'occasion de pouvoir réunir un toisé la couverture avec le lattis , à cause des différences qui existent ordinairement dans le lattis de chaque pan , ou dans sa couverture , surtout lorsqu'il s'agit de réparations. Enfin , elle a l'avantage d'exiger bien moins d'articles de Bordereau que celle dont on fait usage : cette dernière même en demande tant , qu'on n'en met généralement qu'une partie dans les Bordereaux , ce qui oblige à faire souvent des prix à l'estimation.

XLVII.

Assemblement des croisées.
(Page 95.)

La précaution que l'on indique d'enduire de résine et de siccatif les assemblages des croisées , depuis dix ans qu'elle est expérimentée , a produit l'excellent résultat d'empêcher les croisées de gonfler à l'humidité; et il est probable, puisqu'elle empêche totalement l'eau de s'infiltrer dans les assemblages, qu'elle conservera ces derniers, et prolongera par conséquent la durée des croisées, qui périssent toutes par une suite de l'état de pourriture de leurs tenons. On obtient le siccatif en faisant bouillir, durant huit heures, une partie de litharge dans dix parties d'huile de lin. Les couleurs ordinaires à l'huile ne produisent pas, à beaucoup près, le résultat de la composition ci-dessus.

XLVIII.

On a séparé le paiement de la forme et du *jointoiement* de celui du pavé, parce qu'en réunissant le tout en un seul prix, comme on le fait ordinairement, il arrive, la plupart du temps, que l'on paie des *jointoiemens* qu'on ne fait pas; ou que l'on paie des formes plus épaisses qu'elles ne le sont réellement : le terrain étant souvent de nature à servir lui-même de forme. Ensuite, pour tout réunir, on est obligé de quadrupler au moins le nombre des prix du Bordereau, les pavés pouvant être posés sur des formes neuves ou vieilles, et rejointoyés de mortiers de diverses sortes. Enfin, lorsque les circonstances demandent des formes plus épaisses que celles qui sont prévues par le Marché, si tout est réuni, on manque de prix pour payer le surcroît d'épaisseur que l'on veut donner. En séparant les trois élémens, on évite tous ces inconvéniens.

Établissement du prix des pavés. *(Page 101.)*

XLIX.

Le principal but que l'on doit se proposer en faisant une analyse, et même, il faut dire, le seul but important, c'est de présenter des valeurs exactes. Comme on ne peut y atteindre qu'à force d'expériences, qu'il est impossible que chacun puisse faire celles qui seraient nécessaires pour compléter une analyse, et que presque toutes ont été faites, il suit de là qu'on ne peut avoir l'espoir de parvenir à cette fin, qu'en comparant des analyses entre elles; qu'en recherchant avec soin les divers résultats consignés dans les auteurs; qu'en rapprochant les valeurs que ces recherches peuvent fournir; enfin, qu'en choisissant, parmi ces valeurs, celles qui paraissent mériter le plus de confiance, ou qu'en adoptant des quantités moyennes.

Le Marché-modèle paraissant devoir renfermer ce précieux travail, et cet ouvrage pouvant présenter à ce sujet beaucoup plus de résultats qu'on n'est à même de s'en procurer, on se dispensera de le traiter; et l'on se bornera, relativement à l'analyse, à indiquer quelques modifications à faire dans les formes de sa rédaction.

Si on avait des expériences complètes, c'est-à-dire, qui donnassent en détail toutes les valeurs nécessaires pour la composition de chaque prix, il serait tout naturel de transcrire ces expériences elles-mêmes dans les analyses; mais comme il en est rarement ainsi, que généralement les différents élémens d'un prix sont donnés par plusieurs résultats, et qu'on se trouve nécessairement obligé de rapporter, au moyen de proportions, la majeure partie de ces derniers, à ceux que l'on a adoptés pour servir au calcul des prix, on conseillera : 1° de rapporter ainsi, et à une même base, tous les résultats relatifs à un même genre d'ouvrage; 2° d'adopter ensuite l'ensemble de ces bases pour la rédaction de toutes les analyses; 3° enfin de rejeter les détails, soit dans des notes, ainsi qu'on l'a fait dans le Marché-modèle, pour établir le calcul du prix des journées, soit dans les registres d'expériences dont on a parlé *(page 2)*.

Les avantages que l'on trouverait à suivre cette marche, seraient :

1° De diminuer les écritures, puisqu'il deviendrait superflu, en rédigeant les analyses, de représenter le détail des expériences, et qu'il suffirait d'en citer les résultats.

2° De répandre, par la suppression desdits détails, plus de clarté dans les ouvrages de ce genre; et de pouvoir saisir plus facilement les valeurs moyennes, ou ce qu'il y aurait de meilleur dans les résultats, puisqu'on trouverait ces derniers calculés, et rapportés à une même base générale, soit dans des notes, soit dans les registres.

3° D'être à même de comparer les analyses entre elles du premier coup-d'œil.

4° De s'entendre beaucoup mieux dans la recherche des élémens, puisqu'il y aurait de l'uniformité; et de pouvoir reconnaître les erreurs plus facilement qu'on ne peut le faire présentement.

5° Enfin, d'avoir la faculté de choisir pour certains prix, des bases qui fussent propres à fixer les élémens dans la mémoire : par exemple, on pourrait établir le calcul des détails pour des quantités exprimées en nombres entiers faciles à retenir, quantités qui seraient constantes pour tous les ouvrages d'une même nature, et qu'il serait peut-être possible de faire correspondre au travail d'un ouvrier ou d'un atelier pendant un jour; ou bien, à l'égard de certaines fournitures, on pourrait prendre pour base des quantités approchantes des achats ordinaires de l'Entrepreneur, ce qui permettrait d'apprécier facilement les faux-frais.

On espère, au surplus, que le petit nombre d'articles d'analyse que l'on donne, suffira pour faire comprendre ces principes. Quant aux notes sur ce sujet, on n'en indique que deux exemples, à l'occasion du LEVAGE et des MANŒUVRES, attendu que chacun peut facilement s'en faire une idée.

On doit distinguer dans une analyse des faux-frais de quatre sortes, savoir :

1° Des frais de Commis, relatifs aux commandes, aux appels, à la tenue des comptes, au paiement des ouvriers, et quelquefois à la surveillance. Ces frais, en les représentant par la fraction de la journée de Commis employée à l'égard de chaque ouvrier, peuvent être regardés comme étant constants pour toute la France; tandis qu'ils deviendraient variables si on les exprimait en fraction de la journée de l'ouvrier, ainsi qu'on le fait ordinairement.

2° Des frais de Maître, relatifs à la surveillance et au tracé de l'ouvrage. Ces frais sont absolument de la même nature que ceux de Commis.

3° Des frais d'outil, qui sont constants pour chaque Place, et variables en passant d'un lieu à l'autre; vu que les prix de journée sont d'autant plus bas que les Places sont plus petites; et qu'au contraire le

Rédaction de l'analyse. *(Page 107.)*

Bases des prix

Faux-frais.

prix des outils augmente, ordinairement, en raison inverse, à cause du peu de commerce qui se fait dans les petites populations.

4° Enfin, des frais d'atelier, que l'on peut regarder comme étant en proportion constante avec le prix des journées pour tous les pays : le prix des ateliers dépendant presque entièrement de celui de la main-d'œuvre.

Bénéfices. Il reste encore une observation à faire sur la rédaction des analyses, elle est relative aux bénéfices.

De tout temps on paraît avoir admis, comme base fondamentale, que le bénéfice des Entrepreneurs doit être de dix pour cent : ce principe est tout-à-fait faux ; et peut entraîner un inconvénient auquel on ne fait pas attention, bien qu'il soit assez grave.

Dans une grande Place où l'on fait des travaux pour 200,000^f par an, l'Entrepreneur peut se contenter d'un bénéfice de dix, ou même de cinq pour cent ; mais dans une petite Place où l'on ne dépense que quelques milliers de francs, si l'on n'accorde que dix pour cent, on ne trouve pas d'Entrepreneur : personne ne voulant courir les chances et les charges d'une entreprise, du genre de celles qui regardent le service du Génie, pour ne gagner qu'une centaine de francs. Pour avoir un Entrepreneur, il faut dans ce cas que les bénéfices soient de vingt à trente pour cent. Or, les réglemens ne permettant d'allouer ostensiblement que dix pour cent, que doit-on faire ? Il y a deux manières d'opérer : la première consiste à augmenter, pour les journées et les matériaux, les prix courans du pays de l'excédent de bénéfice supposé nécessaire, au-delà de dix pour cent, pour engager quelqu'un à prendre l'entreprise ; et à substituer ensuite ces prix dans une analyse exacte. La seconde, c'est d'employer les prix élémentaires tels qu'ils sont, dans une analyse dont on force toutes les valeurs. Examinons ce qui peut résulter de ces deux méthodes, auxquelles le faux principe adopté contraint de recourir.

En augmentant les prix élémentaires, ceux-ci deviennent plus forts que les prix correspondans des grandes Places voisines ; dès-lors le Marché paraît absurde, exorbitant, et peut en quelque sorte compromettre son auteur, puisque tout le monde sait que les prix élémentaires sont d'autant plus bas que les Places sont plus petites, surtout les prix de journée, ceux auxquels on a justement recours lorsqu'on veut juger un Marché. Il résulte de là que le moyen dont on vient de parler n'a été que rarement employé, et cependant c'est celui qui présente le moins d'inconvéniens : il n'en produit même qu'un bien faible, c'est que les Officiers qui servent dans les Places où les Marchés sont rédigés de cette manière, voyant que les prix du Bordereau sont beaucoup plus élevés que ceux du pays, et que ces derniers ne peuvent être employés dans l'Analyse, ne se donnent aucune peine pour chercher à les connaître, et même ne prennent aucune note à leur égard lorsque l'occasion s'en présente, regardant cela comme tout-à-fait inutile ; d'où il résulte qu'à l'époque de la rédaction des Marchés, on opère au hasard, ce qui ne donne jamais que des prix mal coordonnés.

Le second moyen, a-t-on dit, d'augmenter les bénéfices, consiste à substituer les prix du pays dans une analyse dont on force toutes les valeurs. Les Marchés rédigés d'après ce principe paraissent toujours bons, parce qu'on y voit des prix élémentaires modérés, inférieurs à ceux des grandes Places, ce qui doit être ; et malheureusement ce sont justement ceux qui peuvent amener les plus graves inconvéniens. On remarque bien que les prix de certains ouvrages y sont très-forts ; mais comme on n'a pas toujours à sa disposition une collection d'analyses à consulter, on ne sait laquelle est la meilleure de celles que l'on compare ; ensuite on pense que les matériaux, suivant leur nature, exigent plus ou moins de main-d'œuvre, plus ou moins de déchets ; enfin, comme il est à-peu-près impossible de se rendre exactement compte des augmentations de ce genre, et que les prix élémentaires, les seuls que l'on puisse juger facilement, paraissent modérés, on en conclut que tout est bien fait. Les Marchés rédigés de cette manière peuvent avoir en effet des prix convenables ; mais supposons qu'une Place dans laquelle le Marché est ainsi rédigé, et où l'on ne dépense ordinairement que quelques milliers de francs, prenne plus tard de l'importance, et que tout-à-coup on veuille y faire de grands travaux, qu'arrivera-t-il ? Il arrivera qu'on ne pourra diminuer les prix élémentaires ; qu'il ne sera pas possible de changer les valeurs de l'Analyse, puisqu'il faudrait pour cela faire d'innombrables expériences ; et, en conséquence, que les prix deviendront ruineux pour l'État.

De ce que l'on vient de dire, on peut trouver une foule de preuves : car, si on veut comparer avec soin des analyses, on verra, si quelques-unes d'entre elles ont des prix plus élevés que d'autres et qui puissent paraître exorbitans, que généralement les hauts prix proviennent de quelques augmentations dans les valeurs de l'Analyse, et non de celles qui peuvent exister dans les prix élémentaires ; et si l'on veut faire des recherches sur l'historique des Places où sont ces prix onéreux, on reconnaîtra probablement qu'autrefois ou n'y dépensait annuellement que fort peu de fonds. Enfin, tout porte à croire, si les Marchés renferment des prix exorbitans, qu'ils ont pour origine la cause que l'on vient d'exposer : d'elle seule aussi résultent les bizarreries et les faux résultats des analyses ; et à elle seule elle empêchera que l'on n'ait jamais rien de bon en ce genre, au moins dans les Places qui ne sont pas du premier ordre.

Après avoir montré le mal, il convient d'indiquer le remède ; or le voici, il est fort simple.

Il consiste, au lieu d'établir en principe que les Entrepreneurs ne doivent gagner que dix pour cent, d'admettre que les bénéfices peuvent être d'autant plus grands que les dépenses sont plus petites ; et, au lieu du bénéfice de dix pour cent fixé à l'article 3 du Devis, d'accorder à l'adjudication quinze, vingt, vingt-cinq et même trente pour cent, selon les localités. En adoptant cette mesure, on verra bientôt disparaître des analyses toutes les irrégularités qui s'y trouvent en ce moment, et les prix de Bordereau devenir ce qu'ils doivent être, c'est-à-dire, plus forts pour les grandes Places que pour les petites ; tandis que la plupart d'entre eux sont actuellement de véritables fictions. Lorsque les circonstances occasionneront quelque variation dans les dépenses d'une Place, on sera sûr d'avoir toujours des prix tels qu'il les faudra, et de n'en avoir jamais d'onéreux, puisqu'il suffira pour les amener au taux convenable, de diminuer ou d'augmenter seulement le bénéfice de l'article 3. Enfin, au moyen de cette méthode, on verra clairement ce qui se passe, on se rendra compte de tout, et l'on cessera de marcher en aveugle.

L.

Détail de deux expériences
sur le levage.
(Page 110.)

Première expérience :

10^m cubes de charpente ont été posés en 2^j,60 , par quatre charpentiers qui , par conséquent , ont employé ensemble 10^j,40 : donc

Il faut pour le levage d'un mètre cube de charpente , (1^j,04 !!) de charpentier.

Seconde expérience :

6^m,700 cubes de charpente d'échafaud ont été levés et mis en place par deux ouvriers en 3^j,20 , c'est-à-dire qu'ils y ont employé ensemble 6^j,40 : donc

Il faut pour le levage d'un mètre cube de charpente , (0^j,96 !!) de charpentier.

LI.

Détail d'une expérience de
frais d'outil.
(Page 111.)

En 1566 journées de travail , des manœuvres employés à faire des déblais ont consommé :

	f
3 pioches à 5^f,30	15,90
Réparation desdites pioches , 1/2 de leur valeur	7,95
3 pelles rondes à 3^f,50	10,50
Réparation desdites pelles , 1/3 de leur valeur	3,50
3 pelles carrées à 5^f	15,00
Réparation desdites pelles , 1/3 de leur valeur	5,00
3 1/2 brouettes à 15^f	52,50
Total	110,35

Le prix moyen de la journée de manœuvre , basée sur plusieurs années , étant de 1^f,30 , il en résulte , que Les frais d'outil d'une journée de manœuvre s'élévent à 1/20! du prix de la journée dudit ouvrier.

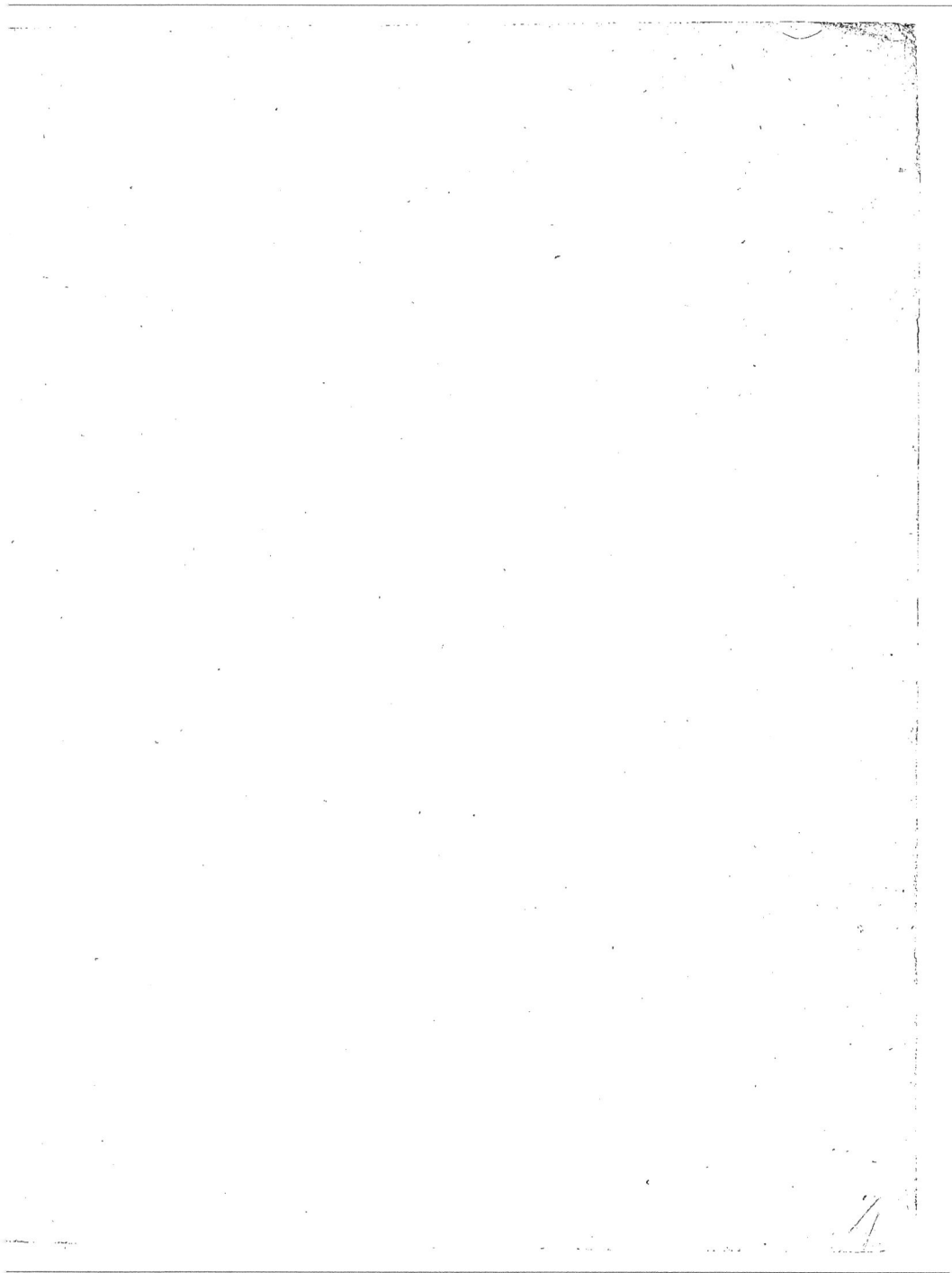

www.ingramcontent.com/pod-product-compliance
Lightning Source LLC
Chambersburg PA
CBHW071913200326
41519CB00016B/4595